U0358157

超创者

NFT如何为艺术、商业和娱乐世界带来革新

[美]爱德华·李(Edward Lee) 著
孙晓雪 译

中国出版集团
中译出版社

图书在版编目（CIP）数据

超创者 : NFT 如何为艺术、商业和娱乐世界带来革新 / (美) 爱德华・李 (Edward Lee) 著 ; 孙晓雪译 . -- 北京 : 中译出版社 , 2024.10

书名原文 : Creators Take Control: How NFTs Revolutionize Art, Business, and Entertainment

ISBN 978-7-5001-7640-4

Ⅰ . ①超… Ⅱ . ①爱… ②孙… Ⅲ . ①区块链技术 Ⅳ . ① F713.361.3

中国国家版本馆 CIP 数据核字（2023）第 242237 号

超创者：NFT 如何为艺术、商业和娱乐世界带来革新
CHAOCHAUNGZHE: NFT RUHE WEI YISHU SHANGYE HE YULESHIJIE DAILAI GEXIN

著　　者：[美] 爱德华・李
译　　者：孙晓雪
策划编辑：朱　涵　朱小兰
责任编辑：朱小兰
文字编辑：朱　涵　王希雅　马正森
营销编辑：任　格

出版发行：中译出版社
地　　址：北京市西城区新街口外大街 28 号 102 号楼 4 层
电　　话：（010）68002494（编辑部）
邮　　编：100088
电子邮箱：book@ctph.com.cn
网　　址：http://www.ctph.com.cn

印　　刷：北京中科印刷有限公司
经　　销：新华书店
规　　格：710 mm × 1000 mm　1/16
印　　张：28
字　　数：340 千字
版　　次：2024 年 10 月第 1 版
印　　次：2024 年 10 月第 1 次印刷

ISBN 978-7-5001-7640-4　　定价：89.00 元

献给全世界的创作者们

互联网对社会的潜在影响，

无论是好是坏，都是我们无法想象的……

内容的实际语境和状态

将与我们目前能够想象到的任何东西都大相径庭。

用户与内容提供者之间的互动将是如此的和谐，

以至于它将粉碎我们对媒介的传统理解……

而那个中间的灰色地带就是 21 世纪的主题。

——大卫·鲍伊（David Bowie），1999 年 BBC 采访

序　言

你所能想象的一切皆为真实。

——巴勃罗·毕加索（Pablo Picasso）

毕加索是一位高产的创作者。在长达 80 年的职业生涯里，他总共创作了 50 000 件作品，其中绘画作品为 1 885 幅。[1] 也有人估计他的作品总数应该会接近这一数字的 3 倍。“吉尼斯世界纪录”（*Guinness World Records*）也将他认定为有史以来最多产的画家。[2] 考虑到毕加索作品的光芒与影响，这无疑是一项彰显人类终身生产力的不凡成就。然而，倘若毕加索依然在世，他将不可能成为时下创作者们的对手。事实上，他还可能被看作是一个懒鬼。

如今，数字艺术家们一年创作的作品数量要比毕加索一生创作的作品还要多。利用计算机代码，数字艺术家们可以在几天内就创作出上万件作品，而不必再像以前用上数十年。虽然这种生成过程开始于某些人类的创造或输入，但最后的创造工作被交给计算机程序来完成，后者则会采用算法（有时是人工智能）随机生成完成度极高的艺术品。在这一过程中，打造一个拥有上万件藏品的系列并不是什么特别的壮举。事实上，10 000 这个数字不过是一个由人类决定的数量，其基于人类创作者添加的独特特征或元素而产生。只要有足够多的元素，计算机就能毫不费力地生成数十亿件独特的作品——今天的一些项目，如 Autoglyphs①，已经能够做到这一点。[3]

近几年，生成艺术（generative art）② 的市场通过一种名为非同质化通证（non-fungible tokens），即 NFT 的新技术，实现了数字艺术品销售的爆发式增长。NFT 是一种在区块链（blockchain）上创建和记录的虚拟代币，其目的是明确物品的来源，包括纯粹的数字创作。不过，NFT 并不仅仅限于生成艺术。它们可以被应用于任何形式的艺术作品创作之中，无论是数字的还是物质的——事实上，它们可以被用于**任何** ③ 我们可以拥有的事物。

NFT 为生成艺术开创了一个新的市场。以 Art Blocks④ 为例，这是一个非常受欢迎的生成艺术市场，其平台上的作品均按需创作并以 NFT 的形式销售。该平台由埃里克·卡尔德隆（Erick Calderon，又名

① 一种基于区块链技术的数字艺术品，由幼虫实验室（Larva Labs）开发。（本书所有页下注均为译者注。）

② 一种由电脑程序或算法自动生成的艺术形式。这种艺术形式通常涉及数学公式、随机数、操作系统产生的噪声或其他数据源，通过程序的变换或组合来产生视觉或听觉效果。生成艺术家可以使用不同的编程语言或软件来创建他们的艺术作品，如 Processing, Max/MSP/Jitter, Pure Data, OpenFrameworks 等。

③ 本书正文内粗体字为原书内斜体。

④ 一个基于以太坊的平台，提供可编程和独特的生成艺术 NFT，收藏家可以在该平台上进行投资。

Snowfro）创立，他同时也是生成艺术 NFT 项目 Chromie Squiggle① 的创立者。Art Blocks 上的创作过程会涉入艺术家和买家之间的“共生关系”，前者创造艺术元素和生成脚本，而后者则在平台上进行风格选择，最终使用算法随机生成独具特质的艺术品 NFT。[4] 在 NFT 历史总销量位居前十的艺术家中，有六位曾在 Art Blocks 上销售过他们的艺术品，其中包括前计算机程序员兼 Fidenza NFT ② 的创造者泰勒·霍布斯（Tyler Hobbs）。[5] Fidenza 项目的艺术品与蒙德里安风格相近，但在米白色的背景上却出现了彩色的正方形漩涡图案。截至 2022 年 4 月，霍布斯的 NFT 已经积累了近 1.17 亿美元的销售额（包括二次销售）。在不到两年的时间里，Art Blocks 上生成艺术的 NFT 销售额总计近 13 亿美元，成功跻身 NFT 历史销售额的前五位。[6]

当然，将毕加索的作品与计算机生成的作品或生成艺术相提并论可能听起来是一种侮辱，尤其是当一些最受欢迎的 NFT 涉及卡通人物时。毕加索被认为是 20 世纪最有影响力的艺术家之一，他不仅具有真正的艺术远见，还协助创造了一种完整的艺术风格——立体主义（Cubism）。通过将主题解构为碎片化的描绘，立体主义在一件艺术品中同时提供了多个视角，并彻底改变了现代艺术的面貌。这不仅开创了一种全新的观察艺术与现实的方式，同时也掀起了现代艺术运动，进而将其影响延伸至了建筑、设计、电影和文学等其他领域。也正是基于上述原因，当前毕加索作品的市场价格通常会维持在 1 亿美元以上。

---

① 一个由 9 000 多件生成艺术所组成的 NFT 系列，系列内的生成艺术以彩色波浪线为特征。

② Art Blocks 上的一个 NFT 系列，包含 999 幅不同的 NFT 艺术品，每件作品都是由算法技术生成，以创建独特的彩色矩形和正方形图案来填充画布空间。

那么，数字艺术家或他们所依赖的计算机程序是否也能取得如此成就呢？从目前的情况看，这个目标尚未实现。但是，读者们，请稍等片刻。我们其实已经能够窥见一部分未来——那将是一番令人震惊的景象。

以马特·霍尔（Matt Hall）和约翰·沃特金森（John Watkinson）为例，他们将自己称为纽约初创公司幼虫实验室背后的“创意技术专家”（creative technologists）。霍尔是一名计算机工程师，在多伦多大学主修计算机科学与数学。沃特金森则是一位艺术家、计算机科学家和软件开发人员，拥有哥伦比亚大学电气工程博士学位。在过去，STEM[①]的背景不会与艺术家联系在一起。但今天事情却发生了变化。对编码的熟悉为生成艺术和 NFT 系列的制作提供了便利。霍尔与沃特金森最初来自加拿大。他们在多伦多大学读书时相识，并在毕业后开始为安卓和 iPhone 开发应用程序。在 2017 年，他们将视线转向了区块链技术并开发了加密朋克（CryptoPunks）[②]——其关键路径是可以在区块链上创建能够实现虚拟所有权的独特代币。在随后不到五年的时间里，加密朋克便发展成了一个业界的传奇——NFT 的黄金准则。

就像任何具有变革性的技术一样，我们总需要面对这样一种风险，那就是将过多的功劳归功于“首创者”一人。人们通常认为托马斯·爱迪生（Thomas Edison）发明了电灯泡，但诸多证据显示包括爱迪生在内的多位发明家都对这项发明的产生做出了贡献。[7] 事实上，在加密朋克出现之前，市面上就已经存在着其他 NFT 项目。[8] 本书的

① 科学（Science）、技术（Technology）、工程（Engineering）、数学（Mathematics）四门学科英文首字母的缩写。

② 以太坊区块链上的一款非同质化通证收藏。

分析之所以选择以加密朋克为起点，主要是由于它们是最为成功的NFT收藏之一，对于催生NFT的爆发有着非常重要的意义。总的来说，幼虫实验室并没有发明NFT的概念，但却将这项技术推向了能够被公众认可的高度。这是此前的其他NFT项目从未实现过的。

正如《连线》（*Wired*）杂志所言，加密朋克“发起了一场NFT革命”。[9] 即便在今天，可能也没有其他的项目能够像加密朋克一样在NFT社区中享有如此之高的声望。加密朋克的持有者中包括Jay-Z、塞雷娜·威廉姆斯（Serena Williams）、小奥德尔·贝克汉姆（Odell Beckham, Jr.）、史努比·狗狗（Snoop Dogg）、史蒂夫·青木（Steve Aoki）、加里·维纳查克（Gary Vaynerchuk）和罗根·保罗（Logan Paul）等社会名流。还有部分持有者此前虽然不为公众所知，但却早已在NFT社区中声名鹊起并具有相当影响力。仅仅因持有加密朋克，他们就获得了足以世代相传的巨额财富。

2017年6月9日，霍尔和沃特金森推出了加密朋克——10 000个独特的像素化头像，其复古程度令人心动。这种风格更容易让人联想到雅达利（Atari）① 游戏的经典画面，而非现今常见的高分辨率图像。霍尔和沃特金森的灵感来源于20世纪70年代的英国朋克运动。他们将加密朋克描述为“一个格格不入且不墨守成规的系列”，[10] 并以同样的方式看待区块链社区。沃特金森编写出了可以随机生成像素化人物的程序，[11] 并为人物添加了如帽子、发带、香烟、烟斗和太阳镜等各种配件。[12] 在阐释创作过程时，他告诉佳士得拍卖行（Christie's）：“我们运行了数百次生成器，检查了结果，并进行了调整。”[13]

① 1972年在美国加利福尼亚州森尼韦尔成立的游戏公司，街机、家用电子游戏机和家用电脑的早期拓荒者。

大多数的加密朋克都是以人类形象出现的：其中包括 3 840 名女性和 6 039 名男性（我们将在第十一章回到性别差异的问题）。此外，还有着三个比较罕见的物种：88 个僵尸（zombies），24 个猿类（apes）和 9 个外星人（aliens）。[14] 作为唯一拥有 7 种不同属性的头像，加密朋克 #8348 在该系列中最为稀有。

加密朋克的推出起步缓慢。尽管它们是免费提供的［不过还是需要缴纳少量的矿工费（Gas Fee）才能制造 NFT］，但仅有少数加密朋克得到了使用。不过，一篇文章的问世很快改变了这种局面。2017 年 6 月 16 日，博客网站 Mashable① 发表了一篇题为《这个基于以太坊的项目可以改变我们对数字艺术的看法：是的，你实际上可以拥有这些数字创作》（*This Ethereum-Based Project Could Change How We Think About Digital Art: Yes, You Can Actually Own These Digital Creations*）的文章，作者是互联网记者杰森·阿布鲁泽（Jason Abbruzzese）。[15] 他在文中总结道："在未来，加密朋克或其他与区块链相关的艺术收藏确实会变得有价值，这并非是不可想象的。"事实证明，这一富有远见的评论还是有些保守。在文章刊出 24 小时内，所有的加密朋克即被认领一空。很快，它们就出现在了二级市场的交易中，并且交易价格一路走高。

霍尔和沃特金森将他们的加密朋克项目视为一项实验。事实上，NFT 在 2017 年时并不是一个被经常提到的词汇，甚至连幼虫实验室和阿布鲁泽的文章都没有使用过它。项目的发布过程也并非一帆风顺——代码中的一个错误将购买款项退还给了二级市场上的买家们，而非加密朋克的卖家。[16] 沃特金森将当时的混乱场面描述为"一场彻

① 一个基于互联网科技新闻的博客评论平台，成立于2005年，是世界上访问量最多的博客之一。

头彻尾的灾难”。[17] 更糟的是，幼虫实验室也没有为加密朋克提供书面的内容授权。这使加密朋克的持有者们无法确定自己是否有权使用这些作品。[18] 尽管幼虫实验室后来修复了这些问题（其中的细节非常复杂，并不是我们讨论的中心），但他们的弥补工作仍然不能使所有人都感到满意。[19]

2021 年，幼虫实验室的价值飙升至天文数字。实际上，该系列金额最高的前 60 项拍卖（基于 ETH ①）中有 46 项是在 2021 年产生的，其余 14 项出现于 2022 年。[20] 在前 60 项拍卖中，有 54 项的买入估值为 100 万美元及以上。加密投资者兼 DJ 丹尼·梅加德（Danny Maegaard）在 2020 年以 18 000 美元的价格购买了最为稀有的加密朋克 #8348，[21] 随后又在 2021 年 8 月以 1.718 7 亿美元的标价将其短暂上架。不过最终，梅加德还是让加密朋克 #8348 退出了市场。

短短五年时间，加密朋克 NFT 的二级市场交易总额就已经突破了 20 亿美元。而这一切，都是霍尔和沃特金森将它们全部免费送出后（去除他们自己保留的 1 000 件）发生的。除了佳士得和苏富比（Sotheby's）的高价拍卖之外，伦敦和苏黎世的画廊甚至还为加密朋克举办了专题展览。

在加密朋克的成功故事中，最令人震惊的部分并不是人们为拥有它们而支付的天文数字——最高成交价为 2 370 万美元，[22] 而是所有藏品的存在形式都是虚拟的。NFT 没有物理形式，即便是加密朋克的数字图像也与 NFT 存在着差异。事实上，任何人都可以从加密朋克网站上复制数字图像。但这些复制品并非 NFT——尽管你在看到网上加密朋克的展示时可能会这样认为。最初，这一情况着实令人匪

---

① 以太币（Ether，简称“ETH”），是以太坊（Ethereum）的一种数字代币，被视为“比特币 2.0 版”，采用与比特币不同的区块链技术。

夷所思。相较于有形的财产，NFT 更像是来自想象力的虚构。

这怎么可能呢？存在于虚拟之中的代币怎么可能拥有什么价值，且不说价值数百万美元了？正如佳士得提出的那个问题：“（NFT 中的）几行代码能否转化为一种具有意义的所有权体验？”[23] 霍尔和沃特金森其实并不确定——而加密朋克正是测试这一问题的一项实验。在 2019 年接受记者专访时，霍尔曾解释说：“当你的墙上挂着一幅画作时，你会觉得自己拥有了一件艺术品；但目前，我们尚不清楚记录在区块链上的数字艺术作品所有权是否亦会产生此种效应。”[24]

其实就连加密朋克的早期玩家也无法给出确定的答案。Figma（一家协作设计公司，后来被 Adobe 以 200 亿美元的价格收购）的首席执行官迪伦·菲尔德（Dylan Field）在接受大卫·皮尔斯（David Pierce）的采访时曾解释过他在购买加密朋克 NFT 时的想法：“一开始我曾质疑，这能够被视为艺术品吗？这能够被称为真正的拥有吗？我完全找不到答案！但在后来，我开始发现其他人都倾向于相信这种拥有是真实存在的。”[25] 菲尔德后来以 750 万美元的价格出售了他的一个加密朋克——一个吸着烟斗的蓝色外星人。眼见为实成为了绝大多数人的判断依据。

这本书解释了 NFT 的崛起，以及它们如何彻底重构我们有关艺术、所有权和财产的概念。通过分析 NFT 发展中的关键案例，我对这一现象进行了描述，即 NFT 是什么，以及它们如何改变了艺术、商业、娱乐等领域。当疫情加速了日常生活向远程办公和虚拟会议的转向（许多员工都希望能够在疫情之后继续保持这样的做法），[26] NFT 不仅迅速流行了起来，还给我们的社会带来了一种新的财产虚拟所有权形态，而这种所有权形态是通过计算机程序和内容许可证的复杂安排来实现的。虽然在 2021 年，NFT 的销售额就已经突破了 270 亿美元的大关，[27] 但 2022 年进一步恶化的经济衰退很快让包括股票、房地产、加密货币和 NFT 在内的所有市场陷入了恐慌。不过在这一过程中，NFT 的功用也得到了证明。今后，随着艺术家、企业和开发人员共同搭建的新型应用程序的出现，它的功用只可能得到进一步的扩展。

本书中，我还阐述了一种叫作“代币主义”（Tokenism）的新理论，用以解释这种与 20 世纪初的立体主义同样激进的视角转变。从某种角度说，立体主义使我们创作和欣赏艺术品的视角发生了改变，而代币主义则改变了我们**拥有**艺术品或任何物品的视角。代币主义这种对虚拟所有权的重新配置适应了疫情期间日常生活向虚拟的转变。[28] 因为 NFT 的存在，物理世界开始变得无关紧要——而虚拟世界则变得更有价值。人们对艺术和所有权的看法——事实上，也包括对于这个世界的认知——可能永远都不会回到从前的样子了。

路线图

探讨 NFT 并不是一件轻巧之事。它们无法被简单地分类——部分是计算机程序，部分是合同，部分又是记录于区块链之上由具有唯一性的虚拟代币进行标识的财产。对此，各位读者有什么看法呢？如要理解这一新的概念，就需要我们投入繁重的工作，即需要进行一些实际的讨论，以解释 NFT 如何被艺术家、创作者和企业所使用——所谓的用例（use cases）——同时也需要进行一些理论层面和关于底层技术的讨论，以使 NFT 能够被公众理解。

有四件事使我们的任务复杂到了极点。首先，NFT 正在经历惊人的高速发展。我最感忧虑的问题之一，便是在本书问世之际，我们的某些论据可能已经不合时宜——这种情况的发生具有极高的概率。[事实上，在山姆·班克曼–弗里德（Sam Bankman–Fried）创立的加密货币交易所 FTX[①] 发生令人震惊的倒闭时，本书正筹备出版，以至于它没有出现在我们的讨论之中。我个人预计 FTX 的消亡对加密货币市场的影响将超过 NFT，并将加速强化监管和去中心化的进程。] 只是现在看来，为时尚早。此外，还有那么多新事物正处于构建过程之中，这多少会让人联想到互联网产业的最初阶段。其次，对于 NFT 而言，2021 年是史无前例的一年。许多行业的 NFT 项目、投资和业务发展都呈现出大规模爆发的态势。任何一本书都无法完全描绘出这种发展的图景。再次，在 2022 年的经济衰退期间，股票、房地产、加密货币和 NFT 的行情都持续走低，人们对衰退担忧的加剧可能会减缓 NFT 的投资和业务发展。当我开始撰写本书时，NFT 市场方兴未艾；而当我完成本书时，它们却已处在熊市之中。正如我们在下文将要讨论的，如果说存在一个 NFT 泡沫的话，那么此刻它已经破灭了。不过，避免泡沫仍在于关注技术创新而非沉溺于投机。最后，NFT 是一种颠覆性的技术。正如任何重大的社会颠覆，它们在特定人群引发了舆论的反弹。这些人会认为 NFT 是一个巨大的骗局，或会对环境产生毒害，甚至二者兼而有之。

面对上述挑战，本书将采用以下结构展开对 NFT 的探讨。本书的第一部分立足现实语境，以帮助读者了解艺术家和企业已经对 NFT 进行了何种方式的应用。我选择了部分艺术家和企业以创造性方法运用 NFT 的代表性案例。但需要强调的是，还有很多其他艺术

① FTX交易所（FTX Exchange）是一家领先的集中式加密货币交易所，于2021年7月成为全球第三大交易所，提供一系列交易产品，包括衍生品、期权、波动性产品（volatility products）和杠杆代币（leveraged tokens）。

家和企业都在通过 NFT 进行创新工作，此类案例其实不胜枚举。第二部分阐述了我提出的“代币主义”，该理论解释了 NFT 如何帮助我们在日益虚拟化的世界构建对所有权的全新理解。所有权不仅是虚拟的，而且更具互动性，这是 NFT 对于企业最具吸引力的特征之一。它们不仅具备社会效益，还因 NFT 作为治理系统运作，催生了一个新的去中心化的知识产权系统，我将其称为“去 IP”（De-IP）。通过这种做法，创造者们可以掌握他们自己的艺术命运。第三部分阐述了对 NFT 的一些主要批评，以及 NFT 未来发展所面临的一些挑战。

这本书是我作为一名法律学者在学术研究中攀登的一座高峰。我想这将是我写过的最具争议的一部作品。如果要解释我作为本书作者的资格，那么最好的方式就是介绍我长期以来作为一名互联网的学生的经历。1999 年，我成为了一名研究互联网的法律学者。当时，我被互联网对社会的变革所吸引，因此辞掉了律师事务所的高薪工作，转而进入学术界，全心研究互联网对于社会的颠覆。作为一名法律学者，我的职业生涯追踪了互联网的演变，从 Napster [①] 的时代到社交媒体和用户生成内容（user-generated content）的兴起，再到社交媒体上关于节制虚假信息的争议。2021 年，我写下了几篇关于 NFT 的研究论文，并将其发布在网上。令人惊讶的是，来自世界各地的技术人士和其他专业人士开始向我寻求更多关于 NFT 和 De-IP 理论的研究，其中一些人更是对我的研究表示了热情的支持。因此，这本书不仅借鉴了我学术论著中的一些理论，同时也提供了我后期发展的最新理论。

① Napster是由美国大学生肖恩·范宁（Shawn Fanning）于1999年创建的音乐文件共享软件。Napster 允许用户通过互联网共享存储在个人计算机上的音乐文件，是对等网络（P2P）软件成功进入人们生活的标志。

为了信息的充分披露，我定期为著名的 NFT/ 区块链游戏公司 Animoca Brands 提供有偿咨询工作。我个人也持有一些 NFT，包括在这本书中将要讨论的一些藏品［比如变异猿游艇俱乐部（Mutant Ape Yacht Club）、Otherdeed、鲜花女郎（The Flower Girls）和 Goopdoods］。由于个人收藏可能会发生变动，我在网站上提供了一个当前藏品清单的链接。[29] 但是，这些项目的开发者都没有要求我写有关他们的文章或宣传他们的业务。事实上，他们中的大多数人甚至没有回应我的采访请求。作为一名法律学者，我坚守学术诚信。我之所以选择在本书中对某些公司或机构进行分析，是因为它们能够加深我们对于 NFT 的理解。

NFT 是一个全球性的现象。通过将来自世界各地的艺术家和企业纳入分析视野，我希望本书能够反映出这些变革的全球规模。但因篇幅所限，我还是省略掉了不少在这一领域做出过惊人贡献的外国创作者。此外，由于本人接受的是美国法律学者的训练，本书的法律讨论也主要侧重于美国法律。虽然国际知识产权是我的专业领域之一，但在书中我只能附带提及一些国际法律问题。最后要提醒读者的是：本书并不提供任何法律或财务建议。

除了法律学者的身份之外，我还是一名兼职摄影师。就个人而言，我理解独立艺术家所遇到的诸多困境。我本人也无时无刻不在面对着它们。作为一名艺术家的经历帮助我理解了为什么有如此之多的艺术家将 NFT 视为一种革命性的技术，并引发了创造力的复兴。

目录

第三部分

元宇宙的巨大挑战

第一部分
虚拟文艺复兴

第一章

◆

时　刻

幻想。疯狂。所有的革命在发生之前都已成为历史的必然。

——大卫·米切尔（David Mitchell），《云图》（*Cloud Atlas*）

我们在生命中总会遇到这样的时刻，其中的事件以深刻而难以言喻的方式改变了历史发展的进程。这些时刻越是宏大，发生的转变就越是剧烈。在面对大多数此类事件时，我们无法预测社会将发生何种变化，而且只有少数剧变会在事件发生数年后显现（一般则需要酝酿数十年）。这往往是历史学家们的日常工作：例如，解释中世纪、意大利文艺复兴或美国独立战争等已经或近期仍在大量生产历史书籍的重大事件。但有的时候，某些事件是如此重大或具有破坏性，以致于部分评论家会及时认识到其对社会所产生的深刻影响。当然，他们也许不会赞赏变化或未来转型的全部方面，但他们能够理解社会正在经历怎样的巨大变化及其所带来的影响。而且，如果一个时刻真的具有革命性，那么历史就会以这个时刻为界，对我们的世界进行划分。正因为如此，这个时刻也改变了历史的进程。[1]

2007年1月9日，史蒂夫·乔布斯（Steve Jobs）在旧金山的Macworld大会①上进行主题演讲，他向全神贯注的观众说："每隔一段时间，就会有一款革命性产品问世，去改变我们周围的一切。"[2]但听众并没有完全理解乔布斯的意思，这使他不得不将几张幻灯片反复播放。"一台iPod，一部手机，一个互联网通信器——你们发现了吗？"他问道。"这不是三部独立的设备。这是一部设备。我们把它叫作iPhone。现在，苹果（Apple）公司将重新定义手机。"

如今，当我们回顾乔布斯的言论时，可以发现它正是一个我们上文所提到的时刻。它介绍了一项将永远改变我们世界的新技术，彼时也有人察觉到了这种可能。从2007年1月乔布斯发布第一代iPhone到同年夏天的首次销售，媒体发表了总共1.1万篇有关iPhone的文章，包括大卫·波格（David Pogue）在《纽约时报》（*The New York Times*）上的评论，其将iPhone称为革命性的突破。[3]但这并不意味着大家都已经认识到，一场智能手机的革命正在来临。时任微软（Microsoft）首席执行官的史蒂夫·鲍尔默（Steve Ballmer）就曾嘲讽iPhone手机没有物理键盘："这对于商务客户来说缺乏吸引力……这使得它不是一个理想的电子邮件机器。"[4]在当时，只有物理键盘才是业内标准。

但iPhone的触摸屏实在是太棒了，它立即改变了怀疑论者们的观点。《华尔街日报》（*The Wall Street Journal*）专栏作家沃尔特·莫斯伯格（Walter Mossberg）和凯瑟琳·博雷特（Katherine Boehret）曾自称对物理键盘的缺失持怀疑态度，然而他们现已承认这"不是问题"。[5]物理键盘与虚拟键盘的竞争业已尘埃落定。这一评估证实

① 由美国国际数据集团（IDG）创办，是专门面向苹果Macintosh平台的行业展会。

了乔布斯在 2006 年的一次晚宴上预览 iPhone 原型机时向风险投资家马克·安德森（Marc Andreessen）传递出的信心。安德森后来在接受《福布斯》（*Forbes*）采访时表示，他当时曾对乔布斯提出了质疑："人们真的能够接受在屏幕上直接打字么？"但乔布斯却回答："他们会习惯的。"[6]

苹果真的做到了。在不到五年的时间内，虚拟键盘成为了业界标准。虚拟取代物理，在某种程度上为人们带来了一种全新的可能，例如将更大的显示屏用于观看和触摸。iPhone 彻底改变了智能手机的面貌。

iPhone 为我们提供了一个简单的案例。而对一项新技术成功与否的预测往往要困难得多，更不用说预测其社会意义了，尤其是面对一项由若干实体以离散方式快速发展出来的技术。

现在回想媒体及科技界面对互联网时的心态，大家都曾认为其不过是一阵浪潮而已，也许注定会走向失败。有很多案例可供我们选择，其中不乏一些聪明人士曾经发表的言论。作为"以太网（Ethernet）① 之父"及 3Com 公司 ② 联合创始人的罗伯特·梅特卡夫（Robert Metcalfe）曾在 1995 年预言："目前，对 1996 年的许多预测几乎都取决于互联网的持续性指数增长。但我预测互联网……不久将成为一颗蔚为壮观的超新星——它将于 1996 年发生灾难性的坍塌。"[7] 天文学家、科技作家克利福德·斯托尔（Clifford Stoll）也曾在《新闻周刊》（*Newsweek*）撰文声称：所有关于互联网将如何改变社会的一切炒作，都是"胡扯"（baloney）。[8] 斯托尔甚至出版了一本著作，详细阐述了自己的怀疑态度。[9] 当然，早在 1995 年，互联网还显得笨

① 当今世界应用最普遍的计算机局域网技术。

② 一家市值 13 亿美元的全球企业网络解决方案提供商。

重缓慢。人们只能通过拨号的方式才能与网络连接。彼时的网站也相当单调，除了传递信息之外并不具备其他功能。谷歌在当时也尚未出现，因此很难找到相关的页面。由于当时的互联网技术还比较原始，所以一些人认为它会失败也并不奇怪。

但它并没有失败。互联网所取得的进步超出了所有人的预期，并且至今仍未停止。在所谓“端对端”（end-to-end）的原则下，互联网的设计允许全球任何地方的开发者以离散的方式进行创新，在网络的终端节点上添加新的应用程序。[10] 有了这一方法，我们就不必为增加新的应用程序或平台而对整个互联网进行改造。需要做的，只是开发出适用于互联网的新型应用程序。这就像在你的厨房里添加一些新兴的尖端智能电器，只需简单地把它们插上电，而不用对你的整个房子进行重新布线。（当然，宽带连接技术的进步使得互联网接入更加快捷，功能也更加强大，比如流媒体等。）

我们正处于互联网自诞生以来最重要的变革之中，而这次变革预示着许多部门、许多行业都将发生革命性的变化。它以区块链技术为驱动，由点对点软件创建。后者构建了一个去中心化的系统，以一种公共账本的形式运行，将交易记入永久记录。但区块链超越于仅是一个公共账本。它是一种治理体系，任何人都可以利用它来组织和促进人们之间的诸多互动，包括商业交易、游戏世界、社区建设以及组织的形成和运作，如企业和去中心化的自治组织（DAOs，decentralized autonomous organizations）。这些交互具有去中心化的特征，意味着中央权威不被需要——甚至不被期待。这种重溯更加去中心化互联网的运动，回归了它最初被称为 Web 3.0 的理想[11]。在这本书里，我们将对其进行深入的研究。

区块链不仅是比特币等加密货币的基础，也是 NFT 的基础，即在区块链上创建虚拟代币的计算机程序。我们会在本书的后面部分对 NFT 的技术要素进行探讨。现在，我们只需知道 NFT 是具有唯一标识符的计算机程序，被称为“代币 ID”（或用更形象的说法——“虚拟代币”）。它被记录在区块链上，用来识别或代表事物，例如艺术品或几乎任何东西。NFT 与加密货币（cryptocurrency）不同：加密货币的每个单位都是可替换的（例如，所有比特币都是等价的）；基于其代币 ID，每个 NFT 是独一无二的，因此被称为“非同质化的”。NFT 事实上创造了一个被喻为 NFT 创造者指定之物的孪生体，例如绘画或艺术品。但这个孪生体实际上存在于区块链之上。就像 iPhone 对键盘所做的那样，NFT 使用了一个虚拟而非物理化身。最匪夷所思的是：虚拟孪生是具有独立价值的财产，可能会像稀有的加密朋克那样，价值数千甚至数百万美元，而这一切并不需要物理体现。

起初，这一概念可能很难理解。的确，它听起来像是幻想甚至疯话。一种他物的虚拟代币怎么可能具有价值呢？谁会在头脑正常的情况下为一幅画的象征物而非绘画本身支付费用？在第二部分，我们将用一整章的篇幅去理解这种视角的转变——我将其称为代币主义，类似于 20 世纪初立体主义在艺术视角上的彻底转变。或者，借用乔布斯的评论，你会习惯于它。而且，一旦你这样做了，一个充满可能性的新世界就会开启。

2021 年 3 月，NFT 迎来了一个重要时刻。事实上，是两个重要时刻。在五天的时间里，两场 NFT 销售展示了它们提供的巨大可能性。这两个时刻宣告了一个伟大的转变，不仅涉及艺术世界，更关系到所有权和我们所熟知的互联网。元宇宙（metaverse）不再是科幻小说里才存在的事物了，它正在被人类引入现实。

Beeple

迈克·温克尔曼（Mike Winkelmann）是一个外表谦逊的居家男人，与妻子和两个孩子生活在北查尔斯顿。身穿正装衬衫、毛衣和一副牛角框眼镜的他显得有些书呆子气。所以，温克尔曼看起来更像弗雷德·罗杰斯（Fred Rogers）①，而不是开创数字艺术新纪元的先锋艺术家。

在这之前，温克尔曼的日常工作是平面设计师，为包括路易威登（Louis Vuitton）、耐克（Nike）和苹果在内的企业和客户提供服务。另外，他还是一名数字艺术家，沉溺于自己的宠物项目（pet projects）②，并以"Beeple"这一昵称为人所熟知。此昵称旨在表达对20世纪80年代一款哔哔毛绒玩具的敬意。Beeple的客户业务补贴了他自己的艺术项目，这也是很多艺术家的普遍做法。Beeple创造了免费的VJ循环（VJ loops），由动画组成的短视频，如霓虹灯，与电子音乐同步。VJ循环是为了在活动期间作为背景娱乐进行连续播放。Beeple提供其VJ循环视频供任何人都可以在知识共享协议（Creative Commons Licenses）下免费下载和使用。（我们将在第二部分研究创作共享协议的概念。）[12] 以这种方式分享VJ循环，被证明是一种出色的营销。Beeple的循环在VJ之间传播，并得到了大家的认可。他的VJ循环非常棒，包括贾斯汀·比伯（Justin Bieber）、埃米纳姆（Eminem）、Lady Gaga、单向乐队（One Direction）、尼基·米娜（Nicki Minaj）和凯蒂·佩里（Katy Perry）在内的音乐家都邀请他为他们的演唱会和表演打造视觉效果，甚至包括在超级碗（Super

---

① 美国著名儿童电视节目《罗杰斯先生的街坊四邻》的主持人。

② 可被理解为在业余时间做的一项活动。通常，它是一些创造性的东西，可以让人们在没有重要项目压力的情况下探索新想法或尝试一项技能。

Bowl）① 上的表演。[13]

尽管 Beeple 的客户委约创作在音乐界获得了认可和成功，但他的“每一天”（Everydays）项目才是让 Beeple 享誉全球的真正原因。从 2007 年 5 月 1 日开始（当时他 26 岁，巧合的是，那年第一部 iPhone 也被推出），Beeple 开始每天创作一件数字艺术作品。日复一日，从未中断。受动画师汤姆・贾德（Tom Judd）日常素描的启发，Beeple 将自己的日常创作称为“每一天”。[14] 即便是在自己的婚礼日、两个孩子诞生或生病时也没有任何例外。2013 年 9 月 18 日凌晨 5 点，在开车送妻子去医院生产第一个孩子之前，他曾迅速画出了一幅婴儿或泰迪熊的线框图。[15]

这种安排的重点未必是要做出好的作品，而在于不断地创造和改进自身的技艺。或者，正如 Beeple 在其网站上生动地解释的那样：“通过把成果公布到互联网上，我‘不太可能’抛出一堆垃圾，尽管多数情况下还是会有这个结果，因为自己实在是太差劲了。”[16] 是的，虽然他看起来像一位温和的顾家男士，但 Beeple 的评论却经常带着脏话，这使你可以对其艺术风格进行预判。Beeple 使用 3D 动画程序 Cinema 4D 创造的图像是生动、怪诞或是令人不安的——甚至被评论家描述为“后末世的”（postapocalyptic）。例如，在 2020 年美国大选期间，Beeple 在其《一个国家的诞生》（*Birth of a Nation*）中描绘了一个拥有女性乳房的裸体唐纳德・特朗普（Donald Trump），正在给婴儿化的乔・拜登（Joe Biden）哺乳。[17] 一旦你看过这幅作品，就很难将它从脑海中抹掉。这就是 Beeple 作品的内在力量。该作品在 Instagram（后文简称“Ins”）上获得了超过 10 万个点赞。[18] 虽然他的

① NFL 职业橄榄球大联盟的年度冠军赛，中场秀有“美国春晚”之称，从 1991 年开始引入了流行音乐歌星，是全美体育盛宴的一大娱乐看点。

许多“每一天”系列作品没有太明显的政治色彩，但 Beeple 仍然将自己比作政治漫画家。用“一名反乌托邦的政治漫画家”来形容可能更为恰当，这便非常适合我们所生活的这个混乱的时代。

2020 年，在连续创作了十三年的“每一天”后，Beeple 将 5 000 幅图片组合成了一张巨幅拼贴。第 5 000 幅作品描绘的是一个正在作画的男孩，画中的人物来自以往的“每一天”系列，包括特朗普、金正日（Kim Jong-il）、迈克尔·杰克逊（Michael Jackson）、米老鼠（Mickey Mouse）、巴斯光年（Buzz Lightyear）和马里奥（Mario）等。[19] Beeple 将这幅拼贴命名为《每一天：最初的 5 000 天》（*Everydays: The First 5 000 Days*，后文简称《每一天》）。

Beeple 当时虽然已是 39 岁“高龄”，但在传统艺术界仍然处于默默无闻的状态。他没有画廊代理，是个彻头彻尾的局外人。[20] 事实上，Beeple 曾公开承认自己对传统艺术世界一无所知，也从未出席过画廊的开幕式。[21] 但他在 Ins 上却已经积累了近 200 万的粉丝。他在 Ins 上发布自己的“每一天”系列，并根据创作共享协议免费提供给人们使用。[22] 社交媒体上的众多拥趸不仅给 Beeple 带来了影响力，而且很快就会给他带来狂热的收藏者。

一种新型的艺术家——网红（artist-influencer）就此诞生。

2020 年 10 月，Beeple 第一次在社交媒体上了解到 NFT。[23] 后来他告诉《纽约客》杂志（*The New Yorker*），自己曾向成功而神秘的 NFT 艺术家 Pak ① 寻求过建议。[24] 在看到其他艺术家通过出售 NFT 赚取数千美元的加密货币后，Beeple 很是好奇。由于已经在 Ins 上拥有

① 第一位NFT作品总销售额突破百万美元的加密艺术家，其创作的The Merge被超过两万个买家以总价 9 180 万美元购买，同时也创下了在世艺术家公开拍卖艺术品的最高价。

了大量粉丝，他认为自己可以比那些艺术家做得更好，因为其他任何人的粉丝量无法与自己的相匹敌——或者，就像他对《纽约客》所说的那样：“也许我会挣（该死的）一大笔钱。”[25]

的确，Beeple 做到了。2021 年 3 月 11 日，Beeple 迎来了属于自己的时刻。

当天，佳士得以 6 930 万美元的价格拍出了 Beeple 的《每一天：最初的 5 000 天》。2 月 25 日，该作品以 100 美元的价格起拍，但拍卖的最后十分钟却进入了白热化的状态。一场竞价战将价格从 2 200 万美元带到了最终的数字。[26] 在最后 1 分 18 秒，价格更是从 2 775 万美元跃升至 5 075 万美元、6 025 万美元、6 934 万 625 美元。若有更多时间的话，价格会继续上升。波场（Tron）① 的创始人孙宇晨（Justin Sun）告诉佳士得，他曾经在最后 30 秒内出价 7 000 万美元，但显然现场信息并没有及时完成更新。[27]

Beeple 和家人在客厅里观看了整个拍卖过程，并用视频记录下了这一历史性时刻。拍卖结束后，佳士得在 YouTube 上发布了这段视频。[28] 这是一个有趣的场景。在拍卖还剩一分钟时，成交价达到了 2 775 万美元，Beeple 的妻子詹妮弗・温克尔曼（Jennifer Winkelmann）张大嘴巴，睁大眼睛，双手捂脸，完全无法相信眼前发生的一切。Beeple 坐在她旁边的沙发上，不得不站起身来；空气中的紧张气氛几乎让人难以承受。当价格达到 5 000 万美元时，大多数家庭成员都在厨房里聊天。一位成员指着电视提醒其他人：“5 000 万！”从背景中我们可以听到 Beeple 难以置信地问道：“这是怎么一回事 ?!”

---

① 一种基于区块链技术的去中心化平台，致力于为数字娱乐行业提供更好的解决方案。

这笔 6 930 万美元的交易并非凭空而来。Beeple 此前于 2020 年 10 月和 12 月曾进行过两场 NFT 拍卖，市场在当时就已经显示出了对其作品无法抑制的需求。第二次拍卖是由“每一天”系列的 20 件作品组成的《完整 MF 收藏》（The Complete MF Collection），在 Nifty Gateway ① 上以 350 万美元的价格被拍出。这创造了当时的市场记录（后来被 Pak 打破）。[29] Beeple 的家人打开香槟，把它浇在了艺术家身上。佳士得拍卖行数字销售主管诺亚·戴维斯（Noah Davis）由此意识到市场对 Beeple NFT 作品的需求，并以此为契机，用 Beeple 的作品举办了该拍卖行的首次纯数字 NFT 拍卖会。[30]

2021 年 3 月 11 日的拍卖将 Beeple 的热度提升到了一个惊人的水平。佳士得拍卖行表示，《每一天》是大型拍卖行有史以来首次售出的纯数字艺术 NFT。而且这也不会是最后一次。佳士得在 2021 年共售出了价值高达 1.5 亿美元的 NFT，其中包括 9 个加密朋克，总价值近 1 700 万美元。[31] 苏富比也在同一年拍出了价值 1 亿美元的 NFT，这主要是得益于一批年龄在 40 岁以下年轻投资者的推动。[32]《每一天》是 Beeple 在大型拍卖行卖出的第一件艺术品。但 6 930 万美元的成交价却立即使他跻身于艺术界的顶端——这创下了在世艺术家作品拍卖成交价的第三高，仅次于杰夫·昆斯（Jeff Koons）的 9 100 万美元和大卫·霍克尼（David Hockney）的 9 000 万美元。[33] 同样也是第一次，佳士得接受了中标者维涅什·桑达雷森（Vignesh Sundaresan）② 以加密货币形式支付的价款（38 000 ETH）。此人是一名加密货币投资者和元宇宙开发者，ID 为 Metakovan。[34] Beeple 本人对加密货币投资并不感冒，所以他将这笔加密货币换为了美元。他坦率地将 NFT

① 加密艺术类的 NFT 销售平台龙头，只销售精选艺术家 NFT。

② 新加坡的区块链企业家、程序员和天使投资人。

市场描述为一个泡沫，就像早期的互联网泡沫。[35] 但他同时也指出，互联网泡沫的破裂并没有终结互联网。对于 NFT，Beeple 认为“技术本身足够强大，我想它会挺过泡沫时代”。[36]

Beeple 的成功不仅让世界注意到了 Beeple，也注意到了 NFT。媒体广泛报道了这次交易。全美广播公司财经频道（CNBC）主播卡尔·昆塔尼拉（Carl Quintanilla）在事后不久便将其作为突发新闻进行报道。[37]《华尔街日报》的凯莉·克劳（Kelly Crow）和凯特琳·奥斯特洛夫（Caitlin Ostroff）则从历史的角度评述了这次拍卖：“它比任何人对弗里达·卡罗（Frida Kahlo）、萨尔瓦多·达利（Salvador Dalí）或保罗·高更（Paul Gauguin）的艺术品出价都要更高”。[38]

但艺术评论家们完全对 Beeple 的作品不感兴趣。《纽约时报》评论家杰森·法拉戈（Jason Farago）哀叹“这是对绘画作品中固有的人类价值的暴力抹杀”。[39] 布莱克·戈普尼克（Blake Gopnik）认为，包括 Beeple 在内的 NFT 交易与艺术品质无关：“艺术才华几乎无关紧要。”[40] 在回顾了《每一天》中 5 000 张不同风格的所有作品后，本·戴维斯（Ben Davis）在为《艺术网新闻》（*Artnet News*）撰写的文章中得出结论：“没有一幅作品能经得起时间的考验。”[41] 戴维斯还质疑 Beeple 在一些图像中对希拉里·克林顿的所谓“厌女性处置”（misogynistic treatment），以及对女性、黑人和亚洲人的歧视。[42]《每日电讯报》（*The Telegraph*）的艺术评论家阿拉斯泰尔·苏克（Alastair Sooke）也提出了类似的批评。[43] 当《纽约客》杂志的凯尔·恰卡（Kyle Chayka）向“每一天”系列中的一些早期作品中包含的“艺术同性恋”（art homos）等缺乏同情心的评论提出质疑时，Beeple 只是辩解说他如今不会再使用这些语言。[44] 据报道，第二年面对相同问题时，Beeple 皱起了眉头，并承认这些标题是“愚蠢”“恶心”“尴尬的”。[45] 但他说这些都来自他的早期作品，他现在的做法不会“如此粗俗”。在接受英伟达（NVIDIA）的一次联合采访时，Beeple 说话温和的妻子詹妮弗，承认她总是担心会冒犯到别人，但 Beeple 本人并没有此种顾虑。[46]

艺术机构最终是否能完全接受 Beeple 的作品，目前来说还有待观察。然而，如果回顾历史的话，他们也许终将妥协。今天，许多最受尊敬的艺术家都面临过拒绝和激烈的反对，特别是当他们的风格偏离了当时的正统观念，或者内容被认为太具争议时。[47] 正如我们将在第二部分中讨论的那样，作为 20 世纪最有影响力的艺术家之一，毕加索最初在美国和欧洲都曾面临过长达数十年的激烈反对——乃至抗议，因为批评者将立体主义风格视为堕落与疯狂，美国顶级医生甚至将其称为精神疾病的产物。

这并不意味着 Beeple 会达到那些仍受人敬仰的艺术家前辈们的高度。至少目前来看，他似乎离这种认可还有好几个光年的距离。但是，位列在世艺术家拍卖历史排行榜的第三名这一事实并没什么好笑的。在不到一年的时间里，Beeple 将数字艺术和 NFT 带入了主流话语的讨论之中，并且颠覆了整个艺术市场。佳士得目前已经接纳了这位艺术家。那么，画廊、博物馆和艺术评论家是否也会如此呢？有些迹象显示 Beeple 的作品得到了更多的认可。在历史性的《每一天》交易一年后，Beeple 在纽约市的杰克·汉利画廊（Jack Hanley Gallery）举办了他的首次画廊个展［安大略省的北方当代艺术馆（Northern Contemporary）曾在之前举办过一场《每一天》另一版本的展览］。纽约市的这次展览被恰如其分地命名为“不确定的未来”（*Uncertain Future*）。

一个月后，意大利都灵的里沃利城堡当代艺术博物馆（Castello

di Rivoli Museum of Contemporary Art）展出了 Beeple 的《人类一号》（*HUMAN ONE*）数字雕塑，这是一个生成雕塑（generative sculpture），类似于一个电话亭，有四个 LED 屏幕，刻画了一名宇航员行走时的场景。雕塑会进行旋转，而三维宇航员则以各种背景行走于构造之中。视频是动态的，并且随着时间的推移而发生变化。该博物馆是一座经过翻新的巴洛克城堡，馆长卡洛琳·克里斯托夫－巴卡捷夫（Carolyn Christov-Bakargiev）将 Beeple 的雕塑放在博物馆 150 米长的侧厅的一端，另一端展出弗朗西斯·培根（Francis Bacon）的《人像习作九》（*Study for Portrait IX*），[48] 与 Beeple 的作品类似，培根的画面同样描绘了一个处于类似隔间的长方形线条内的男人。克里斯托夫－巴卡捷夫表示，安迪·沃霍尔（Andy Warhol）① 在创造反映 20 世纪中期媒体消费的波普艺术时所做的事情，Beeple 在创造今天反映 21 世纪在线消费的数字艺术时也正在继续。[49]

到目前为止，我尚未发现哪位杰出的艺术评论家对 Beeple 的作品有过非常正面的评价。威尔·冈珀茨（Will Gompertz）为 BBC 撰写的评论也许在其中最贴近正面。冈珀茨给 Beeple 的《每一天》打了 3 星（满分 5 星），并写道，他的作品不错，“如果你喜欢可以追溯到几十年前的漫画美学的话”。[50] 冈珀茨甚至说，将 Beeple 的风格与耶罗尼米斯·博斯（Hieronymus Bosch）②、沃霍尔或菲利普·古斯顿（Philip Guston）③ 的一些作品进行比较并不“过分夸张”。他认识到了其中的潜力：Beeple 的《每一天》“将作为短暂的加密艺术泡沫破灭前的时刻，或者作为一个全新艺术故事的第一篇章，被载入史册”（我

① 美国艺术家，波普艺术的领袖人物。

② 尼德兰画家，被认为是 20 世纪的超现实主义的启发者之一。

③ 美国先锋派抽象表现主义绘画的领军人物。

的猜测是后者）。

在传统艺术世界之外，Beeple 得到了更为积极的反馈。杰西·达米亚尼（Jesse Damiani）在为《福布斯》撰写的一篇文章中指出，Beeple 的朋友、同事和熟悉他的作品的人形容他“无所畏惧……对粗俗或扭曲的幽默并不陌生，而且……对他的社区有着很深的投入”。[51] 颇有影响力的数字艺术策展人、数字流散在线博物馆（Museum of the Digital Diaspora）的创始人菲奥尼克斯夫人（Lady PheOnix）在接受《福布斯》采访时表示 Beeple“首先是一位非常慷慨的艺术家”。[52] 而且，在加密货币社区中，Beeple 是摇滚明星般的存在。

就其艺术作品的品质而言，Beeple 坦言受到了传统艺术界的抵制，但他坚持自己的艺术追求。他在接受《华盛顿邮报杂志》（*The Washington Post Magazine*）采访时解释说：“我只是想稍微扩展大家对艺术的认识，因为我觉得，如果你看一下那些经得住岁月考验的艺术家们，就会发现有些人扩展了人们的艺术观念。”“看看杰克逊·波洛克（Jackson Pollock）①,[53] 他的作品就像‘那不是艺术——那只是一些飞溅’，然后它扩展了人们的艺术观念。还有沃霍尔的丝网印刷和毕加索的绘画方式。”[54] Beeple 承认他对艺术史一无所知，但在《每一天》的拍卖之后，他开始研究艺术史，以获得更多的知识。[55] 在《60 分钟 +》（*60 Minutes+*）节目中接受劳里·西格尔（Laurie Segall）的采访时，Beeple 说，每个人对他的艺术作品的看法都是成立的，即便他们不喜欢他的作品。

佳士得拍卖会结束时，Beeple 和妻子坐在客厅里，他总结了这一时刻的意义：“6 900 万。我想这意味着数字艺术将继续存在下去。”[56]

---

① 美国抽象表现主义绘画大师，采用液体颜料直接泼洒于布面上的方式进行创作。

然后他摘下眼镜，抹去了喜悦的泪水。

克里斯塔·金

克里斯塔·金（Krista Kim）在新加坡攻读美术硕士时险些未能顺利毕业，因为她的教授觉得她的数字艺术不够出色。学校更重视的是绘画和雕塑。“他们不懂（我的艺术），”金在一次采访中告诉我，“我在屏幕上创作艺术……（包括）处理过的光的图像。他们不认为这是正当的艺术。”

虽然只是勉强过关，但金还是通过了毕业考试。为此，她同学校的领导层进行了斗争，以捍卫自己的艺术。“这不是一次愉快的经历，但我一直在为我的艺术而战，因为我相信我的构想——数字时代的‘禅’（Zen）。”

金的构想源自她攻读硕士学位前居住在日本时的一次艺术顿悟。当时她正在京都龙安寺（Ryōanji Temple）著名的“石庭”（rock garden）中冥想。“我只是坐在那里，进入了一种禅的意识状态，”金回忆道，“然后我意识到，这是由环境促成的——环境，它的营造之道，是如此的巧妙。”

从她的顿悟开始，金将自己的构想发展成了一场她称之为技术主义（Techism）[57]的艺术运动。金认识到自己是如何沉迷于 iPhone，以及社交媒体是如何对心理健康产生负面影响的，包括抑郁、痴迷于接受“点赞”和自恋。社交媒体公司的商业模式是非人的：它将人作为产品，在跟踪人们的在线行为和收集他们的数据的基础上向公司出售广告——哈佛商学院教授肖莎娜·祖博夫（Shoshana Zuboff）称之为“监视资本主义”（surveillance capitalism）[58]。但是，金并没有放弃我们的智能手机和科技，而是想出了一个绝妙的点子，即我们可以将技术转变为一种健康、富有禅意和契合数字人文主义的媒介。

马歇尔·麦克卢汉（Marshall McLuhan）① 曾在1964年提出“媒介即信息”[59]的著名论断。在其影响下，金的艺术使命是通过将数字技术转变为艺术媒介来对抗数字技术的不良影响。[60]我们的数字技术——我们的屏幕、我们的平台——可以被重新设计或改造为艺术创作的渠道，促进合作、共识以及我们共同的人性。技术和艺术不再分离，而是融为一体。

那么，这种艺术与技术的融合将会怎样？要想了解金的独特风格，最好的方法就是访问她的网站。[61]毕竟仅依据我的叙述，是不太公正的。金会去拍摄LED灯，这是她在新加坡生活时首次使用的一种技术，在那里LED灯无处不在。然后金会处理照片——被她称之为“演奏爵士乐”(playing jazz)——以一种舒缓、崇高、禅意的方式，用Adobe创意套件（Adobe Creative Suite）来强调色彩的渐变。[62]而渐变中的色域只能通过数字屏幕上的光来实现。金的创作受到了詹姆斯·特瑞尔（James Turrell）② 和马克·罗斯科（Mark Rothko）③ 作品的影响，但她的风格和技巧却十分独特。

“这一切都是试错，”她解释道，“我喜欢创造新的工作方式，并

---

① 加拿大媒介理论家，他在对传播的研究中进行了独特的探索，试图从艺术的角度来解释媒体本身，而不是用实证的方式来得出结论，主要著作有《机器新娘》《理解媒介》。

② 以空间和光线为创作素材的美国当代艺术家。擅长挑战观众对于想象与现实、内核与边界、被动观看与沉浸式体验之间的感官认知，因此他的作品需要极为复杂的技术支持，来实现感官传递的精确性。

③ 俄裔美国抽象派画家，抽象派运动早期领袖之一，于20世纪40年代末形成了完全抽象的色域绘画风格。

且使此前从未被发现的领域之间产生交集。”

在新加坡度过了一段时间后，金搬回了她的出生地加拿大。在多伦多，她成为了一名全职数字艺术家，由一名经纪人代理。在此期间，她在传统艺术界也获得了一定程度的肯定，收到了在加拿大、美国、欧洲和在线艺术展览的邀请。2017 年，她开始创作大型公共艺术装置。2018 年，受邀于“白昼之夜”（Nuit Blanche）① 期间，在巴黎东京宫（Palais de Tokyo）和巴黎现代艺术博物馆（Museum of Modern Art of Paris）外展出了一件名为《8x8》的公共声光装置。[63]《8x8》后来演变成了《连续体》（*Continuum*）—— 一个在纽约、迈阿密、米兰、多伦多及世界多地展出的大型冥想装置。此外，她还与奢侈品牌浪凡（Lanvin）达成了合作。该品牌将金的五件艺术作品印制在了整个服装系列上。金是一位成功的艺术家，但这并不是轻松实现的。

“尝试在艺术界取得成功可能是你能做的最困难的事情之一，”金说，“这是一个极难生存的行业。有时候你甚至拿不到报酬。”对于数字艺术家来说，这甚至更具挑战性，因为当时的艺术机构并不重视数字艺术。

2020 年全年，金一直致力于自己的建筑项目，为医院和酒店配置疗愈氛围环境。但当新冠疫情大流行来袭，加拿大进入封控状态时，金开始了一个新的艺术项目——“火星之家”（Mars House）。

火星之家也是金的梦想之家。由于封控，她决定自己的梦想之家应该是虚拟的：房子是虚拟的，可以在虚拟现实中进行参观。当时，金曾设想将自己的业务扩大到一个生活方式和建筑品牌。这个想法使

① 时任巴黎市长、法国第一批公开的同性恋政治家贝特朗·德拉诺埃于2001年发起的艺术节，每年 10 月的第一个星期六从晚上 7 点至次日早上 7 点在巴黎举办。

人联想到意大利文艺复兴时期，包括米开朗基罗、拉斐尔等大艺术家们对建筑的设计。[64] 火星之家将是金建筑设计的部分呈现。

“我想创造一个治疗创伤的房子，”金阐述说。火星之家是在禅宗的基础上为治疗而设计的，体现了健康和冥想的环境。火星之家融合了具有金独特风格的各类元素，使用光线和舒缓的渐变颜色，伴随着她的合作伙伴碎南瓜乐队（Smashing Pumpkins）① 的杰夫·施罗德（Jeff Schroeder）创作的新时代音乐。金设计的火星之家——墙壁、地板和家具——全部由玻璃砌成。是的，金打算让火星之家成为一栋真实的建筑。当我在 2022 年夏天与她进行交谈时，她说已经在计划建造一个实际的火星之家，使其成为健康度假点或疗养地，但她目前还不太方便透露地点。她甚至与意大利的一家玻璃制造公司进行了合作，由后者来负责建造这些玻璃结构。疫情期间，金认为玻璃会有一个额外的好处——可以通过抗菌涂层来帮助减少病毒的传播。

火星之家堪称一个建筑奇迹。苏富比拍卖行将其描述为“这个时代的历史性标志”和“有史以来（数字房屋）的最佳范例”。[65] 金在 2020 年完成了火星之家的设计，在这一年剩余的时间里，它在她的电脑上一直处于休眠状态，因为金正在等待疫情的结束，再次启动她的新建筑业务。但在 2020 年 12 月，当她了解到 NFT 时，她的商业计划发生了改变。金一直在研究比特币和以太币的投资可能。那时，她读到了更多关于区块链的信息。在谷歌上搜索“艺术区块链”（blockchain for art）时，她无意中发现了 NFT。并立即向交易市场“超稀有”（SuperRare）提出了申请，随后于 2021 年 2 月为她的一幅渐变数字画铸造了第一个 NFT。

① 美国另类摇滚乐队。

金很快就发现 NFT 也可以在元宇宙中进行应用。在研究大收藏家们如何处理他们的 NFT 时，她了解到一些人在他们于虚拟世界（如 Cryptovoxels、Decentraland 或 Sandbox）购买的数字土地上，将 NFT 展示于元宇宙画廊之中。也就是在那时，金认识到了 NFT 在元宇宙空间中的巨大潜力。

“NFT 确实在元宇宙中创造了真正的资产，”金充满信心地说，“因此，它是构建元宇宙的模块和框架。这只是首次迭代，因为在人工智能的驱动下，NFT 将成为 3D 数字资产。这就是潜力，它可以是任何东西。”

有了这样的洞见，金深知自己的下一步该怎么做。“我应该把火星之家作为历史上首个（NFT）房产资产。所以我铸造了它。其余都是历史。”

2021 年 3 月 16 日，是属于克里斯塔·金的时刻。火星之家在“超稀有”上以 288 ETH（512 712 美元）的价格售出。[66] 这笔交易包含了在一个元宇宙平台上安装火星之家的 3D 文件，此外，NFT 的所有者会获得委托制造玻璃实体家具的权利。后来，同年夏天，金在元宇宙平台 Spatial 上推出了火星之家，使人们可以使用 VR 头盔在虚拟现实中对它进行访问。美国广播公司新闻（ABC News）记者兼科技通讯员丽贝卡·贾维斯（Rebecca Jarvis）甚至在火星之家采访了金，两人都以虚拟现实中虚拟化身的形式出现在采访之中。

在 Beeple《每一天》的拍卖会仅 5 天后，火星之家的拍卖就引起了不小的轰动。事实上，这场拍卖比 Beeple 的拍卖更加令人困惑。评论人士可能尝试（错误地）将其理解为另一场高价艺术品拍卖会。火星之家拒绝了简单的分类——这个 NFT 数字房屋被设计成可以在元宇宙和现实生活中建造的模式。此外，全玻璃的设计，加上色彩和光线的注入，与我们以前所见的任何东西都不相同。同样匪夷所思的是，虚拟火星之家的价格比芝加哥实体房屋的价格中位数（2022年为39.9万美元）还要更高。[67] 正如《纽约时报》的一篇文章所指出的那样，许多人可能会对“人们在一个模拟的世界中为虚拟财产支付真实的金钱”而感到困惑。也许，你也如此。[68]

***

2021年3月的Beeple和金的时刻是具有历史性的事件，标志着NFT不仅在艺术界，而且在商业和产业中都实现了革命性的转变。Beeple的时刻验证了NFT在数字艺术中的应用——正如他所说，数字艺术将会继续存在；金的时刻则验证了NFT在新兴的元宇宙中对虚拟财产的使用。或者，正如《今日美国》（*USA Today*）对火星之家销售的描述：“数字住房市场已经正式启动。”[69]

诚然，在2021年这两次销售之后的几周，NFT的销售被巨大的投机所推动，销售价格达到了新的高度——在2022年的加密货币寒冬，NFT的销售价格暴跌至谷底。然而，抛开猜测并专注于NFT的概念是非常重要的。关于Beeple和金的时刻证明了NFT所有权的真实存在。就像iPhone表明人们不需要物理键盘一样，NFT表明人们不需要通过物理材料，就可以在只存在于区块链上的虚拟代币中找到它的价值和效用。其价值如何，就像股票、房地产、艺术品、奢侈品和加密货币一样，最终将由市场决定。

对于Beeple和金来说，他们的艺术家生涯被2021年3月各自的时刻永远地改变了。Beeple在查尔斯顿购买了一栋5万平方英尺的建筑，作为自己的工作室和博物馆（用于收藏自己的作品，包括《每一天》和更多沉浸式艺术体验）。[70] Beeple 的运营事实上已经变成了一个家族企业，他的兄弟和已经退休的父母都参与了进来——所有人都在协助监督 16 名全职员工。2021 年 11 月，Beeple 在佳士得的第二次 NFT 拍卖中包含了《人类一号》。该 NFT 最终以 2 890 万美元的价格成交。[71] 在 Hulu 的纪录片《NFTs：进入元宇宙》（*NFTs: Enter the Metaverse*）中，Beeple 解释说，他想用屏幕进行实验，"让他们感觉到更加紧密地联系在一起，成为艺术的一部分，有一种身临其境的感觉"。[72]

2022 年，金的装置《连续体》被洛杉矶郡艺术博物馆（LACMA，Los Angeles County Museum of Art）收购。这是该博物馆在 NFT 的早期接纳者与支持者帕丽斯·希尔顿（Paris Hilton）的捐赠资助下进行的首次收购的一部分。[73] 金还与她的合作伙伴彼得·马丁（Peter Martin）共同创办了一个名为"0"的元宇宙制作工作室。其使命是建立"一个以人为本的创造性元宇宙，致力于构建艺术世界的至高境界"。[74]

我曾问过金，NFT 如何改变了她的生活。"哇，"她停下来思考，回答道，"彻底改变了我的生活。它赋予了我作为一名创作者的权力，让我成为一名具有主控权的创作者，而不是依靠中介来被看到、被听到或被认可。我在全球范围内发布我的艺术品，在'超稀有'平台上将其出售，很快就获得了期望的认可。这在艺术界从未发生过。此前，你需要接受画廊老板的审查。这是一个严格而封闭的系统，在很大程度上由人际关系和把关人主宰。"NFT 使金得以绕过把关人，成为了国际公认的艺术家，仅仅依靠她自己。出于亲身经历，金表达了她对去中心化和 Web 3.0 建设更美好世界的坚定信念。

当然，也有反对者不相信 NFT 是真实的或有意义的（我们将在本书后面部分深入探讨这些怀疑论者的质疑)。但是，一旦人们将他们的视角从拥有实际物品转移到拥有虚拟物品，一个充满可能性的新世界也将随之开启。

如果你对 NFT 或区块链持怀疑态度，我只要求你暂时保留评判，直至本书的结尾。如果你曾经阅读过在线报纸而不是纸质报纸，发送过电子邮件或短信而不是普通邮件或手写信件，使用过信用卡或电子货币而不是纸质现金，参加过 Zoom 会议而不是现场会议，或者使用智能手机上的虚拟键盘而不是物理按键，我相信你会在本书结束时开始看到 NFT 的效用。它需要一些打破常规的思维——也正因为如此，才会有众多艺术家与创意人士成为 NFT 最早的接受者。

因为我们尚处社会转型的初期，太多数人还没有做出这种视角的转变。但许多大企业已经做到了。已有超过 200 个品牌——从阿迪达斯、摩根大通、汇丰、普华永道到三星——购买了虚拟土地，并计划在新兴的元宇宙中进行着更多的在线互动。[75] 包括苹果、Alphabet①、微软、Meta(原脸书公司)、英伟达和高通在内的大型科技公司正在投资数百万美元开发包括增强现实、虚拟现实等元宇宙相关技术。[76] 而许多行业的企业正在开发或已经向消费者提供了 NFT。2022 年的经济衰退可能会减缓这一发展进程，但不会阻止它的发生。企业在新兴的元宇宙中看到了太多的潜力和金钱。[77]

在撰写历史书时，Beeple 和金在 2021 年 3 月的 NFT 拍卖将被视为革命性的。这两个时刻标志着 NFT 正在迎来虚拟复兴。在此期间，艺术、所有权和互联网永远地发生了改变。

---

① 谷歌母公司。

第 二 章

◆

改变生活

改变思想，即改变生活。

——欧内斯特·霍姆斯（Ernest Holmes）

饥肠辘辘的艺术家形象已经被好几代人浪漫化了。1896 年，意大利作曲家贾科莫·普契尼（Giacomo Puccini）根据亨利·缪尔热（Henri Murger）的作品，在他的歌剧《波西米亚人》（*La Bohème*）中描绘了四个波西米亚人——画家、音乐家、诗人和哲学家——在巴黎共同生活和奋斗，并以悲剧告终。[1] 具有讽刺意味的是，普契尼本人却赚了数百万美元。1924 年他的净资产估值为 2 亿美元，相当于 2022 年的 34 亿美元。[2] 尽管作曲家非常富有，但他的歌剧却帮助普及了挨饿的艺术家这一浪漫形象，就像我们在受《波希米亚人》启发的百老汇音乐剧《吉屋出租》（*Rent*）中看到的那样。尽管饥肠辘辘的艺术家们如今被现代文化奉为圭臬，但是这一观念让人很不放心：它预示着社会对艺术家作品贬值的认可。正如内达·乌拉比（Neda Ulaby）在为美国国家公共电台（NPR）撰稿时所说的那样："很少有职业将贫穷浪漫化。”[3] 其实我们真的很难发现除了宗教职业之外的例证。

无论如何浪漫化，饥肠辘辘的艺术家在今天仍然真实存在。2017年，独立艺术家作品在线交易平台 Artfinder 曾委托开展了一项对美国和英国的艺术家的调查。结果显示，艺术家们的收入非常微薄。在美国，近半数（48.7%）的独立艺术家每年从他们的艺术工作中获得1 000~5 000 美元的收入。[4] 此外，还有 47% 的人表示，其艺术创作收入不到个人总收入的 25%。[5] 在所有被调查的艺术家中，仅有 21% 的人大部分（75%~100%）收入来自本人的艺术作品。[6] 独立艺术家每周都要花大量时间进行营销和商业推广，在作为艺术机构把关人的品位刁钻的画廊世界之外艰难维持生计。[7] 报告总结说：“虽然他们自认为是全职艺术家，但大多数独立艺术家没办法只靠艺术来生存。”[8]

2018 年，《创意独立》（*The Creative Independent*）① 对 52 个国家的艺术家进行了类似的研究，艺术家最常见的收入来源是自由职业和合同工作（61%），与艺术相关或无关的工作收入（均为 42%），以及家庭资助或继承（29%）。[9] 83% 的艺术家称自己年收入不足 5 万美元；58% 的人年收入低于 3 万美元。[10] 总体来说，年收入中位数在 2 万至3 万美元之间。画廊的代理“往往并不是艺术家追求财务稳定的有效方式”。[11] 疫情使许多独立艺术家的经济困境雪上加霜。根据 2020 年 4月进行的一项全国性调查，美国 66% 的艺术家表示自己已经失业，受访者预计当年的平均收入仅为 1.7 万美元，低于联邦政府为两口或两口以上家庭划定的贫困线。[12]

互联网与数字技术使艺术家们面临着更多更严峻的挑战。一

---

① 为创意人士提供情感和实践指导的出版物，由公益公司 Kickstarter 免费出版。

方面，Etsy① 这样的在线市场以及 Patreon②、“给我买杯咖啡吧”（Buy Me a Coffee）③ 和 GoFundMe ④ 等众源（crowdsourced）融资平台为艺术家提供了融资、发展业务和销售作品的途径。各种供应商，如艺术店面（Art Storefronts）⑤，使艺术家能够建立包括在线购物、印刷、运输服务等功能在内的个人网站。另一方面，创作者通常仍然必须努力寻求多种收入来源来养活自己，例如“一份更为稳定的日常工作来补贴其他项目”。[13]

艺术家们还面临着作品之网络发布所引发的困境——互联网困境（the Internet dilemma）。在此，我们并不否认互联网是一种很好的方式，可以向世界上可能最广泛的受众推广自己的作品，但互联网也使人们能够轻松实现免费的作品复制。它既推动了艺术作品的广泛使用，也导致了大量的盗用。这种困境对数字艺术家而言尤具挑战，因为他们的作品本身就是以数字形式出现——原件和副本之间不存在什么区别，副本能够替代原件。在我的专业领域，互联网的版权侵权问题［又被称为“盗版”（piracy）］，已经主导了二十多年的政策讨论，但至今仍没有取得太大的进展。

2011 年，世界知识产权组织（WIPO，World Intellectual Property Organization）总干事弗朗西斯·高锐（Francis Gurry）在哥伦比亚大学法学院进行的一次演讲中认识到这一问题：网络使创意生产的动力

① 以手工艺品在线销售为主的美国网站，集聚了一大批极富影响力和号召力的手工艺术品设计师。

② 众筹平台，使粉丝（或赞助人）能够支付和支持艺术家的工作。

③ 一个旨在推动创作者与粉丝建立直接联系的网络社区。

④ 一家为个人需求或目标发起募资活动的公众平台，在其上发布的项目更偏向于个人化、生活化，旨在帮助有实际生活需求的人筹资。

⑤ 一家为创作者提供软件支持与营销指导的艺术销售平台。

发生了根本性的变化——作者作品的分享和复制变得更加容易——这就要求我们重新审视版权政策。

高锐问道："社会如何让尽可能广泛的受众接触到文化作品，同时又能让创作者和帮助他们在经济体系中游弋的商业伙伴获得一定的回报，让创作者和他们的商业伙伴过上有尊严的经济生活？"[14] 为了回答这个问题，他建议我们必须"挑战社会"，并在回答该基本问题时"分担责任"。[15]

尽管各个文明对艺术家的奖励方式和程度各不相同，但它们历来都对艺术给予了应有的尊重。在意大利文艺复兴时期，天主教会、统治者和富人们通过赞助制度来对艺术家进行资助。[16] 行会也会将艺术家确立为一种职业——而任何重要的委托创作工作显然都需要行会成员的身份。[17] 当时，人们通常以其特定的技艺称呼艺术家，如画家或雕塑家，而不是艺术家。[18] 此外，艺术家还会被雇佣从事美术以外的工作，包括基础设施的设计和修筑工作等。尽管赞助制度存在着精英主义、偏袒和潜在的审查制度等自身问题，但它确实建立了一个重视艺术家及其作品的专业体系。[19] 根据艺术史学家拉布·哈特菲尔德（Rab Hatfield）的研究，正是在这种体系下，米开朗基罗成为了收入最高的艺术家，并为自己积累了大量财富（尽管他试图隐瞒）。[20] 而社会也将艺术家视为城市繁荣的核心。正如布鲁斯·科尔（Bruce Cole）① 所描述的那样，"艺术不是奢侈品，而是社会想要、需要和使用的东西；因此，必须有足够的艺术家来满足庞大的需求"。[21]

美国宪法的制定者为这个国家设计了一种不同的制度。"版权条

① 美国艺术史学家，曾任美国国家人文基金会（National Endowmentfor the Humanities）主席。

款”（Copyright Clause）① 确认国会有权利在特定期限内赋予作者以作品专有权来代替赞助，并把创造性作品“作者”置于首要地位。[22] 最终，通过版权为作者提供了经济回报——意味着能够将其作品进行货币化，并阻止他人的自由复制——是为了通过激励作者创作并向公众传播其作品来为公众服务。[23]

版权制度的这一理想，时至今日已失落殆尽。虽然版权通常被认为优于赞助，是使作者摆脱赞助人控制和依赖的重要途径，但法律学者克拉克·阿萨伊（Clark Asay）却指出，我们的版权制度从来都没有完全规避赞助——出版商、唱片公司和其他中介机构在我们的版权制度中扮演着准赞助人的角色。[24] 事实上，我们的版权法长期以来一直在迎合行业分销商，即所谓的中间商——出版商、音乐厂牌、电影制片厂，以及现在的媒体集团。[25] 版权制度被扭曲，变成为产业和中间商而非作者服务就不足为奇了。美国国会和欧洲议会（European Parliament）② 等立法机构常年受到版权产业的激烈游说，现在又有大型科技公司加入了游说集团。它们均依赖互联网服务提供商的避风港来对其用户侵权责任进行豁免。在这场争论中，独立艺术家们被彻底遗忘，在这场辩论中几乎没有任何发言权——而且毫不令人惊讶的是，他们需要努力寻找展示自己作品的机会，并在经济上生存下来。[26] 正如版权学者简·金斯伯格（Jane Ginsburg）③ 所说：“事实上，作者往往既不能控制自己的作品，也不能从作品中获得实质性利

① 美国宪法第 1 条第 8 节第 8 款的俗称。

② 欧盟三大机构（欧洲理事会、欧盟委员会、欧洲议会）之一，为欧盟的立法、监督和咨询机构，总部设在法国城市斯特拉斯堡。

③ 已故美国联邦最高法院大法官露丝·巴德·金斯伯格（Ruth Bader Ginsburg）之女，著名版权法专家。

益。”[27] 原因是什么？我们的版权制度事实上是对发行商有利的。杰西卡·利特曼（Jessica Litman）① 也指出“这种倾斜是以创作者为代价的”。[28] 互联网复制便利性只会让艺术家面临更大的挑战。

当然，怀疑论者可能会说，我们不应该保证艺术家的生活工资。“版权条款”对此未作规定。假如艺术家们必须打三份工才能支撑起自己对艺术的追求的话，那就这样吧。他们在艺术上的才能未必出众，应该让市场来决定哪些艺术家能够得到报酬。

怀疑论者的批评是错误的。在应对互联网带来的挑战时，金斯伯格强调我们的社会需要考虑职业创作者，并为他们提供有效的经济激励来从事创作。[29] 这种观点符合最高法院对“版权条款”的经济解释，即作者“应得到与其所提供之服务相称的报酬”。[30] 最高法院很清楚，“专门用于创造性活动的工作日中”不应该被用来让艺术家挨饿。相反，我们的版权制度旨在确保作者“为他们的创造性劳动获得公平的回报”。[31]“版权条款”本身承认，如果我们想要社会“进步”，就不能让市场来决定一切。正因为如此，制宪者授权国会以设立版权制度及作者专有权等方式介入市场。他们知道把创意生产全部移交给市场也许并不可行，因为擅自复制压抑了创造性生产的进行。如果别人可自由复制其作品而不受处罚，那么几乎没有艺术家能承受得起创作工作，[32] 他们又将如何维持生计？版权制度的目的是通过在有限的版权期限内授予作者对其作品的专有权来解决这一问题。但在互联网时代，分享未授权拷贝的便利性已经使这个系统的运作变得十分紧张，也许已经到达了它的极限。此外，市场的力量被集中在大型出版商、唱片公司等把关人的手中，这使得完全依赖市场的做法变得不那么

① 美国法学家，主要研究领域为知识产权与反垄断。

可靠。[33]

即使抛开我们版权制度的缺陷不谈，独立艺术家的低收入也表明了，传统的艺术市场并没有充分体现出艺术和文化为社会注入的积极外部性。换句话说，一个社会极有可能获益于艺术家的创作，而无须为艺术家付出一切与他对社会所做贡献相近似的价值。尤其在我们这个动荡不安的时代，艺术对社会具有反思、批判、挑战与推动的功能。比如，研究表明，接触艺术可能有助于培养开放的心态、公民参与和宽容精神。凯莉·勒鲁（Kelly LeRoux）和安娜·贝纳兹卡（Anna Bernadska）分析了 2002 年成人综合社会调查的数据，发现“那些每年至少参加一次艺术活动的人更有可能加入各种公民协会，对少数民族和同性恋者表现出更大的宽容，并以一种将他人利益置于自身利益之上的方式行事”。[34]

研究者们也发现艺术教育跟学生们较好的学校表现存在某种关系。布鲁金斯学会（Brookings Institution）① 曾于 2019 年对休斯敦四十二所学校的 10 548 名小学生进行了随机对照研究。在城市的艺术普及计划中，这类学校构成了振兴艺术教育不可缺少的一部分。[35] 研究发现，与对照组相比，接受艺术教育的学生表现出了积极的变化：“违纪行为减少了 3.6 个百分点，标准化写作成绩的标准差提高了 13 个百分点，对他人的同情表现提高了 8 个百分点。”[36]

这些还只是日益增多的有关艺术积极社会效应（包括健康与福利）实证研究中的部分内容。[37] 美国人似乎已经在直觉上理解了研究人员的一些发现。益普索集团（Ipsos）在 2019 年对 2 011 名成年人进行的随机调查中发现，91% 的美国人认为“艺术是 K–12② 学生全

① 创建于 1927 年的美国著名智库，总部位于美国首都华盛顿特区。

② 代指幼儿园至高中阶段，在国际上被用作对基础教育阶段的通称。

面教育的重要组成部分”。[38] 此外,64% 的人认为，如果没有艺术教育，学生们对于未来的工作准备将会更少。[39] 足足有 93% 的美国人表示，他们相信接触“不同的艺术有助于开阔思维”，90% 的人认为这是“减轻压力的绝好方法”。[40] 同样有 83% 的人表示“艺术对于社区和身份的构建至关重要”。[41]

几乎没有人会否定艺术对社会的意义，但艺术家所面对的生活前景却是一片黯淡。大多数独立艺术家的收入不足 3 万美元，少数获得画廊代理的艺术家也没有获得有效的经济保障。首先，由画廊代理的艺术家通常只获取销售收入的 50%，另一半收入归画廊所有。其次，画廊的经营模式则是出了名的糟糕。正如一位评论家所描述的那样，“事实证明，双年展、艺术博览会和派对那充满活力的世界实际上是一个残酷、陈旧和存在严重缺陷的行业，它被一种对形象的偏执和对营利的偏见所阻碍”。[42] 2015 年，马格努斯 · 雷施（Magnus Resch）曾出版了一本著作，对美术馆存在缺陷的商业模式进行了分析，并在艺术界引起了震动。[43] 雷施在该书第二版中扩大了对德国、英国和美国这三个画廊数量最多的国家的 8 000 家画廊的研究。[44] 根据他的分析，画廊多集中在大城市，租金为最高支出，而且提供的产品缺乏多样性，只是瞄准了一个非常狭窄的当代艺术收藏家市场。[45] 对于许多画廊来说，支付高昂的租金在经济上并不是明智之举，尤其是如一位画廊总监所指出的那样，严肃的艺术品收藏家通常不经常光顾画廊。[46] 雷施总结道：“占据一块大城市的黄金地段，这是一个近乎达成共识和不容置疑的信仰，完全容不下任何理性的经济考量。”[47]

如果我们能够为视觉艺术作品设计一个更好的市场呢？一个花销很小、无需租金、也无需实体画廊的市场。一个去中心化、没有授权、没有中间人、没有把关人的市场。一个可以使艺术家们保留其大部分（如果不是全部）销售收入，甚至可以从其艺术品转售中赚取版税的市场。一个更多样化、更面向全体艺术家的开放市场。一个将**蓬勃发展**（而非穷困潦倒）的艺术家形象予以浪漫化的市场。

这正是 NFT 所给出的市场。在很短时间内，NFT 为几个世纪以来艺术家作品的贬值提供了可能的解决方案。它们也为互联网困境提供了潜在的解决方案；正如我们将在第二部分中考察的那样，大量的复制并不必然会降低 NFT 的价值。NFT 不能解决艺术家面临的所有问题或版权制度的所有缺陷，但它们确实提供了一个具有希望的替代方案。而这种替代方案有一个优点，国会没有创造它。区块链开发者和艺术家以一种离散的方式创造了它。通过 NFT，艺术家现在有能力掌握自己的艺术前途。本章论述了如何做到这一点（虽然 NFT 侧重于视觉艺术家，但正如我们稍后将看到的，它可以为各个领域的艺术家所用）。

奥西纳奇

奥西纳奇（Osinachi）在尼日利亚东南部的商业中心阿巴长大。这个非洲人口最多的国家在 1999 年才结束军事统治。尽管尼日利亚是非洲最大的经济体之一，但这个发展中国家却面临许多挑战，比如在世界范围内居于末尾的人均年收入（350 美元）。[48] 直到 2003 年，14 岁的奥西纳奇才第一次接触到互联网。作为一名商人，他的父亲带他去了当地的一家网吧。坐在电脑前，奥西纳奇发送了他的第一封电子邮件，并访问了他的第一个网站。他甚至尝试将一个网站的网址当作电子邮件的收件人。虽然他的父亲告诉他这行不通，但奥西纳奇还是坚持自己试了一下，发现这不可行。奥西纳奇访问的第一个网站是《哈利·波特》(*Harry Potter*)系列的恶魔岛——阿兹卡班(Azkaban)[1]的网站。身为《哈利·波特》的超级粉丝，奥西纳奇发现这种体验非常神奇，开启了一个全新的世界。

十几岁时，奥西纳奇看到了互联网的未来、**他的**未来。在一次采访中，奥西纳奇向我解释道："我把互联网视为一种工具，通过它，我可以把我的创意作品发送给文学杂志，当然也可以把它们发布在网站上。"奥西纳奇在童年时期曾尝试写过短篇小说和诗歌，也画过米老鼠和卡通人物，但他还是想成为一名作家。2007 年，当父亲带回家一台用于做生意的戴尔笔记本电脑时，奥西纳奇立即霸占了这台设备。在笔记本电脑上，奥西纳奇开始使用 Word 软件进行写作。令人惊讶的是，这将成为他发展成为视觉艺术家的关键时刻——Word 成为了他的画布。

在接下来的几年里，奥西纳奇继续进行着写作，并在使用 Word 方面变得非常娴熟。由此产生的成果之一便是他以全班第一的成绩从尼日利亚大学毕业。为了在写作的间隙放松一下，奥西纳奇开始摆弄 Word 中的绘图工具。没错，Word 可以被用作手绘的画布，谁会发现这种功能呢?

起初，奥西纳奇只是画一些简单的标识作为消遣。随后，他又创造了更多的抽象艺术作品。奥西纳奇认为他有一天会将自己的书出版，并为自己的书绘制插图；但由于他非常擅长在 Word 上作画，他便开始专注于成为一名艺术家。在 2016 年服完兵役后，由于需要找到一份工作，奥西纳奇询问了许多尼日利亚的画廊，希望他们展示自己的数字艺术作品。但遗憾的是，他没有收到任何对其感兴趣的回

---

① 小说《哈利·波特》中的监狱。

复。数字艺术对当时的艺术馆来说还不是一个被接受的概念。于是，他随后将搜索范围扩大到了世界各地的画廊，但仍没有反馈。唯一收到的回复是来自一个在线艺术交易平台 Artoja。奥西纳奇在花了几个小时到达拉各斯并签署了作品授权后，该平台便开始将他的抽象艺术作品作为实体印刷品进行出售。但这也没有为他带来多少收入。

2017 年，奥西纳奇收到了一封改变他生活的电子邮件。这是奥西纳奇为“数字艺术”和“视觉艺术”创建的一个讯息合集，目的是寻找作为艺术家工作的机会。合集中包含了一篇关于区块链上艺术的文章，引起了奥西纳奇的注意。这篇文章讨论了数字艺术家如何利用这项技术来销售其艺术品。文中提到了一家总部位于美国的初创公司——R.A.R.E 艺术实验室（R.A.R.E Art Labs），一个专为数字艺术家提供的作品销售平台。

NFT 解决的问题之一是，一件可以在计算机上无限轻松复制的数字艺术品如何具有真实性或价值。对于纯数字艺术品来说，复制它们的便利性，加之识别一件数字副本是原作或真品的固有困难（比如卢浮宫的《蒙娜丽莎》），极大地限制了数字艺术品的市场。投资者凭什么要买一个可在线自由复制的数字艺术品？NFT 通过在区块链上创建代币解决了这个问题，艺术家可以使用这些代币来识别他们的艺术作品，而每个代币都是唯一或不可替代的。[50] 区块链是一个公共账本，可以跟踪 NFT 的所有交易。通过这种标记化过程，每一件数字艺术品都可以成为独一无二的。

读完这篇文章后，奥西纳奇给 R.A.R.E 艺术实验室发送了邮件。与传统画廊不同，该实验室很乐意在 2017 年底出售他的作品。一扫以往的被拒绝或不被理睬的阴霾，奥西纳奇几乎立即通过 NFT 为自己的艺术品找到了市场。

奥西纳奇的 NFT 很快为他的艺术带来了认可。在 2018 年，纽约举行的以太峰会（Ethereal Summit）邀请了奥西纳奇在一个群展中展出他的作品。他将自己的销售范围扩展到其他 NFT 市场，其中就包括 2018 年发行的“超稀有”。奥西纳奇感到自己作为艺术家的身份得到了验证。这激励了他，使他搬到了西非的文化之都拉各斯（或称 Èkó），成为了一名全职艺术家。

2019 年，奥西纳奇的风格从抽象艺术转向了他现在的极具个人特征的风格：融合了明亮、充满活力的颜色、微妙的纹理和引人入胜的黑人人形，或者更准确地说，具有纹理的木炭色着色的阴影。奥西纳奇的复杂风格受到尼日利亚纺织品和织物的影响。通过非凡的创造力和技巧，他在 Word 上创作了富有质感的艺术作品。在不到一年的时间内，奥西纳奇就发展出了自己的标志性风格，他将其描述为“具象肖像画”（figurative portraiture）。[51] 2019 年末，奥西纳奇的 NFT 开始以更高的价格出售，在“超稀有”上从 20 美元跃升至 100 多美元，这一价格在当时对 NFT 来说是相当高的。

随后，疫情来袭。尼日利亚于 2020 年 3 月下旬进入全面封锁状态。与我采访的其他 NFT 创作者一样，这场疫情不仅是刺激奥西纳奇创作 NFT 的重要催化剂，也激发了人们对 NFT 更大的兴趣。在封锁期间，奥西纳奇有更多的时间专注于创作。而那些因为画廊、博物馆（或其他场所）关闭而无法进行参观的受众也开始花更多的时间上网。世界已经从“现实生活之中”（IRL，in real life）转移到了虚拟世界。世界各地的知名博物馆，加上谷歌的艺术和文化平台，提供了数百家博物馆艺术品的数字访问，让人们能够在线参观博物馆拥有的艺术藏品。[52] 正如 Zoom 会议成为了学校、企业和异地家庭的普遍选择，[53] 在线观赏艺术品也变得十分普遍。虚拟世界已经成为了世界各地许多人互动交往的一种主要形式。

即使解除了封锁，机构和受众也永远发生了改变：虚拟互动成为现代生活的一部分。根据国际博物馆理事会（International Council of Museums）对五大洲 840 家博物馆的调查，大多数受访者计划增加他们的数字藏品。[54] 对数字领域的投资可能标志着一种永久性的转变。正如研究人员图拉·贾尼尼（Tula Giannini）和乔纳森·鲍恩（Jonathan Bowen）总结的那样，“博物馆要有前所未有的良好准备，以适应在文化和社会革命中不断发展的技术进步”。[55] 例如，已故哥伦比亚广播公司（CBS）创始人威廉·佩利（William Paley）的一个基金会计划拍卖价值 7 000 万美元的艺术品，其中包括毕加索的立体主义画作《桌子上的吉他》（*Guitar on a Table*）。所得款项将捐赠给纽约现代艺术博物馆（MoMA，Museum of Modern Art），以扩大其数字化影响力。到 2021 年，MoMA 的现场参观人数从 300 万人下降到 165 万人，而其在线活动，包括 YouTube 和社交媒体，则吸引了 3 500 万名观众。如今，虚拟参观对博物馆的影响力构建至关重要。MoMA 馆长格伦·洛瑞（Glenn Lowry）告诉《华尔街日报》，它们的目标是增加其在线产品——尽管持谨慎态度，但正在考虑收购数字艺术品和首批 NFT。[56]

2020 年，奥西纳奇在瑞士苏黎世的凯特·瓦瑟画廊（Kate Vasse Galerie）举办了他的首次个展，名为“作为抗议的存在”（*Existence as Protest*）。该展览举行了一次私人参观活动，然后在 2020 年 3 月在线开放（当时苏黎世处于封锁状态）。“整个展览是我对有毒的男性气质、性别流动性、同性恋恐惧症、性别歧视、宗教信仰、气候变化等问题的回应，所有这些问题都与个人主义政治纠缠在一起，”奥西纳奇在展览的视频中解释道，[57]“通过我的艺术，我想告诉公众，性少数群体的存在，将其妖魔化是没有必要的。”[58]（尼日利亚将同性性行为定为犯罪，并禁止同性恋婚姻。[59]）

所有 10 个“作为抗议的存在”NFT 全部售罄。

明星奥西纳奇正在冉冉升起。2021 年 10 月，佳士得邀请他参加了展览“首次开放：战后与当代艺术在线”（*First Open: Post-War and Contemporary Art Online*）。[60]奥西纳奇成为第一位在佳士得欧洲拍卖会上卖出 NFT 作品的非洲艺术家。受大卫·霍克尼的著名作品《艺术家肖像（有两个人像的游泳池）》[*Portrait of an Artist* (*Pool with Two Figures*)][61]的启发，奥西纳奇创作了五幅以游泳池为主题的 NFT 作品，而游泳池正是霍克尼许多画作的主题。[62]

霍克尼的《艺术家肖像》描绘了一个穿着粉色运动夹克的衣冠楚楚的男人凝视着另一个在水下向他游来的男人（两人均为白人），尽管尚不清楚这位游泳爱好者是否意识到了他的存在。相比之下，奥西纳奇的《泳池日 Ⅱ》（*Pool Day II*）描绘了两名黑人男子在游泳池里的情景。其中一人穿着黄色连帽衫和泳裤，凝视着另一名戴着白色泳帽的男子，后者正从他身边游过。

佳士得拍卖行以超过 21.3 万美元的总价格售出了奥西纳奇在“不同色调的水”（*Different Shades of Water*）系列中的所有五件 NFT。[63]最高的单笔销售额为 68 850 美元，远远超过了奥西纳奇以往的作品收入。

奥西纳奇的艺术作品令人惊叹。他在 Word 上的创作方式更是不可思议。在 2021 年的一次采访中，奥西纳奇解释了为什么他更喜欢使用 Word：“现在，在微软的 Word 中，我可以不受限制地做任何想做的事。其实，我也十分享受这种用文字处理工具去创造视觉美学的挑战。”[64]

除了奥西纳奇的艺术之美之外，NFT 对他的成功也至关重要。他解释道："没有画廊对我的作品感兴趣，因为它是数字化的，而且存在出处和所有权证明问题。当然，区块链通过 NFT 为这些问题提供了解决方案。"在转向 NFT 之前，奥西纳奇花了无数个小时向世界各地的画廊发出询问，却无人对他的作品表现出兴趣。一家画廊甚至错误地将他列为一封内部电子邮件的收件人，并在邮件中怀疑地问道："他用微软的 Word 创作艺术是什么意思？"

然而，通过 NFT，奥西纳奇已经成为国际公认的艺术家。2022 年，大卫·鲍伊遗产委员会选择将奥西纳奇作为仅有的九位艺术家之一，合作创作了第一件"区块链上的鲍伊"（Bowie on the Blockchain）NFT［所得款项将捐赠给致力于抗击世界饥饿和贫困的非营利组织 CARE，鲍伊的妻子伊曼（Iman）为 CARE 的全球倡导者］。在他的作品《汤姆少校的救赎》（*The Redemption of Major Tom*）中，奥西纳奇将鲍伊早期采用的角色"Z 字星尘"（Ziggy Stardust）重新想象为鲍伊几首歌中采用的宇航员"汤姆少校"（Major Tom）。[65] MakersPlace① 也选择奥西纳奇领导其首个非洲创造者加速器项目（African Creator Accelerator Program），居住在非洲大陆的非洲艺术家可以向该项目提交他们的作品。奥西纳奇将在迈阿密艺术周（Art Week Miami）期间挑选六位艺术家，其作品将与奥西纳奇的作品一起参加 SCOPE 艺术展（SCOPE Art Show）②。

奥西纳奇正在以艺术家的身份维持生计。他形容自己从 NFT 获得的成功"真的令人震惊"，特别是鉴于他的多数作品是黑人题

① 数字艺术 NFT 交易平台。

② 每年在纽约、迈阿密海滩和巴塞尔举行的当代艺术博览会，关注年轻画廊和新兴艺术。

材。[66]“这意味着我为加密艺术带来了多样性，这对这个领域来说很重要，”奥西纳奇向“超稀有”解释道，“不知何故，我也觉得我对这里的历史发挥了重要的作用。我希望我在加密艺术方面的成功能激励更多的非洲艺术家加入这项运动，尤其是那些拥有真实故事并寻求知名度的艺术家。”[67]

劳拉·康纳利和潜伏者

劳拉·康纳利（Laura Connelly）在立陶宛首都维尔纽斯出生和长大（她的姓氏是 Laurnaityte，为方便查阅，我使用了她婚后的姓氏）。在接受我的采访时，康纳利形容她的童年“极其艰难”。为了生存，她转向了艺术。“帮助我度过童年的其实是艺术。从记事起，我就一直在画画……那是我最大的逃避。我爱它，爱它的一切。”

然而，她的父母并不鼓励她追求艺术。据康纳利说，他们认为她不够优秀，永远无法以此为生。11 岁时，康纳利的母亲便离她而去。后来，其表姐（她父亲同父异母姐姐的女儿）金塔雷·比留尼恩（Gintare Bieliuniene）在康纳利 13 岁时自愿收养了这个女孩。虽然比留尼恩是一位已经有着两个孩子的单亲妈妈，但她很乐意抚养康纳利。从那一刻起，康纳利的生活发生了戏剧性的转变。“她一直是最支持我的人。”康纳利解释道，“她欣赏我的每一幅画……她说：‘如果你真的想画，你可以的。只要继续努力就可以了。’”

15 岁时，康纳利同比留尼恩及其两个孩子搬到了爱尔兰。对于一个十几岁的女孩来说，这是一个艰难的转变。她不会说英语，还不得不转学到这个新国家的一所高中。康纳利说：“那可怕极了。我来到了学校，但却不知道他们在对我说着些什么。”

康纳利发现通过艺术这种通用语言更容易表达自己，并在美术老师的指导下得到了庇护。美术老师建议她高中毕业后申请爱尔兰的艺术学校。康纳利听从了老师的建议，后来在都柏林科莱斯特高等教育学院（Coláiste Íde College of Further Education）学习了两年的艺术和时尚。在爱尔兰，她也爱上了自己未来的丈夫帕特里克（Patrick）。2013 年，两人一同搬到了纽约，并在那里开始了新的生活。2018 年，由于他人对其作为艺术家谋生能力的质疑，康纳利长期中断了艺术创作。她开始建立自己的作品集，并在 Etsy 上出售自己的宠物素描作品，同时还从事着一份朝九晚五的稳定工作。尽管艺术创作的收入不高，甚至低于最低工资，但这是一个开始。

新冠疫情大流行虽然黯淡无光，却成为了康纳利艺术生涯的主要催化剂。2020 年初，她住在美国首个疫情中心——纽约市。康纳利感觉到了当时的恐慌，并决定要做点什么来帮助他人。3 月 17 日，康纳利在 Ins 上晒出了一张自己拿着狗狗素描的照片。在文字说明中，她意识到了“每个人都处于恐慌状态”，社交媒体上充斥着很多负面情绪。[68] 康纳利有一只名叫莱尼（Lenny）的拉布拉多犬，她在 Ins 上说：“为了照亮你的一天，或者如果你想照亮你爱的人的一天（甚至是陌生人的一天，去他的，我们在一起），我将赠送我定制的宠物插画。”[69] 几天后，康纳利受到了一些好评，并开始为纽约市的五个动物收容所筹款。收到她的免费素描的人可以选择向收容所进行捐款。[70]

康纳利在 Ins 上的粉丝数并不多，所以她最初的筹款目标只有 500 美元。她甚至担心连这么一小笔金额都达不到。但是，在封锁期间，这一筹款活动在 Ins 上被疯狂传播。她从早上 5 点开始全天工作，在三周内总共画了 1 262 张宠物速写，每天大约 60 张。康纳利在两天内就超过了 500 美元的目标，并在三周内从世界各地筹集了近 1.2

万美元的捐款。其中一些请求来自一线治疗新冠患者的医生和护士。一些人告诉康纳利，他们经历了非常难熬的一天，在医院看到了许多新冠疫情大流行病例后，能回家看到她的宠物素描真的是太棒了。

宠物募捐活动的成功不仅让康纳利在Ins上拥有了成千上万的新粉丝，也让她获得信心在不久后启动自己的艺术商业项目“星光庄园”（Stellar Villa）。康纳利创作宠物肖像和艺术版画，后一种艺术风格后来成为她发展NFT的一部分。她第一次了解到NFT还是在2021年秋（当时市场正在蓬勃发展），随即就在社交媒体上关注了有关NFT的话题。她在Ins上关注的几位艺术家都在发布他们推出NFT的信息，以及他们是如何取得了令人难以置信的成功。康纳利转述了一位艺术家描述他不再接受佣金，因为他在销售NFT方面取得了巨大成功——这改变了他的生活。康纳利对此很感兴趣，并私信询问他：“这是真的吗？”但他没有予以回复。

尽管康纳利最初对NFT犹豫不决，但她发现其他艺术家在Solana区块链上取得了巨大成功。2022年2月，当她加入推特上的NFT社区［俗称“NFT推特”（NFT Twitter）］时，她也找到了灵感，并被深深吸引。“推特着实让我大吃一惊，”她说道，“仅仅是对艺术家的鼓励就令人难以置信。”

康纳利决定，她已经准备好创建NFT了。在社交媒体上进行了几个月的研究之后，她为自己的NFT找到了一个主题，这将使它们与其他正在出售的产品区别开来。康纳利决定根据一些买家的建议创作一个讲故事的系列，而不是出售一件艺术品或一万个卡通人物的集合；就像漫画书或图画小说一样，她的NFT讲述了一个故事。

她还意识到，大多数NFT买家都是男性。她深知自己的故事必须吸引他们，于是选择了一个黑暗的叙述方式。康纳利的故事反映了疫情的黑暗时期，“探讨了经典的善与恶的斗争，以及我们在人生道路上面临的成长抉择”。[71] 她将自己的作品集命名为《潜伏者》（*The Lurkers*），指的是“在我们的世界上无处不在”的黑暗之灵。

2022 年 3 月，康纳利以“iamlaurael”为名推出了她的系列中的第一个 NFT，然后以每周一个的速度，总共推出了 23 个。虽然每个 NFT 都可以作为艺术作品独立存在，但它们共同讲述了一个故事。这个系列在 2022 年夏天完成。康纳利还计划为《潜伏者》编写一本书，每个 NFT 拥有者都会收到这本书。《潜伏者》的艺术作品是黑暗的，但也有鲜艳的色彩，例如在描绘一个小女孩和她的狗时。

康纳利解释说：“这基本上是一个关于跟随孩子的黑暗之灵的故事……当全部收集完成时，黑暗之灵将会改变主意……会有一个特别的孩子向他展示出一种以不同色彩看待生活的方式……色彩代表着希望。”

最后两个 NFT 的总售价超过 2 万美元——在加密货币的寒冬，这是一个令人印象深刻的数字。回顾她在 NFT 方面的成功，康纳利解释了 NFT 是如何帮助她成为一名艺术家的。当她在创作委约作品时，她的收入完全依赖于那些发现她作品并想雇佣她的客户。但是，NFT 不仅使艺术家能够在 NFT 市场上进行销售，而且还可以选择从每次转售 NFT 中获得版税。转售版税（resale royalties），也被称为“创作者版税”（creator royalties），是艺术家的被动收入，也是他们经济保障的重要来源（本书后面将对转售版税进行深入讨论）。

更为重要的是，NFT 为艺术家们创造了一个新的市场。康纳利经常被在 Etsy 上以 10 美元一张的价格购买她的宠物素描的顾客讨价还价。即使在这么低的价格下，客户也希望得到折扣。NFT 市场是一个截然不同的游戏：有更多的资金来支持艺术家。投资者通常会出价数千美元（以加密货币 SOL 的形式）来购买康纳利的 NFT。她的藏家们将 NFT 的发展视为一场数字文艺复兴，希望支持康纳利和其他艺术家。据报道，2022 年 3 月，康纳利成为了第一位以超过 100 SOL 的价格出售 NFT 的女性艺术家。迄今为止，她的最高成交价已经超过了 1.5 万美元。2022 年 9 月，《潜伏者》成为了 NFT 市场 Exchange Art 有史以来排名第七的畅销插图集，销售额近 10 万美元。在短短的几个月的时间里，康纳利找到了一条经由 NFT 通往成功艺术家的发展路径。

“这太不可思议了。有时我简直不敢相信会发生这种事，”她在回忆起过去一年时对我说，“仅仅是自由地创造你想创造的东西，而且有人对购买它感兴趣，这就太不可思议了。”

艾莉丝·斯沃普斯

艾莉丝·斯沃普斯（Elise Swopes）将自己称为互联网的孩子。[72] 她在芝加哥长大，直到三年级都一直在家上学，因而在电脑上学到了不少知识。当她只有十岁的时候，斯沃普斯就在妈妈的蓝色 iMac 电脑（史蒂夫·乔布斯回到苹果后推出了这款著名的机型）上玩起了创意空间（Kidpix）①。这是一款绘图软件，充分地激发了她对设计的热情。[73] 12 岁时，斯沃普斯说服父母为自己购买了一个名为“爵士女孩”（Jazzy Girl）的时尚网站。她非常喜欢访问这个网站，并将它改造成了自己的专属网站。[74] 即便在很小的时候，斯沃普斯就非常喜欢互联网和设计。早在 MySpace② 风靡全球之初，她就开始销售自己设

① 世界上最受儿童欢迎的创作工具软件。

② 曾是全球第二大的社交网站。

计的 MySpace 布局。[75] 她在 Adobe Illustrator① 上自学平面设计，在父亲的笔记本电脑上自学 Photoshop②。但当时她还一点都不知道，有一天 Adobe 会雇佣她从事创意项目。

互联网是斯沃普斯的教育。或者，正如她在 2019 年的 TEDx 演讲中所回忆的那样，“我基本上在谷歌上搜索了我想学的任何东西”。[76]

2010 年，在 Ins 上线的第一年，斯沃普斯就开始发布她在 iPhone 上拍摄的自拍和美食照片。她发现了一个鼓舞人心的创作者社区，他们正在通过 iPhone 摄影开发一种完整的美学。当时，斯沃普斯已经从大学辍学，没有工作，和朋友住在一起。她用一部屏幕破裂的 iPhone 4 继续拍摄照片，并将它们发布到 Ins 上。[77] 她开始用手机上的应用程序编辑自己的照片，创作出使其现在广为人知的超现实图像。这些作品为“城市景观注入了一种奇妙的魔幻现实主义，将日常生活带入了另一个世界”。[78] 例如，斯沃普斯的一些迷人的作品中，长颈鹿在不同城市摩天大楼的迷宫中穿行。她甚至为此创造了一个角色——“斯沃普斯长颈鹿”（Swopes Giraffe）。

目前，斯沃普斯在 Ins 上已经积累了超过 27 万名粉丝。[79] 她在 iPhone 上取得的艺术成就为她赢得了包括 Adobe、阿迪达斯（Adidas）、苹果、汉堡王（Burger King）、蔻驰（Coach）、谷歌、凯洛格（Kellogg）③、麦当劳（McDonald）和优衣库（Uniqlo）在内的大品牌的合作邀约。[80]

2016 年，随着 Ins 从按时间倒序的订阅源切换到了由算法决定的订阅源，斯沃普斯等众多网红在该平台上开始面临着更大的挑战。[81]

---

① 一种应用于出版、多媒体和在线图像的工业标准矢量插画的软件。

② Adobe 开发的制图软件。

③ 该公司为全球知名谷物早餐和零食制造商。

尽管拥有众多粉丝，但她的部分粉丝还是反映自己没有像以前那样在Ins上看到斯沃普斯的作品，显然是由于这种算法的切换。[82] 正如她在2017年接受《福布斯》采访时感慨的那样，“感觉我的整个存在都寄托在这个该死的公司上”。[83]

此时，NFT带来了一个新的机遇。2020年3月，斯沃普斯在第一波新冠疫情大流行期间搬到了纽约。这场疫情并没有影响她的网红生意。事实上，由于她在成年后一直以内容创作者的身份从事虚拟工作，她的业务在这段时间里蒸蒸日上。接着，11月份，随着其他艺术家和朋友的讨论，斯沃普斯在推特上了解到了NFT。起初，她并不理解这是什么。但随着讨论的逐步深入，她的兴趣也逐渐增加。她告诉自己的管理团队要将NFT作为一个优先事项。[84]

2021年，NFT策展市场“超稀有”接受了斯沃普斯的申请。随即在3月，这位艺术家便卖出了自己的第一个NFT。这幅名为《注意力去向哪里，能量就流向哪里》（*Where Focus Goes, Energy Flows*）的作品是一幅基于iPhone照片创作的超现实作品，描绘了一幅以“自由塔”为背景的城市景观，其中动画瀑布从建筑物中流淌出来。[85] 该NFT以11 ETH（17 632美元）的价格售出。当时32岁的斯沃普斯向CNBC讲述了自己的惊讶之情：“我的天呐，我的生活要改变了。从那以后就一直如此。这无疑给我带来了很多机会。”[86]

在不到十个月的时间里，斯沃普斯售出了价值超过20万美元的NFT。[87] 她发现整个NFT体验是自己作为艺术家的一种解放，与她作为一个成功的Ins网红截然不同，而且在某些方面甚至更好。

在接受Black NFT Art① 制作的NFT圆桌播客采访时，斯沃普斯

① 一个由风险工作室Umba Daima运营的媒体和社区品牌。

指出了她的社交媒体合作与 NFT 之间的区别。“在社交媒体工作中，我觉得我总是试图把事情归功于别人或其他什么，我必须……做一个简报的或某种营销计划，”她说，“但有了 NFT 后，我可以做我自己，这感觉很自由，很美妙。”[88]

几年前，斯沃普斯设定了一个个人目标，让自己的作品在画廊展出。然而，由于她的数字作品是在 iPhone 上创作的，斯沃普斯觉得自己很难找到画廊代理。[89] 她甚至考虑过把自己的作品画成适合画廊世界的样子。但有了 NFT，她再也不必强迫自己融入其中。很快便首次展出了她以美丽、超现实主义而闻名的艺术作品。2021 年 4 月，“超稀有”邀请她参加了一个名为“隐形城市”（Invisible Cities）的虚拟群展。[90] 在经历了 NFT 之后，斯沃普斯不再希望出现在传统艺术画廊之中。这些画廊从每次销售中抽取一定比例的佣金，通常在 40%~50%。NFT 无疑为艺术家们提供了一个更好的商业交易：他们不必把一半的收入捐给画廊，而且他们控制着局面。[91]

“如果我能成为一名加密艺术家，”她在 NFT 圆桌播客上动情地说道，“我将是鲜活的。我会很高兴。”[92]

2022 年夏天，当我有机会与斯沃普斯交谈时，她对 NFT 市场的看法发生了一些变化。尽管仍然相信 NFT 对艺术家的巨大发展潜力，但她也指出了艺术家在这个市场上面临的挑战。艺术家必须花大量时间在社交媒体上推广 NFT，这意味着没有时间去创作艺术。在社交媒体中，斯沃普斯有更大的权力为与品牌的合作设定费用，而 NFT 的市场则更加动荡，尤其是在加密货币的寒冬。斯沃普斯还担心 NFT 市场需要更大的包容性，需要更多的集体认可和努力，特别是在 NFT 市场的权贵和富人中，为公共利益拓展空间。

斯沃普斯贡献了自己的一份力。鉴于她作为一名成功的艺术家、网红和企业家的地位，斯沃普斯毫不犹豫地通过她的播客“厉害了斯沃普斯”（*Swopes So Dope*）、时事通讯（newsletter）、视频教程和导师计划，与其他艺术家（包括其他黑人艺术家）分享知识。她与BrainTreeMedia①合作开发了一款应用程序，让人们可以做她所做的事情：拍摄瀑布和野生动物的照片并对其进行编辑。[93]她在每天早上5点进行冥想，同时也是心理健康的倡导者。她对自己过去的毒瘾和抑郁症非常坦诚，并在自己的播客中谈及她“日常肯定”（daily affirmation）的实践和过去在精神病院的经历。[94]疫情防控期间，斯沃普斯设法挤出时间攻读了大学学位，并已经计划攻读行为心理学的硕士学位，然后是博士学位。

斯沃普斯同时也是日出艺术俱乐部（Sunrise Art Club）的成员。日出艺术俱乐部是一家创意影响机构，其使命是帮助被边缘化的有色人种。2022年，该俱乐部连续一年每天制作一张新的日出照片NFT。NFT销售收入的75%用于资助俱乐部促进包容的项目。例如，该俱乐部正在开发第一个面向被禁忌艺术家的NFT交易平台——“庭院的夜晚”（Night on the Yard）。另一个项目是一个加速项目，旨在促进有色人种女性和LGBTQIA+②社区艺术家的工作。斯沃普斯说，这些项目旨在帮助那些没有发言权的人。她甚至用自己的NFT销售收入来购买有前途的艺术家的NFT，尤其是那些被忽视的、可以利用这种支持的艺术家。[95]日出艺术俱乐部制订了一项购买计划，即来自边缘社区的艺术家可以申请该机构购买他们的NFT。斯沃普斯是一个通过NFT回馈社会的正面典范。

---

① 一家北美多媒体公司。

② 代指女同性恋者、男同性恋者、双性恋者、变性、疑性恋者、男女同体、无性恋者群体。

金猫

作为一项新的颠覆性技术，NFT 引发了巨大的争议，被攻击为“庞氏骗局”等各种骗术。为了避免招致强烈的反对，我们将讨论的下一位艺术家采用了艺术化名“金猫”（goldcat）。

“这无疑是个最佳选择，我非常开心，”金猫在采访中向我解释道，“我希望艺术的重点不是我的脸或我这个人。这也是一个安全问题，因为女性往往会收到太多不请自来的示好，而这不是她们应该处理的。”在 Web 3.0 之外，使用化名或虚拟身份已经成为一种广泛的社会现象，包括所谓的“虚拟主播”（VTubers），他们之所以通过虚拟化身（avatar）拍摄录像，在一定程度上是为了规避在社交媒体上的有害环境。

生活在德国的金猫在进入 NFT 之前是一名自由插画师。她曾与独立游戏发行商和自主出版的作者合作，并取得了一定的成功。她对为大型电子游戏公司工作持怀疑态度，因为该行业以性别歧视著称，而且是一份苦差事。但是，在五年的自由职业工作之后，金猫开始感到精疲力竭。她失去了对工作的热情，这要求她以一种自己并不感兴趣的商业风格进行创作。然后，金猫发现了 NFT。她注意到她的两个插画师朋友在社交媒体上使用“#NFT”作为标签。他们给了她一些指导。随后，金猫落入研究 NFT 的“兔子洞”[①] 中，并完全为之倾倒。“作为一名数字画家，数字原件的想法让我大吃一惊，”金猫解释说，她指的是数字艺术家在 NFT 之前所面临的问题，即任何副本都可以替代原件。“我立刻想到，这是低收入艺术家创造新收入来源的

① 典故源自《爱丽丝漫游奇境记》，用来代指一种复杂、奇异或未知的状态和情景。

大好机会。”

金猫的兴趣在 2021 年 3 月更为高涨。当时她读到概念艺术家本・毛罗（Ben Mauro）通过出售他的第一个 NFT 系列“进化”（Evolution）赚取了 200 万美元。在出售之前，毛罗在大型电影制作和电子游戏方面已经取得了巨大的成功，但即便如此，根据“解密”（Decrypt）网站的采访，他“也很难找到资金和平台，继续作为一名数字艺术家，全力追求自己的个人项目”。[96] 而 NFT 的到来，彻底改变了毛罗的生活。

金猫也是如此。她做出了一个改变人生的决定：成为一名 NFT 艺术家。从 2021 年 3 月开始，金猫在 Hic et Nunc（意为“此时此地”）① 上为她的艺术作品推出了许多 NFT，这是一个更加环保的 Tezos 区块链的热门市场。即使在加密货币的低谷期，金猫的大多数 NFT 投放也会很快售罄。

金猫的艺术风格是黑暗而忧郁的，也许这非常适合新冠疫情大流行的时代背景。她解释道：“有很多力量可以使人直面黑暗并且每个人都能以不同的方式来体验很多神秘的东西。”对我来说，她的作品捕捉到了埃德加・艾伦・坡（Edgar Allan Poe）② 的黑暗浪漫主义，只不过用的是图像，而非文字。

就像 Web 3.0 的其他数字艺术家一样，金猫已经开始探索 AI 生成艺术。在她的作品《戏法》（*The Conjured*）中，她将各种资产通过计算机代码随机堆叠成数千种可能的组合中，形成了 60 件不同的作品。她的作品以一个黑暗、神秘的男人为主题。在《甘朱里德》（*The*

① Tezos 上领先的 NFT 市场，也是最受欢迎的 NFT 市场之一。

② 美国作家、诗人、编辑与文学评论家，被尊崇为美国浪漫主义运动的核心人物之一，以悬疑及惊悚小说最负盛名。

Ganjured）中，她使用了 VQGAN 程序，该程序将文本提示解释为从大型图像数据库中提取的新颖视觉图像。VQGAN 是“矢量量化生成对抗性网络”（Vector Quantized Generative Adversarial Network）的缩写，因通过使用文本创作 AI 生成艺术而广受欢迎。

虚拟文艺复兴与以往文艺复兴的不同之处在于，人工智能在此次艺术作品创作潮流中的崛起。事实上，一些生成艺术作品几乎（甚至完全）不需要人类的投入。[作品创作中人类的投入越少，作品获得版权资格的可能性就越低。美国版权局（U.S. Copyright Office）的立场是，作者资格需要由人类作者而不是机器来获得，但他们很快将不得不给出人力投入的最低标准。] 第一件在拍卖会上售出的 AI 生成艺术品是《埃德蒙·德·贝拉米的肖像》（*Portrait of Edmond de Belamy*），它在 2018 年以 43.25 万美元的价格售出。通过建立数字艺术市场，NFT 开创了生成艺术的新时代。将文本转化为图像的算法和 NFT 提供了一种新的创作形式。现在有一些平台，如 Eponym，使每个人都能接触这个过程。[97] 在虚拟文艺复兴中，我们可能会看到创意作品的惊人爆发，它们不仅来自数字艺术家，还有些会来自机器。

金猫曾受邀与瓦尔·基尔默（Val Kilmer）合作创作过一件 NFT 艺术品。在他因喉癌治疗而失声后，基尔默把注意力放在了艺术，而不是表演上。[98] 基尔默在自己的网站上说，艺术是一种治愈的力量。[99] 他同时也迷上了 NFT，并推出了一个名为“基尔默之地”（Kamp Kilmer）的平台，邀请其他艺术家在虚拟空间中进行合作。基尔默推出这个平台是为了取代他位于洛杉矶、在疫情来袭时被暂时关闭的实体画廊 HelMel 工作室（HelMel Studios）。[100] 基尔默之地选择了金猫作为其首批合作者之一。作品《三叶草时钟》（*Shamrock Clock*）以金猫的数字艺术品为特色，描绘了一个酷似基尔默的人，并配上了基尔默创作的一首诗，由制片人劳伦斯·富勒（Laurence Fuller）讲述。[101]

回顾她在 NFT 方面的成功，金猫描述了她的经历："我最高兴的是，我终于找到了作为一名艺术家的声音。人们正在认可我的作品，如果我一直为别人工作，我将永远无法追求自己的理想。"

贝蒂、赛克和死小子

新冠疫情大流利并不是澳大利亚在 2020 年面临的唯一灾难，2019 年 9 月开始的森林大火彼时仍在该国许多地区肆虐。当时，贝蒂（Betty）和她的丈夫赛克（Psych）正经营着自己的创意公司，为大企业客户提供营销和设计服务（贝蒂更喜欢人们用她的昵称来称呼自己，而赛克则更喜欢他的笔名）。贝蒂是一个富有创造力的人、一个打破常规的思想家和企业家，而赛克则是艺术家。两人的技能相得益彰。然而，在新冠疫情大流行，随着企业紧缩预算，他们开始失去公司的合同。最重要的是，澳大利亚正经历着一场严重的住房危机——房价飙升、可用住房减少、租金大幅上涨，[102] 在昆士兰州尤其严重，这迫使他们带着三个年幼的孩子搬了三次家。

2021 年 1 月，贝蒂和赛克陷入了财务困境。他们觉得有必要找到一种更安全、不受疫情影响的收入来源以摆脱经济压力。赛克重新与他在国际数字艺术家团体"深度核心"（Depthcore）的朋友们取得联系。有艺术家告诉赛克去尝试 NFT，因为它们对数字艺术家来说实在是太棒了。赛克毫不犹豫地照做了。当他向贝蒂解释时，贝蒂也非常兴奋，并抓住他尖叫了起来。[103]

"我完全被迷住了，"她向我回忆说，"天哪，这真是太神奇了！这是我一直在等待的东西——一种新的技术，一种新的转变，对创作者的关注。”

贝蒂立刻明白了 NFT 是如何解决艺术家们长期面临的问题的。“我们之前必须不断捍卫创造性工作的价值。任何有创意的人都会认为那段日子是一场噩梦。”贝蒂解释道。现在，NFT 为艺术家们提供了一个重视其创作的新市场。

赛克开始对 NFT 进行实验。他与其他“深度核心”的艺术家合作了几次 NFT 投放，并为 DAO 和其他项目进行了委约创作。与此同时，贝蒂在 Clubhouse① 和推特上对充满活力的 NFT 社区关注了几个月——观察、研究、学习。社交媒体上关于 NFT 的讨论提供了宝贵的教育资源：NFT 的基础知识。

到 2021 年 5 月，贝蒂已经对 NFT 场景进行了充分的研究，并有了下一个伟大的想法。她转向赛克，建议他们制作一个 NFT 系列。“我们可以做到的，”她对赛克说，“这在我们的工作范围之内。”

“那让我们这就开始吧。”赛克回答。他们都同意这个决定。

他们的 NFT 系列被称为“死小子”（Deadfellaz）。这个主意是由贝蒂提出的，因为她喜欢恐怖、僵尸，以及她所描述为“几乎吓人的东西”。死小子是 10 000 个绿色僵尸人物，“从 400 多个单独绘制的特征组合中随机生成”。[104] 贝蒂认为恐怖元素填补了 NFT 市场的空白。这些角色“没有明确的性别特征，这让所有性别都能找到代表”。[105] 贝蒂认为，广泛的代表性是很重要的，因为当时的 NFT 系不太具有包容性特征，而且主要以男性为中心。

在接下来的两个月里，昆士兰仍处于封锁状态，这对夫妇则夜以继日地工作。死小子于 2021 年 8 月 13 日（周五）推出。13 是贝蒂

① 语音社交应用。

的幸运数字：她在 13 号结婚，而 13 也是一个神圣的女性数字，代表一年中月亮的周期。有些死小子角色的球衣上也有 13 这个数字。该系列在 15 分钟内就销售一空，虽然如果是 13 分钟的话会更有诗意，但这次发售仍然令人印象深刻。

该系列在 NFT 市场上立即引起了关注。它吸引了许多名人买家，包括瑞茜・威瑟斯彭（Reese Witherspoon）、小奥德尔・贝克汉姆、里尔・贝比（Lil Baby）、伊利亚・伍德（Elijah Wood）和加里・维纳查克。小奥德尔・贝克汉姆在推特上使用了他的死小子角色，身穿紫色皮毛，作为自己的头像或个人资料照片（pfp，profile pic）。紫色皮毛是一种罕见的特质，只有 2% 的角色具有，收集到这种罕见特质的买家甚至在社交媒体上成立了自己的"紫色皮毛帮"（purple fur gang）。

贝蒂深受死小子所有者们的喜爱，他们都是"部落"（hord）中的一员。作为死小子的所有者，一个人有权成为部落或社区的一部分。对于旨在作为头像的 NFT 收藏（即所谓的 pfp 收藏），NFT 正在以更多的互动方式被使用。通过购买死小子 NFT 所附带的知识产权许可，所有者们有权对相关的死小子角色进行充分的商业使用，包括应用在商品和其他衍生作品中。NFT 所有者保留所有利润。[106] 我把这种类型的许可称为去中心化合作或"去协作许可"（De-Collab License），这是一种创新的文化生产方式，我们将在第二部分中进行研究。

死小子的所有者们还享有一些其他特权，包括免费参加死小子的活动，比如在虚拟世界 Decentraland 举办的由 DJ 史蒂夫・青木主持的万圣节派对。2021 年 11 月 1 日，贝蒂和赛克发布了一份雄心勃勃的路线图，列出了死小子的未来活动和福利，包括商品、沙盒游戏、音乐平台、On Cyber 艺术画廊和品牌合作伙伴。[107] 此外，他们还与 UTA

联合精英经纪公司（United Talent Agency）签约，由后者在未来与传统媒体和品牌的合作中代表死小子系列——这也是许多顶级或“蓝筹”NFT 系列所追求的道路。2022 年 9 月，该项目在一条推特上宣布与威格（Wrangler）合作，推出了一个穿着威格牛仔裤的死小子。[108]

NFT 创造了一种新型的所有权，我将其称为“交互式所有权”（interactive ownership）。我将在第二部分进一步阐释自己的理论。目前，重要的是要认识到，NFT 的用途远远超出了在区块链上记录交易的范围。它们可以帮助在基于 NFT 卡通人物的 pfp 中建立一个在线身份，比如一个长着紫色皮毛的死小子。它们还可以在项目创建者和 NFT 所有者之间促进社区、协作和持续的参与。任何 NFT 创建者都可以组织自己的社区。这就是为什么许多大品牌已经在开发或探索 NFT 的原因。它们想让自己的社区或部落参与进来。由于 NFT 仍处于发展之中，我们只触及了其巨大潜力的表层。

由于死小子在短短一年内取得了令人难以置信的成功，贝蒂和赛克暂停了自己创意公司的运营。回想 NFT 带来的自由，贝蒂无法想象自己再回到以企业客户为导向的工作中去。

“这就是我的生活，”她告诉我，“我喜欢站在事物的最前沿……这种感觉正如我想象的那样……艺术家们会聚集在巴黎的咖啡馆里，共同探讨新的概念、新的想法。”

第 三 章

◆

篮球、啤酒花与高级定制

我热爱时尚，正如我爱篮球。

——哈基姆·奥拉朱旺（Hakeem Olajuwon）

NFT 不仅仅是为艺术家而准备的，它是一种可以适应多种用途的计算机程序。各大品牌都在竞相研究如何将 NFT 应用于自己的商业之中（即所谓的用例），尤其是在新兴的元宇宙空间之中。这是一个虚拟世界，有望提供比平板屏幕更具沉浸感的体验，并可能通过增强现实或虚拟现实技术来实现强化。花旗银行（Citi）估计，到 2030 年，元宇宙将创造一个潜在价值在 8 万亿到 13 万亿美元之间的新兴市场。[1] 这一预测是在加密货币进入寒冬和 2022 年经济严重衰退之前做出的，但它反映了该公司为建设下一阶段互联网所投入的努力，它们将更具沉浸感，更能融入日常生活之中。构建元宇宙的竞争是如此激烈，以至于脸书在 2021 年将自己的名字改为了 Meta，并将其整个业务重心从社交媒体平台移走。[2] 这一决定在 2022 年时并没有那么令人震惊。当时 Meta 和其他社交媒体公司纷纷反映收入下降，这使得一些科技分析师预测传统社交媒体将走向消亡，而后起之秀 TikTok 则站在了最安全的位置。[3]

令人吃惊的是，最先采用 NFT 的三家企业既不属于科技行业，也不属于娱乐行业，而是美国职业篮球联赛（NBA，National Basketball Association）、安海斯－布希公司（Anheuser-Busch）和时尚行业。本章探讨了这些企业使用 NFT 的方式，既是为了记录其发展历程，也是为了给其他企业提供思路。但必须牢记：NFT 的潜在用途是无限的。我们或许会看到它还有很多其他创造性的用途。事实上，它们很可能会融入我们的日常生活中，以至于我们不会把它们叫作 NFT。它们会被归类为财产契约（property deeds）、记录、订阅、门票等我们已熟悉的东西。NFT 这个词可能会像**网络公司**那样淡出大家的视野，标签所扮演的角色远不及科技和应用那样重要。

拿 NBA 的新产品线来说。该组织不仅将 NFT 作为藏品（由视频集锦而不是球员的照片组成），还将其作为一种吸引粉丝的手段，使 NFT 所有者有权获得相应的奖励。这与客户忠诚计划十分相似，但目前我们可以将其称为 NFT 所有者奖励计划。安海斯－布希公司在藏品及所有者奖励计划中采用了与之相似的方法，但也有自己的创新之处：一是作为推广新晋音乐家的一种方式；二是作为投票权，赋予了 NFT 所有者协助企业做出营销决策的权利；三是通过与 NFT 领域领先项目 Nouns DAO ① 进行了创新合作，从而扩大其消费者基础。时尚行业正在使用 NFT 来发展一种新型的数字时尚，特别是针对下一代——年轻消费者。这种时尚分为两种形态：一种是仅在虚拟世界中的化身上使用的数字时装，另一种是实体数字化（phydigital）——

① 全球最头部的 DAO 社区。

包括了所有者的数字和实体时装。由于纯数字时装无需制作原材料，这解放了时装设计师们超凡脱俗的设计想象，给时尚行业的可持续发展提供了一条新的路径。

NFT 的这些创新用途为我们的虚拟世界提供了全新的数字产品、全新的收入来源，以及让消费者参与社区和所有者奖励计划的全新方法——例如，通过赋予 NFT 所有者投票权使其可以参与公司营销决策。此外，NFT 也为企业提供了一种向下一代消费者扩展市场的途径，并为有才华的艺术家提供了配合与支持。

达珀实验室与 NBA 最佳投篮时刻

疫情带来的意外冲击之一就是体育集换式卡牌（sports trading cards）① 市场的暴增，以及随之而来的价格飙升。[4] 在 2021 年，1909 年推出的霍纳斯·瓦格纳（Honus Wagner）T206 球星卡以 660 万美元的价格成交。一张罕见的“孤品”（one of one）斯蒂夫·库里（Steph Curry）新秀卡（rookie card）以 590 万美元的价格成交，而 1952 年的米奇·曼托（Mickey Mantle）新秀卡和 2003 年的勒布朗·詹姆斯（LeBron James）新秀球衣补丁签名卡（autographed rookie patch）均以 520 万美元成交，一张卢卡·东契奇（Luka Doncic）签名新秀卡和 2017 年帕特里克·马霍姆斯（Patrick Mahomes）新秀卡则分别以 460 万美元和 430 万美元 [5] 的价格成交。即使在经济衰退期间，一张 1952 年的米奇·曼托新秀卡也以 1 260 万美元的价格售出，创下了历史上的最高成交价。[6] 事实上，体育运动卡片（sports cards）销量前

① 亦称“球星卡”。

十名都诞生在新冠疫情大流行期间。易贝（eBay）数据显示，2020年，该平台上的体育运动卡片销量同比增长了142%，售出体育卡400余万张。[7]

那么，是什么引发了这些卡片的交易热潮呢？从理论上讲，人们在新冠疫情大流行期间有更多的时间待在家里，有更多的可支配收入，包括从刺激经济支票（stimulus checks）① 中获得的收入，以及实现多元化投资的愿望。[8]

不管理由如何，NBA都不可能比现在更好地把握住藏品市场的时机。2020年10月，它推出了一种名为"最佳投篮时刻"（Top Shot Moments）全新的数字交易卡，内容为NBA球星的短视频集锦。它们是一家专为区块链开发应用的Web 3.0创业公司达珀实验室（Dapper Labs）的创意。其首席执行官罗哈姆·加雷戈兹卢（Roham Gharegozlou）的职业生涯最初从由其本人创立的温哥华创业工作室（venture studio）Axiom Zen起步。该工作室早在2017年就创建了第一批最受欢迎的NFT系列之一——加密猫（CryptoKitties）。看到NFT的巨大潜力，加雷戈兹卢在2018年3月分拆了一家新公司——达珀实验室，共有50名Axiom员工加入。[9]后来，他承认"这是一个巨大的赌注"。[10]

达珀实验室的任务是对虚拟世界中的交易卡进行重新构思。这种虚拟化的策略是所有企业都可以采纳的：我们的任何一个产品是否适合一种新的虚拟形式来拓展自己的市场？所谓虚拟化，我指的是在网上以虚拟形式制作某些物品，比如数字艺术品或此处的视频集锦。虚拟化的优点之一是无需使用物理材料，从而极大地节省了成本。鉴于

① 政府为提高社会消费能力、刺激经济活动以支票形式向纳税人支付的款项。

智能手机的广泛使用，虚拟互动已经越来越多地融入了我们的日常生活当中。虚拟产品及其所有权仅仅是这种过渡的下一个阶段。一个相关的概念就是“代币化”（tokenization）：将某些东西转换为区块链上可以被交易和拥有的独特代币。达珀实验室做到了这两点：它将过去的视频集锦进行了虚拟化，并将其标记为“时刻 NFT”（Moments NFT）。我们会发现，安海斯–布希公司在创建其第一款可收藏的 NFT 时采用了同样的策略，时尚行业在打造数字时尚时也使用了这种策略。达珀实验室的策略非常精明，因为新的藏品无法取代传统卡片，这降低了 NFT 蚕食现有卡片交易市场的可能性。但是“时刻”的概念与传统卡片类似，其价值也是由稀有程度所决定的。正如传统卡片的稀有程度在不同的时刻有所不同。NBA 最佳投篮时刻（NBA Top Shot）将时刻分为四类，从最不稀有至最稀有依次为：普通（common）、运动迷（fandom）、罕见（rare）和传奇（legendary），[11] 最为稀有的卡片自然价格最高。

NBA 最佳投篮时刻在 2021 年取得了惊人的成功。在短短一年半内，时刻 NFT 的销售额就超过了 10 亿美元。[12] 如图 3.1 所示，其销量在 2021 年 2 月达到峰值后出现了下滑。根据分析，这一峰值可能是由投机行为驱动产生的。

如果将 NBA 最佳投篮时刻在 2020 年 7 月至 2022 年 7 月期间的销售额与历史上顶级的 NFT 藏品之一加密朋克进行比较，能看出 NBA 的数字藏品表现相当不错，见下图 3.2 所示。在 2021 年初的三个月里，时刻 NFT 所取得的成绩甚至让加密朋克黯然失色。在这期间，NBA 最佳投篮时刻和加密朋克通常被视为 NFT 市场中的两个领导者。[13] 最佳投篮时刻在 2021 年第一季度（1—3 月）取得了惊人的成功，并引起了媒体的广泛关注。这可能成为了当年 NFT 市场销量激增的

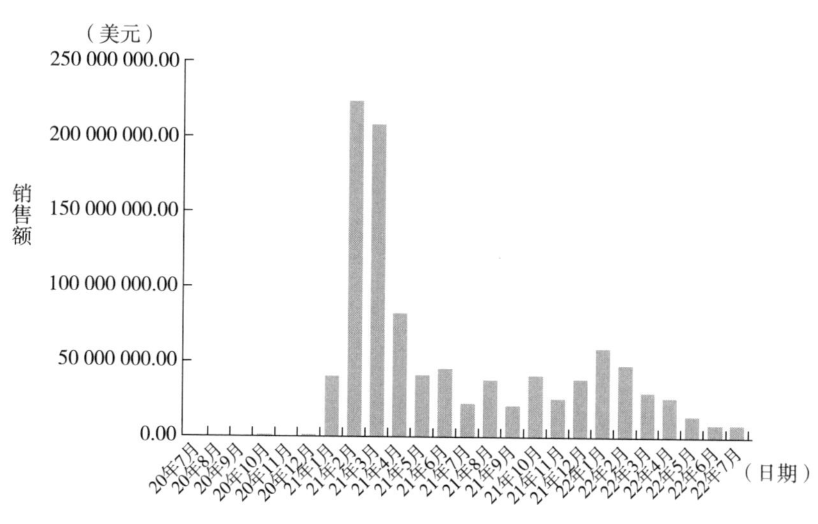

图 3.1　NBA 最佳投篮时刻的交易销售量

来源：CryptoSlam!

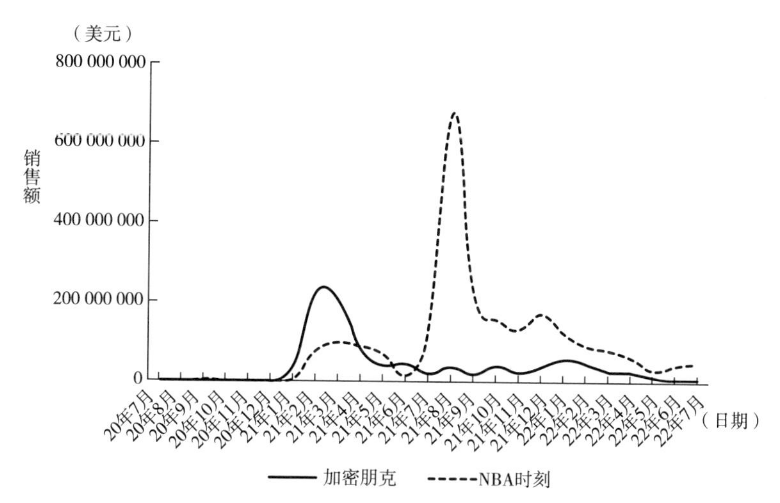

图 3.2　NBA 最佳投篮时刻与加密朋克销售数据对比

来源：CryptoSlam!

催化剂。后来我们发现，时刻和加密朋克是具有不同效用的 NFT 产品（其中加密朋克用于 pfp/ 身份，而时刻则用于体育藏品），这使得它们之间的比较变得不太合适。

即使在加密货币寒冬和经济衰退时期，时刻 NFT 的总交易量依然可观。2022 年 7 月的交易量超过 50 万笔［其他藏品（如运动卡、球鞋）也有所下跌］。[14、15] 就此判断，时刻 NFT 的市场可能是具有周期性的，与传统的卡片市场相比并无太大差异。

即便如此，NBA 最佳投篮时刻的成就是不可否认的。时刻 NFT 仍然是体育 NFT 的市场领导者，销售额超过 10 亿美元，为 NBA 打开了一个全新的市场。最佳投篮时刻的平台拥有 110 万注册用户。[16] 除了 NBA 对传统篮球卡的授权之外，时刻 NFT 还提供了新的收入来源。而且，区别于传统卡片，NBA、球员工会（Players Association）和达珀实验室每次转售数字时刻都会分享 5% 的版税（我们将在第二部分中研究转售版税，这是 NFT 对创作者最具吸引力的特点之一）。[17] 在目前的合作关系下，NBA 球员并不从时刻 NFT 的销售中直接获得收益。但球员斯宾塞・丁维迪（Spencer Dinwiddie）、凯文・杜兰特（Kevin Durant）、克莱・汤普森（Klay Thompson）、安德烈・伊戈达拉（Andre Iguodala）、贾维尔・麦基（JaVale McGee）、亚历克斯・卡鲁索（Alex Caruso）、阿隆・戈登（Aaron Gordon）和加雷特・坦普尔（Garrett Temple）拥有达珀实验室的股权，NBA 即球员工会和迈克尔・乔丹（Michael Jordan）也是如此。[18]

NBA 最佳投篮时刻是如何获得立竿见影的成功的？正如上文所提到的那样，绝佳的时机是一个很重要的因素。但 NBA 和达珀实验室做出了多项战略决策，促成时刻 NFT 取得了立即的成功。首先，他们决定让“时刻”尽可能地为公众所接受。甚至没有被使用 NFT 一词。（除了隐藏在普通消费者不太可能完整阅读的使用条款中。[19]）

就连 NBA 头号球星“时刻”的首次发布也未提及 NFT 一词。[20] 鉴于 NFT 曾经招致的诸多的批评，例如“消耗太多能量”或是“彻头彻尾的骗局”等（我们将在后面的章节中讨论这些问题），避免使用该词已被证明是明智之举。

达珀实验室也在努力使时刻 NFT 的技术能够顺畅地为人们服务。它建立了自己的流区块链（Flow blockchain），并在此创建和记录 NFT。与更流行的以太坊区块链相比，流（Flow）不仅消耗的能量要少得多，[21] 而且根据报道，它还可以更快地处理交易。加雷戈兹卢希望避免出现类似于抢购加密猫导致以太坊瘫痪那样的情况。[22] 也许更为重要的是，为了吸引广大用户，达珀实验室还创建了一个加密钱包（crypto wallet），使消费者能够使用信用卡或更常见的加密货币支付方式来购买时刻 NFT。[23] 入门级消费者在选购 NFT 的过程中，一个最大障碍就是必须设置加密钱包，例如小狐狸钱包（MetaMask）。

此外，达珀实验室还对卡片收集者们进行了研究，尝试复制出打开一包新卡的快感。[24] 加雷戈兹卢明白，卡片收藏者会为社交媒体制作自己的短视频，在翻看一副卡片时揭开新卡片的面纱，希望能得到一张罕见的新秀卡。尽管有些视频可能是为了呈现在包中找到稀有卡片的戏剧性效果而制作的，但在视频中仍然可以明显感受到收集者的兴奋之情。达珀实验室试图通过将时刻 NFT 捆绑成数字包的方式来捕捉收藏者们的同样的兴奋。随着 2021 年 2 月份的繁荣，数字包很快就销售一空。[25]

在此过程中出现了许多有据可查的小插曲，尤其是在 2021 年 2 月的需求高峰期间，当时达珀实验室不得不建立一个排队系统才能为“时刻”发布时“混乱的抢购”提供一定的秩序。[26] 值得一提的是，达珀实验室不断致力于解决由此产生的各种问题。而且，这些技术故障也并不是达珀实验室特有：加密朋克、CloneX 和 Otherdeed 等其他蓝筹 NFT 项目，在发布过程中也遇到了技术上的问题。

时刻 NFT 不只是藏品，其设立的所有者奖励计划让用户有资格赢得 NBA 季后赛和 NBA 选秀大会的入场券，并可以在指定比赛中与最佳投篮时刻平台互动来获得相应奖励。与此同时，最佳投篮时刻也在为球迷们开发新的方式来与 NBA 的超级明星们进行交流。[27] 2022 年 1 月，该平台推出了其首个特别系列，其中包括凯文·杜兰特的六个时刻，名为“英雄惜英雄”（Game Recognize Game），由杜兰特亲自策划。此外，最佳投篮时刻还开发了一款叫作 Hardcourt 的基于区块链的游戏。在游戏中，时刻 NFT 可用于根据其中捕捉到的高光表现升级或发展游戏中的球员。[28] 虽然这款游戏听起来很有前途，但在 2022 年夏天，它的发布还是被推迟了。同期，为了了解 NFT 在奖励计划中的效用，星巴克于 2022 年 9 月宣布开启对 NFT 的尝试。

尽管一些卡片藏家可能仍然怀念传统的纸质卡片，但 NBA 的数字时刻提供了几个优势。首先，区块链降低了造假的概率。假货问题一直困扰着体育卡的收藏，特别是在疫情防控期间。[29] 如果你在易贝或展会上购买了一张卡片，你就必须承担一定的风险，因为它可能是伪造的。然而，因为区块链记录了与 NFT 相关的所有交易，所以你可以追溯到其原始所有者，并获知其真假。[30] 如果时刻 NFT 在 NBA 最佳投篮时刻平台上进行出售，那么伪造的概率更是几乎为零。此外，纸质卡片极易破损，甚至被印制得稍有偏差。任何瑕疵，比如最轻微的圆角，都会大大降低卡片的价值。有鉴于此，藏家们通常会将其最有价值的卡片保存在塑料外壳内，并在干燥、凉爽的环境中将其存放于安全之处。他们甚至可能不会经常查看自己最有价值的卡片。[31] 因为若要使卡片保持完美的状态，最好的办法莫过于将其存放在里面永不接触。对交易卡片的质量进行等级划分已经成为一个完整的产业，各种公司争相为之提供分级。而一旦有了“时刻”这样的数字文件，就没有什么必要对任何物品进行评级。此外，你也不必把自己的数字藏品锁起来。与纸张不同的是，它不会破损。

在 2021 第一季度“时刻”迅速崛起一年后，其销售额又回落到了现实。有藏家质疑，它是否仍然是一项好的投资。[32] 也有人指责 NBA 要为“时刻”达到峰值后销量和价值的下降负责：NBA 最佳投篮时刻通过增加供给来满足对时刻 NFT 的更大需求。[33] 达珀实验室还面临着法律上的不确定因素：“时刻”作为未经注册的证券违反了《联邦证券法》(federal securities law)，该公司及其首席执行官加雷戈兹卢均被提起了集体诉讼。[34] 2022 年 8 月，达珀实验室向法院申请驳回此案，理由是“时刻”只是体育交易卡一样的藏品，并不构成证券(截至本书撰写之时，法院还没有对该动议作出裁决)。[35] 在第三部分，我们将对某些 NFT 是否为证券这个问题进行深入讨论。在针对达珀实验室的案件中，部分法律专家表示出某种程度的疑虑，并对达珀实验室的立场予以了支持。[36]

尽管存在着不确定性，NBA 最佳投篮时刻已经证明了体育 NFT 概念的可行性。事实上，将 NFT 作为藏品是一种自然的选择。达珀实验室听到了藏家们的抱怨，并开始解决供过于求的问题。它拟定了一个项目。通过该项目，藏家们能够以自己的时刻 NFT 换取可用于购买专属包装的入场券；交易所得的 NFT 将被送到“更衣室”(locker room)，从而提高了“时刻”的整体稀缺性。[37] 最佳投篮时刻平台的以旧换新计划类似于公司的股权回购。平台生成，该计划将从流通中移除 50 万个时刻 NFT。[38] 达珀实验室和 NBA 最大的优势可能是他们愿意从错误中吸取教训，倾听所有者社区的抱怨，并不断调整，以创造出更好的产品和体验。[39]

还有一些职业体育联盟认识到了最佳投篮时刻所取得的巨大成功，并已经开始开发自己的 NFT 产品。尽管 NFT 不会取代传统的体育卡片，但它们可能会促进球迷对数字藏品的理解和接受。2021 年 9 月，达珀实验室与美国国家橄榄球联盟（NFL）和 NFL 球员协会签署协议，在其新平台 NFL All Day① 上为比赛制作数字高光时刻 NFT。[40] NFL 的 NFT 有一个令人印象深刻的起点，即使在加密货币的冬天也是如此。初创公司 Sorare② 已经与全球 230 多个足球联盟和俱乐部进行了合作，其中包括为美国职业足球大联盟（Major League Soccer）制作的一款基于 NFT 的梦幻游戏。[41] 同时，美国职业棒球大联盟与 Candy Digital③ 达成协议，生产可收藏的 NFT。[42] DraftKings④ 则提供广泛的体育 NFT 服务，包括为 2022—2023 赛季的 NFL 球员提供游戏化体验。[43] 而被誉为“下一代幻想”（the next generation of fantasy）的 Reignmakers 足球游戏使球迷能够购买球员的 NFT，并在游戏中“玩”（play）它们，每周有机会赢得 100 万美元的一部分。[44] 汤姆·布雷迪（Tom Brady）共同创办了 Autograph⑤，为运动员提供了一个 NFT 销售平台。[45] 该公司还与 ESPN 达成合作，推出该网络的产品。ESPN 的第一个藏品系列将为由 GOAT⑥ 本人与 ESPN 电影联合制作

---

① 数字藏品市场，使足球迷能够以 NFT 的形式收集视频亮点，并与来自世界各地的其他志同道合的球迷联系。

② 一款基于以太坊的使用足球球员卡片作为 NFT 收藏品的区块链游戏。

③ 一个数字收藏品平台，使用户能够购买、交易和共享体育 NFT。

④ 一个数字藏品生态系统，提供精心策划的 NFT 投放，并支持二级市场交易。

⑤ 一个 NFT 平台，允许用户购买由一些最伟大的运动员签名的数字资产。

⑥ “有史以来最伟大的”（greatest of all time）的简称，指职业体育史上最伟大的运动员。

的纪录片《竞技场上的男人：汤姆·布雷迪》（*Man in the Arena: Tom Brady*）设计。[46] 布雷迪还推出了一个新的“签名体验”（Signature Experience）NFT系列，让所有者“有机会参与汤姆·布雷迪的独家合作，体验线下和在线活动，并领取专门为社区制作的数字和实物定制商品”。[47] 尽管并非每个NFT都能获得成功，但那些成功的作品将以创新的方式来吸引粉丝。

作为一名卡片收藏者，我能预见到实体交易卡与NFT之间的最终整合，既能设计虚拟卡又能设计实体卡，还能对卡片进行身份认证。这样有利于解决赝品问题。另外，NFT还能让卡片所有者有权换领实体卡，从而使投资价值不因实物而贬值。其价值也不会依赖于专业评级服务机构的主观评判。当然，这条道路会改变体育卡收集的动态，但NFT可能会成为比实体卡更好的长期投资。这只是使用NFT数字交易卡的一个例子。与静态照片不同，数字卡可以是动态的并会随着时间而发生变化——例如，NFT所有者会收到的勒布朗·詹姆斯（LeBron James）新秀赛季的不同照片。此外，NFT还可以通过编程来进行互动：勒布朗·詹姆斯NFT和斯蒂芬·库里NFT可以让所有者观看由两名球员参与的视频亮点，例如2016年NBA总决赛或2022年全明星赛。未来包含着一切可能。

安海斯－布希和啤酒NFT

安海斯－布希公司成立于1852年，是美国最大的酿酒企业。它生产了一些美国最著名的啤酒，包括百威（Budweiser）、百威淡啤（Bud Light）和米凯罗啤酒（Michelob ULTRA）等。阿道弗斯·布希（Adolphus Busch）是公司联合创始人埃伯哈德·安海斯（Eberhard

Anheuser）的女婿，他帮助公司成为了酿酒行业的创新者。安海斯－布希还是美国第一家使用巴氏灭菌法（pasteurization）的啤酒厂，连同配备冷藏功能的火车车厢一起开创了一个全美啤酒市场，使公司发展为一家全国性企业，后来进一步成为了一家国际性企业。[48] 2008年，安海斯－布希公司被英博（InBev）收购，成为母公司安海斯－布希英博公司（Anheuser-Busch InBev SA/NV）的全资子公司，我们下面的讨论所涉及的是子公司安海斯－布希公司。

即使在今天，安海斯－布希仍然是一个创新者。它是啤酒行业中首批采用 NFT 的主要品牌之一，并以各种创新的方式展示了它的巨大潜力。实际上，任何一个产业都很少有其他大品牌能够媲美安海斯－布希对于 NFT 的创造性使用。

这家公司的第一个战略是将“百威啤酒历史上的存档照片、广告和设计”进行虚拟化处理。安海斯－布希从过去的设计中汲取灵感，将它们变成了新型可收藏 NFT。[49] 2021 年 11 月，该公司推出了第一批 NFT，即百威酒罐遗产系列（Budverse Cans Heritage Collection），由 1 936 个 NFT 组成，呈现了独特的数字酒罐（1900 个定价 499 美元，36 个定价 999 美元，仅限到达法定饮酒年龄的消费者使用），以纪念 1936 年的第一个百威酒罐。[50] 除了作为藏品，NFT 还建立了一个所有者奖励计划：“每个 NFT 都将成为百威啤酒的入场券，为所有 21 岁以上（或达到法定饮酒年龄）的 NFT 持有者解锁独家优惠、奖励和惊喜。”[51] 这一批 NFT 在不到一个小时的时间里就全部售罄了。[52]

受其遗产系列 NFT 成功的鼓舞，安海斯－布希公司在第二年年初推出了另一个 NFT 系列，以推广其新的零碳水化合物啤酒“百威下一代淡啤”（Bud Light NEXT）。“百威淡啤 N3XT”系列包括 12 722 款 NFT，每款售价 399 美元。[53] 除独家特权之外，NFT 的所有者还被授予“独家投票权”（exclusive voting rights），以协助安海斯－布希公司决定下一代（NEXT）百威啤酒的品牌和商品决策。[54]这种利用NFT来赋予所有者投票权的方法在DAO中十分流行，本书将在稍后对此进行研究。该系列在不到一周的时间内全部售罄（刚好就在超级碗之前），创造了450万美元的收入。[55]

安海斯－布希邀请所有NFT所有者参加2022年3月在圣路易斯安海斯－布希啤酒厂举行的百威啤酒第一届啤酒节。该公司为NFT的所有者提供了啤酒厂和NFT艺术画廊的VIP参观活动、宣传推广的体验，当然还有免费的啤酒和食物。一架无人机甚至在舞台上“空投”啤酒。Blockchain & Metaverse高级总监兼nft负责人Julie Garneau在接受采访时向我解释说：“作为一家公司，我们相信现实世界的体验和活动是社区建设的一个重要方面。这就是为什么把我们的社区成员聚集在一起，特别是把他们带到圣路易斯的我们的家庭啤酒厂，这对我们来说很重要。”

安海斯－布希还与22位新兴音乐家合作，于2022年1月推出他们的首批NFT，作为百威皇室（Budweiser Royalty）系列的一部分。百威啤酒与艺术家合作的历史悠久，包括大男孩（Big Boi）、Nelly、大肖恩（Big Sean）和海尔希（Halsey）。NFT提供了一种与这些艺术家进行合作的新方式。歌迷们只需花费499美元购买一个NFT，就可以支持有前途的音乐人了。除了百威公司为推广而保留的2%的收入外，销售所得将直接归音乐人所有。[56]百威皇家NFT卡被描述为一款音乐家的“新秀卡”，其被随机赋予不同的稀有级别——核心（core）、稀有（rare）和超级稀有（ultra-rare）——从而使用户享受到不一样的福利，与音乐家有了更多的接触。[57]两位百威皇家艺术家，弗雷斯科·特雷（Fresco Trey）和米莉轻步（Millie Go Lightly），就在首届啤酒节上进行了演出。基于他的歌曲《需要你》（*Need You*）在 TikTok 上取得的突破性成功，特雷后来与华纳唱片公司（Warner Records）签署了音乐协议。[58] 在第二部分中，我们将考察初创公司如何通过 NFT 开发新的音乐融资平台。

安海斯 – 布希将 NFT 作为藏品，加入所有者奖励计划和社区，并对新晋艺术家提供扶持，使其在短时间内进行了令人印象深刻的探索。但该公司走得更远。在其最尖端的 NFT 使用中，安海斯 – 布希公司与领先的 NFT 项目之一 Nouns 达成了合作。Nouns 字符（Nouns characters）不是由一个公司而是由一个 DAO 进行生产的。每天都有一个新的 Nouns NFT 被铸造出来，通常每个售价高达 100 000 美元。（我们将在第二部分研究 Nouns DAO 对知识共享协议的创新使用。）Nouns 的人物均佩戴方形眼镜，这是他们的标志性特征。在 2022 年的超级碗比赛中，安海斯 – 布希公司为百威下一代淡啤拍摄了一个时尚的广告，其中包括独特的 Nouns 眼镜。[59] 作为合作的一部分，Nouns DAO 批准将 Nouns NFT 转让给安海斯 – 布希，其中包括 DAO 未来提案中的投票权。该公司计划根据百威啤酒 N3XT NFT 所有者的集体投票在 DAO 中行使其 Nouns 投票权，他们甚至为该公司的 Nouns NFT 选择了一个名字——布鲁斯基（Brewski）①。

为何一家啤酒公司会与 NFT 的 DAO 合作制作超级碗广告呢？一个很重要的原因就是扩大自身的消费群体并将知晓 NFT 的个人纳入消费范围，他们其中许多人是千禧一代和 Z 世代。Nouns DAO 不仅在 NFT 方面，而且在去中心化的文化生产方面都处于领先地位。[60] 加尔诺（Garneau）详细阐述道：“当我们推出百威下一代淡啤和我们

① 其中的英文“Brew”有酿造啤酒之意。

的 N3XT 纪念系列时，品牌着手将更多的消费者带入我们的品牌大家庭。为了确认我们在 NFT 领域的承诺和真实性，我们与行业领先力量之一 Nouns DAO 进行了合作。”

正如加尔诺所提到的，还有一个原因是真实性。企业在推出 NFT 之前，一定要先理解这种文化。否则，就可能会面临失败的危险。NFT 发烧友往往会对大公司和名人 NFT 心存疑虑，尤其是如果他们认为 NFT 项目是不可靠的或是只为“抢钱”的时候。“他们对 Web 3.0 的文化一无所知”是我在社交媒体上反复看到的一种批评。为了更多地理解这种文化，各大品牌的最佳策略之一便是与 NFT 项目进行合作，这些项目已经在 NFT 爱好者中获得了一定程度的信赖。这就是 NBA 对达珀实验室的合作，也是安海斯 – 布希与 Nouns DAO 的合作。加尔诺解释道：“在许多方面，DAO 是 Web 3.0 哲学的核心，对我们来说，更深入地参与和了解这个空间是很重要的。”

安海斯 – 布希与 Nouns DAO 的合作宣告了着各大品牌与领先 NFT 项目新型伙伴关系的建立。安海斯 – 布希超级碗广告是有史以来第一个以 NFT 艺术作品为特色的广告，更不用说 DAO 了。随着品牌试图与 NFT 爱好者和 Web 3.0 文化建立真实的联系，我们很可能在未来看到许多其他此类合作。安海斯 – 布希在早期就使用过各种不同用途的 NFT 系统，这为它作为创新者的传奇历史又添上了崭新的一页。

时尚产业

试想一下，你受五年期数字游牧民签证（digital-nomad visa）和外国收入免税的诱惑，在巴厘岛远程办公。今天你有一个重要的演讲，你可以将 Zoom 上的虚拟背景更改为更适宜办公的设置——一个现代办公室的图像，而不是你正在喝着卡布奇诺的沙滩。方便的是，你不需要从泳衣换成商务装并忍受在海滩上的闷热。相反，你可以选择一种滤镜，使自己穿上数字服装。穿着剪裁完美的巴黎世家（Balenciaga）数码套装，你将带来一场精彩绝伦的演讲，给你的同事、老板都留下深刻的印象。下午晚些时候，你又换上了阿迪达斯的数字运动服和耐克的数字球鞋，参加贾斯汀·比伯的虚拟演唱会，彼时你还穿着泳衣，但现在正在喝鸡尾酒。

上面的场景听起来可能有些异想天开，但它不是科幻小说。1992 年，尼尔·斯蒂芬森（Neal Stephenson）在他的小说《雪崩》（*Snow Crash*）中创造反乌托邦的“元宇宙”（metaverse）时，[61] 它听起来并不是这个样子。相比之下，我凭空捏造的这个场景听起来更有趣，也很真实，因为在今天所有这一切都有可能发生。事实上，巴厘岛确实提供了为期五年的数字游牧民签证，以吸引远程工作者。任何人都可以在 Zoom 或虚拟平台上穿上数字服装，[62] 并在 Decentraland、Roblox、Sandbox 等游戏世界中穿上数字时装。[63] 新冠疫情大流行期间，贾斯汀·比伯的确举办了一场虚拟音乐会；虽然其并没有为观众提供选择化身的功能，但这项技术是真实存在的。[64] 2022 年，MTV 甚至认可了一个新的最佳元宇宙表演奖（Best Metaverse Performance），尽管被提名的比伯没有获奖。数字时尚不仅是可能的，而且在我们说话之时它已经在现实中发生了。

没有哪个行业能像时尚行业那样迅速地接受 NFT 和元宇宙。从高级定制（haute couture）到运动服和街头服饰，时装设计师们正在为数字和实体用途重新设计服装和配饰。一种全新的纯数字时装已经被发明出来，同时还有一种新的物质数字化商品——供你的数字化身在元宇宙中穿着，而你则可以在现实世界中穿上他们。如表 3.1 所示，许多时尚品牌都推出了数字时装和藏品的 NFT。

表 3.1 时尚产业数字可穿戴设备与 NFT

公司	发行数量	内容类型
Auroboros	1	* Decentraland 和 AR 中的数字可穿戴设备
巴黎世家	2	* “堡垒之夜”（Fortnite）系列中的数字可穿戴设备
巴尔曼（Balmain）	1	芭比化身的数字服装
巴宝莉（Burberry）	2	藏品
杜嘉班纳（Dolce & Gabbana）	3	数字可穿戴设备（部分为物质数字化）藏品
Dress X	市况	数字可穿戴设备和 AR（部分 NFT）
The Fabricant	市况	数字可穿戴设备和 AR
盖璞（Gap）	3	数字可穿戴设备（部分为物质数字化）藏品
纪梵希（Givenchy）	2	藏品
古琦（Gucci）	4	数字可穿戴设备和 11 个 NFT 系列藏品
吉米·周（Jimmy Choo）	1	藏品
乔纳森·辛凯（Jonathan Simkhai’s）	1	第二人生中的数字可穿戴设备
卡尔·拉格菲尔德（Karl Lagerfeld）	3	藏品
路易威登	2	* “英雄联盟”（League of Legends）的数字可穿戴设备（部分为物质数字化）藏品
普拉达（Prada）	2	藏品
拉夫劳伦	2	* Zepeto 和 Roblox 中的数字可穿戴设备
瑞贝卡·明可弗（Rebecca Minkoff）	4	数字可穿戴设备（部分为物质数字化）藏品
洛克山达（Roksanda）	1	* 数字可穿戴设备（与数字时尚研究所合作）
威格牛仔（Wrangler Jeans）	1	数字可穿戴设备（部分为物质数字化）藏品

续表

公司	发行数量	内容类型
飒拉（Zara）	3	数字可穿戴设备，部分为 Zepeto 设计的（部分为物质数字化）
* 数字可穿戴设备或皮肤，但不包括 NFT		

而且，如下面的表 3.2 所示，运动服装行业的各顶级品牌都推出了自己的 NFT 产品。阿迪达斯和耐克都有着雄心勃勃的元宇宙计划，正在竞相以创新的方式开发 NFT——并致力于击败对手，成为这一领域的领导者。

表 3.2　运动服行业的数字可穿戴设备与 NFT

公司	发行数量	内容类型
阿迪达斯	4	数字可穿戴设备藏品
亚瑟士（Asics）	2	数字跑鞋
耐克（已收购 RTKFT）	5	*Roblox 上的数字跑鞋 CryptoKicks（物质数字化）；空军一号跑鞋（物质数字化）；AR Genesis 连帽衫（物质数字化）；SZN1 服装、跑鞋（物质数字化）
彪马（Puma）	1	藏品
锐步（Reebok）	2	藏品
RTFKT（耐克收购前）	8	数字跑鞋（物质数字化）藏品
安德玛（Under Armour）	2	数字跑鞋藏品
* 数字可穿戴设备或皮肤，但不包括 NFT		

为什么时尚和运动服装行业都在竞相生产 NFT 呢？简短的回答是，数字时装为下一代消费者开辟了一个新的广阔市场。这种创新是由富有远见的初创公司发起的，它们颠覆了这两个行业。刚开始的时候，这一概念也许很难被人理解，特别是对于非游戏玩家而言，在电脑上观看数字时装也许就像是在观看概念车的渲染图。但这是一个误解，数字时装的存在是为了在虚拟空间中进行穿着。它不仅仅是

一件藏品——还可以作为虚拟世界中化身的服装而发挥作用。为了强调这一功能，我将使用“**数字可穿戴设备**”（digital wearable）这一术语。

这种对时尚的戏剧化重塑源于游戏，但如今却包含了更为广泛的用途，其中就包括非游戏玩家。将NFT用于数字可穿戴设备是电子游戏和平台中流行的“数字皮肤”（digital skins）的自然演变。在线游戏市场最受欢迎和最有利可图的领域之一便是“皮肤”的销售，它可以改变玩家化身的外观，包括服装、配件和武器。这些皮肤可以作为奖励获得，也可以购买，最稀有的皮肤售价可达数千美元。根据DMarket①的估算，皮肤市场的总额每年为400亿美元。[65] 在一项调查中，85%的13~45岁的美国游戏玩家对皮肤非常熟悉。[66] 此外，75%的游戏玩家称，若能将其转售至不同平台使用，将会在皮肤上投入更多的花费。[67]

在这里，我们就走进了NFT的大门。在NFT之前，皮肤是作为特定游戏中的文件创建的，如《流放之路》（*Path of Exile*）或《堡垒之夜》，存储在游戏发行商的服务器上。[68] 相比之下，NFT以区块链为基础，旨在实现不同平台的买卖。把数字可穿戴设备和NFT进行绑定的优势在于NFT属于可购买和可出售的财产，底层数字可穿戴设备可运行和使用于不同平台，这样就有可能提升它们的价值。[69] 用户可以买到一台NFT数字式可穿戴装置，用于任何具有互用性（interoperability）虚拟平台。

① 全球最大的NFT交易平台之一。

RTFKT × 耐克

2020 年 1 月，在疫情开始时，克里斯 · 勒（Chris Le）、贝努瓦 · 帕戈托（Benoit Pagotto）和史蒂文 · 瓦利塞夫［Steven Valisev，又名扎普提奥（Zaptio）］共同创立了 RTFKT，发音为“artifact”（意为：神器），这个名字指游戏世界中的有价值的物品。[70] 三人的组合充分发挥了各自工作经验的优势：勒住在盐湖城，是视觉艺术家兼创意总监，负责制作视觉效果、音乐视频和电子游戏皮肤；巴黎的帕戈托在与时尚、奢侈品和游戏等大品牌合作方面有着丰富的经验；迈阿密的瓦利塞夫是一位拥有创业经验的连续创业者。[71] 他们都是铁杆玩家，看到了一个巨大的空白——时尚行业不理解游戏文化带来的机遇。游戏行业自身也没有接受 NFT 的功用，使皮肤成为更有价值的资产（部分原因是担心游戏玩家的强烈反对）。帕戈托表示：“我们是打造未来品牌并超越每个人创新的完美的三个大脑。”[72] 正如勒所说，这就是“天作之合”。[73]

以此为契机，RTFKT 于 2021 推出了一系列 NFT，并彻底改变了数字时尚。RTFKT 引入了一种大胆的新美学，帕戈托将其描述为“玩家的美学”（an aesthetic for gamers）。他们的工作从运动鞋开始，因为在物理形式上，后者已经拥有了一个巨大的市场，狂热的收藏家被称为“运动鞋迷”（sneakerheads）。2021 年 3 月 3 日，RTFKT 与当时相对默默无闻的 18 岁天才艺术家 FEWOCiOUS 合作，推出了物质数字化运动鞋 NFT。FEWOCiOUS 将很快成为 NFT 领域最为成功、最受瞩目的艺术家之一。FEWOCiOUS x RTFKT 运动鞋 NFT 在 7 分钟内以 310 万美元的价格售罄，一些数字运动鞋（digital sneakers）甚至以 15 000 美元的价格转售。[74] 由于这些运动鞋是物质数字化的，NFT 使所有者们有权购买珍藏版的实体运动鞋。2021 年 5 月，RTFKT 再次成功推出了另一款运动鞋，这次是与著名街头服装设计师杰夫·斯泰伯（Jeff Staple）合作推出的“元鸽子”（Metapigeon）NFT。2005 年，杰夫·斯泰伯曾与耐克合作，将一款带有鸽子标志的耐克实体运动鞋重新组合在一起，掀起了一场运动鞋热潮。[75] RTFKT 很快证明了数字运动鞋 NFT 的市场的价值。

2021 年 11 月，RTFKT 将发展推向了一个新的台阶。它推出了 CloneX NFT，这是与日本著名艺术家村上隆（Takashi Murakami）合作设计的 20 000 个未来主义 3D 化身（avatar）。CloneX 的化身是人形生物，被形象地比喻为动漫和皮克斯（Pixar）的角色。[76] CloneX 化身造就了下一代街头服饰时尚，它们看起来年轻、时髦、具有未来感。尽管 CloneX 的发布经历了技术故障，但该系列仍在第一天就销售一空，并很快在 NFT 社区中获得了蓝筹地位。[77] 根据 Cryptoslam 的数据，截至 2022 年 9 月，这一系列产品累计销售额达到 7.3 亿美元，在 NFT 十大系列中位列第九。[78]

CloneX 的用途是明确的——化身可以用于虚拟世界，包括像 Google Meet 这样的视频会议平台。利用 Daz 3D① 提供的免费套件，CloneX NFT 用户可以将他们的化身改造并定制为可以在虚拟世界中使用的全身 3D 角色。[79] 随着元宇宙的不断发展，化身的效用只会越来越大。

CloneX 的另一个重要组成部分就是它的商业许可（commercial license）。与 Web 3.0 中的其他新创企业相同，RTFKT 采用了一种促进去中心化协作的许可。通过购买 CloneX NFT，所有者获得了将

---

① 一家 3D 内容和软件公司，为艺术家和设计师提供数字艺术工具和资源。

其角色用于商业用途的许可（尽管不是在任何鞋类上，也没有使用 RTFKT 的品牌名称），包括修改其角色的权利。[80] 任何带有村上隆创造特征的 CloneX NFT 都有一个更有限的商业许可，需要在 RTFKT 网站上进行注册。[81] 将这些因素结合在一起，NFT 的效用就会发生增长——所有者不仅可以为元宇宙开发自己的身份，还可以基于他们的 CloneX 角色建立自己的业务和品牌，并保留他们从 CloneX 角色货币化中获得的利润。与前面章节讨论的"死小子"系列类似，CloneX 推动了去中心化的协作。我把这种类型的许可称为"去协作许可"，这是知识产权使用方便的一个重大的、可能是革命性的发展，我们将在第二部分认真研究。

帕戈托向我解释了为什么 RTFKT 必须授予 NFT 所有者商业权利：CloneX 角色成为了所有者身份的一部分，因此后者应该能够使用它们。它还建立了一个社区，而一个公司最好的广告就是它的社区。帕戈托认为，企业不应该问自己能赚多少钱，而是要问自己给社区建设了什么？RTFKT 甚至禁止将其 NFT 所有者称为"消费者"——这不是作为一个社区的共同所有者和共同创建者所应有的意义。[82] RTFKT 不仅在重塑数字时尚，也在重塑企业与人之间的关系。它不是以消费主义为基础而构建的。其基础是社区和去中心化的协作。正如瓦利塞夫所说："我们正在努力识别社区中所有不同的核心群体，从创造者到艺术家再到收藏家，并试图支持和授权他们能够实现自己的目标，并生活在我们共同建立的这个新世界之中。"[83]

许多大品牌都注意到了这一点。事实上，耐克公司就在 2021 年 12 月 13 日（CloneX 发布后不久），直接收购了红极一时的 RTFKT。[84] 耐克公司对 RTFKT 极为重视，甚至将 RTFKT 的标识列入了其标志性的商标群中——包括耐克勾（Nike swoosh）、飞人乔丹（Air

Jordans）和匡威（Converse）。对于刚刚起步的RTFKT而言，这是一项了不起的成就。不过，甚至在公司成立之前，联合创始人就曾设想自己的创业公司“在2020年为耐克制定2025年的路线图”，即使是在RTFKT的商标设计上，他们也从耐克勾中汲取了灵感。[85]

RTFKT表示，希望“让耐克向我们学习，明白这是一个不同的游戏”。[86]在收购RTFKT后不到一年的时间，耐克就迅速推出了三款创新的NFT：空军一号（Air Force 1）运动鞋、CryptoKicks运动鞋，以及AR Genesis连帽衫。耐克的产品都是物质数字化的——NFT拥有者可以通过耐克称之为锻造的过程来获得实物。空军一号的“Space Drip”系列与19位艺术家合作，重新合成了这款标志性的耐克运动鞋。[87]其他两个项目则为动态的。CryptoKicks的设计可以通过使用作为NFT出售的不同“皮肤瓶”（skin vials）来加以改变。基于耐克公司的CryptoKicks专利，该公司设想未来CryptoKicks的所有者能够从两个耐克NFT的设计组合中“繁育”（breed）新的设计，[88]创造出一个后代或重新组合的运动鞋设计（这个想法类似于加密猫“交配”产生更多的加密猫）。“想做就做”（Just Do It）可能会拥有一个全新的含义。

如果这听起来还是那么打动人心，那么就想想AR Genesis连帽衫，这是一款用于CloneX化身和实体使用的物质数字化可穿戴设备。它“配备了NFC（近场通信）芯片，可使用增强现实技术进行追踪，让佩戴者可以选择佩戴虚拟翅膀（virtual wings）等外饰”。[89]NFC芯片能够对实物商品进行真伪验证，从而降低耐克假货问题的发生概率。[90]尽管AR Genesis连帽衫的发布同样遇到了技术上的困难（RTFKT已为此道歉），但该系列仍然销售一空。[91]随后，RTFKT推出了一个锻造季（forging season），允许每个CloneX持有者有权申请定制的数字耐克 AF1 和数字 CloneX 服装，这些服装是根据持有者的 CloneX 化身的“DNA”量身定制的。[92] 我们可以预见，拥有 NFT 可以使所有者获得耐克最新的数字时装，同时保证其真实性，并使所有者能够培育其他设计。NFT 也可以作为一个人在元宇宙中身份的组成部分，有可能通过增强技术而释放潜力。虽然仅是区分真假耐克产品的能力就非常有用，但将它与拥有 NFT 的所有其他效用结合起来，我们就会发现为什么这么多企业都在探索将 NFT 用于其产品。

耐克和 RTFKT 已经成为运动鞋和运动服数字时尚前沿的领导者。而对于阿迪达斯雄心勃勃的“进入元宇宙”（Into the Mataverse）合作项目，我们将在第二部分予以探讨。

Auroboros 和高级时装的未来

颠覆也同样出现在高级时装的领域。Auroboros、DressX ①、The Fabricant ② 和 UNXD ③ 等一批创新型初创公司不仅重构了时尚，而且开创了全新的纯数字时尚。这种方法可以通过减少材料的消耗和浪费而使行业更具可持续性。人们无需购买实体衣服就能在虚拟环境中装扮自己。The Fabricant 等创新者们开始让人们能够参与数字时尚的共同设计，这可能成为未来发展的趋势。[93] DressX 推出的智能手机应用程序，可以使你在自拍时，通过增强现实技术穿上数字服装，类似于使用 Snap 滤镜。

① 美国虚拟时尚平台。
② 荷兰虚拟时尚品牌。
③ 元宇宙时尚数字奢侈品和文化市场。

Auroboros 也是这些高级时尚的颠覆者之一。2018 年，富有远见的联合创始人艾丽莎·奥尔贝科娃（Alissa Aulbekova）和保拉·塞尔洛（Paula Sello）在科西嘉工作室（Corsica Studios）举办的一场技术派对上首次见面。科西嘉工作室是伦敦的一家地下俱乐部，以举办音乐和艺术活动著称。两人立即意识到她们志趣相投，不仅是因为她们的时尚着装（她们的穿着对于科西嘉工作室来说已经过于隆重），更重要的是因为她们的智力、艺术兴趣和童年经历。奥尔贝科娃说，她们的联系是“瞬间建立的”。两人都很有艺术感，从小玩电子游戏，深受外婆的影响，跟随家庭四处奔波。这种生活方式让她们接触到了不同的国家和文化。两人都曾在著名的学校学习时尚：奥尔贝科娃在伦敦的中央圣马丁学院（Central Saint Martins），塞尔洛在伦敦大学金史密斯学院（Goldsmiths, University of London）和时装技术学院（Fashion Technology Academy）。两人都被电影《阿凡达》（*Avatar*）中的未来世界所吸引和影响，认为这部电影在电影创新方面具有开创性意义，尽管也有人批评它带有殖民主义的叙事，但其将技术与自然融合于一体的对于太阳能朋克（solar-punk）[①] 世界的构想却是鼓舞人心的。事实证明，两位女士已经在 Ins 上彼此关注。适切地，两人初次见面就是通过数字方式进行的。

奥尔贝科娃和塞尔洛于 2018 年的偶然相遇迎接了 Auroboros 的诞生，此名意指远古神话中蛇以循环之法吃尾，寓意亘古不变的变化与再生。这一符号在世界各地的不同古代文化中都有应用，其中之一就是奥尔贝科娃家族的发源地哈萨克斯坦。她研究了自己家族的萨满教根源和文化中对于自然的深切敬意。再生和对自然的尊重正是她与

① 太阳能朋克是 2008 年在互联网上出现的科幻议题，设想了技术与环境的和谐发展。

塞尔洛的公司所肩负的使命。

两人在时尚行业中看到了一个巨大的空白。“时尚应该是社会的一面镜子。”塞尔洛解释道。那么，为什么时尚品牌不能反映出塞尔洛和奥尔贝科娃所经历的世界，包括在数字屏幕上？她们决心改变这一现状。塞尔洛详细阐述道：“Auroboros 诞生于（时尚行业）缺乏文化代表性的现实情况。”她们希望确保时尚的未来具有包容性和可持续性。

在萨拉班德：李·亚历山大·麦奎因基金会（Sarabande：Lee Alexander McQueen Foundation）的最初支持下，[94] 两位设计师对高级时装进行了重新构想。2021 年，Auroboros 在伦敦时装周上推出了自己的首个时装系列，成为第一个在该活动上推出数字系列的品牌。[95] 但这并不是最令人印象深刻的部分：时装本身才是。顾名思义，“仿生”（Biomimicry）系列以取自大自然的元素为模型。Auroboros 甚至创造了一件物理仿生礼服（physical Biomimicry gown），“由盐晶体和再生塑料制成，可以实时改变颜色和形状，模仿花朵的生长”。[96] 最重要的是，这件物理仿生礼物是由维多利亚和阿尔伯特博物馆（Victoria and Albert Museum）的机器人 Ai-Da 建模的。这是首件实时生长的高级定制礼服。“那是……爱迪生的灯泡时刻，”塞尔洛向我回忆道，“人们看到了这种通常会闭门进行的巨大创新。”与高级定制的专属世界不同，Auroboros 邀请了公众来见证这种革新并使其感受到了深深的震撼。通过二维码，Auroboross 分享了它的 Venustrap 连衣裙，使人们能够在智能手机上穿着它——有 250 万人确实这样做了。[97]

仿生学之风格着实令人目不暇接。这是未来主义科技和自然的多彩交融，其美丽值得被看到，而非被局限于文字描述。[98] 但 Auroboros 没有将仿生系列作为 NFT 进行出售。公司的计划是为其下一个时尚系列 Mesmer 推出首个 NFT 系列产品，并有望在 2022 年秋季正式上市，其中就包括为所有者们提供的合作或共同创作选项。这一系列作的灵感来自启蒙运动，两位共同创始人认为，启蒙运动与我们当前所面临的关键时刻具有许多相似之处。

为了结束 2022 年的首届元宇宙时装周（Metaverse Fashion Week），Auroboros 与音乐艺术家格莱姆斯（Grimes）进行了合作。格莱姆斯在 Decentraland 上举办了一场音乐会，并使用了一个穿着 Auroboros 设计的未来主义紫色紧身衣的化身。[99] 在电子音乐的律动中，格莱姆斯的化身穿着 Auroboros 紧身衣翩翩起舞，绚烂的灯光如雨点般倾泻而下。我参加了此次音乐会，不得不说，它是一个值得一看的奇迹。

我不是一个游戏玩家，所以参加格莱姆斯演唱会对我来说是一个尤里卡时刻（Eureka moment）①。我为演唱会创建了自己的化身，留着金色的刺猬头发型。以虚拟方式参加音乐会就如同是在展望未来，看着虚拟世界将如何成为我们日常生活的基本组成部分（如果它还没有的话）。疫情的暴发加速了这种转变的速度，因为人们不得不在网上进行工作和学习。享受音乐会或文化活动就像触摸手机上的虚拟按键一样简单。

在我看来，同样清楚的是，在虚拟世界中长大的人们也都认识到了这种发展。尽管 RTFKT 和 Auroboros 在数字时尚领域有着很大的不同，但将这两家初创公司的共同创始人联系在一起的一个共同点是，他们都是在游戏世界中长大的。这种虚拟体验对其创造性的数字时尚愿景来说是至关重要的。塞尔洛解释道："这是一个令人难以置

① 意指顿悟时刻、灵光乍现的时刻。

信的创意领域，在那里，天空是无限的。”奥尔贝科娃补充道，游戏还提供了“社区的第一颗种子”，来强调社区建设对 Auroboros 来说是多么重要。在接受《女装日报》（*Women's Wear Daily*）采访时，帕戈托同样强调了大型时尚品牌首先“玩”电子游戏的重要性——“深入下去，真正去玩，因为如果你不这样做，你会更加迷失方向。”[100]

在很短的时间内，Auroboros 就对高级时尚进行了重新构想。塞尔洛和奥尔贝科娃创造了她们所说的“魔幻现实主义”（magic realism），将数字和物理的可能性以及技术、时尚和自然的无限可能性交织在一起，令人眼花缭乱。这很神奇，但却是真实的。

下一代时尚

各大时尚品牌都已经注意到了数字时尚所带来的颠覆性力量。人们对下一代数字时尚的需求越来越大，特别是在年轻一代的消费者中。据一项调查显示，88% 的“Z 世代”和 70% 的“千禧一代”经常使用虚拟世界。[101] 对于这种文化现象的认可，正是促使品牌向数字时尚进军的动力。

想想拉夫劳伦（Ralph Lauren）① 的策略。2018 年，这家拥有半个多世纪历史的公司制定了一项名为“下一个伟大篇章”（the Next Great Chapter）的雄心勃勃的五年计划，“以实现可持续、长期的增长和价值创造。”[102] 其战略重点之一便是“赢得新一代”的消费者。其成功之道，就是去到了年轻消费者的所在之处——虚拟世界。2021 年 12 月，该公司在拥有 4 700 万用户的游戏世界 Roblox 上推出了“拉

① 美国时装品牌。

夫劳伦冬季逃亡”（Ralph Lauren Winter Escape）游戏。这家公司以大胆、欢快的颜色为人们营造了一种白雪皑皑的阿尔卑斯体验。玩家们可以通过购买拉夫劳伦的数字冬季装备来定制自己的化身，价格从 1.25 美元到 3 美元不等。[103]

当其首席执行官帕特里斯·卢韦（Patrice Louvet）在 2022 年 2 月报告第三季度业绩时，该公司超预期实现了 18 亿美元的盈利，同比增长 27%。亚洲、欧洲和北美的收入增长了两位数，其中数字销售收入增长了 40%。[104] 除了这些数字，卢韦还夸耀了公司在 Roblox 上赢得新一代消费者的成功。[105] 时任该公司首席数字和内容官的爱丽丝·德拉亨特（Alice Delahunt）解释说，这一战略“强调了我们对虚拟空间和经济所带来的机遇的信念，尤其是在涉及下一代消费者时。”[106] 拉夫劳伦的“冬季逃亡”在 Roblox 上大获成功。此前，其在 Naver Z 制作的虚拟世界 Zepeto① 上的首次登场也同样令人刮目相看。卢韦报告称，拉夫劳伦数字商店的访问量已突破 250 万人次，成为了 Zepeto 上的头号品牌。虽然数字可穿戴设备并未以 NFT 的形式进行销售，但卢韦表示公司正在考虑推出 NFT 产品。[107]

整个时尚行业亦是如此。

2021 年 11 月，摩根士丹利（Morgan Stanley）发布报告，其估计到 2030 年，随着元宇宙的发展，奢侈品牌的 NFT 可能会增长到 560 亿美元。[108] 尽管这需要时间，但该公司得出的结论是，“NFT 和社交游戏给奢侈品牌提供了两个更近的机会”。[109]

摩根士丹利的预测是在 2022 年夏季金融市场（包括加密货币和 NFT）出现重大衰退之前做出的，但长期预测似乎仍然符合预期。该

---

① 一款韩国移动聊天应用程序，用户可以在不同的世界中创建和互动 3D 化身。

报告的一个重要启示是，数字时尚 NFT 利用了游戏世界中普遍存在的可穿戴皮肤实践。

数字时尚很可能源于若干市场。2020 年，活跃的游戏玩家高达 26.9 亿人，预计到 2023 年这一数字将超过 30 亿。[110] 根据娱乐软件协会（The Entertainment Software Association）2022 年对 2.155 亿美国人（美国总人口的 66%）进行的调查，玩电子游戏的女性玩家（48%）和男性玩家（52%）比例相当平均。[111] 游戏玩家中年轻一代的比例最高：36% 的人年龄在 18 岁至 34 岁之间，24% 的人低于 18 岁。[112] 在中国，游戏玩家的数量在 2020 年就已经达到了 6.65 亿。[113] 数字时尚也可能来自加密货币和 NFT 市场，这些市场向千禧一代和 Z 世代投资者予以倾斜。千禧一代（25~40 岁，占 76.45%）和 Z 世代（18~24 岁，占 17.4%）构成了美国加密货币购买者数量最多的群体。[114] 这两个年轻一代的投资也相当可观，仅略落后于可支配收入较高的 X 世代（41~56 岁）。X 世代投资者一年平均在加密货币上花费 9 611 美元，千禧一代为 8 596 美元，Z 世代为 6 120 美元。[115] 婴儿潮一代（Baby Boomer）则更为保守，仅为 4 567 美元。从美国乃至全球范围来看，千禧一代和 Z 世代对 NFT 的兴趣也相对更高。[116]

我们有充足的理由相信，阿尔法一代（2010 年后出生）将更加适应虚拟世界与互动。[117] 事实上，Roblox 上 4 320 万每日活跃用户中，约 55% 来自阿尔法一代。[118] 平均每天，用户在虚拟世界中花费的时间为 2.6 小时。[119] 虚拟世界将越来越多地融入现实世界和人们的日常活动。

数字时尚为各大品牌带来了机遇，不仅可以为数字时尚开创一个新市场，还可以捕捉新一代年轻的消费者并与他们共同创造。特别是对于那些已经在虚拟世界中度过了很多时间的人来说，数字时尚是一种自然而然的发展。随着世界越来越多地转向虚拟体验，数字时尚极有可能会成为人们的一种必需品。而吊诡之处在于，NFT在一个有价值的方面使数字时装变得更像实体服装，即 NFT 可以被转售。

第二部分
代币主义与去 IP

第四章

◆

代币主义

它们迈向独立国家的每一步，似乎都有某种天意的象征。

——乔治·华盛顿（George Washington），1789 年就职演说

盖勒特·伯吉斯（Gelett Burgess）在 1887 年从麻省理工学院毕业，获得工程学位。其原本在伯克利（Berkeley）任教，之后却选择离开，转而成为一名创作者。[1]1895 年，他创办了一本名为《云雀》（*The Lark*）的幽默杂志。[2]这是“一本奇怪的期刊，吸引了文学界的注意”。[3]

伯吉斯发表在《云雀》杂志第一期上的诗歌《紫牛》（*The Purple Cow*）也是如此。这首诗很短：“我从未见过紫牛 / 我也不希望看到一只 / 但我可以告诉你，无论如何 / 我宁愿看到也不愿成为紫牛！”[4]但它却在全美引起了轰动，被誉为 20 世纪美国诗歌中引用率最高的诗歌之一，仅次于《圣诞前夜》（*The Night Before Christmas*）。[5]然而，伯吉斯并不喜欢这样的名声。他又写了一首诗，以“若引之，则置之死地！”相威胁。[6]

《紫牛》的名气是难以超越的。但是，伯吉斯在后来的创作中，还写出了他早期对现代艺术影响最大的论文。1910年，其发表的《巴黎的野人》（*The Wild Men of Paris*）成为向美国介绍立体主义（Cubism）的第一篇文章。立体主义是在欧洲发展起来的一种激进的新艺术风格，在当时引发了巨大的争议。事实上，立体主义起源于法国，是一个带有贬义的词汇。艺术评论家路易斯·沃克斯勒斯（Louis Vauxcelles）曾嘲笑法国画家乔治·布拉克（Georges Braque）的作品为“怪异的立方体”（bizarre cubes）。布拉克与毕加索是同代人，也是立体主义风格的共同奠基人。[7]不过到20世纪末，称一位艺术家为立体主义者已经不再是什么侮辱，能够遇到或成为其中的一员成为了一种莫大的荣幸。立体主义被公认为20世纪最具影响力的艺术运动之一。正如艺术评论家马克斯·科兹洛夫（Max Kozloff）所说：“若没有立体主义，后来的大部分作品都是无法想象的。”[8]

伯吉斯这篇文章，对于现代艺术与立体派来说，是一篇诙谐却又富有历史意义的考察。它发表在纽约的《建筑实录》（*Architectural Record*）上，讲述了作者在巴黎独立沙龙参观展览的滑稽故事。文章篇幅很长，有十四页之多，其中不仅包含了艺术家们的照片，而且还转载了他们的部分绘画作品。伯吉斯对众多著名艺术家进行了采访，其中包括亨利·马蒂斯（Henri Matisse）①、毕加索、布拉克等。[9]《纽约时报》后来发表了伯吉斯文章的长篇节选，并在简短的序言中表达了一定的困惑：“这是艺术还是疯狂？”[10]

伯吉斯的文章非常有趣。走在“衣着光鲜的巴黎人中间，陶醉在片欢腾之中，透过哭泣的双眼凝视着”，伯吉斯“看到新的艺术，

① 法国画家、雕塑家、版画家，野兽派创始人和主要代表人物。

惊叹不已”。[11]“此事甚至让巴黎也为之一震。我第一次意识到，自己的艺术观需要进行彻底的重构，”他写道，“忽然之间，我走进了全新的天地，一个丑陋的世界。自那以后，我一直在精神上保持着清醒，力求以全新的视角去审视美的事物，并由此来认识与鉴赏这一崭新的艺术运动。”[12]

伯吉斯的情绪有点失控。他认为这些作品“可怕”“粗糙”“令人震惊”“丑陋”，尤其是色彩“残暴”——或者说缺少色彩。[13]它们就像一个拿着蜡笔盒的孩子们的涂鸦。坦率地说，伯吉斯认为“画布之大胆和丑陋是无拘无束的”。[14]伯吉斯甚至称毕加索为“魔鬼”，不过是“在最恭维的意义上”。毕加索的画作“激怒了自然、传统和礼节”。[15]当然，伯吉斯是在开玩笑。但他对立体主义的震惊和难以领悟听起来是真诚的。伯吉斯承认自己“需要彻底重建”艺术观，需要“一个全新的对美的看法来认识与欣赏这一全新的运动”。

他做到了，正如很多其他人一样。

在那个时代，人们很难理解立体主义艺术，因为它是对现有艺术的彻底背离。立体主义被认为是具有破坏性的。在文艺复兴时期的主流手法中，对象由线性、单点透视的角度被描绘为三维，从一个有利的位置呈现出现实主义的愿望。想想达·芬奇《最后的晚餐》（*The Last Supper*）中的著名场景吧，这幅画采用了你可能在照片中看到的视角。而立体主义则打破了这些文艺复兴时期的传统——改变了人类的感知和我们对它的理解。立体主义并没有抛弃对世界进行现实描绘的意愿；相反，它以一种完全不同的方式做到了这一点，使人们对现实的本质产生了怀疑。立体主义采用了一种全新的手法，经常使用多个视点的碎片组合成重叠的几何形状——就像立方体一样——以表现现实。[16]它接受了模糊性与不完整的表达，[17]并最终提供了对现实的一种全新的、现代的理解。值得称道的是，伯吉斯感觉到了毕加索和其他现代艺术家正在艺术中发动的“严重的反叛”：“这一切都是那么阳刚，那么欣喜若狂……这印证了尼采关于上升（ascendant）或再生（renascent）艺术的定义。”[18]

立体主义的视角转变与哥白尼对理解地球在银河系中的位置时作出的转变一样重要。人一旦有了转变，其对整体世界观也将随之发生变化。立体主义的激进变革不仅体现在风格方面，也体现在观念方面。它对艺术家或观众在创造现实中所扮演的角色具有一种自我意识。正如阿尔伯特·格莱泽斯（Albert Gleizes）和让·梅辛格（Jean Metzinger）在1912年出版的一本颇有影响的立体主义书籍中所解释的那样，这种风格更忠于现实，“一个物体没有一种绝对的形态，它是多种多样的：它具有多少个平面，就会有多少个感知区域”。[19] 格莱泽斯和梅辛格认为，“只有通过智力的运作，可见的世界才能成为现实世界”。[20] 或者，正如布拉克所说，其目的“并不是试图**重新构建**一个传闻的事实，而是**构建**一个图像的事实”。[21]

立体主义彻底颠覆了文艺复兴时期的艺术表现形式。就像哥白尼的理论将太阳而不是地球置于宇宙中心一样，立体主义把心灵，而不是外部世界，作为艺术表现的中心。正如科兹洛夫雄辩地解释的那样：“艺术所要亲近的现实和艺术所要考察的现实其实都在欣赏者之内而非其外。”[22] 可以说，立体主义把精灵从艺术的瓶子里释放了出来。如果说艺术并没有囿于单点透视而仅仅受艺术家想象的制约的话，即使是天空也无法构成限制。艺术家们可以自由地通过他们的创作来发展自己对世界的看法，甚至超越了立体主义的方法。这标志着创作者被从艺术传统中解放了出来，解放了你的思想。也正因为如此，立体主义在今天被视为现代艺术中最具影响力的一条道路，它开辟了无限的可能，也为我们重新认识这个世界提供了可能，甚至可以说超越了艺术本身。[23]

当然，只要是具有颠覆性的事物，就必然会引发争论。在我们所谓的创新之道之下，颠覆和争议是阴阳两面。一项创新越是具有颠覆性，它所带来的争议也就越大。立体主义自诞生以来，就一直是具有颠覆性和争议性的。其程度令人难以置信。事实上，一些人对立体主义嗤之以鼻，认为它该从社会上彻底消失，以此保护年轻的一代。

即使在美国，对立体主义也充满敌意。艺术评论家们与伯吉斯一样感到困惑不解。总部位于密歇根州的柏文画廊（Park West Gallery）收集了一些 20 世纪初的旧剪报，[24] 它们认为毕加索的艺术是怪异的，甚至有些疯狂。1911 年，《盐湖论坛报》（*Salt Lake Tribune*）刊登了一个副标题，听起来像是今天的一条不点名推文（subtweet）——“欣赏他们疯狂的绘画需要一种奇怪的品位，但巴黎的一个派别却把他们誉为天才，不管另一派别如何称呼他们。”[25] 这篇文章很难把立体主义当回事，甚至说，一幅有两个学生创作的毛驴洛洛（donkey Lolo）画出来的画，也要比立体主义作品“好得多”，包括“最为怪诞的立体主义者之一”毕加索的作品。[26]《奥格登标准检查报》（*Ogden Standard-Examiner*）担心，这种艺术会让女性变得不那么美丽，“全然缺少了往日那份迷人的风采”。[27] 文章甚至质疑“人类是在进化，还是在退化成为一个新的奇怪的种类”。[28] 不幸的是，将立体主义视为堕落的观念还是传播了开来。

相关的艺术展览激起人们的抗议。1913 年，第一次在美国展出现代艺术的军械库艺术展（Armory Show）遭到了纽约市艺术界的蔑视。[29] 在芝加哥，情况就更糟了。艺术学院的学生组织了一场大规模的抗议活动，吸引了超过1 000人在大楼外抗议。在一次模拟审判中，艺术学生“宣判”后印象派画家（但不是立体主义者）亨利·马蒂斯犯有“艺术谋杀罪”，甚至焚毁了三幅模仿马蒂斯的画作。当地一家报纸用标题报道了这一情景：“学生们烧毁了未来主义（Futurist）的艺术作品以庆祝立体主义者们的离开。”[30]另一家报纸则写道：“学生对立体主义设计进行了复仇。”[31]一位学生解释说，抗议是“对……所有立体主义艺术和艺术家的公开谴责”。[32]《纽约时报》发表了一篇措辞严厉的社论，声称立体主义“不仅破坏和贬损了艺术，甚至损害了文学和社会”。[33]立体主义是一种“错误的艺术”（false art），或者用今天的话来说，是一种“伪艺术”（fake art）。随着立体主义的兴起，文明被视为岌岌可危。

又过了近十年，美国才出现了另一个大型的现代艺术展览。1921年，大都会博物馆（Metropolitan Museum of Art，Met）举办了它的首场现代作品展览。但当时社会上对于立体主义的态度还是充满敌意的，所以大都会博物馆的策展人决定将毕加索的立体主义作品剔除在外，选择了这位艺术家争议较小的一些画作。[34]根据一份报纸的报道，这次展览仍然引发了“有史以来针对展览的最不寻常的攻击”。[35]一个自称为“大都会博物馆的公民和支持者”（citizens and supporters of the Metropolitan Museum）的团体发表了一份四页的匿名小册子，反对“堕落的‘现代主义’作品”（“degenerate ‘modernistic’ works”）。[36]在一场也许会让今天的阴谋论都看起来很温和的争论中，这本小册子将现代艺术的兴起归结为布尔什维克主义宣传鼓动下的“堕落的现代主义崇拜”（modernistic degenerate cult）、贪婪的“欧洲艺术商人小圈子”（coterie of European art dealers）和“巴黎的自大狂”（egomaniacs in Paris），认为他们是“丑陋之神撒旦的崇拜者”（worshippers of Satan, the God of Ugliness），以及遭受“特殊类型的视觉错乱”（peculiar type of visual derangement）折磨的艺术家们的精神错乱。[37] 小册子的攻击对象是毕加索、塞尚（Cézanne）、德加（Degas）和高更的艺术作品。它恳请公众“写信给博物馆当局，表达他们对当前展览的不满，认为展览对艺术和生活都会带来破坏性的影响”。[38]

美国一批颇具声望的医生，甚至为反对现代艺术的论战提供了医学上的支持。医生认为这种艺术是反常的、由精神疾病引起的。[39] 脑科专家威廉·E. 沃兹沃思（William E. Wadsworth）博士解释说：“我的抗议并非针对这些放荡不羁的有缺陷者，他们应该得到机构的护理；我们反对的是那些艺术博物馆的负责人，他们允许把这些东西放在展览中给年轻人看，并将其称为艺术。”[40] 宾夕法尼亚大学医学院（University of Pennsylvania Medical School）著名教授查尔斯·W. 伯尔（Charles W. Burr）博士称这种艺术是“谎言”（humbug）和“败类”（degenerate）。该领域的先驱，顶尖神经学家弗朗西斯·X. 德克姆（Francis X. Dercum）博士[41] 也表示赞同：“我看了那些被关进精神病院、倾向于艺术的精神病患者的作品，我想说，这些疯子艺术家们的绘画比我从画展中所见到的所谓艺术作品要好得多。”[42]

大都会博物馆似乎突然就为展览画上了句号。[43]《华盛顿时报》（*The Washington Times*）甚至说，假如现代艺术是堕落的指控得到证实，“必须对他们的工作室周围设置隔离带，谁知道呢，也许需要对宪法进行另一次修正”。[44] 嗯，这就是言论自由。

休·埃金（Hugh Eakin）在最近出版的一本关于毕加索的书中，把这种关于文化退化的“伪科学”（pseudoscientific）的思考，追溯到匈牙利医生和保守派社会批评家马克斯·诺道（Max Nordau）。他于 1895 年出版的《退化》（*Degeneration*）一书在国际上都颇有影响，[45]

单是在美国就卖出了 60 多万册。[46]

遗憾的是，阿道夫·希特勒（Adolf Hitler）和纳粹也认为现代艺术是堕落的，他们没收了包括毕加索和其他立体派作品在内的艺术作品，将它们归类为“堕落的艺术”（degeneratc art），并将它们出售，以资助德国在第二次世界大战中的行动。希特勒偏爱古典和现实主义艺术。1937 年，纳粹甚至举办了一场“堕落艺术”展览，向德国人展示不应该喜欢什么。他们在“堕落”作品旁边张贴标语，上面写着“不惜任何代价的疯狂”（crazy at any price）和“病态心灵如何看待自然”（how sick minds viewed nature）。[47]

“立体主义、达达主义（Dadaism）、未来主义、印象主义（Impressionism）……与我们德国人民毫不相关，”希特勒宣称，“那些自身无法被理解而需要一些自命不凡的指导书来证明其存在的艺术作品……将永远不会再找到它们与德国人民的联系。”[48、49] 根据纳粹宣传部部长约瑟夫·戈培尔（Joseph Goebbels）的记录，纳粹曾没收了 1.6 万多件“堕落”艺术品，但有人估计，其总数其实超过 65 万件。[50] 希特勒对于创造力有着截然不同的看法。“新时代的缔造者不是文人，而是战士，那些真正有创造力的人，他们领导着自己的人民，并由此创造了历史。”[51] 这实在是彻头彻尾的疯狂。

昆汀的问题

昆汀·塔伦蒂诺（Quentin Tarantino）的第二部电影《低俗小说》（*Pulp Fiction*）在 1994 年引起了轰动。该片在戛纳电影节上赢得了令人垂涎的金棕榈奖，并成为全球票房热门，总票房超过 2 亿美元——这是第一部取得如此成就的独立电影。《纽约时报》的影评人珍妮特·马斯林（Janet Maslin）称赞昆汀是一名“基本上是自学成才、几乎未经考验的天才”，他创作了一部“这样一部深刻、睿智而又别出心裁的影片，使他跻身美国电影界的顶端”。[52]

《低俗小说》突破常规，运用非线性叙事的手法，把三个犯罪故事相互穿插，牵扯出不同的黑暗却又讨喜的人物。它从餐厅场景开始，随后采用了非线性叙事的手法，将不同人物的观点交织在一起，使其发展轨迹发生了碰撞。这种方式为观众提供了从不同视角观看场景的机会。开场一幕显示，一对夫妇在一家餐厅里讨论抢劫餐馆的问题，但观众直到电影结束才知道这对夫妇身上发生了什么，而此时电影又回到了高潮场景，但最终是从杀手文森特·维加（Vincent Vega）和朱尔斯·温菲尔德（Jules Winnfield）的角度来看［分别由约翰·特拉沃尔塔（John Travolta）和塞缪尔·L. 杰克逊（Samuel L. Jackson）饰演］的视角出发。[53] 餐厅场景为电影画上了句号，并为错综复杂的故事情节注入了戏剧性的冲击。

《低俗小说》堪称电影立体主义之典范。[54] 它没有采用单一的视角，而是使用了相同事件的多个视角。影片的非线性叙事传递出一组由不同人物构成的动态视角，而这些人物的遭遇又交织于一张由不同剧情参与的错综复杂的网络之中，从而给受众以事件的同步性视角。这些事件或故事情节可以被看作是电影中同时组成的片段，为整个故事带来了不同的视角。电影提供了一种非常适合立体主义方法的媒介，能够捕捉同一场景的多个视角，并在电影中提供一个全景视角。正如艺术评论家约翰·伯杰（John Berger）在他关于毕加索的书中所描述的那样，“电影作为一种媒介，就其本质而言，它最容易容纳**观点的共时性**（a simultaneity of viewpoints），并最清楚地展示**事件的不可分割性**（the indivisibility of events）”。[55] 事实上，一些评论家和纪录片

《毕加索和布拉克去看电影》（*Picasso and Braque Go to the Movies*）都认为，20 世纪初电影的出现影响了立体主义思想的发展。[56]

快进到 2021 年。昆汀宣布，他将以 NFT 的形式出售他的手写剧本《低俗小说》，其中包括他对不同场景的音频评论。在一个由 nft now 网站组织的会议上，塔伦蒂诺将他的手写《低俗小说》剧本的 NFT 比作一个想象中的例子，上面有鲍勃·迪伦（Bob Dylan）手写的一些歌词。[57] 这两种情形都是罕见的。

几分钟后，同为小组成员的成功企业家汤姆·比利尤（Tom Bilyeu）向昆汀提出了一个引人注目的问题。"我不知道你是如何拿到所有这一切的版权的，但如果你真的把《低俗小说》的每一帧都进行 NFT 化，比如说，（杰克逊和特拉沃尔塔）拿枪的镜头已经变成了……那个网络迷因图像（meme image）……那肯定是能卖到数百万美元，甚至数千万美元的那一帧——"[58]

昆汀打断了他的话。"好吧，好吧……为了不让自己听起来像个傻瓜，这张照片和现有所有的其他（电影）剧照有什么不同？"

"这就是它变得有趣的地方，"比利尤解释道，"右键点击保存，这是 NFT 领域的一大问题。但人们没有想到的是，NFT 的图像不是问题所在。这是一种所有感（sense of ownership）。当您占有它时，我们会进入区块链……在区块链的层级上，把这个图像想象成里面**真正地**具有矩阵代码。现在我可以通过技术检测出你拥有的东西是真的还是假的。"

"明白了。"昆汀承认。

双方的对话只持续了不到一分钟，但这是一个关键时刻。它确定了 NFT 提出的核心问题或概念挑战，这是大多数人一开始并不理解的问题。让我们把它称为昆汀的问题：一些已经存在于许多副本中的东西，无论是实体的还是数字的，比如《低俗小说》的场景副本，如何变得独一无二或者无可取代？这是可能的吗？

对于大多数人来说，他们可能会有和昆汀一样的困惑，甚至是怀疑的反应。理解 NFT 的关键是要认识到 NFT 和图像之间的区别。诚然，这是很难做到的。通常情况下，人们在购买涉及艺术品的 NFT 时唯一能看到的就是艺术品的数字图像，因此就可以理解人们认为自己买到的只是图像。其实不然。就像比利尤说的那样，NFT **并不是**图像。

NFT 价值体现在虚拟代币所有权和 NFT 创始人所赋予的任何附加所有权和使用权上。NFT 根本不是一个真正的代币，而是一个唯一的标识符（identifier）——比利尤称之为“矩阵代码”（the matrix code）——存储在区块链上的一个名为“智能合约”（smart contract）的计算机程序中。我将简要介绍 NFT 的机制，但在此之前，我们需要转变我们的观点。要理解为什么有人会相信一种想象中的代币具有价值，我们就像第一次接触立体主义时的格列特·伯吉斯一样，需要“彻底重建”（radical reconstruction）我们在 21 世纪对于所有权的看法。在努力获得新观点的过程中，我们需要在思想上进行更新。而一旦我们这样做了，一个新世界的大门就会被打开。

代币主义

为了说明 NFT 所导致的范式转变，本人提出了一种新的理论——代币主义。在通常意义上，代币主义带有某种负面含义——就像商家雇用有色人种仅仅是为规避非议，这一行为理应受到指责。一些关于 NFT 的文章已经将 NFT 创作者之间所谓的多样性匮乏比喻为这一传统意义上代币主义的泛滥。[59]但笔者在运用代币主义时不能和这一含义混为一谈。我有意选择使用**代币主义**和它所承担的潜在负担来传递 NFT 如何推翻了我们对于所有权与价值的传统认识。正如**立体主义**最初是一种侮辱，但后来却成为 20 世纪最具影响力的艺术运动之一那样，**代币主义**的运用也和消极的传统意义有很大区别。如同 20 世纪初立体主义给艺术视角带来重大冲击，当今代币主义也正给我们带来所有权视角的变化。

代币主义可以被定义为一场艺术、文化和技术运动，通过 NFT 实现的技术抽象和人为稀缺过程，为虚拟代币所象征的新型财产创造价值和新型所有权。这种新型的所有权和财产是由一种复杂的安排构建的，主要涉及两个要素：（1）技术组件，在区块链上这种去中心化的公共账本上执行的智能合约所标识的唯一代币；（2）法律组件，通常（至少目前）在区块链或“链外”（off chain）执行的许可证中授予买方的附加权利。NFT 的所有权赋予所有者两个要素：一是代币，二是许可证所给予的任何附加权利。

为了理解这种新型所有权的工作原理，我们需要了解 NFT 的一些基本组件。让我们从创建 NFT 开始：被称为智能合约的计算机程序，这意味着它们会自动运行以实现计算机上的交易。当然，大多数人对计算机程序是比较熟悉的。在这里，智能合约也没什么不同，只是它们是在区块链上存储和执行的。智能合约创造或“铸造”（mint）了 NFT。所有涉及 NFT 的交易都会自动记录在区块链上；每个事务都会在链中创建一个新的区块。每个 NFT 都有自己唯一的编号，或称“代币 ID”。[60]这就是它不可替代的原因。这种方法类似于每本护照有一个唯一的号码，有助于确保护照的唯一性——每个号码或 ID 只能识别一本护照或一个 NFT。

智能合约可以在此结束——在区块链上创建唯一的代币。但这样做并不现实。没有人能说出每个虚拟代币代表什么，或者它具有什么价值。这就像在没有任何相应姓名或照片的情况下分配护照号码一样。试想一下，如果你护照上唯一的信息就是一个数字，那就很难说出这个数字意味着什么！若智能合约中只包含一个代币 ID，则会存在同样的问题。好在 NFT 的创造者并没有就此止步。他们对智能合约进行编程，以识别他们拥有的其他东西，例如艺术品、音乐或他们创建的虚拟房产。当人们购买 NFT 时，他们通常会看到显示为 NFT 的数字图像。但就像我们目前所知，NFT 并不是图像。

那么，NFT 是什么呢？它是一种新型的财产，涉及对其他事物的独特代币的所有权——例如，艺术品的代币或昆汀的剧本。NFT 买家拥有该代币并享有 NFT 创造者所包含的附加权利。NFT 可以用来识别任何其他事物的所有权份额，包括艺术品、收藏品、音乐、数字时尚、数字金融工具、知识产权、社区或俱乐部会员资格、房地产（无论是在现实世界，还是元宇宙中）、活动的门票和福利、服务权利等。其用途之广，不亚于我们人类的想象。

创建代币或代币化的过程可以被比作创建一只股票。1602 年，荷兰东印度公司（Dutch East India Company）是第一家向公众出售自己的“股份”（shares）的公司。[61] 这些股票可以供其所有者自由交易。但是，这些股东并没有为他们的股份收到任何实物凭证（存储成千上万张的纸条是不切实际的）。相反，其股份则为虚拟的。荷兰东印度公司设有一个公共账簿来追踪每个股东的股份，并记录了所有的股份转让。[62] 对于那些熟悉 NFT 的人来说，这个例子听上去应该与 NFT 非常相像。NFT 所有者不会收到任何实物代币。相反，代币是虚拟的。有一个公共账本，即区块链，追踪每个所有者的 NFT，并记录所有的转让。就像股票表示在一家公司的所有权利益一样，NFT则是在NFT创造者所指定之物中所表示的所有权利益。NFT所有者就像是其特定NFT的唯一股东。（这一比喻表明，NFT可能是应该受到监管的证券，这是我们在本书最后一部分将讨论的一个重要话题。）

NFT涉及受版权保护的艺术作品（比如卡通人物，或者数字艺术）的所有权权益时，协议的最终要件是内容许可。这正是事情变得棘手的地方。事实上，有些NFT是在没有正式内容许可证的情况下制作的，这给买家带来了很多困惑。就连现在传奇的加密朋克也在2017年在没有任何书面内容授权的情况下推出，这让NFT所有者非常沮丧，其中许多人已经因加密朋克NFT的升值成了百万富翁。直到2019年，幼虫实验室的沃特金森在社交媒体上宣布采用NFT许可证，授予加密朋克所有者有限的商业化权利，年收入上限为10万美元，这一问题显然才得到了解决。[63] 2022年，在幼虫实验室将加密朋克的知识产权出售给Yuga实验室后，后者向加密朋克所有者颁发了一个新的、具有无限的商业化权利的独家许可——这对所有者来说是一笔更好的交易。[64] 具有讽刺意味的是，在开始根本没有书面许可证的情况下，加密朋克的所有者获得的可能是最有利的许可。

内容许可证规定了NFT购买者有权对受版权保护的艺术作品进行获准使用（permissible uses）。一些许可证，如NBA最佳投篮时刻的许可证，是具有限制性的，只赋予了NFT所有者艺术作品的个人而非商业用途的有限使用权。[65] 其他许可证，如死小子或加密朋克的许可证，则更为宽松，在我称之为“去中心化”许可下，给予买家无限的商业化权利，甚至是完整的知识产权，我们将在第七章中继续讨论这个话题。[66]

毋庸置疑，NFT 是一种复杂的安排。它们代表了虚拟代币的所有权以及许可证中规定的任何附加权利。NFT 的所有者拥有代币并可以对其进行转售，但通常不拥有艺术作品或图像（除非内容许可证中有此规定）。

一些读者也许会挠头，想知道，为什么世界上有人会购买 NFT？如果人们不拥有艺术作品，这跟骗局相比又有什么不同？

从 2021 年高达 270 亿美元的 NFT 销售额，以及投资或生产 NFT 的大企业数量来看，情况并非如此。大企业的名单与日俱增：阿迪达斯、百威、巴宝莉、Charmin、奇波特（Chipotle）、蔻驰、可口可乐、杜嘉班纳、盖璞、古驰、兰博基尼（Lamborghini）、路易威登、玛莎·斯图尔特（Martha Stewart）、美泰（Mattel）、麦当劳、罗伯特·蒙大维（Robert Mondavi）、NBA、耐克、滚石（*Rolling Stone*）、塔可钟（Taco Bell）、育碧（Ubisoft）、环球音乐（Universal Music）、维萨（Visa）、迪士尼（Disney）、华纳音乐（Warner Music）等。

代币主义解释了这种现象。这不是骗局，而是一种对所有权理解的转变—— 一种根本性的转变。这就是为什么它令人困惑。就像伯吉斯、医生和第一次接触立体主义的美国报纸一样，我们很容易得出结论，认为人们相信 NFT 有价值是很奇怪甚至是疯狂的。然而，根据伯吉斯的建议，如果我们从立体主义中吸取教训，那么我们如何看待所有权进行“彻底的重建”呢？如果我们像立体主义改变艺术观那样改变我们对所有权的看法呢？

立体主义和代币主义之间的相似之处是惊人的。我在表 4.1 中列出了主要的比较点。

表 4.1 立体主义与代币主义之比较

比较维度	立体主义	代币主义
开端	1907 年前后	2014 年前后的 NFT 或 2008 年前后的加密货币
之前的传统观点	文艺复兴艺术的单点线性视角	商品具有内在价值，物品的所有权随着物品数字副本数量的增加而贬值
观点的根本性转变	现实的视角是由人的思想创造的	价值是由人类思维创造的，可以存在于虚拟代币中，NFT 的价值不会因为数字副本而减弱
转换途径	碎片化：艺术家使用几何形状或“立方体”和重叠的平面	代币化：创作者使用计算机程序创建不可替代的“代币”以及相关内容的许可证
效果	创作和观看艺术从过去的惯例彻底改变为现代世界更复杂的表现（视觉立体主义）	拥有艺术或内容从过去的惯例彻底改变为虚拟世界的更复杂安排（虚拟立体主义）
同时代的批评	怪异、丑陋、堕落和精神疾病的产物对青年、妇女和社会有害，为欧洲艺术品经销商谋利	怪异、丑陋 庞氏骗局、诈骗、传销 掠夺年轻人和弱势群体 投机性泡沫 “加密货币兄弟”文化 对环境有害
影响	影响了其他风格的现代艺术、建筑、设计、电影和思维	颠覆了艺术、商业、娱乐、时尚、电影、音乐、其他行业和文化生产，为在线身份、社区、治理、去中心化的协作、去 IP 化提供了新的手段

首先，认识到立体主义和代币主义起源的平行时段是非常重要的。立体主义始于 20 世纪之交，大约在 1907 年，以毕加索的《亚威农少女》（*Les Demoiselles d'Avignon*）为标志；代币主义开始于 21 世纪之交的 2014 年，但 NFT 是在最初用于比特币的区块链技术上执行的，我们也可以将 2008 年视为代币主义的开始，但选择一个确切的年份并不重要。[67、68] 两个时期的特征均为科学技术上的长足进步。

立体主义起源于第二次工业革命。阿瑟 · I. 米勒（Arthur I. Miller）

在《爱因斯坦与毕加索》(*Einstein, Picasso*) 一书中提出了一个令人信服的观点，即要理解毕加索的艺术，必须认识到它是如何与那个时期的主要科学进步相平行的，包括爱因斯坦在 1905 年提出的具有影响力的相对论。[69] 爱因斯坦与毕加索的工作是在一个技术革新的深刻时期进行的——汽车、飞机、无线电报、X 射线、电影摄影术，以及对数学四维 (the fourth dimension in mathematics) 的痴迷。[70] “事实上，(立体主义) 是一门技术艺术，” 策展人伯尼斯·罗斯 (Bernice Rose) 解释说，“它和我们所熟知的工业革命是联系在一起的。” [71]

代币主义与技术的联系就更显而易见。前者在区块链技术、计算机程序和互联网中均有所体现。不足为奇，两位 NFT 的早期开发者马特·霍尔和约翰·沃特金森作为加密朋克背后的“创意技术专家”，都具有工程背景。懂编码在此刻派上了用场。NFT 是一场更大规模的技术和社会运动的组成部分，旨在建立一个更去中心化的互联网——通常称为 Web 3.0——并在元宇宙中提供更为身临其境的体验。在新冠疫情期间，当人们习惯于通过 Zoom 进行虚拟互动和工作时，NFT 也迅速流行了起来。[72] 一个人的体验越是纯粹的虚拟体验，拥有虚拟代币的想法就越不足为奇。

在深刻的技术变革中，立体主义和象征主义都导致了人类认知的革命性转变。就立体主义而言，艺术描绘从文艺复兴时期艺术的单一视角，如达·芬奇的《最后的晚餐》，转变为更复杂的表现，包括重叠的碎片、几何形状和平面，如毕加索的《弹曼陀铃的少女》(*Girl with a Mandolin*)。立体派的转变不仅仅是审美问题，它标志着人们对艺术的理解发生了根本性的变化。艺术**造就**了艺术家内在概念和想象力的表达。换句话说，现实的视角是由人类的思想创造的。今天，这种转变听起来可能已经不再激进了。事实上，我们已经看到了如此多种类繁多的现代艺术，让这种转变听起来可能有些老套。但当立体主义首次被引入时，许多人认为它是怪异和堕落的，而美国的顶尖医生们当时正是这么想的。

立体主义和代币主义之间最有趣的相似之处在于它们的表现方法。在立体主义中，艺术家使用几何形状或“立方体”（cubes）和平面来描绘事物的复杂、同时的表现。而在代币主义中，创作者使用计算机程序创建不可替代的“代币”，代表复杂协议中的所有权权益，该协议涉及智能合约和相关内容的许可使用。“代币”通常以圆形或六边形的形式表示，而存储代币的区块链则以“数据库”（cubes）来表示。无论是巧合还是反复，我们都已经完成了一个彻底的概念转变。或许，立体主义和代币主义都使用几何形状并不令人感到意外。认知神经科学家最近的一项研究表明，用几何形状来代表世界的各个方面是人类独有的。[73] 正如曾经“立方体”对人类对艺术的感知所做的那样，如今“代币”在所有权认知上同样在进行着。

就像立体主义那样，代币主义标志着视角的根本改变。代币主义已经将所有权的视角从可感知的单一物品（如绘画或运动鞋）转移到了一个复杂的所有权设置，涉及艺术品或其他指定物品的虚拟代币，以及任何通过许可授予的附加权利。NFT 中的这种新型财产从根本上改变了复制的意义，艺术品数字副本的存在并不会降低 NFT 的价值，因为这些副本不能取代唯一的代币。这就解释了为什么 Beeple、克里斯塔·金、奥西纳奇和世界各地许多其他数字艺术家的新兴数字艺术新市场正在开花结果——销售额高达数十亿美元。

有必要再次强调这一重要的相似之处。正如立体主义从根本上颠覆了艺术在“立方体”中的创作和观看方式一样，象征主义也从根本上推翻了艺术（或其他内容）在“代币”中的拥有方式。立体主义开创了现代世界的艺术；代币主义，则开创了虚拟世界的所有权。

事实上，正是因为有了这些令人吃惊的相似之处，NFT 可以被视为一种虚拟立体主义的所有权，同时表现为几个方面—— 一种独特的代币、一种数字资产、相关艺术或内容的展示、俱乐部、社区或奖励计划的会员资格，以及身份和地位的来源，例如使用卡通人物（如加密朋克）作为推特上的 pfp。谁也看不到虚拟代币的影子，它们都是从虚构中产生的。正因为如此，NFT 可能会由人们视角的差异而有所不同。正如立体主义揭示了艺术中的视角是如何由人类思维构建的一样，代币主义也揭示了财产的所有权和价值是如何由人的思维构建的。这样一来，代币主义为（重新）设想 21 世纪的所有权开辟了无限的可能性。

骗子艺术家？

正如早期的立体主义怀疑论者很难理解立体主义一样，今天的 NFT 怀疑论者也很难弄清楚 NFT 是什么。我想在这里重点谈谈两种批评的声音，它们使人联想到 20 世纪初对立体主义的攻击——NFT 是“丑陋的”和“骗局”。这些袭击没有让人感到意外。请牢记创新之“道”，创新越是具有颠覆性，争议也就越大。

批评人士认为，以 NFT 形式出售的艺术品丑陋不堪。[74] 一位评论家称广受欢迎的无聊猿（Bored Apes）是“客观上恐怖的程序生成的猿类卡通”。[75] 另一位评论家则哀叹许多 NFT 艺术作品“过分丑陋”（effing hideous）。[76] 而且我们也已经了解到艺术评论家是如何大肆抨击 Beeple 的作品的。20 世纪初对立体主义（用伯吉斯的话来说）“丑陋的世界”（universe of ugliness）的敌对反应是一个重要的教训。

不必过于匆忙地做出判断。人们常说，美在看客的眼中（或者说在NFT持有者的眼中）。卡通猿当然并不适合所有人，米老鼠亦是如此（抱歉，米奇）。艺术评论家抨击毕加索的作品丑陋且堕落，但这种批评并没有经得住时间的考验。毕加索喜欢画动物——公牛、狗、猫头鹰、企鹅、猪、公鸡，你能想到的都有。[77] 显然，没有猿猴。但据称，他拥有一幅名为刚果的黑猩猩的画，并在自己的画室里进行了展出。[78] NFT 从出现至今只存在了几年的时间。现在也好，未来也好，谁又能说未来的“毕加索”就不在 NFT 新艺术家的行列里了？请密切注意 FEWOCiOUS。

对 NFT 的另一个常见攻击是，它们是诈骗——传销或庞氏骗局。[79] 这些攻击已经超出了我们对于 NFT 价格具有投机性的担忧，而是将其视为更为危险的事情。NFT 是一种邪恶的骗局，吸引弱势群体，尤其是那些被认为容易上当受骗的年轻一代去购买 NFT，并将更多的钱注入寡头的口袋。听起来，NFT 甚至比据称兜售立体主义艺术作品的贪婪欧洲艺术品经销商圈子所曾经制造的骗局还要糟糕。

每个人都应该亲身调研（DYOR，Do Your Own Research），或者说做你自己的研究。有关加密货币和 NFT 的讨论已经引发了双方的激烈论战——而且这场论战或许会持续下去。我的目标不是为了解决这一重大的争议，更不在于说服人们购买 NFT 或加密货币。相反，我是为了提供一种理论来解释 NFT 如何改变所有权和创意生产的重要方面。不过，因为我的理论依赖于 NFT 创建了合法所有权形式这一前提，所以我认为有必要对关于它们是骗局的攻击做出回应。

关于 NFT 是骗局的指控存在着一定的谬误。最大的错误在于这些袭击常常把两种说法混为一谈：（1）所有的 NFT 都是骗局，或者整个 NFT 市场就是一个巨大的骗局；（2）部分 NFT 可能被不法分子用来从事欺诈。当然，这两种观点之间存在巨大差异，但对 NFT 的攻击往往混淆了二者的区别。必须牢记，NFT 只是一种计算机程序或技术。人们可以以各种方式使用它们，包括向帮助发展中国家的非营利组织捐款。[80] 正如我稍后将讨论的那样，乌克兰政府曾出售 NFT 来资助战时防御，而世界各地的艺术家也曾出售 NFT 来帮助乌克兰。它们离诈骗还有很远的距离。

诚然，也有一些骗子利用 NFT 对他们的项目进行了快速的“拉地毯”（rug pulls）①，他们承诺了雄心勃勃的路线图，以开发这批藏品的未来用途。美国司法部（Department of Justice）已经着手通过刑事起诉来解决“拉地毯”这一严重的问题。[81] 骗局还可能包括“拉高倒货”（pump and dump）计划，利用误导性陈述来哄抬 NFT 或加密货币的价格，然后以更高的价格抛售（或出售）资产。[82] 我们将在第三部分研究这些问题。

不过我们也要注意到，在生活中诈骗几乎无处不在——电子邮件、电话营销、金融投资、房地产，甚至商标注册和专利。谁也不会真的认为这些领域骗局的存在已经严重到需要关闭该领域的程度。那几乎等同于把婴儿和浴缸连同洗澡水一起倒掉。

以电子邮件为例。每天，电子邮件都在被垃圾邮件、恶意软件和网络钓鱼所利用。2009 年，90% 的电子邮件都是垃圾邮件。虽然凭借更好的过滤器，这一比例在 2021 年降至 45% 左右，但垃圾邮件仍然是一个大问题。[83] Gmail 每天拦截 1 亿封网络钓鱼邮件，[84] 电子邮件是 94% 恶意软件的来源。[85] 尽管每天发送的有害电子邮件的比例

① 指新加密项目的开发人员撤出 DEX 流动性池或突然放弃一个项目，毫无征兆地卷走投资者的资金。

很高，但如果得出结论说所有电子邮件或整个电子邮件技术都是有害的，或是一个大骗局或网络钓鱼探险的结论，那将是一个错误。人们每天都用电子邮件来工作和娱乐。比起“蜗牛邮件”，电子邮件仍然有很大的优势——更便宜、更便捷、更环保。

NFT 批评人士捕捉到了最大的 NFT 市场 OpenSea 在推特上公布的一个早期数据。2022 年 1 月，OpenSea 表示，不良行为者滥用了该市场的无限免费铸币，“使用该工具创建的物品中，超过 80% 是剽窃作品、虚假藏品和垃圾邮件”。[86] 正如电子邮件已经表明的那样，当某些东西免费提供时，不良行为者就会利用它。上至亚马逊，下至 YouTube，每个平台都必须处理假货或未经授权的拷贝。OpenSea 也不例外。在对 80% 的数字给予太多重视之前，我们需要更多的信息，例如在 OpenSea 上实际销售的复制、假冒或垃圾 NFT 的百分比。一些买家可以根据卖家的账户是否在 OpenSea 上得到验证来识别假货（有鉴于此，我在第三部分中建议 OpenSea 应该允许每个人申请一个经过验证的帐户）。我们还需要更多的最新数据。2022 年 5 月，OpenSea 宣布部署一种“copymint”过滤技术，同时辅以人工审查，以阻止 OpenSea 上的假货。[87] 我们将在第三部分中研究 OpenSea 的过滤系统——这是朝着正确方向迈出的一步。

还有一种谬论是，NFT 被称为多层次营销计划（MLM，multi level marketing）①，甚至是非法的庞氏骗局。我们将首先处理多层次营销的问题，然后再探讨庞氏骗局。既然多层次营销的套路在《华尔

① 又称倍增式市场业务、结构行销（Structuremarketng）、多层次直销（multilevel direct selling），发源于 20 世纪的美国，是直销行业规模扩大后的一种行销模式，发源于 20 世纪的美国。主要特点为消费者和直销商合为一体，使消费者在消费支出后成为另一直销商，从而获得较其支出更多的利润收入。

街日报》和《纽约客》等知名媒体中都有提及，那么我就来详细分析一下这种比较。[88] 如果你已经认为将 NFT 划为多层次营销的攻击是站不住脚的，可以直接跳到下一节。

首先，重要的是要认识到销售合法产品的多层次营销，如安利（Amway）和玫琳凯（Mary Kay），并不违法。根据美国联邦贸易委员会（Federal Trade Commission）的说法，多层次营销业务“包括向家人和朋友销售产品，并招募其他人来做同样的事情”。[89] 多层次营销企业的员工通过直接向消费者销售产品获得利润，并从他们招募的任何新成员的产品销售中获得佣金，从而获得收入。[90] 如果组织者打算销售真正的产品或服务，这种商业模式是合法的。但是，如果组织者没有这样的意图，而是试图通过引诱工人向组织者支付费用，然后携款潜逃来获利，这就是非法的庞氏骗局或金字塔骗局。当诋毁者将 NFT 与多层次营销相提并论时，他们企图制造一种道德疑虑与恐慌，让人们与 NFT 保持距离。但这种攻击是站不住脚的。

表 4.2　多层次营销与 NFT 收藏的区别

比较维度	多层次营销	NFT 收藏
个人	员工	所有者或投资人
产品	无限的、大规模生产的商品	有限数量的 NFT（例如，10 000），每个 NFT 都是唯一的
个人如何获得收益	员工们销售更多的大规模生产的产品，并招募更多的人去销售更多的产品	所有者以高于购买价格的价格出售他们的 NFT；短期翻转；长期持有者持有他们的 NFT，从同一系列中购买更多 NFT，等待升值后再出售
销售后会发生什么？	如果员工卖出了他们的产品，公司就会提供更多的产品来销售	如果所有者出售了他们所有的 NFT，他们就出局了，公司不再提供更多 NFT

续表

比较维度	多层次营销	NFT 收藏
招募他人是直接的收入来源吗?	是，基于招聘人员销售额的佣金百分比	否
招募他人是否是加入该行列时的预期内容?	是	否

如表 4.2 所述，NFT 藏品在动态与商业模式上有很大不同。多层次营销则涉及对产量巨大的产品进行无限制地提供，而这一切都可以被取代。相比较而言，NFT 藏品所涉及的 NFT 数目有限，且每一个 NFT 均具有独特性。多层次营销的员工收到了持续供应的大规模生产的商品，必须不断出售才能获得收入。与之形成鲜明对比的是购买 NFT 的消费者，在其所从事的经营活动中并不承担将商品出售给消费者的使命。一旦所有者卖掉其珍藏的 NFT，那么他们就没有什么可卖之物了。对 NFT 进行投资更像是购买公司的股票，而不是在多层次营销中销售产品。

由于多层次营销和 NFT 藏品的商业模式不同，其激励机制也有所差异。要想在多层次营销中赚钱，人们就必须销售产品并招募其他卖家——这是唯一的收入来源。相比之下，NFT 所有者通常通过不出售甚至不招募来获得更好的投资回报。从长远来看，NFT 所有者最好不要招募任何人，这样他们自己就可以从有限的收藏中购买最稀有的 NFT，并积累 NFT 战利品。事实上，最成功的 NFT 投资者通常持有大量 NFT——可能有数百个来自同一蓝筹的收藏。尽管一些投资者试图通过炒作 NFT 来获利，类似于股票的日间交易（day trading），但 NFT 所有者可能通过保留——“持有到底”（HODL，hold on for dear life）或“钻石手”（diamond hands）——蓝筹 NFT，并在价格下跌时从同一收藏中抄底更多的 NFT，从而获得最大的投资回报。

那些不做 HODL 的藏家，通过操作“纸手”（paper hands）处理其 NFT（如加密朋克），可能会因为过早出售而亏损。在一项针对亚洲 NFT 爱好者的调查中，超过 50% 的人表示他们喜欢采用 HODL 的方法。[91] 这与对于多层次营销员工的激励措施相去甚远，多层次营销员工从来没有任何动机去 HODL 他们必须销售的产品。与多层次营销的比较对于单个艺术品的 NFT（所谓的单件作品）来说就更站不住脚了，因为从长远来看，HODL 的激励更大。加密货币的冬天可能会更加重视对蓝筹 NFT 的长期投资，而不是“致富”（get rich）投机或日间交易。

当然，当 NFT 收藏品招募有偿影响者来宣传他们的藏品，或者当一些大的 NFT 投资者在没有充分披露自身利益的情况下就宣传某一藏品时，情况便会更令人生疑。消费者监督组织“广告的真相”（Truth in Advertising）就曾警告过一些名人，在推广 NFT 时需要披露其自身从中获取的经济利益。[92] 不过，我们也已经建立了一个机制对信息披露不充分的问题进行监管。美国联邦贸易委员会已经对部分没有在社交媒体上公开披露其经济利益的网红进行了打击。[93] 美国证券交易委员会（SEC，Securities and Exchange Commission）也对兜售首发代币时未披露经济利益的类似违法行为进行了打击。[94] 但即使是在社交媒体上不公开付费赞助的非法投资推广，也与多层次营销有着很大的区别。

对 NFT 最严重的指控是，它们是非法的庞氏骗局或金字塔骗局。[95] 这种广泛的指控在法庭上是永远站不住脚的，但这是 NFT 和加密货币的反对者所提出的一个强有力的说法。针对 NFT 的攻击往往没有说出具体的 NFT 项目，或者当他们这样做时，也只是指出了一些不良行为者的诡计，以影射所有 NFT 都是一个巨大的庞氏骗局。

指控者通常不会说出从事庞氏骗局的 NFT 创建者的名字，更不会对他们的不法行为提出具体指控，这并不令人惊讶。在没有任何事实依据的情况下，错误地指控一个企业或个人从事庞氏骗局将构成诽谤，并可能使虚假指控者承担巨额赔偿责任。事实上，网络诽谤的最大赔偿金之一（3 830 万美元）涉及虚假指控一家房地产投资公司的首席执行官从事庞氏骗局、诈骗或空壳游戏（shell game）。[96] 在提供的全部案例范围内，这些攻击都会挑出害群之马，将所有的 NFT 描绘得腐烂不堪。这些攻击忽略了所有合法的 NFT 项目，而这些项目让艺术家和所有者的生活变得更好。

许多针对 NFT 的攻击实际上都是针对加密货币及其“技术兄弟”（tech bro）文化的攻击，有些人甚至将其描述为“邪教”。NFT 采用了与加密货币相同的区块链技术，并需要加密货币来购买。[97] 针对 NFT 的“骗局”攻击也对加密货币进行了攻击。[98] 我们可以用一整本书的篇幅来探讨比特币和加密货币，[99] 但在这里没有这样做的空间，请亲自调研。在此，我想提出几点建议，尤其是对那些还没有形成观点的读者。（免责声明：这并非财务建议！）

首先，牢记创新之道。凡是颠覆性技术，总会引发争议。诺贝尔经济学奖得主保罗·克鲁格曼（Paul Krugman）曾审慎地将比特币比作庞氏骗局。[100] 但我们不要忘记克鲁格曼在 1998 年作出的预测：“互联网的增长将大幅放缓……到 2005 年左右，互联网对经济的影响将明显不比传真机更大。”[101] 克鲁格曼的观点是否定技术将带来巨大进步的想法。[102] 在 2018 年的一次采访中，克鲁格曼称自己不过是在“挑衅”，但却“错了”。[103] 具有讽刺意味的是，克鲁格曼在 1998 年发表的对互联网的误解几乎人尽皆知，因为互联网记录了它。十年后，克鲁格曼甚至忘记了他发表的错误预测的来源。[104]

其次，大企业和成功高管的投资可以为判断某件事是合法的还是一个巨大的骗局提供有用的线索。当然，由于 2008 年的金融危机中，抵押贷款支持证券的高风险投资推翻了雷曼兄弟和贝尔斯登，并要求联邦政府救助整个大型投资公司行业，这个指标也并非万无一失。[105] 但老牌企业需要维护自己的声誉。蓄意参与大规模欺诈或庞氏骗局都是非法的。截至目前，允许加密货币相关投资或加密货币的大型银行、投资公司和支付服务企业包括了花旗集团、摩根大通、高盛、摩根士丹利、万事达、PayPal、Visa 和 Venmo。2022 年 4 月，富达投资宣布，它将为使用富达 401（k）退休账户服务的 2.3 万名雇主提供一种选择，让他们的员工可以选择将账户中最高 20% 的资金投资于比特币。[106]

尽管劳工部批评富达此举具有风险，但加密货币是大多数基金经理在不久的将来可能不得不考虑的问题之一。正如《纽约时报》的凯文·鲁斯（Kevin Roose）所说："它的力量，无论是经济上的还是文化上的，都已经大到不可忽视。"[107] 2022 年第一季度，461 笔股权交易中的 92 亿美元涌入了全球的加密货币初创公司。[108] 2022 年的加密货币寒冬减缓了第二季度的风险投资，但仍远远高于 2020 年的数额。[109] 在经济低迷时期，加密货币的市值在 2022 年 9 月降至约 1 万亿美元，较高峰时减少了惊人的 2 万亿美元。[110] 毫无疑问，加密货币波动很大。但高通胀和美联储通过加息来降低通胀的积极努力也让股市震荡不安，美国股票共同基金今年平均跌幅为 17.3%。[111]

苹果公司的蒂姆·库克（Tim Cook）表示，该公司不会投资加密货币，"因为我不认为人们购买苹果股票是为了获得加密货币的风险"，但是，他个人持有加密货币，并将其视为多元化投资组合中的一个合理部分（当然，他并没有提供财务建议）。[112] 摩根大通首席执行官杰米·戴蒙（Jamie Dimon）曾表示比特币是一种骗局，但是他随后又撤回了自己的这一声明。虽然戴蒙并不一定支持比特币，但他对自己的评论表示遗憾，并承认“比特币是真实的”。[113] 2022年2月，摩根大通发布了一份《元宇宙的机遇》（Opportunities In the Metaverse）白皮书，预测包括NFT在内的元宇宙将有一个新的市场，每年的价值将超过1万亿美元。[114] 摩根大通意识到，“加密支付和NFT/数字资产”将在商业中发挥巨大作用。[115]

摩根大通指出：“我们看到各种形式和规模的公司以不同的方式进入元宇宙，包括沃尔玛、耐克、盖璞、威瑞森、Hulu、普华永道、阿迪达斯、雅达利等一众家喻户晓的公司。”[116] 摩根大通非常看好元宇宙，于是在Decentraland的虚拟世界中建立了第一家银行。[117] 花旗在一份长达186页的白皮书中预计，到2030年，与元宇宙相关的市场价值可能达到8万亿~13万亿美元。[118] 但从数字中我们可以看到，2021的全球服装市场为1.5万亿美元，汽车市场则为2.86万亿美元。[119]

即使是“奥马哈先知”、伯克希尔哈撒韦公司首席执行官、对比特币持怀疑态度的沃伦·巴菲特（Warren Buffett），也在伯克希尔的投资组合中掺入了对Nubank10亿美元的投资，Nubank是一家拉丁美洲的金融科技银行，允许其客户投资比特币交易所交易基金（ETF，exchange-traded fund）。[120] 同一时期，巴菲特抛售了伯克希尔持有的Visa、万事达和富国银行的股票。[121] 在抨击比特币“可能是老鼠药的配方”“根本没有独特的价值”之后，[122] 巴菲特似乎也愿意尝一尝它的味道。

2022年初，美国总统拜登和财政部部长珍妮特·耶伦（Janet Yellen）认识到，加密货币在革新金融服务，并称政府需要在防范金融风险的前提下制定“负责任的金融创新”政策。[123] 耶伦承认研究美国是否应该发行自己的中央银行数字货币（CBDC，Central Bank Digital Currency）的重要性。对于美元 CBDC 最终是否会补充或取代现有的稳定币（即与另一种资产挂钩的加密货币），尽管分析师们意见不一，但政府对数字货币的兴趣表明这一概念具有一定的吸引力。美国政府的做法被视为“承认加密货币将继续存在”。[124] 2022 年的加密货币寒冬在加密货币市场造成了一些大规模的屠杀。[125] 但这不太可能成为其消亡的信号。相反，它可能会导致更大规模的监管来保护投资者——而这也正是一些人认为将导致加密货币主流化的原因。[126]

2022 年的俄乌冲突显示，加密货币可以在无需银行或货币兑换的情况下实现即时转移。乌克兰政府获捐价值约 1 亿美元的比特币和加密货币，其将其中的 1 500 万美元用于军事物资和医疗用品。[127、128] 乌克兰政府甚至出售 NFT 来资助对俄战争。[129] 来自乌克兰和世界各国的艺术家也出售 NFT，为乌克兰提供财政援助，其中包括 RELI3F 组织中 37 名 NFT 艺术家提供的 170 余万美元，该组织向世界各地的事业提供人道主义援助。[130]

乌克兰政府出售 NFT 让人联想到内战期间美国政府发行价值 4.5 亿美元的纸币或“美钞”（greenbacks），此举在当时引发了巨大的争议，因为纸币没有黄金支持。[131] 这是一笔有趣的资金。“美钞”是美国使用的第一种法定货币，这意味着它们是由政府在没有黄金或其他商品支持的情况下创造的。[132] 尽管美钞债券于 1879 年就被废除了，但法定货币（fiat money）最终在 1971 年成为美国货币的主流，并一直延续到今天。[133]

法定货币本身也存在着一些问题。在俄乌冲突期间，美元等世界法定货币在美国遭遇了严重的通货膨胀，达到了 40 年来的最高点

9.1%。[134]通货膨胀使拥有 5 000 美元存款的个人储蓄账户价值降低，以 0.06% 的平均年利率计算，这 5 000 美元仅产生了 25 美分的利息。[135]尽管比特币和其他加密货币的价格波动较大，但支持者认为一些加密货币比法定货币更能储存价值。而且，与国外的弱势货币相比，加密货币似乎更加安全。这就是为什么加密货币采用率最高的国家是货币疲软的国家：尼日利亚为 32%、越南为 21%、菲律宾为 20%、土耳其为 16%、秘鲁为 16%。[136]

加密货币之争提出了一个基本的哲学差异：一个金融系统是由像美联储这样的中央监管机构控制利率和法定货币的供给更好，还是采用去中心化的方法，在加密货币的供给被设定后无人进行管控更好。这两种方法并不相互排斥——目前的情况就是证明。但在全球范围内使用加密货币的公司和消费者日益增加，[137]很多大品牌和初创公司也在开发 NFT。这都是建立一个更加去中心化的网络的努力的一部分。也许这是一个巨大的全球性阴谋，目的是掠夺年轻和弱势群体。或者，这可能是一个指标，表明加密货币和 NFT 提供了实用性，以解决那些未被满足的需求。答案是什么，还得由你自己来判断。

实现概念飞跃

正如立体主义揭示了艺术现实是如何构建的一样，代币主义也揭示了所有权和价值是如何构建的。但这并不是怀疑的理由。我们构建了大多数事物的所有权和价值，包括土地、奢侈品、股票、共同基金、其他金融工具、法定货币，甚至钻石。与人们普遍认为的相反，钻石是常见的宝石，其价值并不取决于与其他宝石相比的稀有程度。[138]

代币并不是一个空洞的姿态。代币就是奖品。NFT 不仅反映了一种新型的技术、财产和所有权，而且反映了一种名为“概念上的飞跃”（a conceptual leap）的新型思维。幼虫实验室的联合创始人霍尔和沃特金森于 2017 年创建了加密朋克，他们承认 NFT 是一个疯狂的想法，需要“概念上的飞跃”，让人们相信他们在购买 NFT 时拥有真实的东西。当时这个想法可能很疯狂，但毫无疑问，人们已经迈出了这一步。而且没有回头路可走。

尽管毕加索作为一名永远的创新者，在 1921 年超越了立体主义风格，[139] 但立体主义导致了创造性的流散。其实立体主义在 20 世纪对现代艺术乃至建筑、电影、设计、文学等领域都产生过影响。现在判断代币主义的影响还为时过早。但早期的迹象预示着一些可能比立体主义更深远的东西——它们将改变所有权、艺术、文化生产、商业、治理、创意产业、知识产权、互联网，以及我们生活中的其他很多方面。

***

假如盖勒特·伯吉斯还活着，他会怎样看待 NFT？当然，他会取笑它们。但我的猜测是，作为一名插画家，他会理解它们。他会非常喜欢创作它们，并喜欢许多 NFT 爱好者分享的不敬，这些人常常会使用巴勃罗·蓬加索（Pablo Punkasso）、波冉克斯（Pranksy）、文森特·樊道高（Vincent Van Dough）① 等有趣的用户名。伯吉斯创作并绘制了儿童漫画系列“平淡无趣的人们”（the Goops），用有趣的诗歌教孩子们礼仪。他创作了一组不同的 Goop 角色，每个角色都有一

① 分别改自巴勃罗·毕加索（Pablo Picasso）、班克斯（Banksy）和文森特·梵高（Vincent van Gogh）。

个名字，并被描绘成相同的光头，形状是圆形的，但每个角色都具有独特的特征或排列。[140] 如今，这些 Goop 们可以轻松地变成 NFT。

确实是这样。自称“多伦多人”的艺术家安德鲁·弗里森（Andrew Friesen）创作了 8 000 件 Goopdoods NFT 藏品。[141]Goopdood 们也都是秃头，但他们的身体是成人的。此外，它们比伯吉斯的 Goop 们更丰富多彩，更具宇宙色彩，背景也更古怪。有些甚至有不同的角色在 Goopdood 们周围吐出五颜六色的液体，像蟒蛇一样被呕吐物包裹着。作为一位公认的“喜欢奇异、独特和怪诞的东西”的人，[142] 伯吉斯会喜欢它们的。

第五章

◆

交互式所有权

请牢记这句话：你在生活中真正珍视的并非金钱，而是所有权。

——50美分（50 CENT）①，《第50条法则》（*THE 50TH LAW*）

斯蒂芬·科尔伯特（Stephen Colbert）②曾在他的电视节目中解释说："一段时间以来，最热门的技术趋势之一就是NFT，或者说非同质化通证。很难相信，在短短一年时间里，我们就从完全不知道它们是什么，到现在不知道它们**为什么**会如此热门。"[1]（观众的笑声）

确实，谁需要NFT呢？

科尔伯特以他迷人而又面无表情的方式解释道，NFT是"你可以购买的数字资产，并且你的所有权被编码在了区块链的购买凭证中"。此外，只要你收集到足够的购买凭证，你就可以把它们发送给家乐氏③，以换取一个"棒球帽造型的麦片碗"。（观众哄堂大笑）

---

① 美国嘻哈歌手、流行文化偶像。

② 美国知名脱口秀主持人。

③ 全球知名谷物早餐和零食制造商。

尽管故事的发展未必全然如此，但科尔伯特的思路是基本正确的。

所有权对于 NFT 来说至关重要。它已经不再止步于某种称号，而是进一步赋予了所有者更多的回报。至于回报究竟是什么，这就要看 NFT 创造者们的态度了。当然，这里并不排除它们成为麦片碗的可能。不过，回报通常来说是更具实际意义的物品。这也解释了为何今天在 TikTok、YouTube 等平台上聚集了数百万的意见领袖和内容创作者的创客经济，正在向所有权经济（Ownership Economy）或创造者 – 所有权经济（Creator-Ownership Economy）转变。[2] 在这种经济形态下，经济回报以 NFT 所有权的形式向人们进行着更为广泛的分配。[3] 而所有权经济则与建立 Web 3.0 的运动有着紧密的关联。下文中，我们将进行更为深入的讨论。概括来说，后者专注于技术层面，使我们的互联网变得更加去中心化，而前者则侧重于经济层面。

所有权经济使人们可以通过自己在线上消费并创造出的物品而获得经济利益。正如克拉拉·林德·伯根多夫（Clara Lindh Bergendorff）① 在《福布斯》（*Forbes*）杂志中所描述的那样，这是“一种建立在去中心化社区之间相互依存基础上的经济，用户对他们所使用的产品拥有所有权，并因其创造的价值而获得回报”。[4] 人们不再被视为互联网的“用户”，受到广告营收以及大科技公司算法的制约。相反，他们被视为社区的共同所有者。举例来说，由 NFT 项目创建的社区，会赋予所有者商事权利。同时，您还可以拥有能够“抵押”的 NFT，或者承诺在虚拟世界中进行使用。这使您有权以其他 NFT 或者加密货币的形式来获取被动收入。[5] 此外，您也无需交出自己的个人数据。

---

① 美国风险投资人。

它们的所有权，同样归您所有。

理解 NFT 是如何改变所有权这一概念的，可以帮助我们解开 NFT 背后的谜团，即它们**为什么**会存在。

在法学院的课程里，所有一年级的学生都会学习到物权法的一项基本原则：所有者有权排他（exclude）。对于财产而言，排他性是一个具有决定性的特征。成年人即使不去法学院也能理解此项原则。其原因是，人们天天都在进行着维权的实践。房主们在自己的土地周围设立栅栏和禁闯标识，并警告闯入者“滚出我的地盘”；车主们锁上车门并安装警报以吓阻入侵者；人们通过面部识别和密码等手段来防止别人访问自己的智能手机和笔记本电脑等私人设备。此外，其他人也不能（至少，在未经你同意的情况下）脱掉你身上的衣服。如果有人侵犯了财产所有者的排他权，那么此人即触犯了法律。排他性是财产的一项极为重要的构成。

在一个著名的案例中，一名司机因无视一对夫妻的“强烈抗议”，[6] 驾车穿越了他们的积雪田地，以便运送一间移动房屋，而被认定为非法侵入后者的土地。这对夫妇甚至拒绝了被告付钱来让其开车经过田地的提议。这条私人道路最直接的路线，且当时“积雪深达两米”，还有一个“急转弯”，这对送货卡车来说很危险。[7] 尽管土地没有受到损害，但这对夫妇还是获得了 10 万美元的惩罚性赔偿，以惩罚司机的故意侵权行为。作为财产所有者，这对夫妇拥有排他权。司机违反了规定，法律便惩罚了司机。正如威斯康星州最高法院所解释的那样，“私人土地所有者应该相信，侵入他们土地的不法行为将受到适当的惩罚”。[8]

此案使你了解到排他权是多么的重要。正如美国最高法院所承认的那样，“排他权历来被认为是所有者一系列财产权中最宝贵的权利之一”。[9] 事实上，它可能是“所有财产利益中最为基本的”。[10] 正如有影响力的法律评论家布莱克斯通（Blackstone）在18世纪所写：“没有什么比财产权更能普遍地激发人们的想象力，吸引人类的感情；或者说，一个人要求并行使对世界外部事物的唯一和专制的支配权，完全排除了宇宙中任何其他个体的权利。”[11] 布莱克斯通是想赞同还是只是描述这种强烈的财产观仍值得商榷，[12] 但其却对美国《财产法》产生重大影响。

排他权在智力创造的知识产权中也起着核心作用。发明者和作者被授予“专有权”——这一术语甚至在美国宪法中也有所提及——以防止第三方未经授权使用受其专利和版权保护的物品。当世界贸易组织（WTO，World Trade Organization）在1994年通过一项关于知识产权的国际协议时，其也用“专有权”来描述商标所有者的权利。对于每一起侵权诉讼，知识产权所有者都声称被告至少侵犯了他们的一项专有权。对知识产权、土地或其他财产而言，这种传统的财产观将排他性权利置于财产所有者所拥有的一系列权利的中心。

包容性与交互式所有权

NFT颠覆了我们对所有权的理解，不仅如前一章所讨论的那样，它为虚拟世界重新构想了所有权，而且还使对他人权利的包容成为NFT相较传统财产更为核心的特征。NFT经常被用来将人们纳入社区之中，与NFT所有者进行持续的沟通、合作、活动和奖励。这种效用反映了这样一个事实，即NFT通过建立一个社区及其成员对同一项目的NFT的所有权，可以作为一个去中心化的组织或治理系统进行。[13] 通过这些持续的关系，NFT促进了一种新型的**交互式**

（interactive）所有权。

排他权对于 NFT 而言仍具有重要意义，但是其包容性却被提升到新水平，特别是在以构建社区为目标的 NFT 项目中。NFT 项目正在以各种方式授予包括其 NFT 所有者在内的新权利。包容性产生于给 NFT 所有者带来额外利益的许可或协议，或者更常见的是，仅仅通过 NFT 创建者建立的路线图、规范和实践。尽管这些协议和实践不承认“包容性”的名称，但我相信这个词恰当地描述了许多 NFT 项目的核心特征。NFT 的所有权正以多种方式被用来将人们包容其中——在俱乐部、社区或 DAO 中，在所有者奖励计划和活动中，在游戏世界、沉浸式体验和元宇宙中，在合作、创意生产和商业伙伴关系中，以及在社区的其他动态交互中。

谁会被包容在内？那些购买并拥有 NFT 的人。所有权是一种被包容的权利。其实包容性也许比排他权更为重要，因为它提供了排他权不具备的内容——效用。

这就是 NFT 存在的原因。为了回答科尔伯特的问题，我觉得有两个重要原因可以说明 NFT 的价值。它们不仅是一种新型虚拟财产中的数字资产或购买证明，解决了拥有数字艺术的问题，其还通过对社区、体验、娱乐、合作和其他互动活动的包容性，为创作者和企业提供了额外的实用性。除了拥有代币作为财产外，所有者还可以从 NFT 项目组织的活动和体验中获得效用。财产所有权变得具有交互性。最终，是否采用交互式所有权取决于 NFT 创作者，但更常见的是 NFT 藏品（如死小子等）使用的交互式所有权，而不是一个单一视觉艺术品的 NFT。恰如其分的是，采用交互式所有权的 NFT 通常被称为“实用性 NFTs”（utility NFTs）。[14]

一些律师可能会提出异议，认为我错误地将财产与合同混为一谈，为 NFT 创造了一种并非真正财产的混合安排——所谓的“包容性权利”是一种虚假的财产权。但我并没有创造出这种安排，它是由 NFT 的创造者们创造出来的。而且，这一点都不虚假。长期以来，财产法一直承认使用合同来为土地的使用创造条件或限制。在学习财产法的过程中，每个法学新生都会学习衡平法地役权（equitable servitudes）和不动产契约（real covenants）。它们听起来很专业——事实也确实如此。但从我们的宗旨来看，我们应该了解到，这些都是创造土地所有权条件的契约，例如，要求所有者维护一个池塘或允许某人在该财产上居住，或不得不在该土地上建造房屋或使用移动房屋。役权与契约中的关键要素之一就是“随土地运行”条件，它对财产未来所有者有约束力。[15] 正如新墨西哥州最高法院所解释的那样，这些协议“构成了与土地共同运行的**财产**权”。[16] 由于这些协议对财产的所有未来所有者具有约束力，因此这些协议成为拥有该财产的一部分。

NFT 所有权也在以类似的方式进行运作。正如契约为土地所有权创造了条件一样，NFT 的许可、路线图和实践确立了 NFT 所有权的条件。许可通常表明，许可的条件适用于拥有 NFT 的任何人。[17] 这种安排有点类似于房主协会（homeowner’s association）的会员资格与土地一起运行，[18] 但房主协会今天可能更多地被视为限制执行的来源，而不是社区建设的来源——监管从景观设计和宠物到吸烟和垃圾的一切。相比之下，对许多 NFT 项目来说，社区建设是 NFT 的全部内容。

NFT 的契约通常不如土地契约那么正式，后者需要书面协议。例如，NFT 项目通常会公布其目标的“路线图”，并定期公布 NFT 所有者即将获得的福利和特权。路线图可能看起来更像草图——事实上，有些只是路线图的图片——所以它们可能不符合土地契约所要求的那种书面协议。但我认为，承诺为 NFT 所有者提供大量未来特权的项目路线图即拥有 NFT 的契约，类似于传统的土地契约。无论谁拥有 NFT（包括二级市场上的后续买家），都将从该项目实施路线图中获得收益。未来的利益与 NFT 一起运行。当然，一些路线图可能不构成法律上可执行的合同，但只有在 NFT 项目未能实现其路线图目标时，这一方面才会成为潜在的问题。

土地契约和 NFT 内容许可以及路线图之间还有另一个重大的差异。土地契约通常限制土地的使用——例如，不要在房产上停放活动房屋。事实上，由于这个原因，它们被称为“限制性契约”（restrictive covenants）。尽管 NFT 内容许可有时包含限制（例如，不得将艺术作品用于商业或不得用于仇恨言论），但它们越来越多地以更广泛的方式被运用，以及完全没有路线图约束。它们是将艺术品商业化的权利，包括制作衍生作品，以及对一系列广泛的活动和体验的包容性权利，如聚会、展览、参与在线游戏和虚拟世界。这些 NFT 协议是**包容性**契约（inclusive covenants），有利于共同所有者的社区从中受益。

NFT 契约正在建立一种公域，在这个公域中，来自同一 NFT 系列的所有者可以使用与 NFT 相关的艺术作品或角色，在各类风险项目（包括商业）中进行协作和共同创造。为了借鉴埃莉诺·奥斯特罗姆（Elinor Ostrom）① 有影响力的作品，我们可以将一个由 10 000 个 NFT 组成的项目描述为包括一个共同的艺术品库（如加密朋克），对其的使用由每个 NFT 的所有者决定。但通过一个包容性契约，这一整个收藏可以建构出共享利益（例如，加密朋克生态系统），[19] NFT

---

① 美国著名政治学家、政治经济学家、行政学家和政策分析学家，美国公共选择学派的创始人之一，其代表作为《公共事物的治理之道：集体行动制度的演进》。

便为公域或收藏提供了治理系统。

通过把虚拟代币和包容性契约结合起来，NFT 创造了一种新型交互式所有权。NFT 的所有权赋予了所有者进行交互的权利。这种交互可以是人与人之间的，比如 NFT 创作者和整个所有者社区之间的交互，包括在网上和在现实生活中的聚会。这些交互还可以涉及所有者与新型内容、媒体、体验和元宇宙之间的互动。

例如，以欢快柔和的色彩著称的 Doodles NFT，其创造者在 2022 年的“西南偏南”大会（SXSW，South By Southwest）① 上为 Doodles 所有者和其他受邀者举办了一场互动的 IRL 体验。Doodles 的装置吸引了长长的队伍和热烈的评论。这是第一批展示 NFT 力量的大型装置之一。涂鸦团队与 VTProDesign 进行了合作，后者的使命是“突破我们所能创造的世界的极限”。迷人的 Doodles SXSW 装置为会议树立了新的标准。涂鸦的主人收到了实体护照，护照上嵌入了射频识别（RFID，Radio Frequency Identification），使他们的 NFT 中的涂鸦人物在装置中栩栩如生地出现。[20] 受邀者订购了在泡沫上画有涂鸦人物的拿铁咖啡。而且，作为 NFT 创造的商业冒险的一个例证，鉴于 Doodles 对颜色的独特使用，百色熊（Behr）② 与 Doodles 合作进行了一次油漆展示。[21] 进入 Doodles 的装置，就像来到了一个神奇的魔幻世界，让人想起了迪士尼。[22]

交互式所有权与传统的所有权相比是一个巨大的变革。对于传统的财产而言，所有权是惰性的而非交互的。试想一下，拥有一辆自行车、一个咖啡壶、一个烤面包机或一双运动鞋，所有者对这些物品

---

① 在美国得克萨斯州首府奥斯汀举办的年度盛会，涵盖会议、节庆、颁奖典礼和展览等一系列活动。

② 北美家装市场上领先的涂料供应商。

以外的东西并不享有权利。物主和物品之间的关系是静态的。相比之下，NFT 的设立往往带有特权——包容性契约——赋予 NFT 所有者以额外的福利和权利。所有者与物品之间的关系是互动的：它随着时间的推移而发展，使所有者能够将艺术品或人物作为企业或身份的一部分来发展。交互式所有权是许多大企业竞相为其产品和服务开发 NFT 的主要原因之一。互动式所有权提供了一种新的方式，使人们参与到一个有意义的社区。

Web 3.0 中的交互式所有权

任何记得 2004 年“Web 2.0”诞生之初的人都可能想知道交互式所有权与人们所说的社交媒体、博客和其他用户生成内容平台有什么不同。Web 2.0 被誉为更具互动性，能够实现在线共享与协作。[23] 那么交互式所有权有什么特别之处呢？

问题的关键是理解所有权的重要性，它可以实现规模更大和更具潜力的交互。如下表 5.1 所示，Web 的发展可以分为三个阶段，每个阶段都使人们能够完成更多的工作。

大约从 1989 年到 2004 年，Web 1.0 是一个只读网络，人们像看电视一样被动地观看内容。[24] 阅读当然是很棒的，但它仅仅是信息的单向传输。然后，从 2004 年到现在，Web 2.0 是一个读写网络，人们可以轻松地创建并与朋友和追随者分享用户生成内容，例如在脸书、推特和 YouTube 上。网络成了一条双向通道，人们不仅可以接收内容，还可以创建自己的内容，并与许多其他人分享。社交媒体放大了人们的声音，为他们提供了潜在的数以万计的观众。

表 5.1 Web 1.0、Web 2.0 与 Web 3.0 的比较

比较维度	Web 1.0	Web 2.0	Web 3.0
可用功能	只读（RO）	读写（RW）	读－写－拥有－交互（RWOI）
核心要素	网络的诞生、电子商务、静态网页	大型科技平台、用户生成内容和社交媒体的崛起，大型科技公司的内容审核	区块链、NFT 和交互式所有权的崛起
中心化 / 去中心化	去中心化但有限的交互性	由互联网平台和大科技公司进行中心化管理	通过区块链技术实现去中心化
互动性	有限的互动性	在平台和社交媒体上拥有更强的互动性	基于 NFT 所有权的新交互性，多个维度的交互性，包括平台之外和现实生活中的交互性
隐私	网站决定	互联网平台将个人数据货币化并决定用户的隐私政策	自主权，人们通过加密货币钱包和 NFT 控制自己的身份和数据

然而，社交媒体也有其黑暗的一面。社交媒体公司成为占主导地位的平台——又名“大型科技公司”（Big Tech）——对其平台上数百万（甚至数十亿）用户进行集中控制。在新冠疫情大流行期间，这些公司不得不做出艰难的决定，以删除各种错误信息，但这引起了一些人的强烈反对，他们谴责这些公司的“审查制度”。此外，这些平台上的人们被视为单纯的“用户”，一般都要共享自己的个人数据才会参与进来，同时也会受到强大算法的约束，而这些算法则控制着他们看到的内容。然后，互联网平台通过向基于用户在线活动来定位用户的公司出售广告，将人们的个人数据货币化。2019 年，哈佛商学院教授肖莎娜·祖博夫对这种主流商业模式进行了严厉的指责，她贴切地将其形容为“监视资本主义”。[25]

我们现在开始了 Web 3.0，它以交互式所有权为特征。Web 3.0

之所以与众不同，是因为它建立在去中心化、点对点的区块链技术之上。其目的之一是避免 Web 2.0 的中心化互联网平台对人们的审查，将他们的个人数据货币化，或者将他们从脸书、推特或其他社交媒体上踢出去。Web 3.0 不再将人们单纯地视为用户，而是赋予了他们成为所有者的权利，不仅是个人数据的所有者，也是 NFT 的所有者，这使他们有权融入社区和体验之中。

Web 3.0 是一个“读－写－拥有－交互”网络。人们不仅可以在网上创造和分享，还可以在新的、创造性的生态系统、合作和业务中拥有股权并进行互动。为了延续这个比喻，除了 Web 2.0 的读写文化双向街道，Web 3.0 现在还为人们提供了**拥有**街道周边部分土地的能力，并与其他所有者在建立社区甚至企业时进行交互。**拥有**和交互的权利来自购买 NFT——所有者不必放弃他们的个人数据。Web 3.0 的核心原则之一就是自主权：人们有权控制自己的个人数据，不必为参与而进行披露。

NFT 下的交互类型

NFT 可以用于将所有者纳入许多交互之中。表 5.2 总结了几个主要的例子。这份清单并不意味着详尽无遗——事实上，我们应该期待未来会开发出许多其他创新用途，特别是考虑到基于公用事业的 NFT 项目只存在了几年。但该列表显示了使用 NFT 的巨大潜力。

在这一章中，我们将讨论 NFT 如何通过内容、社区、赞助人和体验为所有者创造互动，重点讨论三位创作者。在接下来的两章中，我们将考虑最后两种类型：去中心化协作和去中心化商业。

表 5.2 NFT 所有权促进交互

NFT 所有权促进交互	描述
内容	NFT 所有者与 NFT 相关内容进行交互，包括变化的动态内容。
社区	NFT 所有者与同一系列中的其他所有者以及 NFT 创建者进行交互。
赞助	NFT 所有者是 NFT 创作者的赞助人。
体验	NFT 所有者在元宇宙的沉浸式体验中进行交互。
去中心化协作	NFT 所有者合作进行创造性生产，包括所拥有的 NFT 相关内容的新用途和衍生作品。
去中心化商业	将 NFT 所有者纳入商业模式，打造整体品牌。

交互式所有权最简单的例子是一个人与 NFT 内容的互动。当你购买一幅画时，它是静止的。除了材料的自然退化，艺术作品保持不变。相比之下，NFT 可以涉及随时间的推移而增加、演变或变形的动态内容。NFT 项目可以空投额外的内容，例如原始 NFT 中内容的第二代或衍生版本。实际上，NFT 所有者可以获得额外的 NFT，可以拥有无限数量的世代，类似于 NFT 家族。如果 NFT 系列很受欢迎，那么拥有一代以上的 NFT 可能会非常有利可图。

以无聊猿游艇俱乐部（BAYC，Bored Ape Yacht Club）为例，该俱乐部涉及看起来无聊的猿类。主人们从 BAYC 获得了免费的“血清”（serum）供他们的猿类饮用，这创造了看起来仍然无聊但更加怪异的变异猿。非常怪异！ BAYC 使用了三种不同的血清，这三种血清逐渐增加了怪异程度：7 500 瓶 M1、2 492 瓶 M2，以及仅有 8 瓶的 M3［或称巨型突变（Mega Mutant）］血清。[26] 以太坊的联合创始人泰勒·格林（Taylor Gerring）斥资 350 万美元购买了一个 M3 血清，这种血清将他原来的无聊猿变成了巨型突变猿 #30004，如同一个反乌托邦的独眼巨人。这一变异过程在直播平台上播出，吸引了上万名观众。[27]

BAYC 的主人还可以从无聊猿犬舍俱乐部（Bored Ape Kennel Club）获得一只免费的数字狗，以陪伴他们的猿类。如果这还不够的话，BAYC 还向所有者推出了一种名为 APE 币（ApeCoin）的新型加密货币，该货币由 BAYC 所有者运营的 APE 币 DAO 管理。一个人如果在 2021 年 4 月参与了 BAYC 的发行，并以 200 美元左右的价格铸造了一枚 NFT，那么他就会得到一只无聊猿、一只变异猿、犬舍俱乐部的数字狗和一枚 APE 币，总价值超过 80 万美元——对于更为稀有的无聊猿来说，价值甚至更高。[28] 只要花 200 美元买一只卡通猿 NFT，一个人就可以在一年内成为百万富翁。这是一个匪夷所思的升值幅度。一位名叫丁加林（Dingaling）的收藏家从 BAYC（包括变异猿和无聊猿犬舍俱乐部的狗狗）那里获得了 300 多个 NFT，加上免费的 APE 币，在 2022 年 3 月价值至少数千万美元。[29]APE 币的价值在当年晚些时候的加密货币寒冬中有所下降，但无聊猿的底价（以 ETH 计）仍然保持稳定（截至 2022 年 9 月底，其仍接近 80 ETH，尽管 ETH 的价值与美元相比已经有所降低）。[30]

“交配”（Mating）是 NFT 的另一款酷炫的交互功能。这个想法可以追溯到 2017 年的加密猫，其也是最早流行的 NFT 系列之一。如果你购买了一只加密猫，就可以把它和另一只加密猫进行交配，生产出一只新的结合了父母特征的加密猫。听起来很有趣吧。在推出后的一个月内，加密猫在 18 万用户中的销售额达到了 2 000 万美元。[31] 不过加密猫几乎也一样很快地褪去了人气。分析人士推测，加密猫是它们自身成功的受害者：加密猫因交配而过度生产，导致小猫供过于求，价值贬损。[32] 简言之，小猫的数量太多了。

加密猫的命运是一个重要的教训：为藏品生产更多的 NFT 对所

有者来说可能看起来有利，但这是具有风险的，因为它可能会稀释或贬损原始藏品价值。一些藏品可能犯了与加密猫同样的错误，允许第二代 NFT 对第一代 NFT 进行稀释。[33]

如果加密猫听起来像是儿童游戏，那么请记住耐克计划为其名为“加密猫”的运动鞋做一些类似的事情。耐克为“繁育”CryptoKicks 的方法申请了专利。[34] 与交配的加密猫一样，所有者可以通过 CryptoKicks 交配来产生数字“鞋的后代”（shoe offspring），这意味着第二代数字鞋采用了基于母代运动鞋的新设计。[35] 关键是，后代鞋的设计可以使 NFT 所有者有权获得具有相同设计的实体运动鞋。[36]

通过动态内容，艺术家们正在重新想象什么是可能的。让人捉摸不透的艺术家 Pak 的作品“合并”（The Merge）就是一个更令人费解的动态内容例子。这个 25 万件 NFT 组成的藏品系列以 9 180 万美元的价格售出，成为 NFT 销售额的最高纪录。[37] 动态 NFT 被编程为在同一个钱包中时合并所谓的“群”（mass）。图像看起来更大，群也更大。另一个不寻常的特征是，NFT 图像存储在区块链上的智能合约中，该合约“允许未来的视觉定制，100 个秘密类别均匀分布在所有代币中”。[38] 如果说“合并”听起来很神秘的话，那么事实也确实如此。

如果这还没有让你大吃一惊，那就请等一等。程序员已经在研发包括人工智能的 NFT，称为“智能 NFT”或 iNFT。iNFT 比由计算机程序或人工智能随机生成艺术作品的 NFT 藏品更进一步。对于 iNFT 来说，即使在为 NFT 创建艺术作品或内容之后，人工智能也是智能的，具有互动和学习能力。伦敦艺术家罗伯特·爱丽丝（Robert Alice）和开放人工智能公司 Alethea AI 合作创建了第一组十三个 iNFT。苏富比拍卖行在 2021 年以近 50 万美元的价格出售了这批藏品。[39] iNFT 以一个名叫“爱丽丝”（Alice）的人类化身的形式显示了人工智能，她能够与你进行互动、回答你的问题、进行学习并讨论仙境①。

NFT 产生交互式所有权的另一个重要方式是将 NFT 所有者纳入社区。事实上，许多 Web 3.0 的支持者坚信，建立社区就是 NFT 的全部内容。NFT Oasis 的战略项目负责人拉里·德沃斯金（Larry Dvoskin）在为《滚石》（*Rolling Stone*）杂志撰写的一篇文章中写道："为了取得成功，它必须是相互交织在一起的社区中的一分子。"[40]

这种做法是有机发展的，起初规模很小，却已经成为 NFT 收藏的一个重要特征。加密朋克是最早的 NFT 系列之一，其在 2017 年通过免费提供 9 000 个 NFT 创建了一个社区。那些挖走它们的幸运儿成为加密朋克或朋克社区的成员，该社区在 NFT 的创建者幼虫实验室组织的官方 Discord（一种能够创建私人服务器和提供个人系统空间的应用）聊天上进行了讨论。所有者们还开始在推特和其他社交媒体上使用像素化的加密朋克角色作为他们的 pfp，进一步让他们的社区参与日常讨论。任何人都可以加入加密朋克 Discord，但只有所有者才可以发表评论。NFT 所有者享受作为赛博朋克所有者的全部好处，尤其是令人难以置信的投资回报。2022 年 9 月，一个加密朋克的底价约为 82 000 美元，而迄今为止最昂贵的交易是加密朋克 #5822 的 2 370 万美元，这也是仅有的九个外星朋克之一。

加密朋克社区已经变成了世界上最排外的俱乐部之一，他们就像 NFT 世界里的"长老"。就像一些朋克所有者告诉科技媒体《技术危机》（*Tech Crunch*）的那样，加密朋克是一种"数字奢侈品"（digital flex）。[41] 这好比佩戴劳力士手表一样，只不过所有者戴的不是豪华手

---

① 典出刘易斯·卡罗尔创作的著名儿童文学作品《爱丽丝梦游仙境》。

表，而是一个卡通人物。

幼虫实验室为NFT所有者的社区制定了游戏规则：创建了10 000个NFT以及Discord和推特空间的讨论组。在推特上，加密朋克的所有者往往只通过他们的NFT而闻名。例如，一名化名为“朋克6529”的收藏家，正在建设一个开放元宇宙（OM，Open Metaverse），它将由十个虚拟城市组成，最大人口为1 000万。创世纪城（Genesis City）包括一个博物馆区（仅在阿尔法阶段），展示了2 000个最有价值NFT的艺术品。[43]“6529”甚至已经成为这个项目的名字，其“使命是加速发展一个开放的元宇宙”。NFT被认为对OM的基础至关重要，因为它们是开放和可互操作的，而不是由互联网平台控制的资产。[44]这个例子说明了加密朋克的所有者，如何将NFT变成构建元宇宙的大胆计划的基石。

很多人都将NFT热潮的开始归功于幼虫实验室。尽管幼虫实验室与联合艺人经纪公司签订了关于加密朋克角色的电影、电视和游戏合作协议，但在幼虫实验室达成一项截然不同的协议之前，其没有宣布任何与好莱坞的协议。在2022年3月宣布的一项令人震惊的举措中，幼虫实验室于2022年将加密朋克及其另一个系列Meebits的知识产权出售给了Yuga实验室，后者是流行的无聊猿NFT的开发商，当时也是与幼虫实验室实力最接近的竞争对手。这一举措相当于微软向苹果出售Windows操作系统的版权。

虽然幼虫实验室是NFT藏品开发的先驱，但幼虫实验室将其留给了Yuga实验室和其他NFT创作者，以开发NFT更大的用途，而不仅仅是藏品或个人资料图片。Yuga实验室从佳士得挖来了诺亚·戴维斯（Noah Davis）（他曾帮助设立了Beeple的“每一天”拍卖会），来监督加密朋克的收藏。但别指望加密朋克会有雄心勃勃的路线图。它们已经巩固了自己作为蓝筹藏品的地位，也许是最负盛名的藏品——NFT 中的蒙娜丽莎。

幸运的是，不缺乏有才华的人来承担这项任务——制作 NFT，以建立新的合作、商业和世界。接下来，我们将研究交互式所有权的三个案例——展示 NFT 如何促进交互艺术、社区、合作、赞助和元宇宙。

鲜花女郎：交互艺术和社区

瓦尔瓦拉·阿莱（Varvara Alay）是格鲁吉亚第比利斯的一名视觉艺术家，与儿子拉里克（Larick）和他们的狗穆尔齐克（Murzik）生活在一起。[45] 阿莱将自己的风格描述为创造“高度缜密却又无限迷人的世界，在错综复杂的人物和宏伟的图案中融合了幻想和现实主义”。[46] 2021 年 8 月，她为自己画了 15 年多的女性角色“鲜花女郎”创作了一些 NFT。但是鲜花女郎的 NFT 没有进行销售。[47]

在一位朋友的鼓励下，阿莱决定坚持下去，并推出了 10 000 个鲜花女郎系列。阿莱在儿子和助手的帮助下夜以继日地工作，她的狗也给予了充足的耐心。阿莱创作了一个美丽的系列，由 10 000 个独特的鲜花女郎组成，每个鲜花头上都戴着华丽的花朵，周围环绕着一只鸟或蝴蝶，这种风格看起来比大多数 NFT 系列要古典得多。在这趟对金星的隐喻之旅中，该项目称金星为孕育“所有女性的星球”（planet of all Women）。[48]

这一次，鲜花女郎在 30 分钟内就售罄了——全部 10 000 件。阿莱将自己的销量提升归功于企业家加里·维纳查克［又名加里·威（Gary Vee）］和他的兄弟 A. J. 维纳查克（A. J. Vaynerchuk），他们在鲜花女郎推出之前购买了她的其他 21 件艺术品 NFT。创建并销售他的“威的朋友 NFT”（VeeFriends NFT）的维纳查克正是 NFT 界的一位“长老”。兄弟俩经常在鲜花女郎的 Discord 聊天区驻留，这吸引了更多的人加入鲜花女郎在线群组。[49] 在维纳查克兄弟的助推后，阿莱在推特上承认，她正处于“情绪过山车”的状态，坦白她此前必须“靠艺术老师的薪水维持生计”。[50] 阿莱对维纳查克兄弟表示感谢，并称他们为守护天使。瑞茜・威瑟斯彭（Reese Witherspoon）、伊娃・朗格利亚（Eva Longoria）、格温妮丝・帕特洛（Gwyneth Paltrow）和布丽・拉尔森（Brie Larson）也购买了鲜花女郎，以支持女性主导的 NFT 项目。

从那时起，阿莱的 NFT 项目开始开花结果。鲜花女郎的艺术本身就是互动的。在启动后的最初几个月，该项目向 NFT 所有者发送了 20 个特别版的 NFT，并在圣诞节、情人节、妇女节和其他场合添加了额外的艺术作品。[51] 为了庆祝 2022 年春季，该项目向 NFT 所有者空投了“种子”（seeds），可在每个所有者的种子袋中萌发。[52] 这些种子是由鲜花女郎的所有者和鲜花女郎 NFT 通过互动创造出来的——被称为“异花授粉”（cross-pollination）：“每天，你的鲜花女郎会被其他鲜花女郎的同伴拜访”，这使得 NFT 相互作用，“并开发出种子，这些种子会自动收集到种子钱包里。”[53] 每颗种子都长成了阿莱创作的独特艺术品。新种子有三种使用方式：作为艺术品，作为 NFT 交易，或者在种子商店里为鲜花女郎换取物品。[54]

鲜花女郎项目有很深的社区意识。其未来计划是在 NFT 所有者对 Discord 的密切投入下制定的。该项目与“鲜花女郎”的所有者进行了许多互动活动，包括赠品、艺术比赛和 Discord 上的讨论。Discord 社区中一些最活跃的成员获得了特别版的 NFT 奖励。

作为鲜花女郎社区的一员，不仅要成为阿莱的赞助人，还要支持孩子们。事实上，鲜花女郎最重要的任务之一就是慈善工作。该项目将销售利润的 20% 捐赠给儿童慈善机构。[55] 在不到五个月的时间里，该项目向儿童慈善机构捐赠了 50 多万美元，包括圣裘德儿童研究医院（St. Jude's Children's Research Hospital）、喂饱儿童（Feed the Children）、拯救儿童乌克兰危机基金（Save the Children's Ukraine Crisis Fund）和马拉拉基金（Malala Fund）。[56] 另外 5% 的利润（超过 7.5 万美元）流向了该项目自己的儿童艺术基金（Children's Art Fund），该基金支持儿童艺术家的作品作为 NFT 作品展出和销售。[57] 阿莱计划将这些获奖儿童的作品制成一个特别版的艺术作品来送给鲜花女郎社区的成员们。

鲜花女郎宣布了雄心勃勃的计划，将与独立营销机构海豚娱乐（Dolphin Entertainment）合作开发“电视剧、书籍、游戏、音乐、活动和商品”。[58] 最终，该项目计划在元宇宙中开发一个花园迷宫。如果鲜花女郎的未来路线图取得成功，交互式所有权将为所有者带来传统娱乐世界和元宇宙的新体验。“鲜花女郎”系列为 NFT 的效用提供了一个绝佳范例——它们如何被用于交互艺术、社区、参与和对儿童的慈善支持。

芝加哥公牛队（The Chicago Bulls）选择阿莱作为 23 位艺术家之一，为公牛队的 NFT 系列做出贡献。部分收益将捐给非营利组织“放学后也重要”（After School Matters），一个为芝加哥高中生提供项目的非营利组织。阿莱以鲜花女郎的风格重新设计了芝加哥公牛队的标志，彩色的鸟、蝴蝶和鲜花围绕着一只头戴菊花的红色公牛（菊花是该市的官方花卉），站在一个神奇的花园里，反映了芝加哥“花园中的城市”（city in a Garden）这一座右铭。[59]

“NFT 扩展了我的艺术实践，并整合了区块链技术，”阿莱在接受 Creative Bloq① 采访时解释道，“通过我的艺术，我可以用不同的方式与观众进行互动——我可以构建一个不断变化的、互动的、沉浸式的故事。”[60] NFT 的交互式所有权邀请创作者进行大胆的思考。

3LAU：为艺术家培养赞助人

贾斯汀·布劳（Justin Blau）的父亲是一名对冲基金经理，这使他从小就梦想着能在华尔街找到一份收入丰厚的工作，[61] 他在大学里学的也是金融专业，但他在大四的时候就辍学了，并没有拿到学位。不过，布劳的退学决定并不草率。他在大学期间是一名受欢迎的电子音乐 DJ 和制作人，在演出中赚了足够多的钱，并显示出足够的天赋，以至于他的一位经济学教授甚至打电话给他的父母，支持布劳的决定。[62] 布劳拒绝了投资公司贝莱德给出的令人垂涎的实习机会。事实证明，这个决定是正确的。布劳，或者说我们所熟知的 3LAU（但仍然读作“Blau”）在电子音乐界取得了成功，他曾在 Lollapalooza、Electric Zoo 和 EDC Vegas 演出，并为自己的独立厂牌 Blume Records 制作音乐。在他从大学辍学后的几年里，《福布斯》估计 3LAU 的总收入超过了 200 万美元。[63]

正如作为一个音乐家所取得的成功一样，3LAU 作为一名企业家也变得越来越成功。事实上，他正在开创音乐销售行业的重大变革。虽然现在还为时尚早，但这种转变可能被证明比流媒体还要大。获得经济学的大学学位并不是成功的要件，NFT 才是。

---

① 全球领先的艺术和设计网站。

2014年，卡梅隆（Cameron）和泰勒·文克莱沃斯（Tyler Winklevoss）首次将3LAU引入加密货币领域。当然，这对双胞胎因为起诉马克·扎克伯格（Mark Zuckerberg）在哈佛读书时窃取了他们的社交网络创意而出名。这可能是历史上第二伟大的行动，文克莱沃斯兄弟从诉讼中拿出了6 500万美元和解金（脸书的赔偿金）中的一部分，并且在很少有人了解比特币为何物时就把它投入比特币中。[64] 文克莱沃斯兄弟凭借早期的比特币投资成为亿万富翁，并创办了文克莱沃斯资本（Winklevoss Capital），投资与加密相关的业务，以及加密货币交易所双子星（Gemini）。2015年在洛杉矶参加格莱美颁奖典礼时，3LAU与文克莱沃斯兄弟住在一起。当然，他们讨论了比特币的问题。

3LAU后来告诉《福布斯》："我立刻就被它迷住了。"[65] 他很快开始研究加密货币，这将他引入了NFT领域。2017年，3LAU对NFT进行了试验，并探索了将NFT用作音乐会门票或其他让观众接受数字资产的方法。[66] 但直到新冠疫情大流行开始后，3LAU看到Beeple出售他的第一个NFT后才有所顿悟：就像视觉艺术一样，音乐也可以作为NFT来出售。

在他自己的网站上，3LAU为他的《紫外》（*Ultraviolet*）专辑出售了33张限量版的NFT，这张专辑自3年前发行以来已经有超过10亿次的播放量。3LAU根据出价金额，将NFT所带来的特权分为三层。在最低的银质竞标者中，27名竞标者获得了专辑中三首歌曲的NFT，外加一张专辑的黑胶唱片。在黄金级别，5名竞标者获得了更多的特权：有权获得"由获胜者提供创意指导"的3LAU的定制混音、一张额外的黑胶专辑、获得3LAU未发行的音乐，以及7首歌曲的NFT。白金级别的最高出价者获得了与黄金级别相同的特权，再加上专辑中所有 11 首歌曲的 NFT，以及与 3LAU 合作创作定制歌曲的权利，这首歌本身也将作为 NFT 出售。[67]

3LAU 的 NFT 利用交互式所有权进行赞助和协作。NFT 所有者根据不同的级别获得不同的权利。他们可以与 3LAU 和他的音乐互动，成为他的赞助人，并且，对于黄金和白金级别，可以与他合作创作混音和新音乐。3LAU 的销售取得了巨大的成功，获得了 1 170 万美元的收入。在当时，这是 NFT 的最高销量。[68]甚至让 3LAU 目瞪口呆。

随后，3LAU 又将其提升到了一个新的水平。2021 年 8 月，他获得了 1 600 万美元的种子资金，推出了 Royal① 平台，这是一个“打造工具的平台，可以前所未有地连接世界各地的艺术家和粉丝”。[69]音乐人可以出售 NFT，让买家有权从音乐人的歌曲流媒体中获得一部分版权使用费，并享有其他特权。这种交互式所有权使粉丝能够成为音乐家的直接投资者或赞助人，并获得流媒体版税的分成。歌迷们被纳入他们最喜欢的音乐家的事业中。去年 11 月，Royal 又获得了 5 500 万美元的投资，投资机构包括安德森·霍洛维茨基金（Andreessen Horowitz）、Coinbase Ventures、创始人基金（Founders Fund）、创新艺人经纪公司（Creative Artists Agency）、Paradigm，以及几位音乐家。[70]2022 年 7 月，Royal 向拥有 Nas 的 *Ultra Black* 和 *Rare*、Vérité 的 *He's Not You* 和 3LAU 的 *Worst Case* 等歌曲的 NFT 所有人支付了第一笔流媒体版税，总额为 3.6 万美元。[71]在接受 Hypemoon② 的采访时，3LAU 表示，他正在 Royal 平台上全职工作，并缩减自己的音乐规模，以使 Royal 取得成功。[72]

不难看出，音乐 NFT 有可能彻底改变由三大唱片公司（环球音

① 一家总部位于美国的平台，将音乐版权作为有限的数字资产出售。

② 一个致力于 Web 3.0 的在线编辑和社交媒体平台。

乐集团、索尼音乐集团、华纳音乐集团）和三大出版商（索尼音乐出版、环球音乐出版、华纳查普尔）主导的整个音乐产业。NFT 为音乐家提供了另一种融资模式，这种模式被证明比目前音乐行业的做法更加公平。

对于大多数音乐人而言，谋生是件非常艰难的事情。据估计，Spotify ① 的版税分配约为“每百万次播放4 000美元，也就是说，每次播放不到0.5 美分”。[73] 对签约大唱片公司的音乐人来说，这种分配会被进一步分割。根据《公告牌》(*Billboard*)② 的数据，每 1 美元的流媒体版税，大型音乐公司通常会收到64 美分，而表演者只得到 16 美分（剩下的由词曲作者和出版商平分）。[74] 即使不用会计也能明白，音乐人无法靠今天的流媒体版税生活。[75] 例如，凯文 · 卡迪什（Kevin Kadish）是梅根 · 特雷纳（Meghan Trainor）一首歌曲的作者，他称自己只从这首歌 1.78 亿次流媒体播放中获得了 5 679 美元的收入。[76] 丹尼尔 · 艾伦（Daniel Allan）的歌曲有数百万的播放量，但他每个月只挣得几百美元，这迫使他为其他人的音乐做额外的工作。[77] 正如《纽约时报》所言，音乐人从事的是“一分钱（和几分钱）的生意”。[78] 与此同时，索尼音乐、环球音乐集团和华纳音乐集团的营收却实现了快速增长。[79]

疫情让这一局面雪上加霜，由于音乐会的取消暂时去除了音乐人的一个重要收入来源，多数音乐人都面临着严峻的挑战。根据 2020 年的一项调查，大约 80% 的音乐人只有 40% 或更少的收入来自与音乐相关的工作，67% 的人从音乐中获得收入不到其总收入的 20%。[80] 该报告得出结论：“绝大多数音乐人并不能靠和音乐有关的劳动来糊口。”

---

① 瑞典音频流媒体和媒体服务平台，国际最大的音乐流媒体服务提供商之一。

② 美国音乐和娱乐杂志。

Royal 通过提供一个 NFT 平台颠覆了音乐行业，该平台可以消除每一美元流媒体版税中的 64 美分，这些原本流向音乐唱片公司的版税将返还给音乐人。音乐人直接由拥有音乐人 NFT 并分享部分版税的粉丝资助。借助这种新的商业模式，音乐人会摆脱“中间商”，作为独立艺术家茁壮成长吗？

现在下结论还为时过早，但这种可能性是真实存在的。这也是环球、索尼和华纳都与 OneOf 和 MakersPlace 等音乐 NFT 平台进行合作，或者计划推出自己的音乐 NFT 平台的原因。竞争是激烈的。在没有任何分成流入唱片公司的情况下，3LAU 展示了销售音乐 NFT 如何产生数百万美元的收入。他的平台 Royal 旨在让其他音乐人也能做到这一点。其他音乐 NFT 平台，包括 OneOf、OurSong 和 Opulous，也在做同样的事情。

对许多音乐人来说，任何事情的发生都是对现状的改善。大多数音乐人面临的困境是有据可查的。与大唱片公司签约通常要求新艺人将他们的唱片或“母带”（masters）的版权转让给唱片公司——有些人称之为魔鬼交易。[81] 就连泰勒·斯威夫特（Taylor Swift）也不得不这么做。她在 Tumblr ① 上写了一篇关于自己遭遇的帖子，并向年轻艺术家们传达了一个信息：“你应该拥有自己创作的艺术。”[82] 斯威夫特的建议概括了我们所谓的“创作者信条”（Creators' Credo），即创作者应该拥有其创造的艺术。

虽然 NFT 不一定是万能的，但它们确实提供了另一种选择。音乐人不必把他们的版权签给大唱片公司。他们也不必把 64% 的流媒体版税交给唱片公司。相反，他们可以拥有自己制作的音乐，并保留

① 由大卫·卡普（David Karp）于 2007 年创建的一个社交网站。

更高比例的流媒体版税，同时通过出售 NFT 和将粉丝转化为赞助人来挖掘新的收入来源。

顶级 DJ 兼 NFT 的早期采用者史蒂夫·青木说，他从销售一张 NFT 中赚的钱（888 888.88 美元）比他十年来六张专辑预付款的总数还要多。青木推出了自己的 A0K1VERSE，利用 NFT 来培养粉丝群体。A0K1VERSE 提供 A0K1 护照 NFT（A0K1 Passport NFT），使所有者能够观看现场表演，并与青木进行私人 Discord 聊天。[84] 参与 A0K1VERSE 使所有者有权获得额外福利——这是交互式所有权的又一实例。

青木向独立媒体《解密》（*Decrypt*）解释道："社区的未来会是什么样子？肯定是在元宇宙中。它肯定是在 Web 3.0 中，也肯定是在 NFT 中。"[85]

与音乐行业一样，电影行业也面临着由 NFT 造成的类似冲击。包括米格尔·福斯（Miguel Faus）、马克·奥康纳（Mark O' Connor）和朱莉·帕西诺（Julie Pacino）在内的独立电影制作人正在使用 NFT 为他们的电影融资。由里克·达格代尔（Rick Dugdale）执导、安东尼·霍普金斯（Anthony Hopkins）主演的电影《零接触》（*Zero Contact*）首次以 NFT 形式发布，在 Vuele 平台上观看（霍普金斯也是一名视觉艺术家，他已经成为一名严肃的 NFT 收藏家，在 NFT 推特上与他人互动）。[86] 通过 NFT 为电影提供的新融资模式具有吸引力，可以让电影制作人拥有电影的知识产权。正如福斯向《币报》（*Cointelegraph*）杂志解释的那样："电影制作人可以与他们的社区一起决定如何在财务和战略上使用拥有知识产权和电影所有权的权力。"[87] 这种新方法可能不会取代高预算的好莱坞大片和特许经营权，但它可能会导致独立电影更加具有多样性，也许还会带来下一部《低俗小说》。

从历史上看，艺术赞助人通常是统治者，或者是社会上有权有势的富豪。在意大利文艺复兴时期，来自强大的银行家族的科西莫·德·美第奇（Cosimo de' Medici）和他的孙子洛伦佐·德·美蒂奇（Lorenzo de' Medici）是两位最著名的艺术赞助人，他们赞助了多纳泰罗（Donatello）、弗拉·安吉利科（Fra Angelico）、波提切利（Botticelli）、米开朗基罗（Michelangelo）和莱昂纳多（Leonardo）。[88] 这种富人赞助的这种动态也发生在高价的NFT上。维涅什·桑达雷桑（Vignesh Sundaresan）和阿南德·文卡特斯瓦兰（Anand Venkateswaran）在比特币上发了财，他们以6 930万美元的价格购买了Beeple的“每一天”。[89] 但是，一个人不需要腰缠万贯也可以成为艺术家的赞助人，众筹网站Patreon和GoFundMe已经证明了这一点。NFT提供了一种不同的赞助模式，即NFT的所有权为艺术家提供了新的资金来源。皇家墨尔本理工学院（Royal Melbourne Institute of Technology）区块链创新中心联合主任克里斯·伯格（Chris Berg）认为，NFT提供了一种更具包容性的赞助方式：“数字艺术家可以立即接触到全球范围内的赞助人，而不是依赖威尼斯等地的小规模富人社区。”[90]

史努比·狗狗：建立史努比宇宙

在他们的节目《2021完结》（*2021 and Done*）中，史努比·狗狗向凯文·哈特（Kevin Hart）解释了元宇宙。“所以元宇宙就像，它是真实的，但它不是真实的。但话说回来，这是真实的，懂了吗？”

哈特满脸疑惑地点了点头说：“嗯。”

史努比继续说道："这是一个你和虚拟化身一起生活的地方，你有各种各样的事情要做。就像我在现实生活中所做的一切都发生在这个世界中。然后我们出售财产，我们出售虚拟化身，我们出售空间，我们在那个世界里与 NFT 一起出售上述所有东西，以创造一个完整的、宇宙之外的另一个元宇宙。"

镜头转到哈特的身上，他看起来完全不知所措。

"我知道你们不明白我的意思，但请听我说。"[91]

没有哪个名人像史努比那样，这么早就接受了 NFT。他是蓝筹 NFT 的狂热收藏者。他在推特上说自己是 NFT 的化名收藏家"科佐莫·德·美第奇"（Cozomo de' Medici），这是对文艺复兴时期佛罗伦萨富有的赞助人的致敬，也在现时代引起了轰动。[92] 推特上这位化名为"科佐莫·德·美第奇"的人在 2021 年 9 月拥有价值 1 700 万美元的 NFT。后来，科佐莫为"美第奇家族"开设了一系列其他推特账户，其中包括歌手西娅（Sia）的账户，她透露自己是"比安卡·美第奇"（Bianca Medici）背后的人。[93] 史努比的儿子科德尔·布罗德斯（Cordell Broadus）化名为"冠军美第奇"（Champ Medici）。[94] 和很多推文一样，人们不太确定史努比关于科佐莫的推文是否是开玩笑的。一种合理的说法是，史努比可能与这个推特账户有关，但它实际上是由某个名人资产管理者运营的，[95] 我个人也倾向这种说法。但无论如何，史努比在 NFT 社区的影响力是毋庸置疑的。

2022 年，史努比收购了死囚区唱片公司（Death Row Records），这是他在 1993 年制作首张专辑《狗狗风格》（*Doggystyle*）时签约的第一个厂牌。史努比在 Clubhouse 上宣布："死囚区将成为一个 NFT 厂牌。就像我们在成为第一家大型独立厂牌时打破了整个行业一样，我们也想成为元宇宙中的第一家大型厂牌。"[96]

2022 年，史努比掀起了音乐 NFT 的海啸。他推出了拥有 25 000 个 NFT 的新专辑《B.O.D.R.》，首周就在 Gala Music 平台收获了高达 4 430 万美元的销售额。一个 NFT“盒子”（box）以每盒 5 000 美元的价格出售了 17 首歌曲。任何购买所有 17 首歌曲的 NFT（总计 85 000 美元）的人都将“获得巨额的现实和数字奖励，包括史努比的独家音乐会 + 预热派对、限量版死囚区饰品等”。[97] 史努比出售了一系列自己以阿卡贝拉方式演唱的“Dogg on it”NFT。作为销售的一部分，买家获得了音乐的所有权，包括对其进行混音的权利。[98] 史努比还与他的同伴说唱歌手兼无聊猿的所有者维兹・卡利法（Wiz Khalifa）合作，制作了一个八轨混音带 NFT，并与无聊猿游艇俱乐部及其发行的 APE 币进行合作。[99]

看上去，史努比渴望成为文艺复兴时期科西莫・德・美第奇那样强大和有影响力的艺术赞助人。只是这一次，它赞助的是虚拟文艺复兴。史努比构建了自己的元宇宙，名为“沙盒中的史努比宇宙”（Snoopverse in the Sandbox），这是一个基于区块链的元宇宙。它允许人们购买虚拟土地，并开发它，让人们参与娱乐、游戏等活动。[100] 要想在沙盒中购买土地，就要购买 NFT。史努比宇宙周边的三块虚拟土地分别以 45 万美元、41 万美元和 33.8 万美元的价格售出。[101] 虽然价格确实很高，但谁又不想与史努比为邻呢？

史努比卖出了 10 000 个狗狗 NFT（Doggies NFT），这是他自己的数字化身，穿着不同的衣服，能够跳出嘻哈舞步。这些化身采用体素图形（voxel graphics），或类似立方体的像素的 3D 渲染，并可以在沙盒中用作可玩化身。[102] 要加入史努比的社区，人们可以购买一张通行证，使所有者有权提前访问史努比宇宙，获得独家 NFT 投放，以及狗狗 NFT 的“白名单”特权，受邀参加科佐莫美术馆（Cozomo

Art gallery）的盛大开幕式，并为史努比宇宙的开发提供建议。[103]

史努比·狗狗的一系列 NFT 项目有可能使他的 NFT 市场过度饱和，从而可能压低其价格。然而，作为一名成功的音乐家、名人和企业家，史努比的地位与大多数 NFT 创作者截然不同。这是一件好事。他可以专注于开发 NFT，抓住更多机会，并构建元宇宙。

2022 年 4 月 1 日，史努比发布了《我建造的房子》（*House I Built*）的音乐短片。它在 12 个小时内获得了超过 200 万的点击量，[104] 并被公告牌吹捧为第一个在沙盒元宇宙拍摄的音乐视频。[105] 该视频展示了史努比的化身在他位于史努比宇宙的宫殿式豪宅中与朋友们一起娱乐、说唱、跳舞。部分是宣传片，部分是自传，“我建造的房子”是史努比职业生涯的一个概要。其音乐的所有权归属成为歌曲里的重大事件。史努比在说唱中讲述了他为自己最畅销的专辑《狗狗风格》找回母版版权的故事。[106]

作为 NFT 的早期采用者，史努比·狗狗赢得了 NFT 爱好者的广泛尊重，尽管他们通常对名人项目持怀疑态度。此外，他的一系列创意活动——从数字化身到音乐合作再到虚拟房地产——已经在 NFT 世界建立了他的街头信誉。正如《我建造的房子》视频下的一条评论所说：“只有史努比才能如此完美地过渡到这个新时代。”[107] 我们甚至还没有讨论他围绕他的无聊猿开发的新身份和业务，他将其命名为“邦贝博士”（Dr. Bombay）。这将是下一章要谈的问题。史努比·狗狗展示了创作者如何使用 NFT 来推广自己的品牌，与他人合作，并在新兴的元宇宙中建立自己的虚拟空间。

元宇宙刚刚建成，但我们已经得以窥见其所提供的事物—— 一个更加沉浸式的在线体验。比起浏览社交媒体，你可以走进一个虚拟的艺术画廊，或者欣赏一场音乐会、脱口秀表演，或者和史努比·狗狗的数字化身一起跳舞。你可以通过手机上的一个应用程序来参加文化活动。例如，瑞茜·威瑟斯彭使用名为“some·place”的应用程序，建立了一个虚拟画廊，展示她从NFT中获得的艺术品，其中包括来自女性领导的项目：女性世界（World of Women）、鲜花女郎、佼佼丽人（Boss Beauties）和死小子。[108]威瑟斯彭的数字化身带着她可爱的狗狗穿过艺术画廊，然后前往一个名为“读书俱乐部”（Book Club）的虚拟建筑——很容易想象威瑟斯彭在那里举办她受欢迎的读书会供人们参加。而且元宇宙并不仅仅为明星而设，每个人都可以建立一个虚拟空间，并邀请朋友和家人参加社交聚会或重逢。

不过，现在就扎身其中还为时过早，企业正争先恐后地发展他们对元宇宙的愿景。麦肯锡估计，2022年前五个月，各家企业在这一领域的投资已经超过了1 200亿美元；其还预计到2030年，元宇宙总产值可能达到5万亿美元，改变许多不同的行业。[109]今天，我们已经习惯了社交媒体的大型互联网平台，很容易认为元宇宙将只是Decentraland、沙盒或其他平台提供的一个独特的虚拟世界。但这是一个错误。我们应该把这些虚拟世界想象成更大的东西的一部分：通过智能手机、AR/VR设备或其他屏幕，用户获得更身临其境的虚拟体验。我们有线索表明，如果我们还没有实现这些，那么这种更广泛的元宇宙观就是我们的前进方向。Meta表示，它并没有构建“Meta运营的元宇宙”（尽管它开发了Horizon Worlds①），而是在为“人人都能体验的通用虚拟层”构建工具和应用程序（例如Oculus VR头盔）。[110]Meta已经制造了Oculus Quest 2 VR头盔（微软也相应地推出了HoloLens 2）。据报道，苹果、谷歌、高通和三星都在开发AR头盔。这些线索表

① 一款免费的虚拟现实在线视频游戏，玩家可以使用游戏中的世界生成系统开发自己的虚拟作品。

明，元宇宙将是对当今已经存在的东西的一次重大升级。普通人每天观看数字屏幕将近 7 个小时，[111] 元宇宙将使人们的观看更先进、更沉浸、更立体、更互动。虚拟体验将变得更加令人印象深刻和逼真，并像今天的智能手机一样无缝地融入我们的日常生活。

“元宇宙”一词对于理解创造力是如何通过屏幕传达的来说并非至关重要，（但是它）邀请人们分享娱乐、信息和人类想象力的成果。从电影到电视节目，再到互联网多媒体（现在可以在智能手机、平板电脑和电脑上观看），人们体验着创意者想象的新世界。元宇宙是这一进程中的下一个。在新冠疫情大流行期间已被普及虚拟体验将更加使人身临其境，并会被无缝地交织在日常生活中。这一转变将以地震式方式进行，其程度要远远超过无声向有声、黑白向彩色、模拟向数字过渡。

元宇宙可能不会令每个人都感到兴奋。这没关系，社交媒体也不适合所有人。就在几年前，大多数人可能从未参加过 Zoom 会议。若干年之后，我们可能会看到更多在线聚会的沉浸式体验，从上课到上班到经商到娱乐。

新冠疫情大流行期间，韩国首尔为小学生和中学生提供了此类服务。元宇宙中的课程包括“聚集小镇”（Gather Town），这是一个虚拟的科学展览，学生们可以在那里四处走动，检查自己的项目。[112] 首尔的元宇宙包括音乐课程、基于人工智能的美术课程和天文学课程。韩国通信政策部（Ministry of Communication and Policy）负责人朴允圭（Park Yungyu）表示，首尔非常看好元宇宙建设，已经承诺投入 1.867 亿美元来“创建世界级的元宇宙生态系统”。[113] 首尔市的目标是创造 150 万个工作岗位，并培养 4 万名与元宇宙相关的专业人才。[114] NFT 在经常被视为“全球科技创新者”的韩国大受欢迎。三星和 LG 等大型科技企业正在开发针对 NFT 优化的智能电视，[115] 包括 CJ Olive Networks、乐天家庭购物（Lotte Home Shopping）、SSG.com 等韩国零售企业正在将 NFT 融入业务之中。[116]

加密投资公司稳定结点（Stablenode）的联合创始人斗万南（Doo Wan Nam）向《币报》解释说："韩国人对 NFT 更加开放和理解。"[117] 尽管粉丝们因环保担忧而大力反对，但风靡全球的韩国流行音乐团体防弹少年团（BTS）仍计划推出他们的 NFT。BTS 宣布会减少使用不环保的 NFT；不过，这是否会安抚粉丝还有待观察。[118] BTS 为什么要冒着疏远全球数百万粉丝的风险呢？其项目负责人约翰·金（John Kim）表示，与 3LAU、史努比·狗狗和其他音乐人一样，BTS 看到了交互式所有权的巨大潜力，并为"粉丝提供了更多不同的体验和表达自己的机会"。[119]

交互式所有权即将改变互联网。它提供了比在社交媒体上浏览更有意义的体验的潜力，社交媒体通过强大的算法"投喂"给你内容，通过针对性的广告将你的在线习惯货币化。你将不再被大型科技平台投喂内容，而是被赋予与在线和现实生活中的人和内容进行互动的权利。一切尽在你的掌控。你可以被互动内容所吸引，成为充满活力的社区和沉浸式体验的一部分，成为独立艺术家和慈善事业的赞助人，甚至成为去中心化商业的一部分——这是我们接下来要讨论的话题。NFT 是一个充满可能性的新世界的入口。而且，最重要的是，你可以在其中拥有股份。

第六章

◆

去IP

生活没有取悦我，于是我创造了我的生活。

——可可·香奈儿（Coco Chanel）

2021，贾斯汀·阿弗萨诺（Justin Aversano）还是纽约一名 28 岁的摄影师。为了纪念因流产而在母亲子宫中死去的异卵双胞胎妹妹，以及多年后因卵巢癌症去世的母亲，阿弗萨诺踏上了一段情感之旅，在美国各地和世界其他地方（自己选择的地点）拍摄了 100 对双胞胎。[1] 阿弗萨诺将该系列称为“双生火焰”（Twin Flames）。

从 2017 年 5 月开始，该系列肖像的拍摄历时一年，使用了三种不同格式的胶片相机：宝丽来（Polaroid）相机、120 相机和 4x5 相机。这些照片栩栩如生，动人心弦。不同的双胞胎——有些是异卵双胞胎，有些是同卵双胞胎——以及不同的心情和地点，让我们对双胞胎的生活有了迷人的、亲密的一瞥的机会。摄影师自己经历的丧失之痛加剧了观看肖像时的情绪。了解阿弗萨诺的个人悲剧，人们不仅可以感受到每幅肖像中双胞胎之间的深刻联系，还可以感受到阿弗萨诺和他的拍摄对象之间的深深联系——这种联系也许只有双胞胎才能完全理解。

尽管阿弗萨诺在2019年纽约的一次展览上以印刷照片的形式展示了“双生火焰”系列，但在该项目启动两周年之际，他并没有在财务上取得成功。事实上，他自己背负了10万美元的债务来资助这个项目。阿弗萨诺向博物馆发出过询问，但没能找到一个收藏（这些艺术作品）的地方。他相信这个项目，但他告诉我，在这个过程中，他经历了“高潮和低谷”。“我找不到任何支持，”他坦率地透露，“所以我陷入了沮丧，‘我搞砸了吗？’”但他还是承担了风险。他说道：“这是我内心需要做的事情。既为了治愈，也为了创造。”

2021年初，阿弗萨诺看到一位化名为“gmoney”的NFT收藏家刚刚以六位数的价格购买了一个加密朋克的NFT。[2]阿弗萨诺便在Ins上给gmoney推销自己的作品，他认为自己的实体照片更加划算。

“嘿，伙计，如果你花这么多钱买了加密朋克，那你愿意花10万美元买100张（实体）照片吗？你在数码照片上花了太多钱。”阿弗萨诺后来在接受CNBC采访时讲述了这一故事，这在当时也是对NFT的普遍批评，即它们只是数码照片。[3]也许在当时，阿弗萨诺的想法还很合理，但到了夏天，这些话就会变得很幼稚。那时，一些加密朋克已经可以卖到100多万美元。2021年6月，所谓的“新冠外星人”（Covid Alien）甚至以1 170万美元的价格售出。[4]

gmoney没有接受阿弗萨诺的提议，而是回复道：“留着那些实体照片吧，把它们做成NFT。”这个免费的建议改变了阿弗萨诺的一生。

在2021年的情人节，阿弗萨诺成为NFT市场上第一批摄影师之一。gmoney等人购买了一些双生火焰NFT，这些藏品在两天内就全部售罄。[5]“我充满了喜悦和难以置信。”阿弗萨诺和我分享道。在他跌入谷底之后，他的“艺术终于进入了世界（一个通过这项技术开创的新世界），找到了关注者”。

在五个月内，通过在 OpenSea 市场上出售他的 NFT，阿弗萨诺获得了超过 13 万美元的利润。当他在 2021 年 2 月推出他的系列时，他将每个 NFT 定价为 1 000 美元。到年底，其中一些被转卖到接近 100 万美元的价格，在短短 10 个月内增长了 1 000 倍——对于那些“一飞冲天”的蓝筹藏品来说，这种惊人的增长在 NFT 市场上很常见。到 2021 年 10 月，阿弗萨诺藏品的总销售额达到了 1 300 万美元，[6] 对于一位摄影师来说，这是一个令人兴奋的数字。

作为资助 1 000 名摄影师的筹款活动的一部分，阿弗萨诺的一幅 NFT 甚至以 400 多万美元的价格被转卖出去。“双生火焰 #49”对阿弗萨诺来说尤其私人。这张照片描绘的是艾莉森・阿利亚诺（Alyson Aliano）站在镜子前，闭着眼睛的画面。阿利亚诺是阿弗萨诺在视觉艺术学院的摄影老师。了解了“双生火焰”系列，人们不禁会想，她的孪生兄妹在哪里？只有在阅读苏富比的拍卖说明时，人们才会意识到艾莉森失去了她的双胞胎妹妹考特尼（Courtney）。照片中，镜子前的纸是考特尼的死亡证明。[7]

2021 年 6 月，苏富比选择阿弗萨诺的 NFT 作为其“原生数字：一场 NFT 拍卖会”（*Natively Digital: A Curated NFT Sale*）的一部分，并以 35 280 美元的价格出售了阿弗萨诺的 NFT。阿弗萨诺将收益捐给了 SevensGrant，一个致力于通过资助和展览支持艺术家的非营利组织。“我是被社区选中的，我把它回馈给了社区。”阿弗萨诺解释说。[8]

回馈并没有就此结束。双生火焰 #49 的匿名买家将其以 506 ETH（约 230 万美元）的价格卖给了 Luiz，Luiz 是一个指纹（fingerprints）

DAO 的联合创始人，该组织在区块链上收集、策划和制作内容。指纹 DAO 随后转售 NFT，以筹集更多资金，在网上销售中使用当事人报价的方式，允许多人集体捐款，以达到底价。最终，600 人参与了这项事业，总销售额为 871 ETH（当时为 400 万美元），这是有史以来与照片相关的拍卖中最高的金额之一。[9] 所有的款项都捐给了 RAW DAO，而该组织以“围绕摄影 NFT 发起一场文化运动”为使命。[10]

尽管他取得了无与伦比的成功，但阿弗萨诺认为帮助其他摄影师很重要。他对《巴伦周刊》（*Barron's*）说：“我们这些在 NFT 艺术中取得成功的人希望引入其他艺术家，并通过鼓励和合作来帮助他们。”[11] 阿弗萨诺是非营利组织“拯救艺术空间”（Save Art Space）的联合创始人，该组织致力于促进公共空间的社区艺术。正如这家非营利组织的网站所解释的，“公共艺术很重要，因为我们的社区通过公共艺术获得了文化、社会和经济价值”。[12] 像许多其他通过 NFT 一夜成名的艺术家一样，阿弗萨诺对社区和支持他人有着强烈的意识。

几乎是一夜之间，阿弗萨诺已经成为 NFT 世界最知名的摄影师之一。史努比·狗狗和加里·维纳查克都是 NFT 的狂热收藏者，据报道，他们也投资了阿弗萨诺的 NFT。从各种迹象来看，他已经取得了在他创建 NFT 之前可能无法想象的财务成功。事实上，很难想象在创建 NFT 之前，他每天只靠 5 美元生活，在纽约吃米饭、豆子、皮塔饼和鹰嘴豆泥。[13]

阿弗萨诺之所以在经济上取得成功，一部分原因在于，他对自己的 NFT 采用了转售版税。在 NFT 之前，阿弗萨诺不会从他的作品转售中赚到任何钱，一分钱都没有。如果阿弗萨诺以 1 000 美元的价格出售了一张实体照片，那将是他得到的所有钱，即使买家后来以 100 万美元的价格转售了阿弗萨诺的作品。

NFT 改变了这一点。NFT 创作者现在可以选择转售版税的权利。这并不是一个新概念，早在 1920 年，法国就根著作权法承认了艺术家的这一权利［被称为**“追续权”**（droit de suite）①］。该项权利旨在帮助饥饿的艺术家和他们的继承人，否则他们将无法从艺术品出售后的大幅升值中受益。特别是在艺术家去世之后，如果艺术家取得了名气，他的继承人们将从中受益。

描绘法国农民生活的让－弗朗索瓦·米勒（Jean-François Millet）②曾担任海报艺术家的经历，就表现了这种公认的不公现象。米勒一生中大部分时间都生活在贫困之中，但后来他在经济上取得了成功。可是在他去世之后，他的家人变得穷困潦倒。据报道，米勒的遗孀不得不在街上卖花为生。[14] 米勒的一幅画《晚钟》（*L'Angélus*）最初以 1 000 法郎的价格售出，但后来以 55.3 万法郎的价格转售，这是当时画作的最高拍卖价。卖家获得了巨额利润，但米勒的遗孀却一无所获。[15] 如果转售版税的权利在当时得到承认，米勒的遗孀将有权从那次销售和每次米勒画作的转售中获得版税，直到版权到期。1920 年，法国议会正式通过了艺术家转售版税的权利，对米勒困境的记忆无疑成了一种推动力。

如今，已经有 80 个国家承认了转售版税。[16] 英国于 2006 年承认了这一权利，在 15 年内，5 624 名艺术家共获得总额为 100 286 451 英镑的版税。[17] 根据视觉艺术家收藏权组织设计与艺术家版权协会（DACS，

---

① 追续权是来源于大陆法系著作权制度的一项重要的权利。其基本含义是：艺术作品被再次出售之后，如果购买人转售他人的价格高于购买时支付的金额，则该作品的作者有权利从此差额中分享一定比例的金额。即使艺术作品已经被售出，但是作者仍旧保有从作品的再次销售中获利的权利。根据《伯尔尼公约》第 14 条之三第 1 款，法国、德国等 28 个国家的著作权法中规定了此项权利。

② 法国巴比松派画家，以乡村风俗画中感人的人性闻名法国画坛。

Design and Artists Copyright Society）的说法，“这些付款绝大多数都有利于出售低端作品的艺术家，超过 50% 的合格销售额没有超过 5 000 英镑”。

然而，美国《版权法》(U.S. Copyright Act)① 却将作者排除在外。更糟糕的是，这一遗漏可能会使美国艺术家失去在许多其他国家获得转售版税的资格。即使美国艺术家作品的转售发生在一个承认转售版税权利的国家，《伯尔尼公约》(*Berne Convention*)② 目前作为一项适用于全球 181 个成员国的国际条约，允许其成员国拒绝向其他不保障转售版税权利的国家（如美国）的作者支付转售版税。[18] 例如，即使美国艺术家的作品在法国转售，美国视觉艺术家也不会在法国获得转售版税。

NFT 虽然没有被纳入版权体系，但几乎一夜之间就填补了美国在相关法律上的空白。

NFT 转售版税权利的显著特征是，它是由艺术家通过区块链上的智能合约创建的，而不是通过立法或版权法。从 1978 年到 2015 年，一共有过六次提案试图修订《版权法》，从而承认作者转售版税的权利。但每一次，美国国会都拒绝了这一想法。[19] 美国版权局

---

① 美国现行版权法是1976年颁布、部分条文1978年生效、部分条文1980年生效的《版权法》，载于《美国法典》(U.S.C.) 第 17 编。美国现行版权制度在很多基本方面仍旧与英国相同。如，不保护作者的精神权利，不保护版税追续权，一部分“委托作品”的版权归委托人而不归作者，雇佣作品的版权一般都归雇主所有，等等。

② 《保护文学和艺术作品伯尔尼公约》(*Berne Convention for the Protection of Literary and Artistic Works*)，是关于著作权保护的国际条约，1886 年 9 月 9 日制定于瑞士伯尔尼。但因当时美国的出版业远不如英法等欧洲国家发达，参加公约对美国不利。所以，美国代表便以该条约的许多条款与美国版权法有矛盾，得不到美国国会的批准为借口，拒绝在公约上签字，直到 1989 年 3 月 1 日才参加伯尔尼联盟，成为第 80 个成员国。1992 年 10 月 15 日中国成为该公约成员国。

（Copyright Office）研究了转售版税的可取性，并发布了两份报告，谨慎地支持国会在 2013 年的报告中考虑通过视觉艺术家转售版税的权利，扭转了版权局 1992 年的立场。[20] 作为一个必须顾及许多相互竞争的利益相关者的重要部门的典型做法，版权局对转售版税给予了暂时的支持，[21] 但国会方面并未采取任何行动。

1977 年，加州试图填补这一空白，成为第一个也是唯一一个在法律上承认在该州销售作品有权转售版税的州。但是，在 2018 年，联邦法院（作为美国版权法的唯一决定者）裁定《版权法》优先于州法，使加州的法律无效。[22] 简而言之，在 230 多年的时间里，美国的视觉艺术家没有转售版税——直到 NFT 改变了一切。

通过 NFT，现在每个艺术家都可以选择拥有转售版税的权利，通常可以分得销售价格的 10%（OpenSea 允许的最高比例）。[23] 艺术家们喜欢它。正如阿弗萨诺所解释的那样，“艺术家们可以收回权力，把他们的艺术放在一个真正能帮助他们获得丰厚经济收益的平台上”。[24] 因为转售版税归 NFT 创造者所有，所以它们通常被称为 NFT 市场上的创造者版税（为了强调这一权利在版权法中的由来，我使用了“转售版税”这个术语）。

为了理解艺术家之间的区别，让我们使用一个阿弗萨诺的 NFT 为例。他在 2021 年 2 月以 1 076 美元（0.55 ETH）的价格出售了双生火焰 #2。[25] 双生火焰 #2 是杰西卡（Jessica）和乔伊斯·加约（Joyce Gayo）的肖像，两位黑人女性坐在她们未整理的床上。这张照片很吸引人，因为双胞胎中的一个相对清晰，而另一个则被艺术性地模糊处理了，她微笑着，手里抱着一只似乎扭动着的猫。

第一位买家在 2021 年 7 月以 29 763 美元（16.66 ETH）的价格转售了 NFT。第二位买家随后在 2021 年 9 月以 292 006 美元（88.88

ETH）的价格将其转售。第三位买家又在2021年11月以958 784美元（207 ETH）的价格转售了NFT。根据我的估计，如果阿弗萨诺选择10%的版税（我将使用这个数字来简化数学——记住，我只是一名律师），他将在最初以1 076美元的价格售出NFT后获得128 055美元的转售版税。阿弗萨诺从最初的销售中只赚了1 000美元，而从他的NFT的转售中赚了超过12.5万美元。而且，对于所有未来的转售，阿弗萨诺将继续获得版税。

在他的NFT取得成功之前，主要画廊和艺术机构并不关心阿弗萨诺的作品，也不回复他的电子邮件。[26]但现在，情况已截然不同。佳士得以110万美元的价格出售了双生火焰#83，题为《巴哈勒和法扎内》（*Bahareh & Farzaneh*），这张NFT也被选为他自己出版的书的封面。[27]拍卖包括整个双焰系列的照片。阿弗萨诺从这笔交易中获得了90万美元。他将一半捐给了他的非营利组织“拯救艺术空间”（Save Art Space），然后又用20万美元给项目中的每对双胞胎支付了1 000美元。

与3LAU为音乐NFT所做的类似，阿弗萨诺利用他在NFT方面的巨大成功，推出了一个NFT平台——量子艺术（Quantum Art），供摄影师和其他艺术家体验他们自己的成功。量子艺术负责策划可在其网站上出售的艺术作品，最初专注于摄影，但后来扩展到了其他视觉艺术。[28]阿弗萨诺还在圣莫尼卡（Santa Monica）开了一家实体NFT画廊——量子空间（Quantum Space）。[29]人们可以购买量子密钥NFT，以获得画廊主休息室的独家使用权。参观画廊的人可以购买展出的NFT，并立即将其转移到他们的加密钱包中，而无需随身携带或运送艺术品。虚拟自有其可取之处。

视觉艺术家们认为，NFT的版税可以为他们提供他们从未有过的东西——其他类型的作品（书籍、音乐、电影等）的创作者已经从直接销售和公开演出中获得的收入来源。如果没有转售版税，视觉艺术家就会面临与米勒同样的问题：以 1 000 美元的价格出售一件艺术品，但当它以更高的价格转售时，却一无所获。那样就很难维持艺术生涯。正如版权局在支持采用转售版税时得出的结论："在现行法律体系中，视觉艺术家从其作品的成功中充分获益的能力受到了特殊的限制。"[30]

尽管版权局提出了建议，但国会并未采取任何行动。面对两个多世纪以来的差别待遇，视觉艺术家们终于找到了自己的方式——通过 NFT——来改善他们的经济困境。

目前的转售版税制度并非万无一失。基于流行的智能合约 ERC-721 标准的 NFT 转售版税并不具有互用性（interoperable），而是针对具体市场。[31] 他们要求原始市场兑现对艺术家转售版税的支付。[32] OpenSea 做到了，但卖家可以通过在不同的市场上转售 NFT 来逃避转售版税。开发人员已经创建了解决这个问题的替代标准，例如 EIP-2981，但它们是否被广泛采用还有待观察。在加密货币的寒冬，一些新兴市场不再收取版税，或者让转售版税完全由买家自行决定。[33] 此举招致了艺术家们的尖锐批评。这种做法让我想起了"糟糕的事实造就了糟糕的法律"这句话。熊市会导致糟糕的规则。NFT 的熊市不应推动制定一项规则来剥夺艺术家的所有转售版税，或允许买家能够单方面选择不支付版税。这样的规则是短视的。它剥夺了创造者的权利，并削弱了他们在经济上的生存能力。

"**可持续性**是一个关键字——艺术家通过他们的艺术作品寻求可持续性，并培养职业生涯，"阿弗萨诺向我强调，"我接触这项技术的原因很简单，因为它可以为艺术家提供版税，这是从来没有过的。这才是真正保护和保持艺术家在整个职业生涯中可持续发展的原因。”

从去金融到去 IP

NFT 对艺术家采用转售版税只是一场更大变革的一部分。NFT 是一种去中心化知识产权（decentralized intellectual property）的新形式，简称“去 IP”。

为了理解去 IP，我们需要把它与更大的去中心化金融（decentralized finance）运动［或称“去金融”（De-Fi）］联系起来，或者更广泛地说，与通过区块链技术的去中心化网络联系起来。世界正在见证一场仍在进行的深刻运动，即通过区块链和加密货币而实施的去金融。在上一章中，我们讨论了关于加密货币的争议——它是优于法定货币还是只是一个骗局。我们不会在这里重提这场辩论。相反，让我们讨论一下区块链是如何促进去中心化治理的，无论它是出于什么目的部署的。

区块链是一个去中心化的点对点（p2p）网络，通过互联网进行运作。这听起来可能很神秘，但你以前可能遇到过 p2p 网络。大约从 1999 年开始，p2p 网络——从 Napster 到 Limewire 再到 BitTorrent——被用来分享内容，包括非法分享受版权保护的音乐和电影。[34] 虽然 p2p 网络上的“盗版”可能给他们带来了坏名声，但 p2p 网络只是一种实现去中心化活动的技术，而不需要集中式服务器或大型科技平台。为了建立一个 p2p 网络，人们下载并运行开源软件，在网上创建一个 p2p 网络。去中心化网络的优点是没有一个权力机构控制网络、内容或网络上的传输。

2008 年，区块链提供了一种新型的 p2p 网络——不是用来分享音乐和电影，而是用来赚钱的。[35]那一年，神秘的、也许是神话般的人物中本聪（Satoshi Nakamoto）在网上发表了一份长达 9 页的白皮书——《比特币：一种点对点电子现金系统》（*Bitcoin: a p2p Electronic Cash System*）。[36]它可能是历史上最具影响力的九页纸。

比特币的网络消除了对中央机构、银行或中介机构的需求，以监督货币、验证交易，或避免双重消费问题，即一个人在对不同商品支付同一笔钱。比特币网络通过一个精心设计的一致性协议（consensus protocol）来实现这一点，该协议基本上确保每笔新交易在被记录在区块链上之前都经过了验证（由网络上以“矿工”身份操作的人使用计算机程序，以复杂数学问题的解决方案的形式满足所需的“工作量证明”）。然后，一旦经过验证的交易被记录下来，该信息就成为“链”的一部分，添加一个新的区块，该区块不仅包含当前交易的新信息，还包含先前交易的前一个区块［称为“哈希”（hash）］的一些信息。这就像一条链的两个环节交错在一起——来自两个相邻区块的信息交织在一起。然后，新的信息块自动发送给网络上的所有其他计算机或节点，并被记录下来，通过所有节点间的一致性对信息进行验证。[37]

这一精巧的系统让区块链中任何一条记录难以被修改或伪造。考虑一个简化的类比，你是否还记得你的小学老师告诉你：“这将被永远记入你的档案。”区块链就像一个人的档案——只是它要永久得多而已。

设想一下，所有学生的档案由世界上每一所小学以类似于上面描述的方式存储。如果某个狡猾的学生想要修改其档案中的一个记过或差成绩，他将不得不更改存储在世界上每一所小学的记录。这很难做到。即使他在一所或几所学校修改了他的记录，所有其他学校都可以很容易地发现这一不适当的更改，并拒绝接受它。修改或删除学生记录中的条目很容易被发现，因为其中的部分信息也会记录在下一个学生的记录中。更改一个学生的记录将触发对其他学生记录的更改，从而使这些记录与存储在其他地方的记录不一致。区块链以类似的方式运行。[38] 通过使用冗余和共识的系统，区块链实际上不可能更改已经过验证的记录，也不可能有人能欺骗系统。[39] 区块链是无法更改的。

中本聪2008年的白皮书没有提到对法币的任何批评。据报道，直到2009年2月，中本聪才发表了一篇博客，将二者联系了起来："央行必须通过不会让货币贬值取信于民众，但法币的历史上充满了对这种信任的破坏。"[40] 通过基于一致性协议创建一个去中心化的加密货币网络，中本聪提供了一种由中央银行控制的法币的替代方案。

去金融的支持者认为，它提供了一个比我们目前的货币和银行系统更透明、更可靠、更高效的金融体系，因为目前的货币和银行系统可以被美联储等中央金融机构操纵。[41] 而操纵，反过来又会导致像2008年金融危机那样的崩溃。[42] 然而，批评人士认为，去金融也同样容易受到自身金融危机的影响，[43] 尤其是因为前1%的比特币持有者，在2021年持有约27%的比特币。[44] 这一警告在加密货币寒冬期间获得了关注，在此期间，加密货币Terra Luna的价值崩溃至零，几家去金融公司破产，包括加密货币贷款机构Celsius Network。[45] 两家主要的加密货币交易所比特币公司（Coinbase）和双子星都进行了大规模裁员。在此期间，国会加紧了对各种法案的审议，对加密货币提供进行监管。

伴随着对通胀的担忧令美联储感到不安，以及对经济衰退的担忧令企业不安，2022年股市和加密货币的大幅下跌，使得人们难以评估中心化或去中心化金融体系的比较优势。[46] 事实上，在这段动荡时期，比特币和加密货币与股市同步波动，主要是为了应对美联储加息而发生的下行。[47] 虽然仍处于低迷状态，但也许最好的说法是“对投资者来说，这是苦不堪言的 6 个月”。[48]

对于我们的目标来说，去金融如何发展——它是否会超越中心化的金融体系，受到中心化金融体系的监管，还是与它们共存——并不重要。最关键是看到区块链和加密货币如何为当前的集中式系统提供替代方案。一种运行于区块链之上的去中心化替代方案。

其他开发者看到了区块链在加密货币之外的巨大潜力。比特币协议对比特币是利好的，但它很慢，而且用途不大。2014 年，维塔利克·布特林（Vitalik Buterin）、米哈伊·艾尔（Mihai Aisle）、阿米尔·切特里特（Amir Chetrit）、加文·伍德（Gavin Wood）、查尔斯·霍斯金森（Charles Hoskinson）、安东尼·迪·伊奥里奥（Anthony Di Iorio）和约瑟夫·卢宾（Joseph Lubin）创建了区块链的以太坊协议。[49] 它比比特币协议更快，并且有一种不同的加密货币，称为“以太币”（Ether）。更重要的是，以太坊促进了区块链在创建和记录智能合约方面的应用，这些智能合约可以被编程用于多种用途，其中就包括 NFT 的创建。[50]

正如我们在上一章中所了解到的，NFT 是一种强大的技术，它使创作者能够采用一种新的交互式所有权，并以具有包容性的契约为创作者和 NFT 所有者（重新）安排权利。由于 NFT 是可编程的，它们提供了巨大的多功能性。事实上，正如 NFT 市场全球资产交易所（Worldwide Asset eXchange）的联合创始人威廉·奎格利（William Quigley）所说，NFT 是“微型计算机”，[51]“任何可以编程或创造性构思的东西都可以是 NFT，因此地球上的每个行业最终都会将 NFT 嵌入他们的业务之中。”[52]

去 IP 的运作方式与去金融类似。人们可以使用区块链和 NFT，而不是依靠国会这个中心化的机构，来提供使版权法现代化所需的变化。这种发展并没有什么险恶之处。我们的版权制度依赖于私人订购。[53]

正如加密货币提供了一个替代美元的价值存储方式一样，NFT 提供了一种替代版权的方式。它们不会取代版权，而是使人们能够重新配置版权的使用方式，并在某些方面，使执行版权变得不那么重要，因为 NFT 本身就是一种具有独立价值的新型财产。因此，受版权保护内容的创作者可以使用 NFT（重新）安排知识产权，以更好地满足他们的需求。例如，他们为自己收取转售版税，并给予 NFT 所有者和公众远比我们版权制度的默认方法更宽松的权利来使用甚至商业化版权内容。版权制度的这些变化正在创造去 IP 的新制度。

简而言之，去金融对货币的影响，就是去 IP 对版权的影响。表 6.1 概述了美国版权制度与去 IP 之间的主要差异。[54]

表 6.1 美国版权制度与使用 NFT 的去 IP 方法的比较

比较维度	美国版权制度	通过 NFT 实现去 IP 化
核心知识产权	版权	NFT
标的	限于“固定在任何有形表达媒介中的原创作品”	不限
排他权	第 106 条规定的复制、发行、制作衍生作品、公开表演和公开展示的权利	在区块链上创建、拥有、销售和转让 NFT 的权利，虚拟身份权
包容性权利	版权人可以为计算机软件选择开源许可证，为更灵活地公开使用版权作品选择知识共用许可	NFT 创作者可以选择具有包容性契约的许可，让 NFT 所有者进入社区，也可以选择面向公众的知识共享许可
未经授权的副本和衍生作品	未经授权的副本或衍生作品可能构成侵权	Web 3.0 的规范在允许未经授权的副本和衍生作品方面更为宽松

续表

比较维度	美国版权制度	通过 NFT 实现去 IP 化
创作者的转售版税权	在美国没有	艺术家可以为 NFT 选择转售版税
期限	个人作者在世期间及死后 70 年；对于公司来说，自出版之日起 95 年或自创作起 120 年，以两者中较短的为准	无期限或不确定
中介机构	商业市场由主要厂牌、制片公司、出版商、美术馆和拍卖行、收藏协会、互联网服务提供商主导	去中心化的市场

理解去 IP 的起点是认识到 NFT 是一种新的知识产权形式，不是由国会创建的，而是由使用区块链的计算机代码创建的。世界知识产权组织将**知识产权**定义为对“思想创造”（creation of the mind）的保护。它“使人们能够从他们的发明创造中获得认可或经济利益”，[56]“知识产权制度旨在营造一个创造和创新蓬勃发展的环境”。[57]这些正是 NFT 所做的。与其他知识产权一样，NFT 是对无形的思想创造的保护。它们是想象中的虚拟代币，可以通过编程来识别几乎任何主题——甚至超越受版权保护的内容——一种被描述为创建虚拟孪生（virtual twin）的方式。NFT 在精神的无形创造中创造了财产利益，即虚拟孪生，这意味着代币和主题的结合。它们使艺术家，尤其是数字艺术家，能够从他们的创作中获得认可或经济利益。他们还建立了一个新的系统——去 IP，促进了一个创造和创新可以蓬勃发展的环境。

要理解去 IP 是如何取代版权的，我们需要参考一些成功的 NFT 项目，如 Noons 和月鸟（Moonbirds），已经完全放弃了版权，采用了知识共享 0 许可（Creative Commons 0 licenses），这意味着任何人都可以自由复制 Nouns 和月鸟的艺术作品并从中获利。然而，尽管这些艺术作品缺乏版权，但 2022 年 10 月，每个项目的最低价格 NFT 仍分别超过 93 000 美元和 13 000 美元。[58] 当艺术品既没有版权又可以自由复制时，这怎么可能实现呢？ NFT 作为一种新的知识产权形式，具有独立的价值。

这种独立价值的另一个标志是使用 NFT 为所有者（如加密朋克所有者）创建在线身份的广泛实践。通过授权所有者采用独特的身份，NFT 就像形象权（right of publicity）① 一样运作，这是一种保护个人身份和肖像不被未经授权的商业侵占的知识产权。[59] 来自 pfp 收藏的 NFT 包含了我们可以称之为“虚拟身份的权利”（a right of virtual identity）。Web 3.0 规范不鼓励他人在商业上利用或盗用 NFT 所有者的在线身份，尤其是在该身份众所周知的情况下，比如史努比·狗狗的无聊猿邦贝博士。而且，如果所有者获得了与 NFT 相关的艺术品（例如加密朋克角色）的独家许可，则所有者可以提起诉讼以阻止他人进行此类挪用。

除了采用转售版税之外，去 IP 最大的变革之一是重新调整排他权的束缚，并增加前一章所述的包容性契约。NFT 的所有者拥有排除、转让、使用或占有其拥有的 NFT 的排他性权利。[60] 一旦 NFT 为其所有者创建并记录在区块链上，其他人就没有对 NFT 进行使用的权利，因为这些 NFT 有内置的技术保护措施以防止侵占。

矛盾的是，作为《版权法》基础的复制行为本身，在与 NFT 有关的在线活动中变得不那么重要了。通过创造一种新的知识产权形式，NFT 使未经授权的复制和未经授权的衍生作品变得不那么重要

① 一种知识产权，保护人们不因商业利益而盗用他人的姓名、肖像或其他个人身份标识（如昵称、笔名、声音、签名、肖像或照片）。

或令人担忧。换句话说，NFT 可能有助于解决数字艺术家的互联网困境。未经授权的复制品并不会削弱 NFT 的价值。

当然，NFT 创作者仍然可以主张版权侵权。通常情况下，这涉及向市场发出《数字千年版权法案》（DMCA，*Digital Millennium Copyright Act*）① 侵权通知，表明在这些市场上有侵权的 NFT 正在被出售。根据 DMCA 规定的通知和接管程序，中间人必须迅速删除涉嫌侵权的内容。一些 DMCA 通知已经针对 NFT 项目提出，导致它们至少暂时从市场上被移除。

但是，特别是对于最受欢迎的 NFT 收藏，这样的行动可能会招致一些 Web 3.0 支持者的强烈反对，他们希望对版权采取更加宽容的态度。例如，幼虫实验室因其对加密朋克发出的 DMCA 通知而面临巨大的反弹，该通知将幼虫实验室的加密朋克图像进行扭转，作为声称的恶搞，以及所谓的"V1 加密朋克"（V1 CryptoPunks），实际上是幼虫实验室传播的原始加密朋克，但它们在智能合约中存在一个很大的错误，需要由幼虫实验室发布第二个版本的加密朋克。[61] 加密朋克和 V1 加密朋克项目都对 DMCA 通知提出了异议。最终，二者都被恢复到 OpenSea。值得注意的是，在加密朋克的第一次争议之后，幼虫实验室显然没有为许多其他加密朋克的克隆和衍生品提交 DMCA 通知。根据一个社区组织的名单，还有近 170 个其他朋克项目。[62] 更加宽松的 Web 3.0 精神将它们视为创意，而非盗版。

NFT 弱化了复制品的意义，这并不令人惊讶。就视觉艺术而言，

---

① 亦称《千禧年数字版权法》，该法案对网上作品著作权的保护提供了法律依据。这一法案是数字时代网络著作权立法的尝试，亦是网络初期著作权利益冲突各方折中的产物。其主要特点体现在以著作权人为中心，加强对其权益的保护，同时又对网络服务提供商（ISP，Internet Service Provider）的责任予以限制，以确保网络的发展和运作。

“复制品在艺术市场上几乎没有发挥任何经济作用，即使有，也是微不足道的，”专攻艺术法的法律学者艾米·阿德勒（Amy Adler）解释道，[63]“真实性的规范（the norm of authentity）构成了艺术市场的基础，这使得版权变得多余。市场对真实性的坚持确保了即使艺术家的作品内容被盗，盗贼也无法盗用作品的经济价值。”[64]虽然阿德勒说的是艺术，而不是NFT，但她的理论也适用于这里。与传统艺术一样，真实性是NFT最重要的特征之一。实际上，创建在区块链上经过身份验证的独特代币才是NFT存在的理由（raison d'être）。

NFT一锤定音，为美国现行版权制度破解了一道旷日持久的难题。每件复制品都被认为是潜在的侵权，即使它可能是合理使用。这种做法在21世纪和我们生活的数字世界中毫无意义。劳伦斯·莱西格（Lawrence Lessig）是一位有影响力的法律学者，也是支持“自由文化”（free culture）运动的梦想家，他在Web 2.0之初就在文章中这样写道：“创意作品的所有正常使用现在都受到了管制……因为，任何使用都是复制。”[65]

2001年，莱西格试图解决这个问题。他创立了非营利组织“知识共享”（CC，Creative Commons），免费提供各类版权许可，供企业和个人选择并附加在他们的作品上。CC许可的目的是“允许创作者在分享他们的作品的同时，保留他们的版权，而且条款比默认的‘保留所有权利’更加灵活”。[66]在“保留所有权利”的情况下，作者或版权所有者保留其作品的所有知识产权。消费者对作品的任何使用都有可能侵犯这些权利——例如音乐作品的公开表演或电影的混剪——都是不允许的，除非消费者寻求到版权所有者的许可。迪士尼通常采取“保留一切权利”的方式。相比之下，CC许可提供了一种更为宽松的方法，允许作者选择更灵活的安排，例如允许消费者“以任何媒介或格式分发、重新混合、改编和构建，只需注明著作权所归属的创作者即可”。[67]

CC 许可类似于计算机程序的开源许可，后者建立于 1998 年，旨在使程序员能够以去中心化的方式协作开发程序。在标准的开源许可下，每个程序员必须贡献出其所做的任何改进，供社区中的其他人在相同的许可条款下享用。对于知识共享来说，开源许可只是其提供的几个选项之一（即“相同方式共享”）。

开源许可与 CC 许可都可以看作是去 IP 的早期形式，它们都用更宽松的许可重新安排了版权法下默认的“所有权利保留”条款。这些许可是去中心化的，它们不需要国会的修正案。而且，由于它们是面向公众的许可，因此消除了对个人许可的需求，更不用说谈判时昂贵的律师了。

NFT 将去 IP 提升到了一个新的水平。与开源和知识共享许可不同，NFT 提供了一种新的知识产权形式——虚拟代币，包括任何附带的财产权益。NFT 创造了一种具有独立价值的新型知识产权，标志着范式的转变。它改变了艺术作品授权的整个动态和经济，削弱了在线复制的重要性。NFT 甚至可以与 CC 许可一起使用。有些项目采用了 CC0 许可，完全放弃了版权，将作品捐赠给公有领域（public domain）①。事实上，将 CC0 许可与 NFT 一起使用强调了后者的独

---

① 知识产权法术语，指人类的一部分作品与一部分知识的总汇，可以包括文章、艺术品、音乐、科学、发明等等。对于领域内的知识财产，任何个人或团体都不具所有权益（所有权益通常由版权或专利体现）。这些知识发明属于公有文化遗产，任何人可以不受限制地使用和加工它们（此处不考虑有关安全、出口等的法律）。创立版权制度的初衷是借由给予创作者一段时期的专有权利作为（经济）刺激以鼓励作者从事创作。当专有权利期间截止，作品便进入公有领域。公有领域的作品由于没有专属权利人，因此公众有权自由使用它们。

立价值——即使版权已经被放弃。在下一章中，我们将考察 Nouns DAO 对 CC0 许可最具创新性的使用之一。

风险投资公司 a16z 以 CC 许可的概念为基础，为 NFT 量身定制了一套新的六种公共许可（包括 CC0）。[68] 为了向谷歌早期的座右铭致敬，a16z 称它们为“不能作恶”（Can’t Do Evil）许可。这些公共许可提供了另一个例子，说明 NFT 是如何被用来重塑版权制度的。a16z 网站的迈尔斯·詹宁斯（Miles Jennings）和克里斯·迪克森（Chris Dixon）解释说：“之前的版权许可制度对许多创作者来说太过严苛，无法跟上互联网和当时的新数字技术的发展步伐。”[69] 不能作恶许可旨在促进 Web 3.0 的宽容性，使“共享文化和知识生产”成为可能。

去 IP 确实引发了人们的一些担忧。一个去中心化的过程并不能确保公众的利益得到保护，尤其是当大公司控制 Web 3.0 的发展时。正如国会可以被特殊利益集团控制一样，Web 3.0 也可以。这就需要人们——也就是我们——阻止这种情况的发生。

去 IP 带来的另一个复杂问题是，与版权不同，NFT 没有限制条款。然而，根据美国宪法，版权只能在有限的时间内持续，制宪者提出这一要求是为了防止像英国王室所允许的永久垄断。在任何相关艺术作品版权到期后出售 NFT 并不存在问题，就像毕加索的画作在版权过期后可以以高价出售一样，即使在相关艺术作品版权过期后出售 NFT 也不应该构成任何问题。然而，NFT 的转售版税可能会产生一个问题。即使与 NFT 相关的艺术作品版权已经过期，转售版税也可以无限期地继续下去。美国最高法院则认为，即使在专利到期后，要求使用专利发明的专利费许可也被宪法对专利的有限期限要求所取代。[70] 一个关键问题可能是，NFT 的转售版税是否与版权的有限期限相冲突。[71] 根据法国法（French law）①，转售版税的权利通常也仅限于版权期限之内。

在我看来，只要 NFT 创作者允许公众在版权过期后自由复制和使用该作品，就不会存在任何冲突。[72] NFT 不是公众可以自由使用的艺术作品，这与使用专利过期的发明许可情况不同。在后一种情况下，被许可人不能在不支付专利费的情况下自由使用该发明。但是，在 NFT 的情况下，任何人都可以自由使用版权已经过期的艺术作品。

类似的优先购买权（preemption）② 问题可能会出现在整个转售版税的概念中，而美国国会已经否决了这一概念。然而，NFT 亦区别于承认转售版税的加州法律。联邦法院曾做出裁定，加州法律被有限执行，因为干扰了首次销售原则（first-sale doctrine）③。首次销售原则规定，版权所有者在作品的实体副本出售后，控制其发行的权利随即失效。[73] 根据首次销售原则，人们可以出售受版权保护作品的合法副本，如二手书和音乐 CD，而无需支付转售版税。然而，NFT 是不同的，因为它们不是作品的副本。而且，即使它们是，首次销售原则也不适用于数字副本。[74] 更根本的是，除了期限过期的问题，法院通常

① 法国法是在法国发展起来的一套法律制度的总称，它是大陆法的重要组成部分。

② 法律赋予特定对象的先于其他权利人主张自己财产权利的权利。

③ 有时也被称为"首次销售权"（right of first sale）或"首次销售规则"（first sale rule），是一个美国法律概念。它限制了知识产权所有者控制体现其知识产权的产品转售的权利。该原则使受版权保护产品的分销链、图书馆借阅、赠送、录像带租赁和受版权保护作品的二级市场（例如，使个人能够将合法购买的书籍或 CD 出售给他人）成为可能。在商标法中，同样的原则允许在商标持有人将商标产品投放市场后转售商标产品。在专利产品的情况下，该原则允许转售专利产品而不受专利持有人的任何控制。首次销售原则不适用于专利工艺，后者由专利用尽原则（patent exhaustion doctrine）管辖。

没有发现合同与版权法的冲突，而合同正是产生 NFT 转售版税的原因。[75] 事实上，在建议国会考虑制定艺术家转售版税的权利时，版权局也支持另一种选择：私人当事方自愿采取行动，承认艺术家的合同转售版税。[76]

虽然向去 IP 的转变才刚刚开始，但它的潜力是巨大的。去 IP 通过使用私人订购、NFT、许可和区块链组成的复杂网络而不是立法，为更新 21 世纪的版权法提供了一种替代方式。国会没有必要像一些政策制定者所呼吁的那样，通过“下一部伟大的版权法”（next great Copyright Act）来认可转售版税的权利或对版权法进行重大更新。

有了 NFT，人们可以自己去做，而且他们已经做到了。

第七章

◆

去中心化的迪士尼

你不能等待灵感的降临。

你必须拿着棍子去追赶。

——杰克·伦敦（Jack London）

NFT 交互式所有权有利于混合商业模式的发展。本章我们要研究的是参与去中心化协作的两种具有创新意义的商业模式，它们使得 NFT 所有者可以对与 NFT 有关的艺术作品进行商业化处理。在这之前，我们首先来研究传统媒体企业如何经营并参与中心化协作，从而最大限度地实现企业对知识产权的管控。

迪士尼与中心化商业模式

如果要说有哪一家企业能够代表 20 世纪的内容制作方式，那么当迪士尼莫属了。在咆哮的二十年代（Roaring Twenties）① 末期，好莱坞的发展也迎来了它的黄金时期。华特·迪士尼（Walt Disney）把一个可爱的卡通人物米老鼠改编成音画同步动画电影《威利号汽船》（*Steamboat Willie*）。[1] 迪士尼刚刚起步时，工作室的经营在相当长的一段时间内一直处于苦苦挣扎之中，直到 1928 年，华特及其兄弟罗伊（Roy）想出了一个绝妙的点子：制作一部音画同步的动画电影。兄弟俩的灵感来自《爵士歌手》（*The Jazz Singer*），这是第一部音画同步的长篇电影。[2] 而迪士尼工作室将成为有声动画片（sound cartoons）——这种新的、神奇之物的首创者。

华特·迪士尼是一位富有远见的企业家。他敏锐地观察到了一个绝佳的契机，可以创造出一些从未有人做过的东西，然后将它们变成一个媒体帝国。成为动画先驱的想法不仅激励着华特，而且也激励着其工作室的全体成员。[3] 在首部动画电影的私人试映中，工作室后院演出的临时（且凑合的）声音已经让华特的家人和朋友们兴奋不已。《威利号汽船》是巴斯特·基顿的喜剧默片《小汽船比尔》（*Steamboat Bill*）的翻拍。虽然基顿的电影失败了，但迪士尼的电影却大获成功，并在电影史上写下浓墨重彩的一笔。

米老鼠的诞生成为历史上最成功的商业模式的起源，其成功一直延续至今。迪士尼拍摄了 130 部以米老鼠为主角的影片，但并没有止步于此。米奇（Mickey）无处不在——在漫画书、电视节目、商品、服装、电子游戏中。当然，其还担任迪士尼游乐园（Disney amusement parks）里一个重要的卡通人物。在纽约市一家酒店大堂的

---

① 对20世纪20年代的口语化说法，尤指在美国和其他西方国家，这十年的特点是经济繁荣，社会和文化迅速变化，乐观情绪高涨。这一时期的活力与它两侧的历史危机形成鲜明对比：第一次世界大战（1914—1918 年）和大萧条（1929—约 1939 年）。

一次偶然相遇中，请求授权米老鼠供其他企业使用的想法诞生了。一名男子找到了华特·迪士尼，询问他是否可以授权将米老鼠印制在他的便签之上。

华特后来回忆说："像往常一样，罗伊和我需要钱，于是我就拿了这三百美元。"[4]

结果，米老鼠便签大受欢迎。受这一成功鼓舞，迪士尼随后又签署了其他授权协议，让米奇出现在玩具、手表、餐巾纸、壁纸、书籍、留声机、各种服装、发刷、玩具等各类产品上。[5]

1932 年，迪士尼在营销方面取得了突飞猛进的成功，当时该公司聘请了来自堪萨斯城的销售员凯·卡门（Kay Kamen）。[6] 卡门具有一股天然的能量。受雇还不到一年，他就与当时最具声望的公司达成了 40 笔米老鼠商品的许可协议。据报道，迪士尼商品在全球的销售额为 7 000 万美元，大概相当于今天的 15 亿美元。[7] 报纸广泛报道了迪士尼的经济实力。专栏作家 L.H. 罗宾斯（L. H. Robbins）为《纽约时报》杂志撰写了一篇题为《米老鼠崛起为经济学家》（*Mickey Mouse Emerges as Economist*）的长文。[8] 截至 1935 年，迪士尼已经拥有了"成千上万种商品"许可。罗宾斯将迪士尼的商业模式比作永动机：迪士尼电影促进了商品的销售，反过来又促进了电影的受欢迎程度。每个人都喜欢米奇。"为什么大学校长称赞他，国际联盟推荐他……知识渊博的学者把奖章挂在他身上，美术馆从毕加索和爱泼斯坦（Epstein）① 转向了举办他的'猴子闪'（monkey-shines）② 展览，而英格兰国王不会去看电影，除非米奇出现在海报上？"[9]

迪士尼还通过建立米老鼠俱乐部（Mickey Mouse clubs）来培养观

---

① 雅各布·爱泼斯坦爵士（Sir Jacob Epstein），美籍英国雕塑家，现代雕塑先驱。

② 俚语，表示恶作剧或顽皮的把戏或恶作剧。

众。华特·迪士尼的传记作家尼尔·加布勒（Neal Gabler）认为，这些俱乐部为米奇品牌的构建提供了“最大的动力”（biggest boost）。[10]俱乐部的想法来自哈利·伍丁（Harry Woodin）——洛杉矶郊区一家剧院的年轻而富有进取心的经理。[11]华特在参观伍丁组织的俱乐部后，看到了其中的巨大潜力：“这将有助于……使这个系列成为全球最具人气的品牌之一。”[12]米老鼠俱乐部在剧院为儿童举办包括吃馅饼比赛在内的各类活动，当然，也售卖米奇商品。[13]米老鼠俱乐部在全美各地涌现，估计有100万多名成员，据称超过了男女童军的总和。[14]华特在1933年吹嘘说，这个数字达到了5 000万。[15]从1955年到1959年，《米老鼠俱乐部》（*The Mickey Mouse Club*）①还在电视上进行了播出，并在1977年和1989年到1994年再次播出。最后一个电视系列中登场的包括克里斯蒂娜·阿奎莱拉（Christina Aguilera）②、瑞安·高斯林（Ryan Gosling）③、布兰妮·斯皮尔斯（Britney Spears）④和贾斯汀·汀布莱克（Justin Timberlake）⑤等一众明星。

世人为何会被米老鼠吸引？罗宾斯在1935年总结了一些评论家

---

① 《米老鼠俱乐部》又称《新米老鼠俱乐部》。迪士尼儿童频道始建于1983年，1989年时恢复了青少年选秀电视节目《米老鼠俱乐部》。该俱乐部运营了5年，培养出了日后的一些超级明星。

② 美国女歌手、演员，1992年加入电视节目《米老鼠俱乐部》后开始演艺生涯。2008年，在《滚石》杂志评选的“史上最伟大的百位歌手”中位列第58位。2013年4月，入选美国《时代》周刊最具影响力100人名单。

③ 加拿大演员、导演、歌手。1992年加入电视节目《米老鼠俱乐部》。2016年，凭借喜剧歌舞电影《爱乐之城》入围第89届奥斯卡金像奖最佳男主角奖，获得第74届美国金球奖电影类－音乐喜剧类最佳男主角奖。

④ 美国女歌手、影视演员、词曲作者。1992年加入电视节目《米老鼠俱乐部》后开始演艺生涯。2005年，凭借《Toxic》获得第47届格莱美奖“最佳舞曲唱片奖”。

⑤ 美国歌手、音乐制作人、演员、商人、主持人，童年时期加入电视节目《米老鼠俱乐部》，曾经获得六座格莱美奖。

的观点："这些观察家告诉我们，在人类的本性中有一种叛逆的倾向，一种对自由的渴望，人类渴望自由地飞跃月球，如果我们愿意的话。"[16] 罗宾斯还提出了其他几个原因："米奇非常有趣，而且……他很简单。让世界上所有的大陆和岛屿上的人们都想发笑，而且从未像现在这样（让人们想发笑）。"[17] 这篇文章从一个角度影射了大萧条时期的经济状况。或许最让人印象深刻的是，迪士尼令人难以置信的财务成功，是从现代历史上最严重的经济萧条时期开始的。

米老鼠周边商品和电影的盈利让迪士尼有实力在 1938 年为电影《白雪公主和七个小矮人》（*Snow White and the Seven Dwarfs*）投入了 200 万美元的制作资金——这在当时是一个令人震惊的数字。[18] 这部电影被认为是一部杰作，并不是因为它借用了格林兄弟（Brothers Grimm）的古老童话故事。而是因为其作为首部长篇彩色动画电影，为我们创造了一个全新的世界。正如已故的电影评论家罗杰·艾伯特（Roger Ebert）所写的那样，"在动画是一项艰辛的逐帧活动，每一个额外的移动细节都需要艺术家花费几天或几周的时间来绘制的时候，迪士尼想象出了一部电影，其中每个角落和维度都蕴藏着一些鲜活和运动的内容"。[19] 在这个概念出现之前，迪士尼就设想了一个元宇宙。

迪士尼公司开发了一个媒体特许经营的巨无霸。到 1934 年，迪士尼从商品销售中获得的收入已经超过了其电影收入。[20] 在那次酒店大堂里的意外邂逅中，迪士尼偶然发现了好莱坞有史以来最为成功的商业模式之一：利用令人难忘的角色来创造特许经营权，这些特许经营权可以通过续集、商品等授权用途（如电子游戏）实现无限的盈利。如今，通过收购，迪士尼不仅拥有米老鼠的版权，还拥有小熊维尼、星球大战、迪士尼公主、蜘蛛侠、玩具总动员、狮子王、复仇者联盟、冰雪奇缘和 X 战警的版权。今天，迪士尼商业模式远较 1935

年复杂，但其主要收入来源却始终保持平稳。在 2022 年第一季度，迪士尼的媒体内容收入占其收入的 35%，而主题公园、体验、商品和 IP 许可收入占 33%。[21] 迪士尼仍在使用旗下很多热门人物的海量 IP 授权。

迪士尼公司将其著名的米老鼠角色作为其皇冠上的明珠加以守护。到目前为止，已将米奇的商业使用授权给了部分著名品牌，包括 Lacoste、李维斯、Rag & Bone、Forever 21、Marc Jacobs、乐高和奥利奥等。这种方法可以被描述为一种中心化的协作模式。其中，IP 所有者通过多方协商达成的许可来保持对其知识产权的严格管制。除非 IP 所有者在同其他公司谈判时商定许可证，否则他们会维持“保留一切权利”（all rights reserved）的方法。在 1971 年的一起著名诉讼中，迪士尼成功起诉了《空中海盗》（*Air Pirates*）的主创人员。被告是一本描绘米老鼠从事色情和毒品等成人活动的色情漫画，着实对米老鼠的 IP 造成了重大影响。

迪士尼集中协作模式呈现了经典的轮辐式设定（hub-and-spoke arrangement）①，如图 7.1 所示，IP 所有者迪士尼是中心，迪士尼的许可持有者则构成了轮辐。[22] 由于通常要经过枢纽的审批，并通过集中协调确保产品的质量，此种模式可以通过集中控制提高产品的一致性。1930 年，当迪士尼首次开始对米奇发放商品化授权的时候，质量管控还比较宽松，导致了商品“粗制滥造”（shoddy）问题严重。[23] 但在迪士尼让卡门来监督商品销售后，他“很快就取消了与声望较低、方

① 对供应商或零售商级别（“轮辐”）的横向限制，通过作为公共“枢纽”（例如，公共制造商、零售商或服务提供商）的垂直相关参与者实施。“枢纽”促进“轮辐”之间的竞争协调，而轮辐之间没有直接接触。在极端情况下，横向核心卡特尔的影响可以完全通过在枢纽和轮辐设定的横向结盟成员之间的间接沟通来实现。

式激进的公司的合同，并与更大的公司签订了合约并生产出了更好的产品”，其中比较著名的例子就是卡地亚的米老鼠钻石手镯（Mickey Mouse diamond bracelet）。[24] 作为 IP 所有者，迪士尼控制着其被许可人生产的相关商品的质量。

对迪士尼来说，这种中心化的协作模式发挥了巨大的功用。米老鼠成为世界上首个进行授权角色。据报道，2021 年，迪士尼仅凭其许可产品的销售就实现了 540 亿美元的盈利，成为《全球特许》（*License Global*）杂志全球 150 强许可商名单上处于金字塔塔尖的公司。[25] 迪士尼授权收入比其最临近的竞争对手高出近一倍。华特·迪士尼在 1929 年偶然发现的营销策略，在近一个世纪里发挥了卓越的作用。

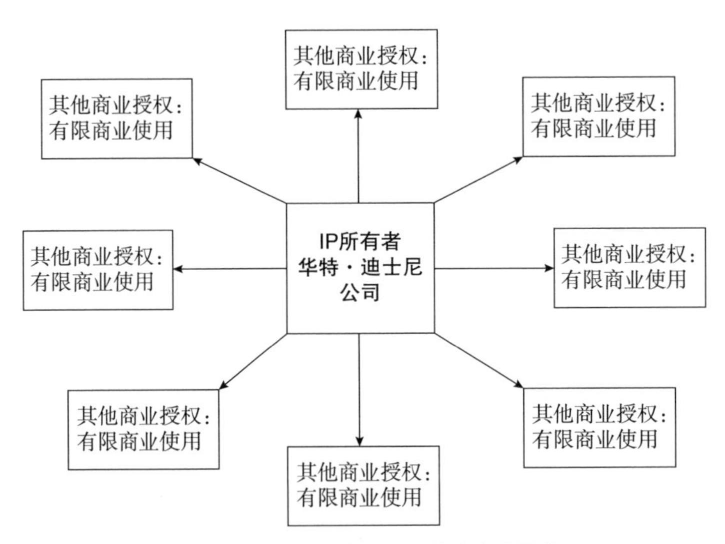

图 7.1　华特·迪士尼公司的中心化协作

尽管迪士尼目前已经涉足 NFT，但其元宇宙战略在 2022 年仍处于发展之中。[26] 不过，我们还是看到了其中的一部分发展：增强现实（AR，augmented reality）电影。2022 年 9 月，迪士尼播出了第一部 AR

电影《回忆》(*Remembering*)，由布里·拉森(Brie Larson)主演。在苹果设备上使用一款特殊的迪士尼应用程序，观众可以看到屏幕上溢出的瀑布，以及“海豚、蝴蝶、树木、树叶、发光的花朵等奇妙的数字元素”。[27]AR 的部分虽只有 1 分钟的时间，但是让人目不暇接。想象一下，你的客厅已经成为电影中的一部分，身边萌动着虚拟场景。作为首席执行官，鲍勃·查佩克(Bob Chapek)对迪士尼的计划一直讳莫如深，但他透露，该公司正在开发“下一代的故事讲述”(next-generation storytelling)，并有一个全新的部门专门负责这项工作。[28] 如果这不足以表明迪士尼对元宇宙的投资，那么迪士尼发布的“企业交易、新兴技术和 NFT 首席法律顾问”(Principal Counsel—Corporate Transactions, Emerging Technologies & NFTs)的职位招聘应该足以说明这一点。[29]

在元宇宙竞赛中，迪士尼并不是唯一的参与者。如今，新贵公司正努力做好一百年前迪士尼的工作：打造神奇诱人的全新媒体体验。但与迪士尼不同的是，新贵们正在采用一种新的经营方式。

无聊猿游艇俱乐部和混合商业协作模式

Web 3.0 正在酝酿一些变化。一种新型商业模式——混合模式正应运而生：它不仅采用了迪士尼式的中心化协作，还有通过 NFT 进行去中心化协作(decentralized collaboration)，或称“De-Collab”。这一创新商业模式或许会催生出一种新的媒体娱乐业务，有分析师将其称为“去中心化的迪士尼”(decentralized Disney)。

Yuga 实验室是 2021 年最热门 NFT 系列——无聊猿游艇俱乐部的创造者。[30] 在短短一年的时间里，无聊猿的总销售额(包括二次销售）就超过了 20 亿美元，成为全球顶级的 NFT 系列，甚至超过了加密朋克。[31] 一众明星、运动员通过购买无聊猿纷纷“入圈”（aped in）。这份名单包括了斯蒂芬·库里、吉米·法伦（Jimmy Fallon）、史努比·狗狗、帕丽斯·希尔顿、贾斯汀·比伯、格温妮丝·帕特洛、汤姆·布雷迪、内马尔（Neymar Jr.）、麦当娜（Madonna）、埃米纳姆、波兹·马龙（Post Malone）、DJ 哈立德（DJ Khaled）、棉花糖（Marshmello）、汀巴兰德（Timbaland）、利尔·贝比（Lil Baby）、烟鬼组合（the Chainsmokers）、冯·米勒（Von Miller）、史蒂夫·青木、德兹·布莱恩特（Dez Bryant）、罗根·保罗、拉梅洛·鲍尔（Lamelo Ball）、凯文·哈特、沙奎尔·奥尼尔（Shaquille O' Neal）和马克·库班（Mark Cuban）。不得不承认，这也许看上去像是个老男孩俱乐部。但是我们会在这本书之后重返 NFT 市场多样性这个话题。无聊猿游艇俱乐部搅乱了创意制作行业的秩序，引起《财富》《GQ》《纽约客》《滚石》等媒体的关注。

没有一家公司像 Yuga 实验室那样，让人们对成为去中心化的迪士尼寄予了如此高的期望。它采用了一种混合商业模式，将初创公司和 NFT 所有者俱乐部进行了结合，而俱乐部则来自其包括无聊猿、变异猿、犬舍俱乐部狗狗、Koda 和 Otherdeeds 虚拟土地在内的 NFT 系列。此外，Yuga 实验室从幼虫实验室取得加密朋克及 Meebits① 的知识产权。值得一提的是，Yuga 实验室拥有着历史上最为畅销的四个 NFT 系列：无聊猿、加密朋克、变异猿和 Otherdeed（每个系列都已经超过了 NBA 最佳投篮时刻）。

Yuga 实验室商业模式的与众不同之处在于，该项目支持去中心

① 一个由 2 万个 3D 角色组成的系列，这些角色以 NFT 的形式呈现，可以交易、动画和用作虚拟化身。

化协作模式。回想一下华特·迪士尼公司集中协作的经典轮辐式设置。这使公司能够控制涉及其知识产权的每一项合作或伙伴关系。相比之下，如图 7.2 所示，无聊猿的混合模型可以描述为两个方面的内容：（1）Yuga 实验室与其他企业合作或搭档的中心化协作（如上图左侧所示）和（2）无聊猿游艇俱乐部所有者将自己角色商业化的去中心化协作（如上图右侧所示），这是由 NFT 所有权附带的去中心化协作许可产生的。

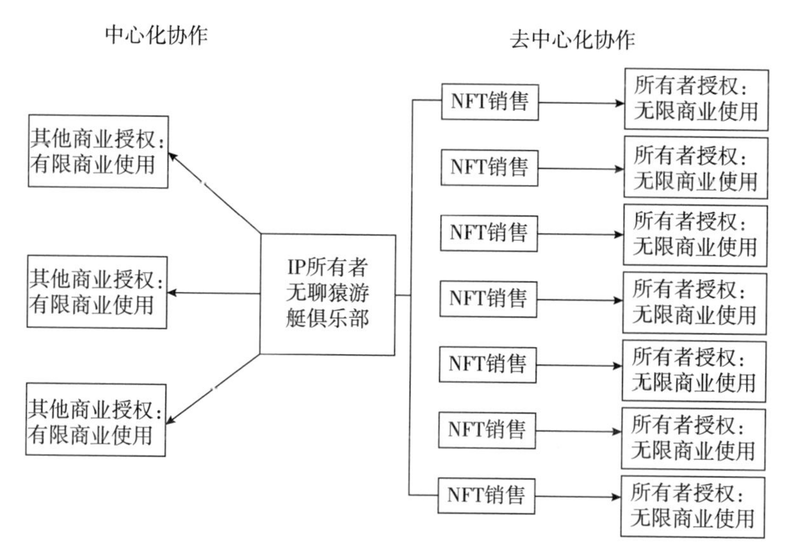

图 7.2 无聊猿游艇俱乐部的混合模式：去中心化与中心化协作

如果我们只看左侧，Yuga 实验室就像是一家典型的初创公司。该公司已经参与了自己的交易，以建立无聊猿游艇俱乐部生态系统和品牌。2021 年 10 月，Yuga 实验室与管理麦当娜和 U2 乐队的盖·奥西里（Guy Oseary）签署了一份代理协议，为无聊猿开发电视、电影、音乐和其他业务。[32] 2021 年 11 月，Yuga 实验室宣布了其第一笔重大交易：与阿迪达斯、朋克漫画（PUNKS Comics）和 gmoney（没错，就是向贾斯汀·阿弗萨诺提供建议的那个人）合作。Yuga 实验室在推特上发布了一个预告片：一只无聊猿，戴着粉色心形太阳镜，穿着阿迪达斯运动服，上面有阿迪达斯、gmoney 和朋克漫画的标志。推文中只包含了表情符号，一个类似阿迪达斯标志的表情符号：///。[33] 几天后，阿迪达斯发布了一段引人注目的视频，视频中穿着阿迪达斯运动服和运动鞋的无聊猿飞往元宇宙，背景音乐是路易斯·阿姆斯特朗（Louis Armstrong）① 的《多么美好的世界》（*What a Wonderful World*）②。[34]

2021 年 12 月 17 日，阿迪达斯售出了 29 620 件“进入元宇宙”（Into the Metaverse）NFT。[35]NFT 使所有者有权获得独家商品，包括连帽衫、运动服和无檐便帽，并在 2022 年及以后参与“与社区共同创造的虚拟土地体验”。[36] 时间将告诉我们阿迪达斯的“走进元宇宙”命运如何。但仅仅是 NFT 的有限销售就带来了 2 200 万美元的收入，这还只是阿迪达斯进军元宇宙的一个开始。

这一切充满勃勃生机，对吧！

耐克在同一个月收购了炙手可热的初创公司 RTFKT。[37] 如前所述，作为一个开拓者，RTFKT 在数字运动鞋和时尚方面进行了众多创新，推出了 CloneX 化身，并与 FEWOCiOUS 等艺术家进行了合作。在七个月的时间内，耐克和 RTFKT 推出了三个 NFT 系列，包括 Crypto Kicks 和 AR Genesis 连帽衫。2022 年 8 月，CloneX 的所有者获权为一系列新的 CloneX 运动鞋和数码服装“锻造”（forge）两个附加的 NFT，而这些运动鞋和数字服装的定制设计是根据每个 CloneX NFT

---

① 美国爵士乐音乐家。阿姆斯特朗是20世纪最著名的爵士乐音乐家之一，被称为“爵士乐之父”。他以超凡的个人魅力和不断的创新，将爵士乐从新奥尔良地区带向全世界，变成广受大众欢迎的音乐形式。

② 被誉为20世纪“流行音乐的圣歌”，是爵士乐发展历史上一首里程碑式的作品。

的“DNA”量身定制的。[38]

这让你对公司在向虚拟世界的竞争中所面临的情况有所了解。可以说，竞争既凶猛又惨烈。大品牌间不仅相互展开竞争，还与 Yuga 实验室和 RTFKT 等 Web 3.0 初创公司进行竞争，这些公司在精通技术和加密货币的社区中可能拥有更大的“街头信誉”（street cred）。这就是阿迪达斯与 Yuga 实验室 / 无聊猿游艇俱乐部合作，耐克直接收购 RTFKT 的原因。游戏开始了。

2022 年 3 月，Yuga 实验室获得了 4.5 亿美元的种子基金，由 a16z（也就是安德森·霍洛维茨基金）领投，其合伙人克里斯·迪克森也是 Web 3.0 的主要支持者。[39] 刚成立一年，Yuga 实验室的估值就达到了 40 亿美元。[40] 风险资本的注入可能会使 Yuga 实验室看起来和其他热门初创公司并无二致，但 Yuga 实验室是不同的。图 7.2 的右侧显示了这种差异。透过成千上万的 NFT，Yuga 实验室采用了去中心化协作。无聊猿的许可授予其 NFT 的买家“无限的全球许可，以使用、复制和展示购买的（无聊猿）艺术作品，从而创建基于艺术的衍生作品”。[41] 此外，无聊猿的所有者保留了他们全部的利润。

在 Yuga 实验室于 2021 年 4 月采用无限商业化许可时，这种类型的许可还是极为罕见的。显然，它几乎一字不差地模仿了 Hashmask NFT 的许可。[42] 更为典型的 NFT 授权要么采用“保留所有权利”的方式，如 NBA 最佳投篮时刻；要么采用有限的商业化权利，限制在一定的收益水平（例如 10 万美元），如加密朋克和加密猫的原始许可。

下面的表 7.1 概括了无聊猿所有者的去中心化协作实例，他们通过新的衍生作品、商品销售或其他商业投资将自己的无聊猿商业化。下面的这份列表并非详尽无遗漏的。

表 7.1　Yuga 实验室 NFT 所有者的去中心化协作

领域	业务	所有者
艺术	无聊猿绘画	杰西卡·曼宁（Jessica Manning）的绘画猿俱乐部邀请无聊猿的所有者来绘制他们的角色
艺术	无聊猿绘画与壁画	罗克·索尔（Roc Sol）邀请无聊猿的所有者来绘制他们的角色
博客	无聊猿公报	凯尔·斯文森（Kyle Swenson）无聊猿 #8677
书籍	第一本书：BAYC 的所有者可以购买 NFT，使他们有权决定合作图书的方向	男仆詹金斯（Jenkins The Valet），即瓦雷·琼斯（Valet Jones）和萨法（Safa） 无聊猿 #1798
讲故事	应用灵长类动物工程学	五个巨型变异猿
活动	无聊酒店集团（Bored Hospitality Group）	鲍比·布雷兹［Bobby Blaze, 又名罗伯特·穆雷（Robert Murray）］ 变异猿 #14
商业伙伴关系	无聊导演（Bored of Directors）	数量太大难以统计
商业投资	猿坦克（Ape Tank）	无聊猿 #137、#656、#779、#3613、#4639
商品	篮球、服装、笔记本、滑板、贴纸、国际象棋等	数量太大难以统计
音乐	艾米纳姆与史努比·狗狗合作《From the d2 the LBC》	艾米纳姆和史努比·狗狗 无聊猿 #6723 无聊猿 #9055
音乐	关于 APE 币的音乐视频	史努比·狗狗和维兹·卡利法 无聊猿 #6723 无聊猿 #1506
音乐	Kingship 乐队与环球音乐集团旗下专注于 Web 3.0 的厂牌签订了音乐协议 10:22PM	吉米·麦克内利斯（Jimmy McNelis） 无聊猿 #1652、#7796、#8824，变异猿 #9314
音乐	猿制作（AIP）为元宇宙制作说唱乐队	汀巴兰德 无聊猿 #590
音乐	Ape Rave Club 表演者	无聊猿 #9814
播客	《无聊猿匪帮秀》（*Bored Ape Gang Show*）	无聊猿 #4047、#4545、#6848、#7588

续表

领域	业务	所有者
短片	在 NFT.NYC 播放的《草根三部曲》（The Degen Trilogy）	比特币公司邀请无聊猿的所有者参加
运动	美国职业足球大联盟（Major League Soccer）数字球员前锋	无聊猿 #6045
咖啡	无聊咖啡（Bored Coffee）	无聊猿 #9006、突变猿 #12611、无聊犬舍 #3049
咖啡和商品	无聊早餐俱乐部（Bored Breakfast Club）	数量太大难以统计
冰淇淋	邦贝博士的甜蜜探索（Dr. Bombay's Sweet Exploration）	史努比・狗狗 无聊猿 #6723
酱汁	无聊酱汁（Bored Sauce）	鲍比・贝尔霍普（Bobby Bellhop） 无聊猿 #3542
葡萄酒	无聊酒业（Bored Wine Co.）允许无聊猿游艇俱乐部的所有者在葡萄酒上印制自己的角色	狄俄尼索斯（Dionysus）、WiV 技术（WiV Technology） 无聊猿 #1839
啤酒	无聊猿 IPA（Bored Ape IPA）	北码头酿酒有限公司（North Pier Brewing Co.） 杰伊・费迪格（Jay Fettig） 无聊猿 #671
硬苏打水（Hard Seltzer）	快乐爸爸（Happy Dad）限量版香蕉味	凯尔・福加德（Kyle Forgeard） 无聊猿 #8928
水	猿饮料（Ape Beverages）	无聊猿 #5382
生活方式饮料商品	神经品牌（Neuro Brands）	萨内拉・戴安娜・詹金斯（Sanela Diana Jenkins） 无聊猿 #8585
旅馆	无聊饥饿（Bored & Hungry）汉堡店，美食斗士宇宙的一部分	凯文・徐（Kevin Seo）、安迪・阮（Andy Nguyen） 无聊猿 #6184
食品车	无聊玉米饼（Bored Taco）	冠军美第奇（Champ Medici） 无聊猿 #6368

以无聊猿在音乐中的应用为例。三只无聊猿和一只变异猿的持有人吉米・麦克内利斯深入地涉入了 NFT 世界中。他与环球音乐集

团旗下由席琳·乔舒亚（Celine Joshua）掌管的厂牌 10:22PM 签下了一份音乐合约。计划组建一支名为 Kingship 的乐队，成员由麦克内利斯的无聊猿们组成，并将由杰克·兰扎（Jack Lanza）制作动画。[43] Kingship 与玛氏（Mars）① 合作推出了限量版的 M&M 糖果盒，糖果上画着 Kingship 的无聊猿图案。著名音乐制作人蒂姆巴兰发起了一项名为“猿制作”（Ape-In Productions）的伙伴计划，与无聊猿 NFT 的其他所有者共同为虚拟世界制作嘻哈乐队。动物园（The Zoo）是猿制作推出的第一支乐队，它使用无聊猿的角色制作了一个音乐视频。史努比·狗狗和维兹·卡利法也利用他们的无聊猿推出了自己的有关 APE 币的音乐 NFT。

到目前为止，这些音乐合作还没有取得主流意义上的成功。但是说唱界最耀眼的两个名字由此联系了起来。2022 年，史努比·狗狗与艾米纳姆共同创作了一首新歌《从 D 到 LBC》（*From the D 2 the LBC*）和一个动画音乐视频，其中他们使用了无聊猿中的角色，包括邦贝博士——这个史努比·狗狗从他的无聊猿中发展出来的角色后来成了他的新冰淇淋业务的商标。在短短三个多月的时间里，这段视频在 YouTube 上的播放量就突破了 5 400 万次，[44] 并获得了 2022 年 MTV 音乐录影带大奖最佳嘻哈视频的提名。无聊猿的动画视频可能会成为动画音乐视频的经典制作，与披头士的电影《黄色潜水艇》（*Yellow Submarine*）② 相似。史努比·狗狗与艾米纳姆的视频展示了去中心化协作模式如何使共同创作者和无聊猿游艇俱乐部的整体品牌

---

① 知名糖果品牌。

② 一部将摇滚乐队披头士的音乐和波普视觉艺术完美结合而成的二维插画风格的动画片，整部片子中共穿插了披头士的 15 首经典歌曲，包括披头士乐队 20 世纪 60 年代的著名歌曲《黄色潜水艇》。

受益。

去中心化协作的一个优势是，Yuga 实验室不需要花费时间和资源来开发所有的合作项目，甚至不需要想出所有的商业创意。相反，Yuga 实验室可以释放其社区成千上万的 NFT 所有者来开发创意。在短短一年的时间里，无聊猿的所有者已经创造了一系列令人印象深刻的衍生作品。其中有无聊猿的绘画和壁画（murals）、凯尔·斯文森的无聊猿新闻网站、播客《无聊猿匪帮秀》、比特币公司制作的无聊猿纪录片、各种各样的无聊猿商品，以及无聊猿啤酒、葡萄酒、咖啡、酱汁、冰淇淋、墨西哥卷饼和汉堡等。[45] 无聊猿的扩散听上去就像是 20 世纪 30 年代米老鼠的爆发。但这一次，IP 的商业化是在去中心化协作模式下出现的。

一些无聊猿的所有者自身也在对创意制作进行创新。瓦雷·琼斯和萨法儿时便是朋友，他们拥有一只无聊猿，并以无聊猿的装扮为灵感，将其取名为男仆詹金斯。通过他们共同创立的塔利实验室（Tally Labs）公司，两人发起了一个创新的合作图书项目，名为“作家室”（Writer’s Room）。[46] 为了参与该项目，无聊猿的所有者可以购买男仆詹金斯（Jenkins the Valet）出售的 NFT。然后，成员们可以授权他们的无聊猿和变异猿角色在合作图书项目中使用，这些项目的情节由成员投票决定。[47] 作为获得许可的无聊猿角色的交换，所有者们可以从男仆詹金斯那里获得版税（净利润的 50%）及其他津贴。该项目报告称，已经有 3 000 人加入了作家室，4 075 只无聊猿和变异猿获得了项目许可。[48]

该系列的第一本书由尼尔·斯特劳斯（Neil Strauss）在成员们的指导下撰写，名为《无聊与危险》（*Bored and Dangerous*）[49]，为塔利实验室和男仆詹金斯项目带来了巨大的轰动和 1 200 万美元的种子资金。[50] 此外，塔利实验室还推出了 Azurbala——一个即将开发的元宇宙。[51]

男仆詹金斯的作家室是无聊猿游艇俱乐部混合商业模式中的一个综合体。

詹金斯的所有者和其他无聊猿的所有者正在使用他们从无聊猿游艇俱乐部获得的去中心化模式许可来组织他们自己的混合业务，该业务通过购买作家室 NFT 将去中心化的参与结合了起来，但由创新艺人经纪公司（CAA）代理的男仆詹金斯身后仍有一个中心化的团队。作家室是去中心化许可如何使 IP 所有者（Yuga 实验室）及其被许可人（男仆詹金斯的所有者）受益的完美范例。男仆詹金斯的所有者正在创建自己的企业，但在这一过程中，他们也在培育无聊猿品牌。

随着无聊猿游艇俱乐部的名气越来越大，其授予的许可数量也越来越多。还有一些 NFT 项目也开始使用去中心化的协作模式来授权。这一切都有可能成为一种准则，特别是对于那些愿意冒险放弃对其知识产权的控制以支持去中心化模式的 NFT 初创公司。

Yuga 实验室甘冒如此风险。这家初创公司是由两个化名为“戈登·冈纳”（Gordon Goner）和“格格巫”（Gargamel）的人共同创办的。正如冈纳在接受《滚石》杂志采访时所说：“我总是不惜一切代价。”[52]

这两位联合创始人并不是你想象中热门 NFT 初创公司的典型“科技兄弟”（tech bros）。他们是文学兄弟（literary bros），两人在迈阿密相遇，在那里长大，并探讨了各自对文学的热爱。当他们注意到幼虫实验室的加密朋克和 Hashmask（一个涉及 70 名艺术家的项目）的成功时，他们开始逐渐熟悉 NFT。[53] 为了寻找自己的 NFT 系列的想法，他们最终决定建立一个围绕加密货币热潮想象的虚拟世界。正如他们向《纽约客》讲述的那样，无聊猿游艇俱乐部将成为一个潜水吧（dive bar），加密货币亿万富翁和其他“入圈”加密货币的人在这里聚会，这意味着在没有太多研究的情况下进行投资，同时把谨慎抛诸脑后。当然，坐拥着已经赚取的数十亿美元，猿猴们也许会觉得有点无聊。[54]

“我们当时的想法是，这就是‘赌徒们’（degenerates）① 该去的地方，对吧？”冈纳在一次采访中解释道，“因为那就是我们。”[55]

他们还招募了另外两个化名为“讲文明”（No Sass）和“番茄酱皇帝”（Emperor Tomato Ketchup）的朋友，他们都是电脑程序员，很快就学会了 Solidity（智能合约语言）。事实上，冈纳和格格巫都是具有文学背景的故事讲述者而非视觉艺术家，这也许是无聊猿获得巨大成功的原因之一。无聊猿的故事与飞速发展的加密文化产生了共鸣。

2021 年，无聊猿游艇俱乐部的人气飙升。媒体的关注和审视亦是如此。在一篇颇有争议的文章中，《BuzzFeed 新闻》（*BuzzFeed News*）揭露了格格巫和冈纳的真实身份，他们分别是格雷格·索拉诺（Greg Solano）与威利·阿罗诺（Wylie Aronow），均为三十岁出头。[56] 这篇报道的作者凯蒂·诺托普洛斯（Katie Notopoulos）为披露他们从公共商业记录中获得的身份进行了辩护：**“如果你不知道他们是谁，你又怎么能让他们承担责任呢？”**[57]《BuzzFeed 新闻》的这篇文章引发了一场激烈的讨论，即在加密 /NFT 领域，大型项目的创始

① 常被简写为“degen”，其作为一个术语可以追溯到体育博彩，通常是一个负面（有时是侮辱性）的术语。该术语最初用于指“堕落”的赌徒，他们在没有明确策略或经验支持的情况下押注大量现金。在加密资产领域，它用于被描述在没有首先进行完全调查的情况下的交易者。

人是否应该披露自己的身份，因为这涉及巨额资金。[58] 文章发表后，另外两位联合创始人透露了他们的名字，最终在提交给美国证券交易委员会的公司文件中，他们的身份被确认为凯雷姆·阿塔莱（Kerem Atalay，即“番茄酱皇帝”）和泽山·阿里（Zeshan Ali，即“讲文明”）。[59] 事实证明，了解他们的真实身份对于评估当年针对联合创始人的爆炸性指控是非常重要的，我们将在下文中加以讨论。

那么，创造无聊猿的艺术家是谁呢？据报道，无聊猿的原始设计是由独立承包商创作的，价格为 40 000 美元。[60] 至少在事后看来，这或许太便宜了。《滚石》杂志刊登了一篇关于首席艺术家“全视塞内卡”（All Seeing Seneca）的文章，她是一位 27 岁的亚裔美国女性，为无聊猿创造了身体和一些外貌特征。[61] 塞内卡对有机会与无聊猿游艇俱乐部合作表示感谢，但也向《滚石》杂志坦言，薪酬“绝对不理想”。[62] 但她无权透露具体细节。联合创始人索拉诺透露，艺术家托马斯·达格利（Thomas Dagley）和米格瓦谢尔（Migwashere）也曾参与其中，但另外两人更希望保持匿名。

在无聊猿游艇俱乐部推出之前，没有人能够预测到它会取得这么大的成功。但由五位艺术家分摊 4 万美元听起来低得有些离谱。目前尚不清楚这些艺术家是否有权获得任何版税。然而，在《滚石》杂志关于塞内卡的文章发表一周后，Yuga 实验室首席执行官妮可·穆尼兹（Nicole Muniz）告诉《BuzzFeed 新闻》：“最初五位艺术家中的每一位都获得了超过 100 万美元的补偿。”[63] 这笔款项是无聊猿游艇俱乐部成功后给予艺术家的奖金。[64]

塞内卡通过为无聊猿的工作首次发现了 NFT 的存在。目前，她已经从为无聊猿游艇俱乐部工作转向了自己的艺术创作，并开始销售 NFT。但是，她对无聊猿角色的创造所起的作用依然是她们成功的一个持久组成部分——正如《米老鼠》与《蒸汽船威利》之所以能取得成功，很大程度上得益于迪士尼首席插画师乌布·伊沃尔克斯（Ub Iwerks），后者于 1930 年离开迪士尼，并创办了自己的工作室。[65] 在塞内卡的首次发布中，《小一号》（*Little One*）以 39.69 ETH（当时为 107 632 美元）的价格售出。[66] 塞内卡在接受《*HypeBeast*》杂志采访时表示："我认为 NFT 之所以强大，是因为它们把权力还给了艺术家。我们将看到更多支持独立创作者和思想家的平台。"[67]

Yuga 实验室对于去 IP 应用具有重大意义。目前，它已经向其 NFT 所有者授予了无限制的去中心化协作模式许可，并选择对其 NFT 的二次销售收取 2.5% 的转售版税，同时对未经授权的克隆和衍生品采取了最宽容的态度。拥有无聊猿和加密朋克（从幼虫实验室收购）版权的 Yuga 实验室没有试图阻止无聊猿或加密朋克大量未经授权的克隆和衍生品。

这两个系列都催生了许多复制或模仿加密朋克和无聊猿的卡通人物系列，其相似程度各不相同。[68] 事实上，市面上从不缺乏类似或甚至"克隆"加密朋克或无聊猿人物的廉价替代 NFT。有些克隆产品甚至明确地吹嘘自己的目标是"扩展"NFT，通过以更便宜的价格提供它们的变体来扩大对基础艺术作品的访问。[69] 这些作品系列被以不同方式呈现出来，包括克隆、抄袭（copycats）、"山寨"（copypasta）、替代品（alternatives）或替代版本（alt-versions）、扩展版本（expansion versions）、翻转或镜像版本（flipped or mirrored versions）及衍生产品。根据美国传统的版权法理论，这些版本中的一些可能会被认为侵权，而另一些则不会，因为它们是合理使用或复制未受保护的思想。但是 Yuga 实验室并没有阻止任何这些未经授权的衍生猿或衍生朋克。事实上，在 Yuga 实验室获得了加密朋克的版权后，它宣布无意追究幼虫实验室对所谓 V1 加密朋克提出的版权诉求。[70] 就 Yuga 实验室而言，对于艺术品的未经授权的复制似乎并不那么令人担心。

相比之下，2022 年 6 月，Yuga 实验室提起了它的第一起商标诉讼，起诉艺术家莱德·瑞普斯（Ryder Ripps）使用了 Yuga 实验室的所有 10 000 个无聊猿角色，并在域名 rbayc.com 上以“RR/BAYC”NFT 的名义销售。瑞普斯的网站还使用了一个骷髅头的标志，与 Yuga 实验室的无聊猿游艇俱乐部标志相似，但写着“此标志基于党卫队骷髅头”（This logo is based on the SS Totenkopf）。[71] 据报道，瑞普斯的 NFT 获得了 180 万美元的利润，他甚至用了一个金色的无聊猿角色作为自己的推特头像。[72] Yuga 实验室没有对瑞普斯提出版权索赔。[73] 部分法律分析专家对这一策略表示惊讶，因为所有无聊猿角色都是未经授权使用的，但 Yuga 实验室的策略与其对版权和未经授权的拷贝的宽容态度是一致的。[74] 这就是 Web 3.0 的新锐信条。

然而，商标诉讼就是另一回事了。与版权法不同，商标法**要求**商标所有人“采取合理努力来监督对商标的侵权行为”，否则就有可能造成商标被遗失或放弃。[75] 2021 年 8 月，Yuga 实验室反对亚利桑那冰茶（Arizona Iced Tea）在无聊猿的购买公告中使用了无聊猿游艇俱乐部的标志。[76] 鉴于商标所有者所承担的法定责任，Yuga 实验室对其商标进行监管也就显得不那么奇怪了。

但与瑞普斯和无聊猿游艇俱乐部联合创始人之间更大的恩怨相比，这起商标诉讼似乎微不足道。瑞普斯曾在网上发起过一场运动来论证两项主张：一是，据称无聊猿游艇俱乐部的四位联合创始人在整个无聊猿游艇俱乐部项目中故意使用了纳粹编码符号——瑞普斯称之为“纳粹狗哨”（Nazi dog whistles）；二是，猿类角色据称是基于“猿化”（simianization）① 和使用其他图像的种族主义描述。[77] 瑞普斯在域名 GordonGoner.com 上发表了他的理论，这是无聊猿游艇俱乐部联合创始人威利·阿罗诺的化名。[78] 在这场争议之前，作为一名概念艺术家，瑞普斯已经获得了“富有想象力的网络恶作剧”（imaginative cyberpranks）等作为“互联网艺术家”（artist of the Internet）的相关声誉。[79] 在艺术寻宝平台 *Artsy* 的一次采访中，瑞普斯被描述为“艺术家、企业家、程序员、煽动者”。[80] 早在 2021 年 7 月，瑞普斯就出售了一幅名为“加密朋克 #3100”的 NFT，他将其描述为“同样的加密朋克图像”，但经过了重新绘制，以显示原来机器生成的图像是如何“缺乏人性”（devoid of humanity）。[81] 在他的网站 GordonGoner.com 和 RRBAYC.com 上，瑞普斯吹嘘他对“加密货币中另类右翼 /4chan 类型历史”的了解，并声称他用无聊猿们对无聊猿游艇俱乐部 NFT 的重绘是“对其起源和意义以及 Web 3.0 本质之真相的阐明”。[82]

冈纳代表联合创始人对瑞普斯的指控进行了否认和驳斥，将其描述为“疯狂的造谣运动，指责我们——一群犹太人、土耳其人、巴基斯坦人和古巴人的朋友是超级秘密的纳粹分子”。[83] 反驳包括：他们对如何选择公司名称和化名的解释，以及无聊猿游艇俱乐部的标志是如何根据冈纳发给设计师的电子邮件中的想法设计的。[84] 后来，不愿接触媒体的冈纳和索拉诺罕见地接受了媒体《输入》（*Input*）的采访。[85] 两位联合创始人再次断然否认了瑞普斯的指控。冈纳说，这让他们“整天、每天”成为网络仇恨的对象。[86]

---

① 将某些种族或少数族裔的成员贬低为猿类或猴子。

2022 年 10 月，瑞普斯驳回了 Yuga 实验室的诉讼，理由是他使用无聊猿游艇俱乐部的内容作为讽刺、抗议和批评所谓新纳粹主义和种族主义材料的形式，因此受到了言论自由的保护。[87] 他根据加利福尼亚州针对公众参与的策略性诉讼法［Anti-Strategic Lawsuit Against Public Participation（anti-SLAPP）law］向法院提出了驳回请求，该法律允许被告寻求事先驳回公共问题中压制言论行为的诉讼。[88] 如果原告（这里是 Yuga 实验室）表现出“合理可能性”（reasonable probability）① 在其主张中胜出，即使有涉及公共问题的言论，也不会出现驳回的情况（在我完成本书时，Yuga 实验室未做出回应，法院亦未有裁决）。[89]

无论商标诉讼如何解决，这场争执都有可能无法结束。[90] 我们当中不乏对指控进行分析，并为一方或另一方提供支持的人。当然，对于普通人来说，评估所谓“狗哨”的存在并非易事，因为其含义应该是编码的，对一些人来说可以理解，但对另一些人来说却不能。至今还没有任何主要报纸报道过瑞普斯的指控，就连《华盛顿邮报》这样报道过商标诉讼的报纸也没有进行相关报道。[91] 但随着这场备受关注的诉讼的推进（双方均拥有一流的律师事务所），情况可能会有所改变。无聊猿游艇俱乐部作为 NFT 系列中最为成功的一款，它的崛起受到媒体的高度关注。由于瑞普斯的抗辩，这起诉讼可能会吸引记者对这一指控的调查。[92] 但诉讼本身不太可能决定瑞普斯对无聊猿游艇俱乐部联合创始人的指控的是非曲直，因为此案并不取决于确定指控的真实性或虚假性。

抛开瑞普斯的指控不谈，Yuga 实验室对版权的宽容态度对于一

① 民事案件中要求证据达到的证明程度，即证据能够直接、间接或依法律允许的推断，合理证明案件的主要事实。

家美国媒体公司来说可谓不同寻常。更具典型性的是迪士尼以知识产权监管而闻名的知识产权执法策略。[93]《空中海盗》案只是一个例子。1989 年，迪士尼威胁要起诉佛罗里达州的三家日托中心，因为这些中心的外墙上醒目地画有米奇、米妮（Minnie）、唐老鸭（Donald Duck）和高飞（Goofy）。[94] 尽管迪士尼的威胁招致了恶劣的公关，但该公司还是坚持了其强硬立场。[在汉娜·巴贝拉制片公司（Hanna-Barbera Productions）和环球影城（Universal Studios）允许佛罗里达日托中心使用他们的史酷比（Scooby-Doo）和瑜伽熊（Yogi Bear）等角色以代替迪士尼的角色后，一场诉讼得以避免。][95] 相比之下，Yuga 实验室允许第三方在奥斯汀、纽约、迈阿密、旧金山、洛杉矶、佛罗伦萨、米兰、拉各斯等城市制作无聊猿壁画。无聊猿壁画越多越好。

无聊猿游艇俱乐部的商业模式涉及整个无聊猿游艇俱乐部生态系统的合作与教育。图 7.2 中的两边仅为方便展示，而不是实际的划分。这一点在 APE 币的创建中最为明显，这是一种用于无聊猿游艇俱乐部生态系统及其他生态系统的 ERC 代币或加密货币。无聊猿和变异猿的所有者获得了免费投递的 APE 币，并成立了一个单独的 APE 基金（Ape Foundation）来对其进行管理。最终治理权被委托给一个新成立的 APE 币 DAO，由所有 APE 币所有者组成，后者以多数票决定提案。[96] 所有者批准了两项质押提案，其中所有者可以在指定的时间段（如 12 个月）承诺或“押注”（stake）他们的 APE 币，并获得额外的 APE 币作为回报。[97] 所有参与者——Yuga 实验室、它的合作伙伴，及其 BAYC/MAYC 所有者——都有兴趣让 APE 币和整个无聊猿生态系统取得成功。APE 币是 Yuga 实验室的合作元宇宙项目——Otherside——成功出售虚拟土地所使用的货币。

“Otherside”项目

Yuga 实验室在去中心化协作模式方面最雄心勃勃的尝试与 Otherside 有关。[98] 这是一个“游戏化、互操作的元宇宙”，在其中，“玩家拥有这个世界，你的 NFT 可以成为可玩的角色，成千上万的人可以实时游戏”。[99] 该项目是一个集中心化和去中心化协作于一体的混合项目。Yuga 实验室不仅邀请人们购买名为 Otherdeeds 的虚拟土地，还邀请人们与 Yuga 实验室及其合作伙伴 Improbable（总部位于伦敦的元宇宙技术公司）和总部位于香港的 Animoca Brands 公司共同建设元宇宙。

2022 年 4 月 30 日，Yuga 实验室推出了备受期待的虚拟土地销售，首批推出了 20 万块 Otherdeeds 的 NFT 地块中的 55 000 块。这是有史以来规模最大的 NFT 发布，总共筹集到了 3.2 亿美元资金。[100] 在 24 小时内，买家在二次销售上又花费了 2.42 亿美元；[101] 在一周内，34 000 个独特的钱包持有 Otherdeeds 的财产；[102] 在十天内，基于稀有或黄金地段的最令人垂涎的 Otherdeeds，便以 75 万 ~150 万美元的价格售出。[103] 即使在加密货币的冬天，优质的 Otherdeeds 也能卖出高价。到 2022 年 9 月，它们的销售额超过了 10 亿美元，在 NFT 藏品中排名第四。

不过，这次发布并非一帆风顺。大量的需求引发了一场“矿工费大战”（gas war）。为了制造 NFT，矿工费（支付给矿工以验证区块链上的交易）大幅飙升。人们支付的矿工费在 6 500~14 000 美元，而不是更常见的 50~200 美元。[104] 两个 NFT 的矿工费约为 5 800 美元，几乎与一个普通的 NFT 价格相当。[105] 矿工费大战甚至堵塞了整个以太坊网络，导致许多交易延迟或失败。[106] 之后，尽管 Yuga 实验室和无聊猿游艇俱乐部联合创始人索拉诺进行了道歉，[107]但一些无聊猿的所有者还是公开批评了 Yuga 实验室及其“目中无人”（tone deaf）的道歉。[108]

矿工费大战并未破坏 Otherside 的进展。虽然尚处开发之中，但 Otherside 的承诺是令人陶醉的。2022 年 3 月，Yuga 实验室发布了一条预告视频，描绘了一只动画无聊猿饮用一种液体后目睹新世界的诞生。Yuga 实验室的新外星人角色 Koda 将无聊猿从空中传送到 Otherside，背景音乐是大门乐队（The Doors）的标志性歌曲《突破（到另一边）》[*Break on through (to the Other Side)*]。[109]

Otherside 计划实现互操作：除了 Yuga 实验室制作的角色外，人们还可以导入其他 NFT 角色。[110] Otherside 也将是“改变游戏规则的技术”，可以“每秒处理 5 亿次以上的操作”。[111] 在 2022 年 7 月，我有机会和其他 4 500 人一起，在一个现场演示中预览了 Otherside。[112] 虽然我本人并不是游戏专家，但我觉得这种体验非常棒。在 Improbable 的 M^2 技术的支持下，Otherside 充满了魔力、沉浸感和灵敏的反应——在网络世界中为数字化身提供了完整的物理效果，以及使人们能够相互交谈的 3D 音频。[113] 之后，该项目发布了一份精简文件（litepaper）①，阐述了其对未来发展的展望——一个协作生态系统（collaborative ecosystem）。[114] 在这个世界里，人们可以“将自己的愿景变为现实”。

Otherside 依赖于多种类型的交互式所有权。首先，内容具有交互性：“比起一块土地的静态呈现，你的 Otherside 中的 Otherdeeds 会随着你在游戏中选择的事情而进化。”[115] 其次，NFT 所有者既是社区成员，也是支持 Otherside 建设和发展的赞助人，可以成为建设 Otherside

① 又被称为代币销售文件（token sale paper）或ICO白皮书（ICO white paper），是一种正式文件，用于概述即将到来的加密货币或区块链项目的细节和规范。

的合作者和商业伙伴。软件开发工具包（SDK，software development kit）“将允许创作者为 Otherside 制作内容，并在游戏市场上出售它们——不仅仅是角色，还有服装、工具、结构，甚至游戏”。[116] 去中心化协作许可伴随着任何 Koda 角色的所有权（10 000 个随机分配给 Otherdeeds）：Koda 所有者获得了无限的商业化权利，可以像无聊猿许可一样在商品和衍生作品上使用 Koda 角色。[117] 然而，Otherdeeds 土地的许可仅限于个人，不允许用于商业用途。[118]

Yuga 实验室构建游戏化元宇宙的策略可能会利用在线游戏的普及。2021 年，全球共有 32.4 亿游戏玩家，其中亚洲 14.8 亿、欧洲 7.15 亿、北美的 2.84 亿。[119] 仅仅在美国，游戏玩家的数量就达到了 2.44 亿之多。[120] 由于他们大多技术精良，游戏元宇宙可能会释放出很大的需求。

然而，这种策略也存有一定的风险。根据 2022 年 3 月对全球游戏玩家的调查，69% 的人“讨厌”NFT（虽然只有 12% 的人表示自己完全理解 NFT）。[121] 不喜欢 NFT 的原因主要有两个：它们正在改变游戏空间，并为电子游戏增加了不确定的财务元素。有消息称，一些游戏玩家认为，添加财务元素会破坏游戏的乐趣。[122] 这种反弹甚至导致包括 EA 和 Team17 在内的一些游戏开发商从已宣布的 NFT 计划中退缩。[123] 育碧（Ubisoft）① 试图为其游戏《幽灵行动》（*Ghost Recon*）发行 NFT，但最终以失败告终。[124]

即使一个游戏成功了，事情也可能在眨眼间发生变化。

2021 年，总部位于越南的初创公司 Sky Mavis 的《*Axie Infinity*》提供了一个具有警示性的故事。《*Axie Infinity*》曾经被认为是最成功

① 一家跨国的游戏制作、发行和代销商，旗下拥有《刺客信条》《孤岛惊魂》等游戏作品。

的区块链游戏之一，采用了靠玩赚钱（play-to-earn）模式：游戏玩家们为其被称为 Axies［或“可爱的怪物”（cute monsters）］的角色购买 NFT，[125] 以光滑的爱情药水（SLP，Smooth Love Potion）的代币形式获得奖励，并出售这些代币来换取金钱。[126] 然而，从 2022 年 2 月开始，该游戏的受欢迎程度从 270 万日活跃用户的峰值暴跌至 9 月的 30 万以下。[127]Sky Mavis 试图通过减少游戏对玩家的丰厚奖励来控制 SLP 代币的膨胀，这可能降低了其受欢迎程度。《*Axie Infinity*》的 Ronin Network① 也在 2022 年 3 月遭到黑客攻击，6.25 亿美元的加密货币被盗。[128] Sky Mavis 表示，将偿还从玩家手中被盗的资金。*Axie Infinity* 引发了更为底层的担忧。[129] 据估计，该公司 40%~50% 的游戏玩家居住在菲律宾，[130] 这个发展中国家在疫情防控期间面临着严重的经济困难。[131] 有些人把 *Axie Infinity* 当作自己的工作。[132] 这种模式引起了批评。正如冰霜巨人工作室（Frost Giant Studios）首席执行官蒂姆·莫滕（Tim Morten）对《连线》说的那样，“在我看来，这听起来有点反乌托邦，在这样的经济体中，那些为生计而挣扎的人只是为了过活而玩游戏”。[133]

Otherside 不大可能会引发相同的忧虑。其目标受众是不同的，而且其精简文件并没有吹捧“靠玩赚钱”的游戏。然而，从另一个方面来看，任何主要的 Web 3.0 平台面临的挑战都是相同的，即如何跻身主流并获得广泛的采用。在俱乐部和中心化协作的推动下，华特·迪士尼将以米老鼠为中心的电影和商品强有力地结合在一起，推动主流电影的成功。Yuga 实验室则正在依靠一些不同的东西：一个元宇宙，其开发和享受将基于一种混合商业模式，包括中心化和去中心化协

① 一个与以太坊相连的侧链，由《Axie Infinity》背后的 Sky Mavis 公司专门为区块链游戏开发。

作，目标是建立一个可与其他 NFT 项目互操作的虚拟世界。

NOUNS DAO 和 CC0 许可

无聊猿的混合模式并不是唯一的 Web 3.0 商业模式。一种更激进的方法是采用去中心化的 DAO 来取代公司。DAO 不仅运营业务，而且由其成员的多数投票来进行管理，而这些成员则是 DAO 的 NFT 的持有人。DAO 拥有其创建的 NFT 内容的知识产权，并决定采取何种类型的许可——中心化协作、去中心化协作或两者的混合。

没有哪个 DAO 比 Nouns DAO 更能抓住人们对可能性的想象，它希望“改善链上数字化身社区的塑造”。[134] Nouns DAO 的联合创始人之一是朋克 4156，他是最有影响力的 NFT 收集者和理论家之一，但以 4156 这个数字最为出名（来自他曾经拥有的加密朋克，但后来卖掉了——此次出售颇为知名）。DAO 每天都会铸造一个新的 Nouns 数字化身 NFT，并通过拍卖出售——这是一种与众不同的策略，不同于通常在一个系列中铸造 10 000 个 NFT。Nouns 正在开辟一条新的媒体生产之路，而且做得非常成功。

截至 2021 年 11 月，也就是其发布后仅三个月，Nouns DAO 已经从其 NFT 销售中筹集到了令人难以置信的 6 400 万美元。[135] 来自 NFT 销售的收益返回 DAO，可用于资助成员核准的其他项目，包括由 NFT 销售资助的米格尔·福斯（Miguel Faus）独立电影《卡拉迪塔》（*Calladita*）。[136] 除了 Nouns 数字化身之外，Nouns 最成功的创作之一是其标志性的方形眼镜。DAO 以 39.4 万美元购买了一个 Nouns 数字化身，并将其赠送给安海斯 – 布希公司。经过 DAO 的批准，这家酿酒公司将 Nouns 眼镜用于了超级碗 Bud Light NEXT 广告片。[137]

Nouns 是一家去除了公司的初创公司。如果这还不算令人震惊的话，那么 Nouns DAO 对知识产权的处理方式才是令人震惊的。Nouns DAO 为其内容采用了 CC0 许可——这意味着它将其受版权保护的创作捐赠给了公共领域，供全世界所有人免费使用。[138] 这种去中心化的方法甚至比无聊猿的许可还要宽松得多。事实上，这是最为宽松的做法——版权被放弃，作品被捐赠给公有领域，供公众无限制地使用。每一个人，而不仅仅是 NFT 的所有者，都可以复制和商业化 Nouns 的名称和角色，还可以免费重新组合，甚至在衍生的 NFT 中加以使用。Nouns 角色形成了一个文化公域，每个人都可以享受、利用和赚钱。支持者认为，CC0 许可对 Web 3.0 来说是最佳的方案，因为它们培育了一个开放的、去中心化的和协作的互联网。[139]

朋克 4156 向加密行业媒体《解密》解释道："我不再需要版权了，[140] 就像学术上的引用使原始论文变得更重要一样，对 Nouns 的引用无论以何种形式出现……都会使原作更重要、更有价值。"朋克 4156 是 CC0 的忠实信徒，他希望幼虫实验室为加密朋克采用 CC0 许可。当幼虫实验室没有这样做时，朋克 4156 以 1 000 多万美元的价格卖掉了他的加密朋克，以抗议幼虫实验室许可下授予所有者的有限商业权利。

2008 年，莱西格在撰写关于 Web 2.0 的文章时预测了混合经济的兴起，在这种经济中，商业实体将向公众提供文化资源，这不是出于利他主义，而是为了让企业能够将人们免费分享的东西（比如，用户生成的内容）货币化。[141] 想想 YouTube 平台：人们分享视频；视频平台从广告收入中获取利润，广告收入的价值部分来自 YouTube 的用户数量。

Nouns DAO 是莱西格混合经济理论的一个例证和试验，但它适用于 Web 3.0，而不是 Web 2.0。作为一个商业实体，Nouns DAO 从 NFT 的销售中产生了数百万的收入，但在这样做的同时，它也将其 NFT 的版权角色捐赠给了公共领域，供大家免费共享。恰如其分的是，Nouns DAO 使用 CC0 许可创建了 Nouns 内容的共享经济，该许可来自莱西格创立的非营利组织“知识共享”。CC0 许可催生了 150 多个项目，涉及不同创作者对 Nouns 角色的新用途和衍生作品，包括衍生 NFT、3D Nouns 数字化身、Nouns 年鉴、服装、帽子、咖啡、涂色书、眼镜、马克杯、印刷品和电子游戏。[142] 其中一个衍生项目是 Lil Nouns，这是一个新的 DAO，可以创建小的 Nouns 数字化身，每隔十五分钟售出一个。[143] 而另一个案例——Nouns 博物馆则表明去中心化协作有助于构建一个新的文化生态系统。[144]Nouns 社区的任何人都可以在这里展示他们的艺术作品。甚至还有一款适用于 Nouns 的 iPhone 应用程序，可以让你创建自己的 Nouns 数字化身——我曾经进行过尝试，真的非常简单有趣。我在推特上的公有领域分享了我的 Nouns 数字化身。

Nouns DAO 为 Nouns 所有者提出并由社区投票的新衍生项目提供资金。为了更快地资助项目，Nouns DAO 采用了一种拍卖系统，将提案视为投标，并为 Nouns 社区以外的人（没有 Nouns NFT 的人）提供了一种称为“独立房屋”（independent houses）的新结构，让他们自己进行拍卖，对使用 Nouns 的提案进行投票。[145] 独立机构采纳的提案将由 Nouns DAO 提供资助。2022 年 9 月，该公司在其账户中持有超过 29 000 ETH（3 700 万美元）。[146]

DAO 核准的项目之一是制作一部由 Nouns 角色主演的故事片，该片由来自百视达 DAO（BlockbusterDAO）的编剧范·罗比肖（Van Robichaux）和加菲尔德·L. 米勒（Garfield L. Miller）监制。他们的提案设想了“从传统媒体电视到 IRL 早餐麦片，再到 AR 冒险游戏”，Nouns 的潜力简直无处不在。[147]

与幼虫实验室与其他公司进行的中心化协作类似，Nouns DAO 也在寻求与其他媒体公司的传统合作伙伴关系。DAO 聘请了作家兼插画家大卫·霍瓦特（David Horvath）组建了 Nouns 工作室 1 号（Nouns Studio1），以“在传统 IP 业务中扩散 Nouns，目的是在好莱坞等地推广品牌、项目和开源内容的理念”。[148]

Nouns 的商业模式是截然不同的。即使没有任何版权，Nouns NFT 也作为一种更为宽松的去 IP 运作，赋予所有者一种新的知识产权，但也将基础艺术品捐赠给公共领域。Nouns 使用的是我们可以称之为 De-IP-NO© 的方案。Nouns 的 NFT 是去 IP 的。但 Nouns 的版权已被放弃，角色已被捐赠给公共领域，这意味着没有版权的存在，即 NO©。这种混合方法最大限度地增加了可以参与去中心化协作项目的人数，把每个人都包括在内，这将加速品牌的传播。因为 Nouns 的艺术作品属于公共领域，所以每个人都可以免费使用。与此同时，Nouns DAO 与安海斯 - 布希在超级碗广告和其他伙伴关系中进行中心化协作。但是，Nouns 所有者是否因为对其 Nouns 角色没有专属权利而陷入不利地位呢？ Nouns NFT 超过 10 万美元的典型销售价格表明情况并非如此。所有者仍然享有他人所没有的权利：NFT。其他人对同一件 Nouns 艺术作品的使用最终可能会提高其知名度和价值。

这个伟大的实验是如何进行的，这也许是 Web 3.0 文化生产中最有趣的问题。Nouns 已经在 Web 3.0 的支持者中引发了一场愈演愈烈的采用 CC0 许可的运动，其中就包括最成功的加密艺术家之一——XCOPY。[149]

建设去中心化的迪士尼乐园

幼虫实验室和 Nouns DAO 采用的两种混合商业模式，将不会是 Web 3.0 带来的唯一的创新设置。在一年的时间里，幼虫实验室和 Nonus 已经让我们看到了 Web 3.0 为创意生产提供的巨大潜力。迄今为止，幼虫实验室的无聊猿游艇俱乐部吸引了最多的关注和讨论。无聊猿游艇俱乐部目前真正的竞争对手不是其他 NFT 项目。相反，其竞争对手是成功娱乐公司的传统商业模式。无聊猿游艇俱乐部能否成为去中心化的迪士尼，是一个值得思考的问题。我们暂时还不会知道答案，但如表 7.2 所示，通过对两家公司的对比我们可以对它们的潜力做出评估。

表 7.2　迪士尼和无聊猿游艇俱乐部的比较

比较维度	迪士尼	无聊猿游艇俱乐部
商业模式	（1）为公司正在进行的故事（特许经营）开发令人难忘的卡通人物；（2）通过商品，其他内容（电子游戏）和主题公园获利；（3）在一段时间内，让世界各地的孩子们加入米老鼠俱乐部	（1）为 NFT 正在进行的故事（特许经营）开发令人难忘的卡通人物；（2）通过衍生 NFT、艺术、商品、食品、饮料、餐馆和 Otherside 的虚拟世界获利；（3）让 NFT 所有者参与无聊猿游艇俱乐部
品牌核心角色	米老鼠，以滑稽、简单、无忧无虑著称，带有叛逆的色彩	无聊猿，被称为无聊、不敬、加密富有的猿
起源	1923 年 咆哮的二十年代和大萧条时期	2021 年 在 COVID 大流行期间，经济不确定性，以及加密货币的崛起
授权方式	中心化协作	混合模式，既有通过交易的中心化协作，也有通过 NFT 和去 IP 的去中心化协作

续表

比较维度	迪士尼	无聊猿游艇俱乐部
价值	2143.7 亿美元（2022 年 8 月 12 日）	在 4.5 亿美元的种子轮融资中估值为 40 亿美元（2022 年 3 月 23 日）
创建	1923 年，由沃尔特·迪士尼和罗伊·迪士尼创建	2021 年，由威利·阿罗诺、格雷格·索拉诺、凯雷姆·阿塔莱和泽山·阿里创建

最耐人寻味之处在于，无聊猿游艇俱乐部运用的成功商业模式要素令人们联想到迪士尼。迪士尼与无聊猿游艇俱乐部都依赖于开发令人难忘的卡通角色，而这些角色在各种媒体和商品中成为特许经营的核心。两家企业均以幽默为其故事的最大特色，正如尼尔·盖博勒（Neal Gabler）所描述的迪士尼的成功公式："所有的动画片都是以插科打诨为前提的——一个视觉上的笑话或简短的喜剧情景。"[150] 在沃尔特看来，插科打诨才是故事获得成功的根本。无独有偶，无聊猿也传达了一种不敬的态度，即虽然你靠加密货币大发横财，但你仍感到一切都索然无味，日复一日在廉价酒吧里鬼混。[151] 当然，迪士尼的幽默通常适合包括儿童在内的所有年龄段的受众，而无聊猿的幽默至少不适合让小朋友们来欣赏。

幼虫实验室在实践中的一个重大差异是：它采用了一种混合商业模式，即幼虫实验室与其他公司的中心化协作，其中包括与 Animoca Brands 和 Improbable 合作的 Otherside 项目，以及与阿迪达斯和朋克漫画合作的"进入元宇宙"项目；同时还使用无聊猿游艇俱乐部与无聊猿、变异猿、无聊猿犬舍俱乐部狗狗和 Koda 的所有 NFT 所有者之间的去中心化协作。去中心化协作许可授予所有者在角色货币化和开发衍生作品方面无限的商业化权利，包括在他们自己的业务中。

去中心化协作许可的一个主要优势是，它使企业能够启动一个新的创意生态系统，在没有律师、没有内容许可证谈判交易成本的情况下，自下而上有机酝酿协作。NFT 生产者无需雇佣员工来建立生态系统，而只需要以生产者本身的工作为基础，去招聘富有创造力和激情的 NFT 买家去完成这一任务。这种双重安排实现了一种去中心化的协作，其中任何无聊猿价值或者认同度的提升都将为整个无聊猿品牌以及 NFT 系列增值。正如凯尔・恰卡在《纽约客》的一篇文章中所写："N.F.T. 俱乐部的目标是建立可扩展的文化，就像开源软件一样，他们的文化创造可以通过许多用户的努力有机地扩展，同时保持可识别性，从而产生一种用户生成的神话。"[152] 而且，正如无聊猿游艇俱乐部的联合创始人阿罗诺所解释的那样："人们用他们的猿猴创造的任何东西都只会使品牌发展壮大。"[153]

Yuga 实验室的去中心化许可允许无聊猿游艇俱乐部生态系统中的 49 600 名 NFT 用户无限制地从俱乐部的角色中获利。由于无聊猿的 NFT 价格高昂——2022 年 10 月的最低售价超过 10.5 万美元——我们可以预期，一些所有者（甚至不考虑无聊猿的名人所有者）拥有足够的资金将他们的 NFT 商业化。按照经济学理论，由于没有中心控制，使用去中心化的过程来决定新产品的开发可能会导致"更多的糟糕项目"，但与此同时，也可能会产生更多"新颖而富有创意的想法"。[154] 实际上，互联网端到端原则的最初前提是允许人们通过在所谓的端点上开发新的应用程序来进行创新。[155] 正如莱辛格所解释的那样："由于（互联网的）设计没有针对任何特定的现有应用进行优化，因此网络对创新的开放程度超出了最初的想象。"[156] 类似的动态也发生在"去中心化协作"许可中——它们促进了去中心化创新。

去中心化协作许可也可能使他们的 NFT 更令人垂涎和更有价值。买家也许会发现更具吸引力的 NFT，并允许他们对与 NFT 一起出售的艺术品进行商业利用。部分 NFT 买家可能会因为商业权利而愿意投入更多的资金，而其他人可能会选择不购买不授予所有者商业化权利的 NFT。买家若了解他们可以将 NFT 内容予以货币化，便能将预期的未来收益纳入其愿意支付的价格之中。

另一方面，去中心化协作许可也存在着风险。知识产权所有者必须放弃对其知识产权商业化的创造性控制。这样做会使企业感到不安。还记得成人漫画书中对米奇吸毒和性行为的描写吗？如果一个品牌被描绘在与品牌不符的猥亵或攻击性内容之中，那么这个品牌的商誉就会立即受到损害。或许正是基于这样的顾虑，传统媒体公司总是避免去中心化协作。但 Yuga 实验室并没有这样做。[157]

回到那个价值 6.4 万美元的问题：无聊猿游艇俱乐部是否会成为去中心化的迪士尼呢？考虑到俱乐部才成立一年，而迪士尼已经存在了一个世纪，是一个标志性的全球品牌，这个问题听起来几乎是荒谬的。自 1923 年成立以来，迪士尼一直有着良好的业绩记录，是一家跨国媒体集团，在全球最具价值品牌 20 强中名列前茅。[158]

不过，想笑就笑吧。这与今天 Web 3.0 创造者隐秘自己却又玩世不恭的态度十分契合。正如沃尔特·迪士尼曾说：“做不可能之事是一种乐趣。”

第三部分
元宇宙的巨大挑战

第八章

◆

FOMO和NFT的泡沫

艰难困境的魅力，

如同地狱之水的沸腾与泡沫。

——莎士比亚（Shakespeare），《麦克白》（*Macbeth*）

当你认为自己已经见识过 NFT 世界中的所有疯狂时，更令人难以置信的事情发生了。2022 年 4 月 16 日，创业公司 Proof 推出了全新的 NFT 系列——月鸟。[1] 月鸟的艺术风格令人联想到加密朋克——只不过角色不是朋克，而是像素化的猫头鹰。Proof Collective 是一个由 1 000 名 NFT 持有者组成的精英专属俱乐部，每位会员都有资格免费获得两只月鸟。另外 7 875 只月鸟以每只 2.5 ETH 的价格提供给获得白名单的幸运公众。最后 125 只月鸟被保存下来，以备日后的战略使用和推广。

这些细节都不足为奇。除了 Proof 的会员制俱乐部外，月鸟的铸币机制是标准的。但接下来发生的事情使月鸟的发布具有了历史意义，月鸟的价格飙升到了月球。

首日，二级市场的场内价格由原来 2.5 ETH 涨至接近 8 ETH，增长了两倍。[2]两天后，底价翻了一番，达到近 20 ETH。在推出一周后，其价格飙升至 39.9 ETH，一周内底价上涨了 16 倍。

为了正确看待月鸟在首周的抛物线式增长，系列中的最便宜的 NFT 从 4 月 16 日的大约 7 600 美元升至约 114 000 美元，价值增长了 1 400%。在一周内，月鸟的所有者将积累比五十多岁的人的退休储蓄中位数（107 000 美元）还要多至少 7 000 美元的财富（以 NFT 的价值计算）。[3]也正因为如此，NFT 发烧友们通过社交媒体畅谈自己从铸造蓝筹 NFT 中得到好运的时候，往往会谈到那些改变命运并代代相传的财富，虽然迄今为止几乎没有一件藏品能做到如此境界。

直到 2021 年 8 月 26 日，也就是推出四个月后，无聊猿游艇俱乐部的底价才达到 39 ETH。当然，这在当时是令人瞩目的成绩。[4]但无聊猿在四个月内才达成的事，月鸟在一周内就完成了。同样让人刮目相看的还有月鸟在第一周创造的 pfp 系列销量纪录，其是无聊猿游艇俱乐部第一周销量的 35 倍。[5]

如果我们将 NFT 与公司的首次公开募股（IPO）相比较，月鸟的价值增长甚至更加令人难以置信。根据杰伊·里特（Jay Ritter）收集的数据，从 1980 年到 2020 年，首次公开募股（IPO）首日的平均股价涨幅——所谓的“IPO pop”——为 18.4%。[6]对于科技公司来说，IPO 的火爆程度甚至更好，它们的股价涨幅可以达到 31.2%。[7]在互联网泡沫时期，IPO 的平均涨幅为 60%。[8]1999 年，Akamai Technologies 公司的股价暴涨到了令人眼花缭乱的 458.4%。[9]但是，在互联网泡沫破灭之后，开盘当天暴涨 400% 的情况是闻所未闻的。科技类 IPO 的最大涨幅通常在 200% 以下。[10]2020 年，云银行金融科技公司 nCino 取得了 195% 的惊人业绩，这是自互联网泡沫以来美国 IPO 的最大首日涨幅。[11]

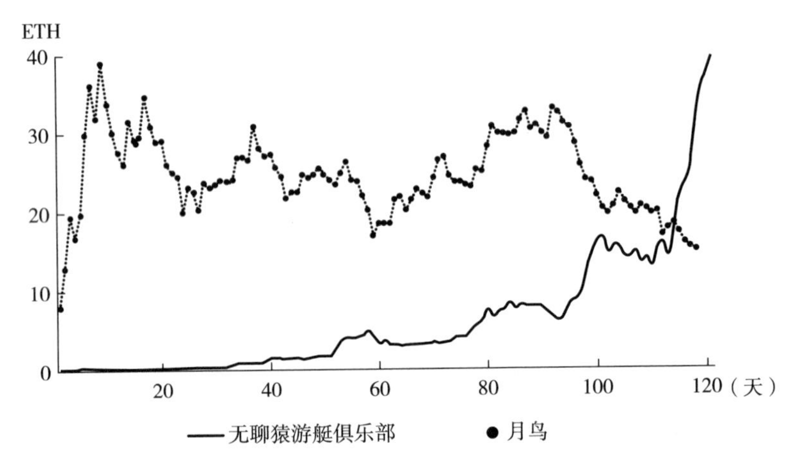

图8.1 月鸟和无聊猿游艇俱乐部推出几天后的底价比较

当然，这是苹果和橘子的比较。NFT系列的供给要有限得多，通常只有1万个非同质化通证；相比之下，股票是可替代的，IPO中可能有数百万股。股票是对上市公司的投资，而NFT是对一些新的、更模糊的东西的投资。尽管如此，不管是投资于某一公司IPO，还是投资于某一项目NFT，购买者都要确定自己愿意为该金融资产付出多少。对于NFT而言，底价提供了项目中NFT的最低价格指标——对于效用型藏品（utility collections）来说，越来越多地将对项目业务的考虑包括在内，类似于投资初创企业。但NFT的买家不会有太多关于业务的信息可循。就IPO而言，投资者往往要在公司挂牌之前就对公司5年来的实际表现及营收情况做出评估。[12]而对于NFT来说，投资者唯一能评估的新项目的“业务”通常是网站看起来有多漂亮，项目在社交媒体上有多少粉丝，以及路线图中的一些模糊的想法。没有任何收入可供参考。此外，与股票市场上出售的公司股票相比，数字艺术的 NFT 相对缺乏流动性——没有人能保证在二级市场上找到买家——使得月鸟底价的指数级增长更加令人难以理解。

那么，为什么买家从第一天起就看到了月鸟的巨大价值呢？专属的验证俱乐部（Proof club）无疑帮了大忙。但另一个因素可能是买家对联合创始人凯文·罗斯的信任。他目前是一名互联网企业家、播客主和风险投资家,2004 年，当用户生成内容和 Web 2.0 流行的时候，他就创办了新闻聚合网站 Digg，从而声名鹊起。[13] 正如 *CoinDesk*（数字货币与区块链领域的专业新闻网站）的威尔·戈特塞根（Will Gottsegen）在一篇文章中所写的那样，月鸟的崛起是"迄今为止最清晰的例子之一，表明加密货币可以为声誉和社会影响力赋予货币价值"。[14]

2006 年，罗斯登上了《商业周刊》（*Business week*）的封面，当时他反戴着一顶棒球帽，笨拙地竖起了两只大拇指。虽然罗斯以其才华著称，但他在 Digg 的任期间的经历却并非一帆风顺。《商业内幕》（*Business Insider*）称，2006 年，在 Digg 董事会拒绝了新闻集团 6 000 万美元的收购要约后，罗斯的热情开始减退。[15] 据报道，在 Digg 工作期间，罗斯开始于其他科技初创公司从事副业，后又专注于对新公司的天使投资，其中包括相当成功的推特、Zynga 和 Square。[16] 在经历了内部动荡和 Digg 平台灾难性的重新设计后，罗斯于 2011 年离开了公司。[17] 第二年，Digg 即被出售，但到那时它的受欢迎程度已经下降。[18] 罗斯在设计和投资方面的技能，以及在硅谷的整体声誉，可能有助于激发月鸟的开门红。换句话说，人们对罗斯寄予厚望。

在月鸟发布当天，罗斯在 YouTube 上发布了一段感人的视频，感谢所有购买月鸟的人，他说这为该项目带来了 5 800 万美元。"感谢你们与我们一起走过这段旅程。如果没有你们，我们显然不可能做到这一点，我们只是把这看作一个最初的开端。”[19] 在后来的采访中，他向在线科技新闻媒体 *Tech Crunch* 描述了这家初创公司的目标：“我们要从零开始，打造一家大型、大规模、全新的媒体公司。”[20]

月鸟得益于由罗斯、瑞安·卡森（Ryan Carson）和艺术家贾斯汀·梅泽尔（Justin Mezzell）共同创立的 Proof Collective 俱乐部。当时，一个 Proof Collective 会员 NFT 的交易价格为 98ETH，即 28.5 万美元。[21] 有消息称，该俱乐部给 Beeple 和 Gary Vee 这两个 NFT 界的大人物提供了免费会员资格。[22] 上市之前，月鸟已经获得了大量资金支持——这是大多数 NFT 发布所欠缺的。月鸟的路线图向 NFT 所有者承诺了未来的效用，包括访问私人 Discord、聚会和活动，以及月鸟未来的投放和 Proof 项目，包括即将推出的 Highrise 元宇宙（Highrise metaverse）。所有者还可以“筑巢”（nest），或者将他们的 NFT 进行一段时间的投资，以获得作为月鸟所有者的额外奖励。

月鸟的发布并非没有引起争议。一周后，首席运营官瑞安·卡森宣布，他将离开这个项目，创办自己的 NFT 风险基金。[23] 批评人士指出，卡森在离开公司之前显然获得了价值 120 万美元的月鸟。[24] 而且，并不是每个人都愿意看到富有的 Web 2.0 企业家在风险资本的支持下，为建立 Web 3.0 铺平道路。一些人担心这只会导致一个似曾相识的 Web 2.0。当然，如果没有大量的资金，很难建立一个大型项目。除了 Nouns DAO 之外，没有其他 NFT 项目在没有获得传统风险投资支持的情况下拥有大量资金。加密货币的寒冬使得风险投资变得更加举足轻重。2022 年 8 月，月鸟宣布从 a16z 领投的 A 轮融资中筹集了 5 000 万美元，a16z 还领投了 Yuga 实验室和 Vaynerchuk 的 NFT 项目 VeeFriends。[25] Web 3.0 中市场力量的最终集中将与法律学者吴修铭

（Tim Wu）的理论相一致，即信息产业呈现出“新发明创造的短暂开放期”的循环模式，随后是“主导企业”（dominant firms）的高度集中或垄断。[26] Web 3.0 的支持者渴望结束这个循环。

2022 年 5 月，月鸟的底价跌至 19ETH，较最高点回落了近 50%，这不仅是许多 NFT 藏品的重大低迷期，也是股票市场和加密货币的重大低迷期。NFT、股票市场和加密货币等每个行业的低迷都引发了新闻分析，它们被冠上“泡沫”的标签。[27] 这形成了泡沫的三连击。不过，在经济低迷期，月鸟的底价保持得很好。部分原因是，近 95% 的月鸟所有者为自己的 NFT“筑巢”了，这就意味着他们同意在一段时间内不出售它们，以换取 Proof 未来的回报。[28]

从早期迹象来看，月鸟在上市首周就成了一个蓝筹系列。2022 年 5 月，月鸟的 pfp 收藏市值突破 4.92 亿美元，排名第六。[29] 市值更高的系列只有来自 Yuga 实验室旗下四个系列［无聊猿游艇俱乐部、加密朋克、变异猿游艇俱乐部（MAYC）、Otherdeeds］——这并不奇怪——还有 CloncX-Murakami 系列，其知识产权现在归耐克所有。

月鸟面临的更大问题不是加密货币的寒冬，而是它自身制造的争议。如图 8.1 所示，月鸟的底价大幅下跌，导致其首次低于无聊猿的底价。为什么突然下跌？ 2022 年 8 月 4 日，凯文·罗斯在推特上令人震惊地宣布，该项目将把 NFT 的许可从对所有者的商业许可改为面向所有公众的知识共享协议（CC0），这意味着每个人现在都可以免费使用月鸟的艺术作品。[30] 换句话说，月鸟项目正在从商业许可（如无聊猿）转向 CC0 许可（如 Nouns DAO 的方法），[31] 完全放弃版权。（事实上，Proof 后来宣布，它将投入 260 万美元建立一个 DAO 来管理月鸟项目，类似于 Nouns DAO 通过多数所有者投票做出决定的运作方式。）[32]

许可的变更令人惊讶，因为它来得过于突然——早在 4 月份，该网站就表示所有者将得到“他们在月鸟所享有的一切商业艺术权利”。[33] 部分月鸟所有者在推特上严厉批评了这一决定，称自己被诱售法（bait-and-switch）欺骗了。在没有社区参与的情况下，这种单方面的改变也引发了强烈的反弹。[34] 一些人认为，许可的变更降低了月鸟 NFT 的价值，并可能损害所有者将月鸟商业化的能力。[35] 既然公司能够把月鸟艺术作品货币化到公共领域，公司为何要为月鸟所有者提供合作费用？（同样的问题也可以问 Nouns，它们在自己的 NFT 中保留了很高的价值。）甚至有人质疑这种单方面变更是否具有法律效力。

月鸟项目使用了一个标准的法律条款，赋予它单方面修改这些条款和条件的权利，条件是某人继续使用月鸟网站，即意味着他已接受这项变更。[36] 在月鸟 NFT 出售期间，这些条款是如何向买家披露的，以及月鸟所有者在宣布变更后与网站（如果有的话）的互动情况，由于没有更多的事实，我不愿进一步讨论这一争议。我只想说，美国的一些法院对这些所谓的“浏览器套装”（browser wrap）的条款和条件的变化进行了严格的审查，以确定人们是否合理地通知了这些变化并接受了它。[37]

抛开许可争议不谈，月鸟仍然可以被视为 NFT 的伟大成功故事之一。然而，这种成功并没有任何保证。月鸟的历史性发布周为 NFT 提出了一些基本问题，但其中部分问题很难回答，即如何确定 NFT 的货币价值？为什么一组藏品能够一飞冲天，而其他许多藏品却不能？难道这只是推测吗？

互联网泡沫再起

在 2021 年 NFT 繁荣的高峰期，连续创业家、狂热的 NFT 收藏者、拥有自己成功的 VeeFriends NFT 系列的加里·维纳查克曾在推特上发出了警告：“99% 的 NFT 不会是好的投资，未来 12~24 个月将出现一些大规模崩盘……许多人会感到困惑，认为这是一种一时的狂热……那才是真正好的时候……哦，那 1% 的回报率将是前所未有的。”[38]

就像现代的卡桑德拉（Cassandra）① 一样，随着 NFT 的蓬勃发展，维纳查克一遍又一遍地重复着自己的预言。他在 2021 年 5 月告诉 *CoinDesk*：“我真的相信，目前（NFT）中 98% 的东西都不会是一项好的投资。另一方面，我认为未来 30 年 NFT 的宏观概念是自从社交媒体以来……我们所见过的最重要的消费者行为技术之一。”[39]

2022 年 2 月，在 NFT 价格大幅下跌的几个月前，维纳查克将 NFT 的繁荣比作互联网泡沫：“2000 年 3 月，所有那些被严重高估的互联网股票……崩溃时，亚马逊的股价是每股 7~8 美元，同样的事情将在 NFT 领域上演。”[40]

维纳查克是富有经验的。他看到了网络业务的潜力，并通过在线销售将家族葡萄酒业务从 300 万美元的年收入转变为 7 000 万美元。[41] 他通过在自己的油管频道 WineLibraryTV 上制作每日品酒视频来推广自己的业务，并发展了自己的社交媒体品牌。从那时起，维纳查克迅速成长为一名成功的企业家和投资者、畅销书作家、励志演说家，以及几家媒体公司的创始人，其中包括后来更名为 Vayner3 的 VaynerNFT。事实上，据报道，维纳查克从出售 VeeFriends NFT 中赚

① 为希腊、罗马神话中的人物，被赋予预言的能力，却不能改变未来发生的事，只能眼睁睁看着悲剧一件件发生。

了 5 000 多万美元，该公司还获得了 5 000 万美元的种子基金。[42]

人们常说，98% 的网络公司终会倒闭。但这一数字可能并不准确。布伦特·戈德法布（Brent Goldfarb）、大卫·基尔希（David Kirsch）和大卫·米勒（David Miller）等人对网络公司存活率做了最为全面的研究后发现，2004 年研究时，48% 的网络公司依然存在，而且这种存活率与其他新兴行业相当。[43] 互联网历史学家布莱恩·麦卡洛（Brian McCullough）指出，互联网网站的存活率与此相当。[44] 相比之下，1896 年英国自行车泡沫破裂后，70% 的英国自行车公司最终倒闭。[45]

NFT 项目的存活率仍在不断提高。但让我们假设其中很大一部分将像维纳查克预测的那样价值归零，这是在 NFT 销售暴跌的加密货币冬天的合理假设。从 2022 年 5 月 1 日（Otherdeed 发布）创下的 4.057 5 亿美元的最高销售纪录来看，OpenSea 在 8 月 28 日的销售额仅为 500 万美元——下滑了 99%。[46] 由于二次销售如此之低，转售版税也有所下降，从而使 NFT 项目难以维持自己或建立业务。但问题仍然存在：NFT 是一种变革性的技术，会像网络公司那样引领互联网的新时代吗？[47]

我赞成维纳查克的观点。互联网泡沫破灭后，在线业务并未销声匿迹。凭借强大的商业模式和管理，它们只会变得更好。取代 Pets.com 的是 Chewy、PetSmart、Petco，当然还有亚马逊。

我在本书中解释了我为什么相信 NFT 是 Web 自诞生以来最重要发展的一部分，但认识到一项新的颠覆性技术带来的风险和不确定性也很重要。NFT 为一种新型的财产和互动所有权创造了一个市场，为去中心化协作创造了新的商业模式，同时也为一些幸运的 NFT 所有者创造了代际财富，以及巨大的价值投机，这一切都在一年内发生。之所以会存在这么多的猜测，部分原因是BAYC、CloneX和月鸟等品牌仍在开发他们的路线图中的项目，并构建他们的元宇宙。根据未来虚拟世界的发展来投资热门的NFT系列，就像是购买一项连发明者都不知道如何制造的发明的股份。

为投机活动导航

自19世纪以来，金融泡沫一直吸引着评论家，查尔斯·麦凯（Charles Mackay）的《非同寻常的大众妄想和人群的疯狂》（*Extraordinary Popular Delusions and the Madness of Crowds*）一书也是如此。[48] 即便是在现代金融学术研究大量涌现的今天，人们对金融泡沫的根本原因仍然没有达成共识，甚至不知道它们是否真的存在。

一个比较具有影响力的学派是尤金·法马（Eugene Fama）的有效市场理论（theory of efficient markets），该理论对泡沫的存在及其是否是一个有意义的金融术语持怀疑态度。[49] 法马认为，由于市场是随机的，人们在市场中看到了泡沫，却无法检验其“可预测结局”（predictable ending）。[50] 法马的有效市场理论是流行的指数基金（index funds）的基础，这些基金包括标准普尔指数（S&P index）或其他指数的股票；一般而言，指数基金的收益率要优于经理人选股的共同基金（mutual funds）。[51] 相比之下，另一个有影响力的学派则以罗伯特·席勒（Robert Shiller）的行为经济学理论（behavioral economics theory）为基础，认为投机泡沫可以用心理学和人们对认知偏见的易感性来解释。[52] 具有讽刺意味的是，法马和席勒都在同一年获得了诺贝尔经济学奖。

金融学者威廉·奎因（William Quinn）与约翰·特纳（John

Turner）发现，将重点放在理性与非理性上是无益的，而且“过于简化”了因素的复杂性。[53] 他们建议研究他们所说的“泡沫三角”（bubble triangle），并将注意力集中在三个要素之上：资产的适销性（marketability）、货币 / 信贷的可用性、投机。[54] 由于数字资产特别适于营销，当资金流动时，可能会有“大量新手成为投机者，其中许多人纯粹依靠动量进行交易，在价格上涨时买入，在价格下跌时卖出”。[55] 不过，奎因和特纳承认，我们无法确定泡沫是否真实存在，直到泡沫破裂的那一刻。[56]

在这场正在进行的关于泡沫的辩论中，我们站在哪一边并不关键。如果诺贝尔奖得主不能解决这个问题，我们也不会。对我们来说，重要的是意识。对于艺术家、企业和潜在的 NFT 投资者来说，重要的是了解 NFT 购买的动态如何可能导致高度投机的价格，正如 NFT 的繁荣和萧条所显示的那样。以下是五个关键的见解，有助于认识与 NFT 相关的主要风险。

1. 作为一种新技术，NFT 引发了大量投机行为

从 19 世纪英国铁路和自行车的巨大泡沫，到 21 世纪初的互联网泡沫，新技术一直是人们疯狂投机的对象。[57] 这并不难理解。投资者意识到了某项新技术所具有的潜能，这项技术有可能对社会造成剧变——例如，通过提供一种全新的交通方式或新的电子商务在线商业方式——并期望尽早投资以获得经济回报，尽管新技术将如何发展或取得多大成功存在着不确定性。

NFT 之所以让人费解，不仅出于它们涉及新技术，还因为它们涉及一种新型所有权（这种所有权通常现身在视觉艺术中，而视觉艺

术本身就容易引发价格投机)。除此之外，NFT在元宇宙中的未来用途仍在开发之中。伴随着如此多的不确定性和这项新技术的快速发展，投机活动的猖獗可想而知。

2022年春季，主流媒体似乎确信NFT正在经历巨大泡沫，并出现了破灭的苗头。一些金融理论也佐证了这一观点。[58]根据奎因和特纳的泡沫三角理论，NFT具有驱动泡沫的全部三种要素。首先，NFT是可销售的。它们在生产商的网站上销售，然后在OpenSea等市场上进行二次销售。事实上，NFT使艺术品更容易在网上进行销售(甚至不需要运输)，只有加密钱包和ETH加密货币对一些缺乏相关经验的消费者造成了一点阻碍。其次，2021年货币和信贷供给充裕。在贷款利率走低期间，加密货币市场与股市迎来了蓬勃发展。在疫情防控期间，美国政府的刺激支票也向金融系统注入了更多的资金——也许太多了。第三，NFT市场自身就是一种巨大的投机行为。不仅技术新，发展快，而且在社交媒体上也有一种公认的NFT"赌徒"文化，这一文化让投资者将谨慎抛到了九霄云外，"入圈"NFT并进行风险投资。害怕错过(FOMO，fear of missing out)本身已经成为NFT爱好者的一个迷因。堕落、入圈和FOMO都符合席勒关于羊群行为(herd behavior)和投资者传染(contagion among investors)的理论，这些都是吹胀泡沫的因素。[59]

加密货币的寒冬几乎证实了NFT泡沫已经破灭。但是我们要慎重对待"NFT的泡沫破裂了"这一论调，然后再去相信它。席勒还没有把"泡沫"视为了解加密货币与NFT之间关系的最好途径，并认为NFT可能会无限地继续存在下去。他建议将重点放在叙事经济学(narrative economics)上，这迎合了投资者的心理，发挥了认知偏见(cognitive biases)的作用。此外，即便"**泡沫**"是一个有用的术语，它也很难将 2022 年夏天 NFT 价值和销售量的下滑与股市和加密货币的可比下滑区分开来。[60] 所有市场都在暴跌。例如，2022 年 9 月 13 日，道琼斯工业平均指数下跌 1 276 点，跌幅接近 4%。经济衰退是对通货膨胀加剧、美联储决定加息以及对经济衰退的担忧的回应。在一场普遍的经济衰退中挑出 NFT 的衰退——许多分析师将其描述为涉及由新冠疫情大流行产生的“极不寻常”的宏观经济因素——这是只见树木不见树林。[61]

此外，某些科技泡沫也会对社会有所助益。在书中，奎因和特纳阐释了以下问题：从历史上看，主要的科技泡沫在经济后果中的危害性是如何降低的，以及在宏观层面上，它们又是如何通过变革性技术、创新和未来经济增长为社会带来净利益的。[62] 奎因和特纳认为，网络泡沫可能就是这样一个例子，它注入了对科技行业的投资，包括亚马逊和易贝等网络公司，以及苹果和微软等既存公司。[63] 学者们在 19 世纪英国泡沫中自行车和铁路的发展中发现了类似的好处。[64] 充足的自行车供应促进了锻炼，对环境更有利，比汽车和马匹更安全，对妇女的平等运动也很有帮助（无论是在行动能力方面还是在服装方面）。[65] 英国国家铁路系统的发展在更短的时间内促进了出行，尽管国家铁路系统存在着冗余和线路规划不当的问题。[66] 当然，科技泡沫的宏观效益并不能给所有失败的企业或在泡沫破裂时蒙受损失（可能是毕生积蓄）的人带来安慰。但历史已经表明，科技泡沫可以产生积极的社会效益。在奎因看来，NFT 中爆发的滥用行为几乎不可能给经济带来金融危机。[67]（在 2022 年 2 月发表的一篇研究论文中，奎因和他的合著者对 NFT 对创作者的商业潜力给出了一个客观评价。[68]）

由于 NFT、元宇宙和 Web 3.0 仍然处于飞速发展中，现在就确切分析 NFT 的社会效益还为时尚早。但我们可以尝试了解这些技术是什么，这样我们就能更好地评估它们对于艺术家、企业和社会的潜在价值。在这本书中，我已经确定了我在NFT中看到的潜在价值——建立一种新型的财产和在区块链上实现的互动所有权；使独立艺术家，特别是数字艺术家，能够在去中心化的市场上创作和销售他们的作品，而无需获得各大行业中介和把关人的支持；使消费者能够成为其在线身份和数据的所有者，摆脱监视资本主义的桎梏；为企业提供一种新的方式来吸引和奖励人们，尤其是下一代消费者；促进全新的、纯粹的虚拟产品和更具沉浸感的体验的发展；以及促进涉及中心化和去中心化协作的创新、混合商业模式。而这仅仅是个开始。我期待着NFT在未来的许多其他用途，以及企业正在进行的大量投资。然而，与此同时，我们正处在NFT和未来元宇宙的早期发展阶段，因此只能猜测这一巨大的潜力会在多大程度上被实现。

在这种不确定性下，NFT的估值将不可避免地涉及投机。而且，根据NFT是作为单个艺术作品之“独一无二”的NFT还是作为10 000个NFT收藏的一部分来出售，其结果也会有所不同。“独一无二”代表一种更为简单的估值，这类似于对一幅画进行估值。然而，这本身就充满了投机，这在艺术家的作品（或品牌）还未获得市场认可时表现得尤为明显。[69]艺术之价值如同艺术之美一样具有主观性。此外，年轻的新一代艺术买家可能有截然不同的品位。[70]

买家说他们在网上购买艺术品时会考虑哪些因素？在Artsy网站2019年的一项调查中，艺术收藏家确定了他们在线购买艺术品的以下动机：美学是最常提到的因素（被78%的收藏家所选择），其次是装饰（71%）、灵感（67%）、作品背后的主题与故事（58%）、对艺术家的支持（51%）及艺术家的故事（43%）。[71]有意思的是，接受采访的收藏家中，仅有35%表示自己购买艺术品用于投资，较少（26%）

表示自己会依据艺术品升值的概率对其进行评价。[72]

NFT 的购买动态可能有所不同。根据 Hiscox 在线艺术品交易报告（Hiscox Online art Trade Report）在 2021 年对 595 名艺术品买家的调查，82% 的受访 NFT 买家表示，投资是最重要的因素；在过去一年里，在 NFT 上花费超过 2.5 万美元的买家中，这一比例上升到了 95%。[73] 但受访者也认为，对艺术的热情（67%）、社会影响和赞助（39%）及社区（38%）是购买 NFT 的重要因素。[74] 有趣的是，答案也存在性别差异：女性买家更多地将对艺术的热情视为购买 NFT 的动机，而男性买家则压倒性地将其视为投资潜力。[75] 即使在 NFT 市场上存在这些潜在的差异，决定花多少钱买一件“独一无二”的 NFT 和为一幅原作做同样的决定并没有什么不同。在两种情况下，许多因素都可能会影响购买者对某件物品的消费意愿。

相比之下，如加密朋克、无聊猿游艇俱乐部、Doodles 或死小子等拥有 10 000 个 NFT 的系列，在经济上就要复杂得多了——或者人们将其称为“代币经济学”（tokenomics）。代币经济学定义了一种代币或 NFT 系列的所有元素，包括总供应量、效用、NFT 的艺术作品中的稀有特质、发行机制（包括将 NFT 随机分配给买家和定价）、押注的可能性，以及未来的空投（air drops），所有这些都可能影响它在买家心目中的价值。[76] NFT 的创造者决定了所有这些元素。在一个系列中，具有最稀有特征的 NFT 通常会获得最高的价格，但是，因为它们是同一个系列的一部分，所以也有助于提高 NFT 在底层的价值。

顶级的 NFT 收藏就像初创公司一样进行运作——拥有宏伟的未来发展路线图和媒体业务的分工。与此相关的是，对于藏品而言，NFT 买家可能会考虑到“独一无二”的 NFT 艺术收藏家之外的因素。这个 NFT 项目的商业计划是什么？创始人是否具有经营成功企业的经验？NFT 艺术是否具有一种企业可以建立品牌的美感？这些都是越来越多的买家在对新的 NFT 系列投入巨资前会问的问题，尤其是在加密货币寒冬使 NFT 项目更难取得成功之后。

助长 NFT 投机的另一个因素是所谓的“鲸鱼”（whales），即拥有大量加密货币来购买大量 NFT 的富有投资者。根据 Moonstream 在 2021 年 4 月至 9 月期间对 727 012 个以太坊账户的研究，“前 16.71% 的 NFT 所有者控制着 80.98% 的 NFT。”[77] 数量十分惊人。“鲸鱼”的消费狂潮，比如在“扫地”（sweeping the floor）藏品中，可能会引发其他买家的猜测。[78] 这种现象并不新鲜。在股市中，南希·佩洛西（Nancy Pelosi）① 就被认为是一头“鲸鱼”。她的投资（通常相当成功）受到其他投资者的密切关注，其中包括一个名为“不寻常鲸鱼”（Unusual Whales）的网站，该网站根据佩洛西的股票选择创建了一个交易所交易基金（ETF）跟踪器。[79] 还有一个类似的网站，可以追踪 NFT“鲸鱼”的购买情况。[80]

并非所有人都是 NFT“鲸鱼”的粉丝，它们的交易可能会对 NFT 收藏市场产生巨大影响。但每个人都应该意识到“鲸鱼”是如何在 NFT 市场上漫游的，它们可以影响 NFT 价格的巨大波动。一个经常涉及“鲸鱼”的相关问题——内幕交易的可能性，或者人们根据拥有非公开信息的内幕人士的提示购买 NFT——将在后面的章节中讨论。

2. 警惕社交媒体上的 FOMO、炒作和骗局

在 2011 年出版的《感谢经济》（*The Thank You Economy*）一书

① 美国国会众议院前议长。

中，维纳查克描述了他六年来试图说服企业使用社交媒体所经历的困难。[81] 他驳斥了企业不使用社交媒体的 11 个借口。最有趣的也许是："社交媒体只是另一种会过去的趋势。"[82] 近二十年的社交媒体使用证明了维纳查克是正确的。到 2022 年，全球人们平均每天花在社交媒体上的时间增加到 2 小时 27 分钟。[83] 美国人平均花费 2 小时 3 分钟。[84] 根据美国零售联合会（National Retail Federation）2021 年的一篇文章，Z 世代和千禧一代每天在社交媒体上花费的时间分别高达 4.5 小时和 3.8 小时。[85] 各种调查显示，相当大比例的消费者使用社交媒体进行购物、浏览网红或他人推荐信息以及搜索产品。埃森哲（Accenture）① 2022 年的一份报告预测，到 2025 年，社交商务（将购物与社交媒体结合在一起）的市场规模将扩大到 1.2 万亿美元。[86]

社交媒体也在 NFT 中扮演着重要角色。大多数收藏都有自己的 Discord 聊天频道。NFT 爱好者每天也会在推特、领英、TikTok 和其他社交媒体上讨论 NFT 的话题。这些讨论可以提供非常丰富的信息——提供必要的知识。事实上，我们已经在第一部分中讨论了几位成功的艺术家，他们从社交媒体上了解和研究了 NFT。我也一样。我发现推特空间是一个不错的论坛，可以学习关于 NFT 的各种观点。我承认，我对 NFT 的大部分知识来自我经常参加的"NFT 推特"和"NFT LinkedIn"。

另一方面，社交媒体是一个污水池，充斥着虚假信息、仇恨言论、垃圾邮件、机器人和虚假账号。对于 NFT 来说，最大的担忧可能是 FOMO。FOMO 在 2004 年首次被描述，引发了对其成因和影响的一整套心理学研究。[87] 还有很多研究有待进行，特别是关于它在加

---

① 全球最大的上市咨询公司，为客户提供战略、咨询、数字、技术和运营服务及解决方案。

密货币和 NFT 投资中的作用，更不用说媒体叙述可能使 FOMO 进一步恶化。[88] 但我们已经对 FOMO 的运作方式有所了解。

想象一下，2017 年 6 月，新闻网站 Mashable 上一篇题为《这个基于以太坊的项目可能会改变我们对数字艺术的看法》(*This Ethereum-Based Project Could Change How We Think About Digital Art*) 的文章。它描述了一种新的数字艺术 / 技术的 10 000 件作品，[89] 这些作品最初被免费分发。文章收录了一张像素化的女性图片，她有着一头狂野的金发，戴着琥珀色的太阳镜，涂着红色的口红。这张图片看起来像是来自一款老的雅达利（Atari）游戏，但也可能是来自未来。文章暗示，数字艺术可以变得有价值。但因为忙于工作繁忙，你并没有时间去进一步调查这一艺术变革。四年后，在百年不遇的新冠疫情大流行期间，你在家辛苦工作，意外发现了《连线》杂志上一篇题为《启动 NFT 革命的 10 000 张面孔》(*The 10 000 Faces That Launched an NFT Revolution*) 的文章。[90] 且慢……你查了一下，没错，这篇文章与 2017 年 Mashable 的文章讨论了同一种艺术。哦，不，你看，你想买但没有买的艺术品，现在正以数百万美元的价格出售，其中一件甚至卖到了 1 175 万美元。其他人读了同一篇 Mashable 文章，他们比你更聪明：挖了一些很酷的艺术品，现在已经是千万富翁，拥有大多数人无法想象的财富。让你感到更糟糕的是，你看到一些持有者在推特上使用这些很酷的、像素化的角色作为他们的 pfp，包括 Jay-Z。这些成功者并不是个例。据加密朋克的联合创始人约翰·沃特金森说，Mashable 上的这篇文章导致了需求的激增。加密朋克在文章发表一天后就被全部拍下——“某个看到这个帖子的读者囤积了 758 个。”[91]

假如你就是这样一个和加密朋克及其后所产生的代际财富无缘的家伙，那你将作何感想？大多数人可能会因为没有坚持下去抓住一个加密朋克而自责。他们知道加密朋克的存在，却遗憾地错过了。这样的心情，远比一无所知更糟糕。2005 年，沃伦・巴菲特告诉学生，他认为自己最大的错误是那些他知道，但没有进行或没有配置足够资金的投资。[92] 巴菲特说，他不会纠结于这些错误，巴菲特表示自己并不为这些失误所困扰，但是像巴菲特这样有金融头脑，有多年成功投资经验并富甲一方的人并不多见。一旦失去加密朋克这个机会感到刺痛时，也许许多人会决心不错过下一个加密朋克——以及通过购买 NFT 快速致富的诱惑。只要错过一次，你就会害怕再次错过。

对于那些在推特或 Discord 上关注过 NFT 讨论的人来说，在 2021 年 NFT 热潮期间，FOMO 随处可见。当然，FOMO 有时是正确的。《无聊猿公报》（*Bored Ape Gazette*）的创始人凯尔・斯文森告诉《纽约客》，正是 FOMO 让他在两只无聊猿刚出来的时候买了它们，而推特上的其他人也纷纷加入。不过，FOMO 的一个问题是，它是经常出现的。直到幸运跻身世代财富，被 NFT 大奖击中，一个人可以通过 FOMO 进入几十个 NFT 系列，但损失惨重。当每个新系列经历着价值的适度增加时——并不一定像月鸟那样呈抛物线式上升——通过买入 NFT 就能发财显得更加诱人。正如《彭博商业周刊》（*Bloomberg Businessweek*）2021 年 6 月 14 日的封面标题所概括的那样："为什么除了你，所有人都在赚钱？"[94]

在 2013 年诺贝尔奖演讲中，席勒对金融泡沫的定义抓住了叙事和心理在金融投机中发挥的巨大作用：

在这种背景下，价格上涨的消息激发了投资者的热情，而这种热情又通过心理传染在人与人之间传播，这一过程会放大那些或许能证明物价上涨有道理的故事，也会引起更多投资者的关注，他们虽然对投资的真正价值心存疑虑，但部分是出于对他人成功的嫉妒，部分是出于赌徒的兴奋心理。[95]

近期席勒认为金融泡沫破灭与终结这一概念并无助于刻画加密货币与NFT市场。[96]他注意到比特币价格已出现过多次大幅下跌，但并没有彻底崩溃，而且可能会无限期地持续下去，就像黄金最终所做的那样。[97]席勒将“流行病”（epidemic）或者“传染病”（contagion）视为一种较好的叙事传播方式，若将其投入加密货币、NFT以及其他炒作资产中去，后者可能会像病毒一样随着时间的推移而变异。[98]

席勒在其最新著作中把故事对触发金融传染及投资决策的影响说成是叙事经济学。[99]在他看来，理解一个叙事是怎样影响投资决策的，会帮助经济学家们更好地预测重大事件或者灾难（如金融危机）的经济。[100]席勒书的序言和第一章分别以两个例子开始：一个来自咆哮的二十年代，另一个来自今天。席勒在新冠疫情大流行之前写作了这本书，所以他在书的开头对咆哮的二十年代（1918年疫情之后）的讨论似乎很有远见。

引用弗雷德里克·刘易斯·艾伦（Frederick Lewis Allen）的《仅仅是昨天：从大繁荣到大萧条》（*Only Yesterday: An Informal History of the 1920s*）一书中的一段话，席勒捕捉到了1929年股市崩盘前投资者的愉悦气氛：美国人在餐桌上听到了“突然发财的奇妙故事”，无论老少，都能迅速致富，并“终身无忧”。[101]用艾伦的话来说：“成千上万的人在对他们所依赖的公司的性质一无所知的情况下进行了投机并赢得了胜利，就像那些在印象中购买了海岸空气线铁路公司（Seaboard Air Line）股票的人，认为它是一种航空股票。”[102]海岸是一条铁路；所谓“空气线”（air line），是指两点之间最短的距离，即一条直线。

如今，艾伦对人们在咆哮的二十年代通过购买股票迅速致富并终身致富的“奇妙故事”的描述，听起来与加密货币或NFT早期投资者的成功故事惊人地相似。尽管席勒没有谈到NFT，但他对比特币“作为世界经济中的会员代币”的一种说法的分析同样适用于NFT。[103]

当然，识别一个极具感染力的叙事往往很容易。社交媒体帮助我们发现它们——只需要关注#FOMO或者#degen等热门标签即可。但是，评估它是好是坏、有效还是存在缺陷、准确还是错误、对人类行为有帮助还是有害则要困难得多，尤其是当你试图评估的潜在条件每天都在变化时。一个额外的问题是，人类容易通过叙述更容易理解复杂的情况或概念。例如，席勒的书可以说是关于叙事经济学的叙事——过去，传统的宏观经济学文献忽视了叙事作为人们决策的激励因素，但这里有一堆历史的例子，包括咆哮的二十年代的股市投机和今天的比特币，显示了重大经济变化背后的故事是多么具有感染力。

但依赖一些叙事来解释一个理论并非席勒之过。在某种程度上，一个理论就是一个故事。理论家们希望他们的故事或重大的想法能够在网上疯传，尤其是在他们的同行之中。事实上，这本书包含了我自己的看法——例如，创造者通过NFT取得控制权——同时对其他观点持批判态度。要使别人了解自己的学说，或许无法回避叙事。这种悖论的最好例子是纳西姆·尼古拉斯·塔勒布（Nassim Nicholas Taleb）的黑天鹅理论（theory of the black swan）。他用这个比喻来描述违反我们预期的、未曾预见的事件。[104] 正如塔勒布所讽刺的那样：“我更喜欢用故事和小插曲来说明我们对故事的轻信，以及我们对危险的压缩叙事的偏爱。”[105]

即使我们无法逃避叙事，我们也可以更清楚地意识到它们。“快速致富”（getting rich quick）的叙事并不新鲜。但重要的是要认识到它是如何煽动FOMO的，特别是在社交媒体上。一旦我们这样做，我们将处于一个更好的角度来评估我们自己的财务决策和期望，看看它们是现实还是只是幻想。

社交媒体还有一种危险是为了盗取NFT而完全诈骗以及网络钓鱼。随着NFT价值的爆发式增长，诈骗的数量和复杂程度也在不断增加。其中最常见的骗局就是不法分子入侵一个合法NFT项目Discord、推特或者其他账户，再发布虚假铸币链接即可获取买家加密钱包私钥，再携买家资金潜逃或非法将其他NFT从钱包内转移出去。[106] 简彦豪（Justin Kan）的平台Fractal成了这种黑客攻击的受害者，导致人们损失了15万美元，Fractal对此进行了补偿。[107] 不法分子变得越来越聪明；他们使用假账户冒充具有“验证”状态的合法的NFT藏品，比如推特上的蓝勾（blue check），或者直接入侵合法的、经过验证的NFT藏品账户。据报道，推特上的一些假月鸟账号甚至有经过验证的蓝勾标识（blue-checkmarks）。[108] 有人入侵了无聊猿游艇俱乐部的官方Ins账号，并采用了同样的网络钓鱼技术，导致价值超过100万美元的无聊猿从所有者手中被盗。[109] 网络钓鱼窃取NFT已经变得如此容易，以至于NFT社区的一条常见建议是永远不要点击社交媒体上的链接。我们将在后面的章节中回到日益严重的失窃NFT问题。如何化解失窃NFT，已经成为Web 3.0最具争议的问题之一。

一个与垃圾邮件机器人有关的问题已超出推特对NFT及加密货币的论述。将NFT以及加密货币等相关名词发布到推特中，可能引发机器人回复，要求你注册钱包、点击链接或注册某些项目。[110] 因为我发了关于NFT的推文，所以我在推特上遭到了垃圾邮件的狂轰滥炸。当埃隆·马斯克（Elon Musk）在2022年提出收购推特时，他意识到了那里的机器人问题。马斯克在温哥华举行的 TED 会议上接受采访时说："我的首要任务是消除推特上的垃圾邮件、诈骗机器人和机器人水军。它们会让产品变得更加糟糕。"[111]

3. 冒险没问题，但要记住 DYOR

在 NFT 爱好者中，成为一名赌徒并将谨慎抛诸脑后是一种荣誉，其中许多人在推特上声称自己就是这样的人。谁不喜欢抛开一切顾虑，仅仅进行那些充满风险却又能改变命运的投资呢？事实上，这种身份有一种魅力和诱惑——这让人想起了美国边境上的河船赌徒（riverboat gamblers）。在造成数以百万死亡的大流行病中，何不冒着风险并尽其所能地追求我们的激情呢？研究人员穆罕默德·沙达布·伊克巴尔（Muhammad Shadab Iqbal）和李林（Lin Li）对 200 名美国人进行了一项研究，发现了新冠疫情大流行与冒险之间的相关性：附近的新冠感染病例越多，人们就越是愿意在投资中承担风险。[112]

但是，成为赌徒并不意味着愚蠢，这一身份并不耽误人们开展调查：从评估自己的预算开始，计算出一个人在购买 NFT 时可以实际花费多少钱（如果有的话）。在人们购买昂贵的汽车、油漆或钻戒之前，投入的研究量应该与购买昂贵的 NFT 之前进行的研究量相当。对于新品 NFT，买家可以查看各种 NFT 收藏的网站，比较他们的路线图和 IP 许可，以及每个项目背后的团队，包括他们的商业经验。推特和 Discord 账户可以提供更多关于一个项目的信息，包括它已经拥有的粉丝数量，更好地了解该项目的社区及其受欢迎程度。但是，对于这些数据，我们应该慎之又慎——它有可能被买进它的信徒们所夸大。在二级销售方面，很多网站都会给出销售情况、底价、藏品中

NFT 的数量和稀有性，以及对所有者数量的分析。并时刻注意伪造账户及可疑链接。买家应该格外小心。

4. NFT 市场应将 NFT 美元价格以相等甚至更显著的方式通知买方

市场也有助于抑制投机。NFT 通常在 ETH 价格中列出。如 Nifty Gateway 和 NBA Top Shot 等市场，在销售时以美元计价，但更常见的是以 ETH（或其他加密货币）计价。最大的市场 OpenSea，在藏品的登录页面上并没有同时包括 ETH 和美元的定价。相反，只有当消费者选择特定的 NFT 并被带到单个 NFT 网页时，才会包含美元价格。但是 ETH 定价的字体大得多，且为粗体；而美元定价的字体则更小，而且是浅色的字体。LooksRare 和比特币公司使用了类似的方法，但 LooksRare 使用了比 OpenSea 更小的字体来显示美元价格。

在 NFT 市场中，ETH 定价明显高于美元定价，这可能会鼓励消费者过度消费。商业学者普里亚·拉古比尔（Priya Raghubir）和乔伊迪普·斯里瓦斯塔瓦（Joydeep Srivastava）在对外国货币进行行为实验时发现，不熟悉一种货币的消费者会被货币的面值所误导，当其价值只是美元或本国货币的零头时，就会产生过度消费。[113] 根据阿莫斯·特沃斯基（Amos Tversky）和丹尼尔·卡尼曼（Daniel Kahneman）的锚定和调整理论（theory of anchoring and adjustment），研究人员认为消费者锚定在外币的面值上——在分数情景中，它的价值比实际的美元价值要小——然后对转换成美元进行不充分的调整。[114] 简而言之，消费者看到的是一个较小的外币数字，从而过度消费，因为较小的数字使他们看起来好像没花那么多钱。

尽管这种面值效应（face-value effect）是否发生在 NFT 背景下，还需要进一步的研究来检验，但我们可以做出有根据的推测。一美元能兑换的 ETH 一般非常少。例如，在 2022 年 8 月 12 日，一美元只能兑换 0.000 531 185 5ETH——这一数字通常是一美元的所能兑换的其他货币的零头。如果拉胡比兰・斯里瓦斯塔瓦（Raghubirand Srivastava）确定的偏见也适用于加密货币，那么在 OpenSea 或其他大型市场上使用 ETH 价格购买 NFT 的买家很可能会锚定在集合登录页面上列出的价格上，而这些价格通常只以 ETH 计价。在买家选择特定的 NFT 并进入其单独的网页后，ETH 价格比美元价格要突出得多，以至于很难期望美元价格会消除 ETH 价格的锚定偏差。买家的加密货币钱包，如小狐狸钱包，也可能对 ETH 与美元使用更大的字体，这可能加剧了锚定偏见。

在这本书出版之前，我没有时间进行行为实验来检验我的假设，但根据拉古比尔和斯里瓦斯塔瓦的研究，让我提出为什么我认为这是一个合理的假设。假如我问您想不想花 4 ETH 给一位新的年轻艺术家 NFT, 您起码可以考虑一下。但是，如果我问我是否愿意花 5 000 美元在同一个 NFT 上，你可能不太愿意。实际上你也许马上就否决了这一建议。你马上就能理解花费 5 000 美元的价值了，比如你能付多少个月租金或者抵押贷款。即使美元价格被指定为较小类型，锚定偏见也可能影响消费者的观点，从而使他们捕捉到比较突出的 ETH 价格并进而出现超支。

在这个假说被验证之前，审慎告诫谨慎行事（prudence counsels caution）[①]。不幸的是，人们很难仅仅基于对认知偏见的认识来避免锚

① 意指特定情况或决策中，谨慎和小心行事是明智和可取的。它建议在采取任何行动之前，要谨慎考虑潜在的风险或后果，这表明审慎思考和仔细权衡是明智的。

定偏见。我的建议是，NFT 市场和 NFT 创作者应以美元（或国外消费者的相关外币）列出 NFT 价格，其重要性与 ETH 价格相同甚至更高。下面，我比较了 OpenSea 上 NFT 的实际价格大小（正如我在桌面上看到的那样），以及如何在每个列出 NFT 价格的网页上以相同的格式进行修改，包括该系列的登录页面：

OpenSea 上 NFT 的价格示例：[115]

66（132 244.86 美元）

相同格式的 NFT 价格示例：

66（132 244.86 美元）

为了抵消潜在的锚定偏见和面值效应，市场应以与 ETH 价格相同的大小和格式以美元（或相关外币）标价。而且价格永远不应该单独在 ETH 中列出。

5. 大多数 NFT 不会成为下一个无聊猿——这是一件好事

迄今为止，最成功的 NFT 系列当属无聊猿游艇俱乐部。它在 2022 年的种子轮融资中估值达到了 40 亿美元。但尽管无聊猿游艇俱乐部渴望成为主流，但它仍未实现这一目标。上一章中，我们考察了无聊猿游艇俱乐部利用的创新、混合商业模式——及其成为一个去中心化迪士尼的潜力。但是，实现这一目标的道路绝不是有所保障的。

加密朋克、无聊猿游艇俱乐部、月鸟、CloneX 和其他蓝筹股系列的 NFT 价值的迅速上升可能会导致不切实际的期望。首先，其他渴望创造下一个像无聊猿游艇俱乐部这样热门 NFT 系列的人，可能会认为这很简单。然而，事实并非如此。这需要的不仅仅是通过随机生成的艺术来创造卡通人物。如果你想从事无聊猿游艇俱乐部或者任何其他蓝筹效用 NFT 项目正在从事的事情，你需要建立一个企业，雇佣合适的人，制定营销计划，培养对新 NFT 系列产品的需求，并确定你的项目与许多其他项目的不同之处。这仅仅是开始。甚至当这个系列顺利上市时，你还必须完成未来计划的路线图，其中包括为元宇宙构建新的 NFT 用途。你需要知道如何管理 NFT 所有者的预期，尤其是当其他项目要一飞冲天而你的项目却没有的情况下。所有这一切都需要金钱、人才和商业技能。即便这些成分也不能确保你的成功。你也需要一些运气才能在正确的时间出现在正确的地点。

一位在推特上名为 Kingpickle 的 NFT 项目创始人分享了创办新 NFT 业务所面临的诸多挑战。这是一份全职工作，需要大量资金来支付智能合约开发、营销、版主、法律工作，以及创作和调整生成艺术，所需时间远远超出想象。[116] 另一个挑战是筛选出许多对 NFT 一无所知的想成为 NFT 顾问的人。每一个项目也都要考虑到要不要通过社交媒体来购买粉丝，如果没有粉丝，新的项目就很难取得成功，例如在启动合作的时候。[117] 就算你做对了每一件事，也未必足够。你必须“祈祷有人注意到你的辛勤工作，并与使命或艺术产生共鸣”。[118]

加密货币的寒冬给所有有抱负的 NFT 项目创建者发出了警告。繁荣已经结束。建立一个成功的企业需要的远不止是制造 NFT。

另一种不切实际的期待发生在另一端，也就是买家身上。无聊猿游艇俱乐部和其他蓝筹股的成功使一些买家的期望值提高到也许无法达到的水平。如果买家期望通过购买 NFT 一夜暴富，那是不太可能发生的。新项目将根据无聊猿游艇俱乐部和其他蓝筹股为其社区提供的效用和福利来评判。竞争非常激烈。如果加密朋克在今天而不是在 2017 年推出，买家可能会期待更大的效用，而不仅仅是一个没有未来福利路线图的 pfp 系列，可这就是幼虫实验室所能提供的全部。

大部分 NFT 系列不会成为下一个无聊猿。Web 3.0 的承诺是去中心化，使无数的大大小小的创意社区都能蓬勃发展。无聊猿游艇俱乐部代表了最有趣的混合商业模式之一，它结合了中心化和去中心化的协作，加上来自风险投资、富有投资者和个人 NFT 销售的资金。但如果 Web 3.0 由无聊猿游艇俱乐部等少数几家企业主导，Web 3.0 将会失败。Web 3.0 所提供的潜力还有更多。

28 岁的以太坊区块链联合创始人维塔利克·布特林（Vitalik Buterin）在接受《时代》（*Time*）杂志采访时谈到了这种潜力。布特林指出，去中心化有望抑制互联网平台对于民众在线生活的掌控。[119] 但是，布特林同时又为加密文化对于发财的痴迷而感到担忧。“危险在于，你有了这些价值 300 万美元的猿猴，它就变成了另一种赌博。”[120] 在一条推文中，维塔利克·布特林澄清：“我不讨厌这些‘猿猴们’，我只是想让它们为公共产品提供资金！”[121] 据报道，Yuga 实验室确实向慈善机构捐款，包括向珍·古道尔遗产基金会（Jane Goodall Legacy Foundation）捐赠了 1 000 万枚 APE 币。[122] 但布特林可能表达了许多 Web 3.0 支持者的观点，他们对无聊猿游艇俱乐部变成另一家由硅谷支持的大公司的前景感到不安。

实现 Web 3.0 真正承诺的第一步是让每个人都意识到大多数 NFT 系列不会成为下一个无聊猿——这是一件好事。

第九章

◆

规制 Web 3.0?

我们不能坐等善治。

我们必须成为参与者；我们必须成为共同创造者。

——罗希尼·尼勒卡尼（Rohini Nilekani）

1996年，电子前沿基金会（Electronic Frontier Foundation）的联合创始人、感恩而死乐队（Grateful Dead）的前作词人约翰·佩里·巴洛（John Perry Barlow）写下了844字的《网络空间独立宣言》（*Declaration of Independence of Cyberspace*）。[1] 没有哪篇文章比巴洛的宣言更能体现网络诞生之初的网络自由主义精神。在达沃斯论坛上，他向包括中国、德国、法国、俄罗斯、新加坡、意大利和美国政府在内的"工业世界的政府"（Governments of the Industrial World）发表了演讲。

巴洛大胆地宣称："我宣布，我们正在构建的全球社会空间将自然而然地独立于你们试图强加给我们的暴政。你们没有道德上的权利来统治我们，也不拥有任何我们真正有理由害怕的执法方法。"[2]

巴洛的独立宣言与托马斯·杰斐逊（Thomas Jefferson）在1776

年撰写的宣言有所不同。在谈到政府时，杰斐逊承认“人民有权改变或废除它，并建立新政府，以这样的原则为基础，以这样的形式组织其权力”。最终，制宪者在宪法中为美国组建了一个新的政府。相比之下，巴洛的想象听起来不那么正式，也不那么制度化：“我们相信，从道德、开明的利己主义和公共利益中，我们的治理将会出现。”事实上，网络空间“唯一被广泛接受的法律就是黄金法则”。[3] 为他人而为，得其馀。

巴洛的愿景听起来如田园诗一般，让人联想到洛克（Locke）的自然状态（state of nature）。事实上，为了向洛克致敬，巴洛宣称：“我们正在形成我们自己的社会契约（Social Contract）。”25 年过去了，巴洛的宣言受到了一些批评，被认为是错误、乌托邦式和天真的。当然，世界各地的政府都通过了监管互联网的法律，而互联网并不像巴洛所说的那样“天然独立”（naturally independent）于世界其他地区。[4] 然而，在 2016 年，巴洛坚持了他最初的观点，并对《连线》说：“这很简单。他们没有管辖权。”[5]

巴洛关于国家政府无力监管互联网的说法是否正确，对我们来说并不重要（有关这一话题的文章已经不少）。相反，对我们来说，更重要的是关注巴洛在 1996 年没有预料到的事情，以及 2016 年《连线》的文章所忽略的事情：大型互联网公司和平台的崛起，深刻地塑造了过去二十年的网络治理格局。巴洛设想，人们会通过“道德、开明的利己主义和公共利益”来发展互联网治理。但他一次也没有提到互联网公司。

巴洛的遗漏情有可原。1996 年，尚无社交媒体可言：最大的互联网公司［美国在线（AOL）、网络爬虫（Webcrawler）、网景（Netscape）、雅虎（Yahoo）和 Infoseek① ］不存在今天社交媒体那种需要大量监督的共享平台。[6] 大型共享平台——脸书、推特、YouTube 等——的兴起，给互联网的网络自由主义愿景带来了巨大的冲击。在强大的网络效应（随着越来越多的人加入网络，网络变得更加有用和有吸引力）和市场整合的刺激下，这些平台在 21 世纪的第一个十年出现了。它们成了数十亿在线用户的事实上的监管者。正如马克·扎克伯格一再表示的那样，脸书不是真理的仲裁者。[7] 此外，巡查社交媒体上的有害评论需要大量的资金和资源，而什么都不做要容易得多。

那么，是什么发生了改变？在美国参议院情报委员会发布的一份两党报告中，俄罗斯被指责对 2016 年美国总统大选进行了干预。[8] 美国将这一事件视为一记警钟——使用虚假账户的人能够将互联网平台武器化，用于恶意目的。此后，美国互联网平台投入了更多的人力和资源来阻止这种情况再次发生，尤其是在新冠疫情大流行和 2020 年大选期间。[9]

今天对大型科技公司的强烈抗议，在某种程度上折射出（也许是对一些人的过度反应）部分人士对互联网平台如何调节用户发布的违反平台社区标准的内容抱有异议。这些由企业设计的社区标准是其用户必须遵守的政策，在美国已经成为一个热点政治问题，因为一些被禁止发布的错误信息与政治两极分化的话题有关：关于 2020 年美国大选的误导信息，以及关于 COVID 和疫苗的错误信息。然而，社区标准通常会规范大量其他有害内容，可能许多人都同意这些内容需要适度修改：关于儿童性剥削（child sexual exploitation）的材料；针对个人的骚扰；以种族、性取向、性别、宗教信仰和残疾为由攻击他人

① 由史蒂夫·基尔希（Steve Kirsch）于 1994 年创立的美国互联网搜索引擎。

的仇恨言论；垃圾邮件；宣传恐怖主义、暴力或自杀；以及不真实的操纵，例如使用机器人传播虚假帖子和虚假信息。一些平台禁止裸体和色情内容。毋庸讳言，互联网平台发现自己处于一个不怎么令人艳羡的位置，必须决定什么是可以在其网站上分享的外部界限，并且确保内容适宜任何青少年。

关于当前脸书、推特、YouTube 等社交媒体内容审核应达到何种程度，或者国会是否应该制定限制其内容控制权的新法律以控制大科技公司的问题，此处无需多谈。（得克萨斯州就是这样做的，通过了一项名为 HB20 的有争议的法律，禁止月活跃用户超过 5 000 万的大型互联网平台因观点对用户的帖子进行审核，并赋予人们起诉互联网平台侵权的权利。[10] 2022 年 9 月，联邦上诉法院以 2 比 1 的判决裁定，HB20 没有侵犯互联网平台的第一修正案权利。[11] 鉴于该决定的重要性，最高法院可能会决定对其进行审查。）不过，值得注意的是，在 2022 年 4 月，埃隆·马斯克曾试图收购推特这家公司，因为他公开表示不同意推特目前对用户的内容控制。[12] 马斯克设想对推特上的内容进行更少的审核，并将撤销对前总统唐纳德·特朗普的禁令——这是推特对特朗普在 2021 年 1 月 6 日国会山骚乱期间发布颇具争议的视频后做出的决定。[13]

马斯克在 2022 年 4 月收购推特的协议中宣称："推特是一个数字城镇广场（digital town square），人们在这里讨论对人类未来至关重要的问题。"[14]

对于马斯克收购推特的计划，各界褒贬不一。不过，马斯克在 2022 年 7 月称其准备撤资，导致推特提起诉讼来强制实施交易。[15] 马斯克质疑推特对虚假账户的估计（低于 5%）过低。[16] 马斯克计划退出的同时，股市也出现了大幅下滑，而这种情况在夏季只会进一步加剧。随后有消息称马斯克于 2022 年 10 月初重新提出了收购推特的建议。[17] 无论诉讼或交易的结果如何，马斯克最初收购推特的计划使互联网平台如何参与在线治理的问题变得尖锐化。马斯克之所以想收购推特，是希望改变推特在其政策下**管理**人们内容的方式。巴洛设想人们会从“道德、开明的利己主义和公共利益”中发展出来的事物，互联网公司已经自己发展起来了。这就是为什么《大西洋月刊》（*The Atlantic*）的执行编辑阿德里安娜·拉弗朗斯（Adrienne LaFrance）将脸书描述为马克·扎克伯格统治下的“地球上最大的独裁政权”的原因。一些人担心，如果马斯克收购了推特，同样的事情也会发生在推特上——实际上，他成了推特的统治者。[19]

从巴洛发表声明以来的几年中，我们可以吸取的关键教训是，网络治理的选择不仅仅是政府和人民之间的选择。相反，它是政府、互联网公司和人民之间的选择。而且，至少对于 Web 2.0 来说，选择是由两个主要参与者决定的，即国家政府和大型互联网平台。互联网平台作为网络治理权威的地位不容忽视。

根据宪法学者劳伦斯·特莱伯（Laurence Tribe）在 1991 年使用的一个术语，我阐述了一个新的理论，解释了为什么我们应该将大型互联网平台视为**虚拟政府**（virtual governments）。从两种意义上讲，它们都是虚拟的：不仅管理着网络世界的大部分领域，而且作为政府运作，“虽然没有被正式承认”，但在本质上或效果上如此。[21] 虽然巴洛不信任国家政府试图在互联网上实施的规则，但我们也应该对虚拟政府试图实施的规则抱有类似的担忧。如果虚拟政府在制定规则时不征求公众意见或建议，无论是内容审核、隐私、监控资本主义、人工智能部署还是其他影响用户的领域方面的规则，如果没有对用户个人权利造成侵害，那么情况尤其如此。

这些互联网公司也通过对平台形式的设计管理网络世界。举一个简单的例子：为什么推特将有资格获得验证账户的人限制为“显著识别的个人”[prominently recognized individual（s）]？[22] 如果推特如马斯克所言有过多虚假账户问题的话，那么允许每个人申请一个经过验证的账户可能有助于解决这个问题。又如，为什么秘密的算法会决定人们在社交媒体上看到的内容——甚至据称会将 Ins 发帖的受众局限为粉丝中的很小一部分，而该公司也矢口否认？[23] 回答自然是：广告费。算法增强了平台对于用户观看内容的监控。这些内容以算法为依据来评价用户的在线活动，并且使得平台可以从营销人员那里获得额外的广告费来为目标用户进行广告投放。（脸书称，在苹果允许 iPhone 用户停止被应用程序跟踪后，广告收入下降了 100 亿美元，从而降低了脸书上定向广告的有效性。[24]）或者，为什么社交媒体公司的“帮助中心”不提供更直接的沟通渠道，比如其他企业（包括送餐应用程序）通常提供的呼叫或聊天中心？所谓的帮助中心，其目的是避免与人们进行直接接触。这些平台制定了自己的法规、流程和治理规则——几乎没有公众的参与。1999 年，当巴洛的独立宣言还很新鲜的时候，莱西格用一句现在很有名的话概括了互联网自身的架构是如何建立管理网络用户的规则的：“代码即法律（code is law）。”[25]

Web 3.0 技术的进步，迫使我们必须提出与巴洛互联网崛起初期所提出的治理问题相同的问题。应该如何管理——根据什么样的规则和执行手段进行管理？即使取得成功——这是个很大的可能性——建立一个更加分散的网络，摆脱大科技公司的虚拟政府的统治的愿望，也不能解决这些基本问题。即使选择 DAO——被视为 Web 3.0 的宠儿——作为管理机构，也没有为规则或其执行提供任何指导。正如我们在 Web 1.0 和 Web 2.0 的发展中看到的那样，我们很可能会看到政府、互联网公司和网民在决定如何治理 Web 3.0 方面的激烈竞争。

我的倾向是，我们需要看到更多的人参与在线治理，而国家政府和虚拟政府的参与要少得多。目前国会对监管脸书和其他互联网平台的热情是可以理解的，但对互联网平台实施限制性的国家监管最终可能是一种比疾病更糟糕的治疗方法。在民主国家，权力的去中心化是国家或虚拟政府对互联网进行集中控制的一剂良药。国家政府对虚拟政府的管制，不比虚拟政府对民众的在线管制好。对于这二者，我们都应持有同样的怀疑态度。[26]

尽管我们一致认为 Web 3.0 应该让更多的人参与到在线治理问题的决策中来，但我们目前所面临的挑战却让人联想到法院在互联网兴起之初所面临的挑战。一家联邦上诉法院在 2000 年的一项裁决中警告称："从最初的国防研究网络，到学术交流媒介，到黑客网络亚文化，到所谓新经济的商业引擎。[27] 就像河边的赫拉克利特（Heraclitus）① 一样，我们在互联网上发言时意识到法院不适合控制互联网的流动。"

Web 3.0 正在迅速发展。金融市场的巨大衰退和俄乌冲突这样的全球性事件，使得 2022 年的动荡程度远高于 2021 年（当时人们对 NFT 和 Web 3.0 的热情高涨）。2022 年夏天的 NFT 市场低迷可能部分修正了 2021 年牛市带来的金融投机，但它也可能以许多其他方式影响着 NFT 市场，而我在写作这本书时无法对此做出准确的诊断。在没有收集更多信息的情况下，制定任何法规都是愚蠢的，也许只能等待和观察 Web 3.0 将如何发展。但与此同时，过去二十年的网络应该让我们变得更加明智。虽然目前尚未就 Web 3.0 监管做出最终决

① 古希腊哲学家。爱菲斯学派的创始人。其名言为"人不能两次踏进同一条河流"。

定，但这并不意味着我们应该坐以待毙。我们也应该着手思考如何去做——甚至制定监管的运作计划，并讨论由谁来执行。本章概述了我认为我们应该为 Web 3.0 采用的三项原则，而下一章则讨论了 NFT 已经引发的法律争议。

Web 3.0 的三项原则

起点是确定 Web 3.0 的目标并达成共识。这场辩论可能不会为所有实体、公司、人员和环境提出一套统一的目标。去中心化的完整意义在于避免在在线治理问题上束手束脚，并鼓励地方一级的各种团体进行更多的治理。但是，至少认识到 Web 3.0 的某些共同理想将有助于提供总体原则，这对于实施或考虑其他公共价值观是否有理由偏离这些原则是十分重要的。我将在下面讨论 Web 3.0 的三项原则。

第一项原则：支持去中心化

Web 3.0 的基础是回归去中心化。这种理想直接反映到中心化的互联网平台，特别是社交媒体，比如脸书、Ins、YouTube、TikTok、推特等。Web 3.0 的支持者提供了各种支持去中心化的理由。或许最重要的理由就是为了给互联网平台上的商业模式——或监控资本主义——提供一种替代方案，这种模式通过向基于用户上网习惯的企业出售广告，将用户数据货币化。[28] 与此相关，Web 3.0 被视为一种赋予人们权力的方式，使他们能够逃避大型科技公司强加的规则和执行决定，包括审查和去平台化（或从平台上排斥）——人们对政策的制定完全没有发言权。[29] 如笔者以往学术研究所言，在没有任何社区投入的情况下形成的“社区标准”是奥威尔式的。[30] 通过区块链的去中心化支付系统也被吹捧为消除了对金融服务中介机构的需求，而这些中介机构则可以收取服务费，收集个人数据，甚至阻止其不赞同的内容的支付。[31]

从这些案例中可以看出，Web 3.0 支持者在说到去中心化的时候可能会指代一些不一样的东西。在下面的表 9.1 中，我确定了六种不同类型或层次的去中心化。其他理论家则提出了不同的分类。[32] 但是我采用的这些方法提供了一种既全面又可以理解的方法。

表 9.1　Web 3.0 和 Web 2.0 中的去中心化治理和中心化治理

法律层级	法律规制	
资金层级	去中心化资金（个人）	中心化资金（VCs，机构投资者）
企业层级	DAOs| 市场空间 | 元宇宙 NFT 项目	大科技平台
商业模式层级	去中心化协作或混合	中心化
社区层级	民众制定的去中心化规则和规范	科技公司制定的中心化“社区标准”
技术层级	区块链 p2p 网络	中心化大科技公司服务器
注：	去中心化：Web 3.0	中心化：Web 2.0

首先是技术层级，代码即法律。区块链在这一技术层面上运作。区块链代码的设计方式，通过将涉及加密货币和 NFT 的交易记录在世界各地许多计算机的 p2p 网络上，实现了去中心化。区块链的设计还使人们能够通过匿名加密钱包参与 Web 3.0 网站。Web 3.0 的用户可以直接使用自己所拥有的资产进行投资或购买商品等活动，从而避免了传统互联网中需要注册才能登录的问题。其次是商业层面。区块链意味着信任，这是一种全新的商业模式，但目前仍处于探索阶段。讨论往往集中在通过区块链去中心化的这一技术层面上，至少作为一

个起点。[33]

然而，任何人都不应该天真到相信区块链可以确保去中心化。研究人员发现，在比特币诞生的前两年，即 2009 年至 2011 年，它集中在 64 名矿工手中。[34] 比特币挖矿的高度集中一直存在。2021 年，美国国家经济研究局（National Bureau of Economic Research）的研究人员，“发现排名前 10% 的矿工控制着比特币 90% 的产能，而只有 0.1%（约 50 名矿工）控制着 50% 的产能”。[35] 以太坊显然有更大的去中心化，有几个矿池（mining pools）可以让个人矿工加入，其中排名前三的矿池有十万名或更多不同的矿工。[36] 前五大矿池仅控制了 65.4% 的 ETH 开采量。[37] 据估计，有 100 万人担任以太坊矿工。2022 年 9 月，“合并”将以太坊改为更节能的权益证明方法。[38] 合并消除了对矿工的需求；人们可以通过押注或提交必要的 ETH（而不是矿工）成为区块链上交易的验证者，以便随机分配验证交易的机会。[39] 在合并时，四个权益池（staking pools）占现有权益以太坊（staked Ethereum）的 60%。[40] 有分析人士担心，合并将导致验证器更加集中，这反过来可能会使以太坊更容易受到黑客攻击［被称为“51% 的攻击”（51 percent attack）］。

即使以太坊的权益保持某种程度的去中心化状态，也不能保证 Web 3.0 将是去中心化的。分权或集权可以发生在其他五个层次。如果这些其他层次中的任何一个都是高度集中的，那么在区块链技术层面上实现的去中心化则可能弱化。要理解其中的原因，现举一个简单的例子。脸书，现在被称为 Meta，正在构建自己的元宇宙，其中就包括潜在的 NFT。[41] 不过，如果说过去只是前奏的话，那么我们可以预期 Meta 的元宇宙将以类似于脸书的方式运作——由 Meta 设计的中心化社区标准，Meta 所拥有的中心化服务器，以及机构投资者持有的高度集中的 Meta 股票。例如，Meta 为它的元宇宙“地平线世界”

（Horizon Worlds）提供了一个中心化的用户策略，允许一些成熟的内容带有适当的标签。[42] 地平线世界不使用区块链或去中心化技术（至少现在还没有），尽管脸书和 Ins 已经开始接受加密钱包连接和 NFT。即使 Meta 最终使用 NFT 和区块链作为其元宇宙，如果 Meta 的大多数方面都是中心化的，我们也很难称之为去中心化。[2022 年，Meta 就有关环境的错误信息向一些脸书用户征求意见。这个实验是令人鼓舞的，Meta 计划在未来征求更多的意见——这个过程被凯西·牛顿（Casey Newton）称为“平台民主”（platform democracy）。[43] 更多公众参与制定社区标准是积极的一步。]

其他类型的去中心化与技术层面的去中心化同样重要。首先，社区层面上涉及对民众进行治理的规则与规范。它们可以由人们以去中心化的方式设计（如在 DAO 上经过多数表决），也可以由中心化的方式由中央机构设计，如政府或互联网公司自上而下地实施监管。Web 3.0 支持者对大型科技平台“审查”进行了谴责，前者在社区层面寻求更多的权力下放——决定规则和规范，即所谓的社区标准，来管理互联网的人们。

第二，企业层级描述了市场上为人们提供在线服务和平台的实体。这些实体可以处于一个分散的、有许多参与者的竞争市场，也可以处于一个高度集中的、有少数主导参与者的市场。网络去中心化面临的一个主要挑战是，网络效应就像引力一样，有利于越来越大、越来越集中的网络。虽然仍处于早期阶段，但截至 2022 年 2 月，OpenSea 估计占 NFT 交易市场份额的 80%。[44] OpenSea 是最大的去中心化 NFT 市场，其运作方式更像是 Web 2.0 互联网平台，为用户提供集中资金、集中创建和执行服务条款。尽管一些 Web 3.0 的支持者不喜欢 OpenSea 日益强大的力量，但某种程度的集中化并不一定是件坏事。正如我们将在下一章中讨论的那样，我们可能希望在社区层面上进行集中，至少在有限的情况下，特别是在出现版权侵权或盗窃 NFT 等反复出现的问题时。集中应对反复出现的问题并不是万灵药。但它可能更具效率。

第三，业务模型层级与我们之前的讨论有关。企业可以选择像迪士尼这样高度中心化的方式，严格控制其业务的各个方面，尤其是知识产权。或者它也可以选择去中心化的协作模式，亦可像 Yuga 实验室那样，结合去中心化和中心化协作的混合商业模式。最具创新性的 Web 3.0 支持者支持通过 NFT 进行去中心化协作。

第四，资金层级可以采取去中心化的方式，由许多个人投资者提供资金，也可以采取中心化的方式，由少数风险投资公司和大型机构投资者提供资金。中心化融资不一定会将 Web 3.0 实体转变为中心化业务。例如，我们可以想象机构投资者为 DAO 做出贡献，但 DAO 仍然以去中心化的方式在区块链上运行，具有去中心化的业务和治理。但当有较多风投支持项目后，企业获得收益和给投资者提供财务收益的预期也会增加。一个初创公司若取得成功，一般都要向 IPO 迈进。由于 NFT 所有者保留了从去中心化协作获得的利润，创业公司可能会有更大的动力通过中心化协作来发展业务，希望为 IPO 创造有吸引力的收入。换句话说，风险投资倾向于中心化协作，以产生收入，从而实现 IPO。

最后，法律层级可以采取去中心化的方法，倾向于更多的放松监管或基于市场的方法，也可以采取中心化的方法，实施需要行政机构和法院参与执行的法律规定。值得指出，制定国家法律并不自动显示政府实行集中。互联网最重要的两项法律——《数字千年版权法案》和《通信规范法案》(*Communications Decency Act*) 第 230 条规定的互联网公司的避风港——是服务提供商的责任豁免；这些法律支持一种放松管制的方法，旨在防止法院不得不解决每一起涉及侵犯版权或内容审核的网络纠纷。[45] 这些避风港将责任转移到了互联网服务提供商身上，随着时间的推移，这些服务提供商整合到了采用集中商业模式和社区标准的大型平台（如脸书、Ins、TikTok、推特和 YouTube）中。大型科技公司的这种中心化是 Web 3.0 支持者们提出替代方法的主要原因之一。

DAO 可能在各个层级（排除了政府确定的法律方面）最大限度地发挥了权力下放的潜力。鉴于 DAO 是为区块链和 Web 3.0 创建的，这就不足为奇了。[46] DAO 通常通过出售 NFT 来分散资金。在某种程度上，DAO 涉及 Nouns DAO 和 Gutter Cat Gang DAO 等媒体业务，它们通常在许可中采用去中心化协作。[47] 而社区运行 DAO：NFT 所有者在 DAO 通过的决议中，每个 NFT 拥有一票表决权，并决定 DAO 的议程。正如其名称所示，DAO 是为去中心化而设计的。

应当指出，仅仅因为 Web 3.0 实体一开始在各个层级上都是去中心化的，并不能保证它会保持这种重视。当 NFT 市场以及正在兴起的元宇宙日益普及并取得成功时，网络效应或许将促使这些实体向 Web 2.0 那样的大科技平台发展。正因如此，蒂姆·奥莱利（Tim O' Reilly）在 2022 年 2 月对 Web 3.0 能否避免我们所看到的整合模式持怀疑态度。[48] 随着 OpenSea 在 NFT 市场中主导地位的确立，这种情况已经发生了。尽管现在还为时过早，其他 NFT 市场也许会为不同市场提供服务，但在销售量最大的市场上进行销售还是有明显优势的。

同时要考虑的是无聊猿游艇俱乐部，它已经迅速成为 NFT 项目中的行业领导者，更渴望成为首要的 Web 3.0 媒体 / 娱乐业务。但目前无法保证无聊猿游艇俱乐部会在区块链技术层级之外保持去中心化。无聊猿游艇俱乐部的创建者 Yuga 实验室已经从风险投资公司 a16z、谷歌风险投资公司（Google Venturesz）、Animoca Brands、老虎环球基金（Tiger Global）、成功资本公司（Thrive Capital）、FTX 以及其他机构和个人投资者那里获得了 4.5 亿美元的种子资金。[49] Yuga 实验室在一笔重磅交易中从幼虫实验室手中收购了加密朋克和 Meebits NFT 的知识产权。2022 年，Yuga 实验室控制了有史以来销量排名前三的藏品系列：无聊猿游艇俱乐部、加密朋克和 MAYC。对加密朋克和 Meebits 的大规模集中化融资和收购并不必然使 Yuga 实验室成为一家中心化的公司。它仍然采用了一种混合商业模式，其中很大一部分专门用于去中心化模式协作，同时在技术层级依靠区块链实施去中心化。但 Yuga 实验室商业模式的中心化方面正在快速增长，包括与阿迪达斯、Animoca Brands 和 Improbable 的各种合作，以及来自机构投资者的种子基金。Yuga 实验室还必须面对是否为其元宇宙采用中心化的社区标准。该公司似乎正在计划一种修改的方法，毫无疑问，它意识到了 Web 2.0 公司在内容审核方面面临的争议。Yuga 实验室在其为 Otherside 撰写的精简论文中认识到了公众投入的必要性："我们致力于创建自下而上的治理系统，真正代表不断发展的社区需求。"[50] 这种社区标准方法将是对 Web 2.0 互联网平台标准方法的明显改进。

第二项原则：保护自身主权、身份和隐私免受监视资本主义的侵害

Web 3.0 的另一个原则是保护个人的自主权（self-sovereignty）、身份和隐私权，包括数据隐私权。这项权利旨在终结大型科技平台的

监控资本主义，这些平台收集人们与广告商的在线数据并将其货币化。[51] 理论家将这一权利描述为“自主身份”（SSI，self-sovereign identity）；[52] 在流行语中，它通常被称为“自主权”。其基本理念是，人们应该完全掌控或拥有自己的身份和在线个人数据。放弃自己的身份或个人数据不应该是人们享受互联网所必须付出的代价。

区块链被视为自主权的技术推动者。[53] 作为区块链代码或架构的一部分，隐私受到了保护。区块链使一个人能够使用不包含个人身份或电子邮件的加密钱包参与不同的平台并在其上进行交易。个人无需使用姓名和电子邮件建立用户账户，只需将其加密钱包与网站相连。（这是一种权衡：网络钓鱼的伎俩会使加密钱包容易被盗，这一问题将在下一章中讨论。）

自主权的另一个方面是，人们可以选择自己的网络身份，无论是匿名还是化名。NFT 经常被人们用作他们的头像，并可以成为他们公共形象的一部分。只要在 NFT 推特上花一点时间，你很快就会发现，许多 NFT 的所有者都认为自己是 NFT 角色，而其他人只能通过其 NFT 来识别他们。虽然仅仅通过 NFT 角色，很难说出谁是 Web 3.0 中最有名的人，但是答案也许就是朋克 6529——他正在参与一个雄心勃勃的 Web 3.0 项目，构建开放型元宇宙（恰好该项目正在 6529.io 网站上进行开发）。[54]

但是，与第一项原则一样，使用区块链在技术层面保护自身主权并不能保证它在各个层级都得到保护。一个 Web 3.0 企业可以对社区提出 KYC 要求（“know your customer”，意为：“了解你的客户”），要求提供个人信息以参与一些活动或交易。

对于 Otherside 的土地销售，Yuga 实验室与 Animoca Brands 合作，对任何想要在发布期间购买 NFT 的人都提出了 KYC 要求。KYC 要求由一家专门从事 KYC 和合规服务的公司 Blockpass 处理。Animoca Brands 的联合创始人萧逸（Yat Siu）表示，任何个人信息都不会被发送给 Yuga 实验室或 Animoca，在 Blockpass 对个人信息进行验证之后就会销毁。[55] 无聊猿游艇俱乐部当时没有透露要求 KYC 的具体原因，但在推特上表示“也不喜欢 KYC”，给人留下了悬念。在备受争议的 Otherdeeds 铸币后，Yuga 实验室在一条推文中表示，KYC 被用作“严格的门控机制”（rigorous gating mechanism），以帮助缓解对 Otherdeeds 的预期高需求，事实上，这的确实现了。[57] 无论出于什么原因，KYC 要求引发了对 Yuga 实验室的强烈反对。[58]

这个案例表明，区块链有助于在技术层级上实现自主权的运作，但它不能保证在其他层级上保持自主权。公司或法律法规可能要求真实身份。我们已经讨论了 Yuga 实验室及无聊猿游艇俱乐部的联合创始人戈登·冈纳和格格巫是如何被《BuzzFeed 新闻》从他们提交的公开企业文件中识别出来的。任何起诉或被起诉侵犯版权的 NFT 创作者都将在法律文件中被点名，这是一项公共记录的问题。例如，蛋糕猿（Caked Apes）NFT 的创作者必须在针对设计作者争议的诉讼中透露自己的身份。[59] 这样，其真实的身份就会被披露。

第三项原则：在创造者所有权经济中赋予创造者和所有者权力

Web 3.0 的第三项原则是让人们成为创造者和所有者。正如前几章所述，NFT 是实现这一目标的主要工具。[60] 对于艺术家来说，NFT 提供了一种新的谋生方式——在不需要签订向行业中介转让版权这一魔鬼交易的情况下就能改变自己的命运。Web 3.0 生态系统应该尝试赋予艺术家权力，例如，尊重艺术家转售版税的权利——这是他们通过艺术创作建立生计的重要组成部分。对于公众来说，NFT 提供了一种新型的交互式所有权，为在线身份、社区、赞助和协作提供了令人兴奋的机会。人们不被视为用户；相反，他们是控制自己网络身份的所有者，可以在社区和商业企业中平等地与他人进行交互。

Web 3.0 的这三项原则并非详尽无遗。其他重要的原则可能值得认识。但是，这三个方面为我们考察监管 Web 3.0 解决几个关键领域的可取性提供了一些方向——一颗启明星——以解决几个关键领域的问题：证券、欺诈和欺骗、侵犯知识产权、网络钓鱼和失窃 NFT。在这些领域，我们可能会面临一些棘手的问题，即 NFT 或 Web 3.0 是否应该受到监管，如果应该，由谁来监管——国家政府、虚拟政府还是人民。

我建议的方法是考虑如何执行和推动以上三项原则。如果采用了中心化的方法，则应考虑它影响到了六个层次的权力下放中的多少层次，以及它是否破坏了这三项原则。

第十章

◆

法律争议

变化是生活的法则。

而那些只看见过去或现在者，肯定会错过未来。

——约翰·F. 肯尼迪（John F. Kennedy）

NFT 交互式所有权对混合商业模式具有促进作用。本章中，我们将研究涉及去中心化协作的两种最具创新意义的商业模式。它们使 NFT 的所有者能够将与其 NFT 相关的艺术作品进行商业化。在此之前，让我们先来研究一下传统媒体企业如何运作并参与中心化协作，从而实现对其知识产权的最大化管控。[1]

本章讨论了决策者在不久的将来可能会面临的与 NFT 相关的四个争议领域：证券监管、“拉地毯”与欺诈、知识产权侵权以及网络钓鱼和窃取 NFT。我的论述并非关于这些争议领域之辩论的最终解决方案，而是要强调有助于理解这些争议的关键节点，并使我们能够更好地解决这些问题。

证券、橙子树和NFT

20世纪20年代，房地产开发商威廉·J.豪威（William J. Howey）在佛罗里达州奥兰多郊外购买了6万英亩的土地。他做起了有利可图的橙子种植生意，并且为此设立了两个相关的公司：豪威公司（Howey Company）用于销售地块，豪威服务公司（Howey-in-the-Service Company）则为购买者提供为期十年的服务合同，将土地租赁给服务公司，允许其在自己的土地上种植橙子，并将一定比例的利润出让给土地所有者。

土地购买者没有被要求使用豪威的服务，但大多数人还是都这样做了。这是有其背后原因的。人们多数来自佛罗里达州以外，曾经访问过该地区，并住进了附近豪威拥有的酒店。在逗留期间，顾客们被推销的不是分时度假，而是一块种植橙子树的土地。豪威代表吹嘘收获季将带来20%的盈利，并表示在未来十年内至少会维持10%的收益。很明显这一宣传起到了一定的效果。那些签署服务合同的人"被可观的利润预期所吸引"。[2] 这一预期的动力来自20世纪20年代以来美国人日益增长的橙汁消费，当时的广告中到处充斥着维生素C对健康的益处。[3] 根据豪威协议，土地所有权只是名义上的：购买者确实"不希望占用土地或自己开发"。[4] 他们是蒸蒸日上的橙子生产企业的投资者，这也是美国橙汁消费量上升的动力。美国证券交易委员会起诉两家豪威所有的公司违反《证券法》（*Securities Act*）向公众出售美国证券交易委认为未经登记注册的证券。最高法院对此表示赞同。在界定属于受美国证券交易委员会监管的证券的投资合同时，最高法院提出了现在所谓的"豪威测试"（*Howey* test）：一份投资合同包含（1）金钱投资、（2）普通企业投资、（3）只从别人的努力中获得利润的正当期望。[5]就此，法院可以轻易认定豪威卖地和提供有关服务种橙子树的安排满足了上述三个条件。

那么，NFT 在豪威测试中表现如何呢？没有哪个法律问题的解决方案能像这个问题一样搅乱 NFT 市场。如果将 NFT 归类为证券，那么 NFT 项目将受到美国证券交易委员会的全面监管。首先，证券在向公众发售**之前**，必须在美国证券交易委员会的声明中进行登记，包括在首次公开募股前向投资者提供的招股说明书中进行财务披露。该项目必须在首次公开募股前保持一段安静期，避免发表可能改变公司声明的公开评论。一个属于豪威测试的 NFT 项目“必须清楚地描述有关其业务运营、财务状况、经营成果、风险因素和管理的重要信息”，包括经审计的财务报表，而不仅仅是一个网站、一个模糊的路线图和社交媒体帖子。[6]提交给美国证券交易委员会的声明，包括招股说明书，是一份由申请注册的公司聘请的证券律师编制的冗长文件。（如果你想看看它是什么样子，注释中的链接给出了一个例子。[7]）首次公开募股后，该项目将受到美国证券交易委员会持续的披露要求和监管，并禁止内幕交易。

2022 年，美国证券交易委员会预计将发布部分 NFT 是否构成证券的指引。有消息称，它正在调查作为资产的部分权益出售的一些 NFT 是否属于证券。[8]但美国证券交易委员会进行的调查很可能涵盖了 NFT 较为常见的用途，例如涉及卡通人物、化身、虚拟土地等内容的收藏。这一问题在联邦法院对 NBA 最佳投篮时刻 NFT 的制造商 Dapper 实验室提起的集体诉讼中得到了明确体现。该诉讼目前正在由联邦法院进行审理。[9]

在 2022 年写作本书时，我还没有获得美国证券交易委员会或法院关于 NFT 是否为证券的裁决。预计美国证券交易委员会可能会发现：仅作为藏品（类似于棒球卡或绘画）出售的NFT不是证券，但包括未来业务发展路线图或增值的未来福利NFT项目则为证券，必须登记后才能卖给大众。

已经有迹象表明，美国证券交易委员会正倾向于这种观点。在卸任美国证券交易委员会公司财务部主任一职之前，威廉·欣曼（William Hinman）在雅虎发表了演讲。2018年的金融峰会将豪威的橙子与一些代币和硬币的营销方式进行了比较："就像在豪威案中一样，代币经常被吹捧为有其自身用途的资产，并承诺这些资产将以一种使其价值增长的方式进行培育，然后出售获利。"[10]尽管在NFT兴起之前，欣曼谈论的是数字资产，如首次代币发行（ICO），但他的分析似乎是针对NFT藏品的，这些藏品不仅仅是收藏品（collectibles）或"独一无二"的艺术，而是发展了正在进行的商业冒险。正如欣曼所阐述的，"筹集资金的目的是希望发起人建立他们的系统，投资者可以从工具中获得回报——通常是在二级市场上出售他们的代币，一旦发起人用收益创造了一些有价值的东西，数字企业的价值就会增加"。[11]

尽管美国证券交易委员会创新和金融技术战略中心对2019年ICO的分析不具有约束力，但如果我们将其应用于对未来业务发展有雄心壮志的NFT系列（通常可通过路线图识别），[12]则会得出类似的结论。该分析确定了可能属于豪威测试范围的场景，其中至少包括一个相关场景：一家公司"做出或参与管理层的商业决策，例如如何部署从数字资产销售中筹集的资金"。根据美国证券交易委员会对ICO的分析，被亲切地称为"加密妈妈"（crypto mom）的专员赫斯特·皮尔斯（Hester Peirce）提醒NFT创作者："如果你在做某件事时说：'我要卖给你这个东西，我要建造这个……这样你买的这个东西就有很大的价值。'这会引发与这些 ICO 提出的问题相同的问题，所以当你做这样的事情时，你必须非常小心。"[13]

如果皮尔斯的评论没有敲响警钟，这些问题也应该引起注意。NFT 项目包括未来商业发展的雄心勃勃的路线图，以及为获得未来奖励而进行的 NFT 赌注，听起来正是皮尔斯和欣曼所警告的。NFT 项目可能会辩称，他们模糊的路线图并不像豪威的服务合同那样具有约束力，因为他们从未明确承诺或吹嘘过投资回报。这种辩护将形式凌驾于实质之上，而豪威案的最高法院拒绝了这种辩护，支持审查"经济现实"（economic reality）。[14]

从规划未来业务发展的项目中购买 NFT 者，是否对 NFT 项目团队的努力所带来的利润具有合理的预期呢？在豪威案中，这一问题也许是一个关键议题，并最终由事实来决定。由于项目团队的创业或管理努力，例如在构建可以利用 NFT 的元宇宙时，期望 NFT 像绘画一样升值与期望 NFT 升值是不同的。后者更有可能属于豪威案的测试范围。

最高法院回避了一个潜在的问题：豪威测试是否要求买方"期望只通过发起人或者第三方的工作来实现盈利"？[15] 下级联邦法院采用了务实的方法，将"单独"（solely）解释为"显著"（significantly）。[16] 因此，如果买方对利润的期望很大程度上来自共同企业中其他人的努力，即使买方期望利润也来自买方自己的努力，豪威测试的最后部分也得到了满足。

在豪威案之后的一个案件中，最高法院避免审查这种方法，甚至承认，涉及双重情况的情况，即买方"被提供商品或房地产供使用［即非证券的东西］和利润预期……可能会给证券法带来难题"。[17] 有些效用型 NFT 提出了类似的双重情形：买家可以拥有像艺术品一样的 NFT，并通过去中心化协作许可将其作为自己的身份和商业化努力，但可能会从 NFT 项目团队建立业务的努力中获得利润（NFT 价值升值）。需要突出这一差异：与豪威案中的土地购买不同，土地所有者对自己使用土地没有兴趣，而 NFT 的所有者通常希望使用和公开展示艺术品，一些所有者希望开发且商业化，并根据去中心化许可授权从自己的工作中获利。如果 NFT 涉及虚拟土地，也许许多业主希望使用和开发虚拟土地用于自己的商业和娱乐。如果 NFT 所有者的利润预期的很大一部分来自 NFT 项目团队的努力，那么证券法的现行方法可能会将这种双重情形视为仍在豪威测试的范围之内，从而构成了一种证券类型。不过，最高法院也可能会重新审议这个问题。

部分企业已接受了 NFT 证券登记。2021 年 10 月，音乐 NFT 平台 Opulous 与投资公司 Republic 一起提供了第一批音乐安全 NFT（music security NFT），最初被称为 S-NFT，但后来更名为 MFT（music fungible tokens，音乐同质化代币）[18]。利尔·庞普（Lil Pump）和阿德·阿兹（Ard Adz）是第一批在 Opulous 上提供 MFT 的音乐人。利尔·庞普为其歌曲《蒙娜丽莎》[Mona Lisa（feat.Soulja Boy）] 制作的 MFT 在两小时内售罄，并在 927 名投资者中募集了 50 万美元。[19] 每次利尔·庞普的歌曲被播放，歌曲所有者都会获得一部分版权费。[20] 阿德·阿兹的 50 000 个 S-MFT 在一小时内售罄，采用了不同且定价较低模式：每个 MFT 的价格为 1 美元，最低购买要求为 100 美元。[21] Opulous 建立了一个精心打造的音乐平台，使用平台上提供的可以购买的被称为 OPUL 的代币，人们就如在银行账户中那样持有利息。该公司还为音乐家们提供非金融贷款，并以后者的未来版税作为抵押。

Opulous 是个例外。大多数 NFT 都没有注册为证券。我们将看看美国证券交易委员会怎么说。但 2022 年 5 月有一个不祥的迹象：

美国证券交易委员会主席加里·根斯勒（Gary Gensler）宣布，美国证券交易委将加密资产和网络部门的规模扩大一倍，增加 20 名工作人员，以调查加密产品和 NFT。[22] 在 2022 年 9 月参议院银行委员会（Senate Banking Committee）的证词中，根斯勒表示，对代币进行质押可以使其成为证券——鉴于最近转向了权益证明机制，这一评论令以太坊社区感到不安。[23] 尽管根斯勒没有谈论特定的加密货币（更不用说 NFT 了），但他的评论似乎适用于任何代币的抵押。

更大范围内的问题在于，那些渴望成为企业、有路线图和未来业务发展的 NFT 项目是否应该受到证券监管。无论法院和美国证券交易委员会怎么说，国会总是可以修改《证券法》，将 NFT 添加到证券注册豁免名单中，或者将其归类为不同的类别。2022 年，国会议员提出了两项两党法案（bipartisan bills），将加密货币归类为受商品期货交易委员会（CFTC，Commodity Futures Trading Commission）而非美国证券交易委员会监管的商品。[24] 根斯勒对这一提议并不感到兴奋，但后来他更愿意接受 CFTC 监管包括比特币在内的“非安全代币”（nonsecurity tokens）。[25] 但目前尚未有任何法案明确涉及 NFT。

假设美国证券交易委员会将一些 NFT 项目视为证券，国会应该就此问题对此进行研究，看看是否采用不同的方法会更好。美国证券法的目标首先是向投资者提供有关证券的财务披露（在招股说明书中），然后再决定是否投资这些证券。[26] 其次，该法律禁止重大虚假陈述和欺诈行为，包括内幕交易，并要求出售公共证券的公司向美国证券交易委员会登记，并遵守美国证券交易委的持续报告要求。[27]

证券注册可能不太适合 NFT。首先，我怀疑招股说明书是否会对 NFT 买家，尤其是对“堕落”买家产生很大影响。招股说明书是否会为投资者提供有用的财务信息？从理论上看，是的。除了管理层的基本信息（创始人不能匿名）和 NFT 项目的财务状况外，招股说明书还将包括一份关于财务风险的声明。根据“提示注意”原则（“bespeaks caution” doctrine），证券注册人有动机在招股说明书中加入关于任何未来预测的警示声明——“警告信号”，因为足够的警示语言可能会使招股说明书中的任何错误陈述或遗漏变得无关紧要，因此不受证券诉讼的影响。[28] 例如，一个 NFT 项目可能包含如下警示语言：

财务风险提示：该 NFT 项目尚未启动，没有运营历史，也没有收入。因此，这个 NFT 项目将面临建立一个新的商业企业所固有的所有风险。无法确保该 NFT 项目将盈利或产生任何收入。对于包括本 NFT 项目在内的 NFT 市场的未来增长或其价值，不能做出任何保证。

然而，一份长达 40 页或更多的招股说明书中关于财务风险的声明不太可能被真正读到。投资者没有义务阅读招股说明书，很多人可能根本就不会去看。[29] 而且，尽管招股说明书必须用“通俗易懂的英语”撰写，但普通散户投资者对招股说明书的理解程度仍然是一个问题。[30] 证券交易委员会工作人员 2012 年的一份报告发现，对投资者行为的定量研究显示，“投资者不理解最基础的金融概念”。[31] 即使他们理解其中的部分内容，行为经济学（如上一章节所论述的席勒理论）也认为，人们会受到各种偏见的影响，比如过度自信和对病毒式叙事的敏感性（例如，成为一个“堕落”买家），这可能会削弱金融风险预警的有效性。[32] 正如法律学者斯蒂芬·蔡（Stephen Choi）在 2005 年质疑的那样，“如果投资者无法处理信息披露，为什么这些投资者有能力理解并受益于注册说明书和招股说明书中包含的强制性披露？”[33]

如果不是在 40 页的招股说明书中，而是在 NFT 项目的主页上进行突出显示，然后在销售时再次提醒人们购买 NFT 的重大风险，那么警告可能会更为有效。基于首因效应和近因效应，这种双重预警可以最大限度地产生对于买方的影响。[34]

在自己对于 OpenSea 和 NFT 项目网站的评论中，我不记得曾看到过一篇关于金融风险的突出声明。Doodles 的项目最接近于其服务条款中的声明，表明 Doodles NFT 不应被视为投资，并可能没有价值。[35] 也许所有的 NFT 都有风险——人们，甚至是“堕落”买家们，都应该知道这一点，尤其是在加密货币的寒冬之后。但是，让 NFT 项目在销售点突出说明金融风险，可能有助于增强投资者的风险意识。只不过，这种类型的警告并不是证券监管所强制要求的。

证券监管可能会对已启动的 NFT 项目之数量产生负面影响。鉴于法律成本、证券注册和报告的障碍，加上公司高管随意发布推文可能违反证券法的可能性，许多 NFT 创作者可能会对创建希望成为媒体企业的藏品望而却步。NFT 的创造者在推出产品之前往往没有多少资金——这正是 NFT 的销售所提供的。对于许多有抱负的 NFT 项目来说，聘请证券律师和提交证券注册可能成本过高。此外，如果中国、欧盟、韩国和其他 NFT 流行的地区等外国司法管辖区也有着自己的要求，从而导致法律费用可能迅速攀升。2022 年夏天，欧盟批准了《加密资产市场法》[Markets in Crypto Assets (MiCA) law]，据报道，该法将要求 NFT 系列（被视为资产参考代币）提交一份类似于招股说明书的白皮书，尽管首席谈判代表之一斯特凡·贝格尔（Stefan Berger）似乎对 MiCA 对于 NFT 的适用持更为有限的看法。[36] 单一 NFT，例如“独一无二”的艺术作品，显然有资格获得豁免。[37]

韩国正在考虑制定自己的法规。随着合规的法律成本不断增加，对创作者的寒蝉效应可能不成比例地落在那些来自代表性不足的社区的人身上，他们可能会减少获得法律援助或浏览证券监管网所需资源的机会。如果实施繁重的法规，可能会阻止创作者尝试开发 NFT 藏品。诚然，证券监管可能会对于筛选那些成功概率很小的“天上掉馅饼”项目起到有益作用。但 2022 年夏季 NFT 市场的严重低迷可能已经造成了这种影响。

证券监管可以通过禁止 NFT 内幕交易产生积极影响。美国证券交易委员会规则 10b5-1 禁止基于内幕人士的重大非公开信息购买或出售证券。[38] 这种非法行为在好莱坞电影《华尔街》（*Wall Street*）中得到了突出体现，迈克尔·道格拉斯（Michael Douglas）饰演反派戈登·盖柯（Gordon Gekko），他宣称“贪婪是好的”（Greed is good）。研究表明，证券内幕交易是一种常见的做法。[39] 尽管没有研究调查 NFT 的做法，但 NFT 爱好者普遍认为 NFT 的内幕交易很常见。[40] 但 NFT 爱好者可能也普遍认为内幕交易是合法的，因为美国证券交易委员会尚未将其归类为证券。

然而，2022 年 6 月，联邦检察官宣布起诉前 OpenSea 员工内特·查斯坦（Nate Chastain），这在 NFT 市场上引起了轩然大波。据称，他在 OpenSea 工作期间交易了至少 45 个 NFT，其依据是 OpenSea 将在其网站上展示 NFT 的机密商业信息。据称查斯坦通过以原始购买价格的两到五倍出售 NFT 获利。起诉书指控查斯坦在未经授权的情况下使用 OpenSea 的机密商业信息进行欺诈，并根据该机密信息篡改他的 NFT，这违反了电信欺诈法规，而不是证券法。最高法院的先例支持起诉书适用电信欺诈法规，即员工涉嫌滥用机密商业信息违反公司政策。[41] 然而，查斯坦的律师不同意这一解释，并提出了驳回起诉的动议。后者被法院于 2022 年 10 月予以了驳回。

目前尚不清楚电信欺诈法规是否适用于查斯坦起诉书中所指控的自我交易（self-dealing）情况之外的更常见的 NFT 内幕交易类型，包括项目创建者向朋友提供的“内幕”消息。创作者可以接触到大量的非公开信息，例如，可以识别哪些 NFT 是最稀有的，然后再披露。如果创作者告诉他们的朋友哪些是最稀有的，朋友们就可以以折扣价购买收藏品中最稀有的 NFT。[42] 因此，将 NFT 作为证券进行监管的一个潜在优势是，这较一般的电信欺诈法规更直接地禁止 NFT 的内幕交易。将一些 NFT 收藏品归类为证券也有好处，可以明确禁止清洗交易 NFT（买卖双方串通操纵销售价格的虚假交易）的常见做法，[43] 还可以要求那些推动 NFT 项目的付费影响者披露他们的经济利益，并使他们受到美国证券交易委员会的依法监管。

总而言之，使用证券法监管 NFT 项目的理由似乎并不充分。在招股说明书中披露信息的好处是值得怀疑的。还有一个风险是，证券注册可能会给 NFT 项目带来更大的法律成本，并使许多创作者甚至不愿尝试发展媒体业务，这反过来可能会扼杀各种行业的创新和增长，而这些行业本可以从大量雄心勃勃的 NFT 项目中受益。诚然，证券监管可以帮助阻止 NFT 市场中一些被认为是不道德的做法——内幕交易、清洗交易，以及那些不披露其经济利益的影响者和“鲸鱼”们对 NFT 的兜售。

国会应该举行听证会，研究新兴的 NFT 市场，以找出最好的办法。根据区块链数据追踪平台 Chainanalysis① 对交易 NFT 的唯一钱包地址的调查，到 2022 年，NFT 所有者的数量可能不到 100 万，其

① 一家区块链数据平台，通过数据服务为加密货币合规提供支持。

中可能有一小部分是美国人。[44] 随着 NFT 所有者数量的增长，以及不同类型的 NFT 用途，国会将更好地了解监管将如何影响新兴市场。Web 3.0 的三个原则——去中心化、自主权和创造者 - 所有权经济——有利于采取谨慎的方法（cautious approach）。证券监管高度集中，要求公开披露信息，并可能给阻碍创新的创造者带来巨大的法律成本。如果内幕交易和其他被认为存在的问题需要立法，国会可以考虑专门针对 NFT 收集制定一项新法律，而不是让它们受制于证券法中烦琐的备案要求，后者的价值在这里似乎值得怀疑。

“拉地毯”和欺诈性 NFT

想象一下，一个令人眼花缭乱的新 NFT 项目即将启动，其华丽的网站宣传了一个令人印象深刻的路线图，承诺了奢侈的福利：可以用 NFT 来换取奖励，在即将到来的虚拟世界中使用 NFT、NFT 角色的 3D 模型，以及与其他 NFT 繁殖以创造自己的第二代 NFT 的能力。此外，NFT 的卡通人物看起来很可爱！所以，你花了一千美元抢了一些 NFT。但是，在几个小时内，你得知 NFT 项目的网站、Discord 聊天室和推特个人资料都被删除了。而且，NFT 的创造者已经消失了。

你刚刚经历的是一场骗局。这是一种非法的欺诈行为，其中一个 NFT 制造者引诱人们从该系列中购买 NFT（通常是通过夸大雄心勃勃的路线图和对买家的津贴），可一旦 NFT 被铸造出来，他们就放弃了这个项目，拿着所有的钱跑路。美国已经有了一项法律，规定“拉地毯”是非法的——你猜对了，就是上面讨论的针对查斯坦指控的一般电信欺诈法规。2022 年 3 月，美国检察官达米安·威廉姆斯

（Damian Williams）宣布对伊森·阮（Ethan Nguyen）和安德烈·拉库纳（Andre Llacuna）提起刑事诉讼，他们是 Frosties NFT 的创造者，年仅 20 岁。他们所从事的所谓“拉地毯”式欺诈与上述情况类似。根据起诉书的介绍，阮和拉库纳在发售当天就将整个系列卖光，并在从其中获利 110 万美元后就立即放弃了 Frosties 项目。[45] 据称，阮和拉库纳在被捕前正准备实施另一个名为“烬”（Embers）的 NFT 项目。[46] 几个月后，司法部宣布又对黎英俊（Le Anh Tuan）提起刑事诉讼，指控他涉嫌与球猿俱乐部（Baller Ape Club）NFT 进行勾结。这表明联邦执法部门明显对遏制勾结行为感兴趣。[47]

尽管电信欺诈法规定“拉地毯”是非法的，而且联邦政府对两起涉嫌“拉地毯”的指控应该会阻止这类活动，但证券监管在阻止“拉地毯”方面可能会更有效。如果他们必须在向美国证券交易委员会提交的一份详尽的公开声明中披露自己的身份，并在向公众出售 NFT 之前等待一段时间，那么几乎没有人会参与拉锯战。注册首次发售 NFT 的整个过程，甚至会让骗子们都不敢尝试。

对 NFT 进行证券监管的理由在于阻止不法行为吗？根据现有的有限信息，可能不会。收集更好的统计数据来说明 NFT“拉地毯”问题的严重程度将是有帮助的。Chainanalysis 对涉及加密货币和代币的所有欺诈行为（但没有区分 NFT）进行了总体分析，并得出结论，加密货币欺诈行为在 2021 年达到 28 亿美元，占所有加密相关骗局的 37%。[48] 总部位于伦敦的一家名为“拉地毯寻找者”（Rug Pull Finder）的组织在 NFT 系列中寻找“拉地毯”骗局，到 2022 年 5 月，该组织已经编制了一份清单，列出了近 125 个被认为是“拉地毯”的项目。[49] 这么小的数字并不需要证券监管，尤其是在电信欺诈法规已经适用的情况下。加密货币的寒冬使得市场状况如此糟糕，以至于可能抑制了“拉地毯”行为。

我们还需要谨慎地定义什么是“拉地毯”。在社交媒体上，人们经常更广泛地使用“拉地毯”这个词来指代任何由于某种原因而被放弃的 NFT 项目，包括那些尽管项目团队付出了真诚的努力但仍然走向失败的项目。但对该词的广泛使用是无益的。即使“拉地毯寻找者”组织对该词的定义过于宽泛，但它还是提供了一项有价值的服务。[50] 如果人们真诚地想要建立一家企业却未获成功，即使他们失败得很快或很惨，也不应该被认为是一种“拉地毯”。当网络公司在互联网泡沫破裂时倒闭时，我们并不认为它们的倒闭是用心险恶的，更不认为它们是非法的。根据最近对企业的普遍估计，20% 的企业在第一年就失败了。[51] 认为任何失败的 NFT 项目都是一种谬论。我们应该将“拉地毯”一词限制在涉及非法欺诈的情况下，比如对 Frosties 的起诉书中所指控的情况，即 NFT 的创造者“在完全知情的情况下，设计并打算利用这一计划”，通过销售 NFT 进行诈骗。

如果没有证据表明 NFT 创建者的意图，最谨慎的做法便是不要着急下结论。例如，作为非常成功的 Azuki NFT 的一位幕后创造者，Zagabond 在一篇奇怪的博客文章中透露，他在两个月内参与了之前三个 NFT 项目的创建，从而引发了一场争论：两个加密朋克的衍生品——CryptoPhunks、CryptoZunks 以及 Tendies，[52] 只有 CryptoPhunks 项目幸存了下来。Zagabond 将之前的项目描述为学习经验。在推特空间（Twitter Spaces）上接受采访后，Zagabond 随后向那些失败项目的买家道歉，并承认在项目处理方式上犯了错误。[53] 一些批评人士声称，这些项目是“拉地毯”。[54] 在 Zagabond 披露这一争议事件后，Azuki 的底价从 23 ETH 暴跌至 8 ETH。[55] 但 Azuki 在震荡中幸存了下来。在 Zagabond 争议发生四个月后，Azuki 仍然是蓝筹藏品，底价约为 10 ETH。事实上，Azuki 在 pfp 系列的总销量中排名前五，甚至超过了 CloneX、月鸟和 Doodles。

通过刑法或可能的证券监管进行集中的法律回应是有意义的。一旦“拉地毯”发生，受害者自己几乎无能为力。一些 Frosties 的所有者组织了一场社区活动，以恢复 Frosties NFT（通过新的智能合约）。尽管所谓的“打包 Frosties”（Wrapped Frosties）在起诉后几乎没有销售，并且难以恢复其开盘价值。更不幸的是，到 2022 年 8 月，打包 Frosties 的交易和推特账户上的活动已经停止了几个月。

开发人员提出了一种针对“拉地毯”的技术解决方案：创建可融资的智能合约 ERC-20R 和 ERC721R，它们可以通过在发布后的一段时间内锁定资金来对抗“拉地毯”。[56] 这种做法能否获得支持还有待观察。至少就目前而言，通过法律手段来应对这种行为是最好的选择。NFT 爱好者明白这一点。当我在我的网站和社交媒体渠道上发布 Frosties 创作者们被起诉的消息时，这一公告得到了一致的积极反应。而在 Web 3.0 圈子里，对中心化方法的回应是极为少见的。人们认为刑法的介入是必要的，不仅是为了帮助金融诈骗的受害者，也是为了维护 NFT 市场的合法性。如果“拉地毯”行为如此猖獗，那么 NFT 市场永远不会成为主流。

知识产权侵权和野生网络

在 2000 年，互联网还是一项相对较新的革命性技术，它使人们能够以从前难以想象的方式在世界各地分享内容，促进了言论自由，但也侵犯了版权。《时代》杂志的封面曾展示过一张 19 岁的肖恩 · 范宁的照片——他戴着波士顿红袜队（Boston Red Sox）的帽子和耳机，咧嘴笑着——并附上一篇文章，描述了他开发的一种名为 Napster 的新 p2p 软件，该软件使人们能够在互联网上免费共享音乐文件，而无需版权所有者的许可。[57] 范宁理解 p2p 项目的重要性："Napster 释放了网络的潜力、社区病毒性增长的可能性、互联网跨越障碍的越界力量，改变了我们对商业、内容和文化的看法。"[58] 我们都知道 Napster 的命运——未能善终。

但互联网继续呈指数级增长，并继续扰乱版权法。美国唱片业协会（RIAA，Recording Industry Association of America）曾一度因非法共享音乐文件而对包括大学生在内的人提起了 3 万多起版权诉讼。[59] 在此期间，人们通常将这些诉讼描述为"版权战争"（copyright war）的一部分。[60] 美国电影协会（MPAA，Motion Picture Association of America）主席杰克·瓦伦蒂（Jack Valenti）甚至称之为"恐怖主义战争"（terrorist war）。[61]

如果这是一场战争，我们不清楚谁赢了，甚至不知道战争是否已经结束。当我们进入 Web 3.0，听到很多关于 NFT 猖獗的"盗版"的咆哮时，重要的是要记住我们是如何做到这一点的。非法文件共享仍然通过另一种 p2p 软件 BitTorrent 发生，该软件甚至比 Napster 更分散。[62] 流媒体音乐和电影的兴起为版权侵权创造了其他途径。[63] 事实上，流媒体的流行已经减少了 BitTorrent 的使用量。据报道，BitTorrent 的使用量从全球互联网流量中比例已经从高峰时期的 35% 下降到了 3%。[64]

至少 RIAA 停止了对大学生的起诉。但马里布媒体（Malibu Media），一家制作色情片的工作室，承担了大多数诉讼版权所有人的责任，并从 2012 年开始，对匿名的"John Does"提起了数千起诉讼，指控其使用 BitTorrent 分享了马里布的内容。[65] 无论这个无名氏是否参与了所谓的侵权，典型的回应是以 2 000 美元左右的价格进行了和解，以避免公众面前的尴尬、麻烦、律师费和 150 000 美元的潜在法定损害赔偿责任。[66] 根据马修·萨格（Matthew Sag）和杰克·哈斯克尔（Jake Haskell）的一项研究，马里布媒体在 2015 年和 2016 年提起了 2 646 起版权诉讼，占“无名氏”诉讼（针对的是后来通过电脑互联网地址识别的人）的 61.7%，约占美国 8 760 起版权诉讼的 30%。[67] 当然，版权所有者有权对侵权者提起诉讼。但令人担忧的是，这场诉讼会变成一场从一些可能是无辜的人那里获得和解的交易。联邦法院对这类诉讼或“版权钓鱼”（copyright trolling）表示非常担忧，并认为马里布媒体的策略引发了“对滥用法院程序的严重质疑”。[68] 到 2019 年，有关“无名氏”的诉讼开始减少。2021 年，马里布媒体甚至被责令向一名被错误指控侵权的无名氏支付超过 10 万美元的赔偿。[69]

这些诉讼掩盖了现在互联网上绝大多数侵权指控的处理方式——在法庭之外，通过涉及各种互联网平台的自动系统进行处理。是的，同样的互联网平台被攻击为参与审查以缓和用户内容，也被期望对版权侵权进行调解。

一种主要的方法涉及一种被称为“通知—撤除”（notice-and-takedown）的过程，这是 1998 年《版权法》中增加的 DMCA 安全港规定的：版权所有者向互联网平台发送涉嫌侵权的通知，该平台必须迅速撤下该材料，以符合“安全港”（safe harbor）规定，并免于承担经济责任。[70] 在 Web 1.0 中，“通知—撤除”工作得相对较好。事实上，通过自由贸易协定，美国政府说服了许多其他国家遵循同样的“通知—撤除”方式。[71]

但随着宽带和社交媒体的发展，网络侵权的数量成了一个更大的问题。版权所有者开始使用自动服务向谷歌和其他互联网平台发送越来越多的DMCA通知——所谓的机器人通知（robo-notices）。2016年，谷歌每月收到7 500万份版权侵权通知，每天收到200多万份。[72] 即使不是统计学家，你也会明白，一家公司的员工不可能每天快速或以其他方式审阅200万条通知。机器人通知的庞大数量促使互联网平台对大多数通知采取了自动删除的做法。[73] 从来没有人审查过绝大多数的侵权索赔。面对每天数以百万计的通知，他们怎么能做到呢？鉴于DMCA安全港要求迅速删除涉嫌侵权的内容，无论它是否实际上侵权，自动化系统删除内容的速度很高。谷歌和必应在2015年和2018年分别以98%和99.77%的比例删除了涉嫌侵权的链接。[74]

根据DMCA安全港的规定，用户有机会通过提交抗辩通知（counternotice）来质疑版权索赔，但很少有人这样做。然而，这并不一定是承认有罪。人们可能不了解提交抗辩通知的技术细节，或者认为法律术语令人生畏。通知和删除的自动化似乎对版权所有者有利，因为这为他们提供了一种简单的方法，无需人工审查，更无需法院裁决，就可以从互联网上删除第三方内容。然而，一些版权行业人士仍然抱怨说，这一过程就像打地鼠游戏（Whac-a-Mole）：打掉一个侵权行为，另一个就会冒出来。

2019年，在版权行业的游说下，欧盟在《数字单一市场版权指令》（*Directive on Copyright in the Digital Single Market*，简称DSM）中颁布了一种不同的方法。DSM指令要求允许分享内容的大型互联网平台，如脸书和YouTube，做的不仅仅是通知和删除。首先，互联网内容共享平台必须尽最大努力就用户在其平台上发布的受版权保护的内容进行许可谈判。[75] 其次，这些平台被要求对侵权行为进行过滤，确保侵权内容永远不会出现。这些平台必须遵循“通知—保持删除”（notice-and-staydown），而不是“通知—撤除”。该指令还要求互联网平台不得损害人们分享合法使用受版权保护的内容的权利，如属于版权例外的恶搞（parodies）内容。

当然，DSM 指令的要求说起来容易做起来难。人工智能可能会变得越来越复杂，但机器不太可能辨别出受版权保护内容的被允许的使用，尤其是考虑到欧盟国家之前不同的例外情况。欧盟法院（CJEU，Court of Justice of the European Union）承认对合法内容进行过度过滤的可能性（即自动系统错误地删除内容），尽管如此，如果互联网平台的用户有能力对过滤器删除内容提出上诉，“没有不适当的拖延，并……接受人工审查”，则法律并未侵犯言论自由。[76]

这些系统都不是完美的。没有人——版权所有者、互联网平台和用户——对任何一种系统都是完全满意的。网上侵权行为的规模之大让人无法轻易解决，这也解释了为什么版权所有者和互联网平台都求助于自动化系统，实际上是把最终决定权交给了机器。然而，由于一些被指控的侵权行为可能被允许作为合理使用或其他版权例外，自动系统必然会错误地删除合法内容。在对 DMCA 公告的实证研究中，研究者发现了公告中的错误。例如，丹尼尔·森（Daniel Seng）对 2011 年至 2015 年间发送给谷歌的 300 多万份下架通知进行了一项研究，发现其中 3.7% 的通知甚至没有按照要求对受版权保护的作品进行描述。[77]

在过去的二十年中，我们从处理网络侵权问题中吸取的教训应该使我们在 Web 3.0 中更明智地解决这个问题。1999 年，网络被比作狂野的西部，一个令人兴奋的新边疆，但没有法律可言。[78] 同样的“狂野西部”（Wild West）叙事在 NFT 中再次出现。[79]

几起涉及涉嫌侵犯知识产权的高调诉讼助长了 Web 3.0 处于无法无天状态的论调。耐克起诉了一家运动鞋经销商 StockX，因为该公司制作了八种不同的耐克鞋的 NFT，作为从 StockX 公司购买鞋子的数字收据。这些 NFT 包括被转售的耐克鞋的照片。[80] 奢侈品牌爱马仕起诉了梅森·罗斯柴尔德（Mason Rothschild）以超过 110 万美元的价格出售 Meta 铂金（MetaBirkins）NFT。该 NFT 系列包括与标志性的铂金包（Birkin bag）相似的仿皮草包的数字图像，类似于爱马仕首席执行官让 – 路易斯·杜马斯（Jean-Louis Dumas）于 1984 年为女演员简·铂金（Jane Birkin）设计的标志性铂金包。罗斯柴尔德说，他的作品受到言论自由和艺术表达的保护，他的 NFT 中铂金包形状的包上的人造皮草引起了人们对时尚行业需要使用非残忍材料的关注。[81]Yuga 实验室对莱德·里普斯的商标诉讼提出了一个类似的问题，即如何平衡商标执法与被告主张的言论自由利益。当米拉麦克斯（Miramax）① 起诉昆汀·塔伦蒂诺出售《低俗小说》原始手写手稿的 NFT 时，[82] 双方最初就电影合同是否允许塔伦蒂诺保留对手写稿的任何权利产生了分歧，但最终达成了和解。

这些备受瞩目的案例表明，现有法律已具备解决许多与 NFT 相关的知识产权争议的能力，而不是预示着一个狂野的西部。除非案件达成和解，否则法院将解决这些争议，就像他们对 Napster 公司所做的那样，并为未来涉及 NFT 的纠纷建立先例和提供更大的清晰度。将知识产权法应用于新技术的过程并不新鲜。从印刷机开始，到复印机、电脑、互联网和智能手机，颠覆性的技术为复制和传播内容提供了新的、更强大的方式，而这一切往往与版权法发生冲突。每一次，法律都必须在保护知识产权和言论自由之间取得平衡。

正如纽约联邦法官刘易斯·卡普兰（Lewis Kaplan）在网络诞生

① 美国最重要独立片商之一，《低俗小说》制片方。

之初的主旨演讲中所深刻解释的那样，就像其他革命性的大众传播发明一样，互联网"以指数方式扩大了人类语言的范围，为改善人类状况提供了巨大的潜力"。[83] 但它"也有可能被滥用，或者，无论如何，有可能被认为是滥用"。当一种新的语音技术出现时，会有一场关于知识产权保护范围的拉锯战。[84]

我们正处于与 NFT 和区块链技术的又一次拉锯之中。涉及耐克、爱马仕和 Yuga 俱乐部的案例将有助于界定 NFT 图像中使用的商标范围。法院有能力解决这些纠纷，尽管结果可能存在争议。有些纠纷可能需要法院平衡相互竞争的利益，如爱马仕对罗斯柴尔德的诉讼，但根据法律检验平衡各方利益正是联邦法院的主要工作。

知识产权法面临的最大挑战将发生在法院之外。过去二十年以来，Napster 教会我们，大多数知识产权纠纷将不是由法院解决，而是由互联网中介机构解决。对于 NFT 来说，这意味着 OpenSea 和其他市场。NFT 市场有什么责任阻止销售包含涉嫌侵权材料的 NFT 呢？在美国，DMCA 的通知和删除程序是否定义了责任，如果是，是否应该对 1998 年颁布的法律进行一些修改呢？在欧盟，我们可以就 DSM 指令第 17 条的过滤规定以及通知—搁置方法的适用性提出类似的问题。在其他国家，NFT 市场的责任是否不同？也许如此：中国的第一个判例认为，当一个 NFT 市场允许用户出售艺术家马千里的卡通人物的 NFT，从而促进了对该艺术家"通过信息网络传播作品的权利"的侵犯时，该市场应对版权侵权负责。[85] 鉴于 NFT 市场可能存在相互冲突的要求，世界知识产权组织是否应该为 NFT 市场制定一种统一的、国际化的方法呢？

这些重要的法律问题很可能在未来几年内得到解答。目前，NFT 市场正处于制定政策和过滤技术的前沿，以解决涉嫌侵权的问题。这种方法导致了由 NFT 市场在社区层面强制执行的版权管理的中心化。但它仍然使市场的用户能够保持自主权（除了那些提交版权侵权通知的人），并通过为艺术家提供一个去中心化的市场来促进创作者所有权经济。总的来说，市场的集中反应是合理的。

例如，OpenSea 既使用了 DMCA 的“通知—撤除”的方法，也自动过滤了所谓的复制铸币（copymints），即其他 NFT 收藏品的未经授权的副本。[86] 后者的过滤方法类似于欧盟 DSM 指令的要求，因此，在某些方面，OpenSea 的方法结合了美国和欧盟法律的元素。除了过滤之外，OpenSea 还专门派人审查该技术标记的图像，以提高其删除副本的准确性。[87] 专门的人工审查可以帮助确保现有 NFT 的“附加重混”（additive remixes）在 OpenSea 上是被允许的。OpenSea 也有一个验证合法账户的程序，所以人们知道——通过蓝色的检查标记——NFT 来自一个经过验证的创建者。

OpenSea 的这些措施都是明智的做法。他们在社区层面上提供了一种中心化的方法，以对抗反复出现的版权侵权问题，但同时也保留了一层人工审查，以帮助确保过滤不会删除合法内容，也就是 OpenSea 所说的“附加重混”。一些热心的 Web 3.0 支持者可能根本不喜欢 OpenSea 的任何中心化版权执法。事实上，在社交媒体上，我听说 OpenSea 的版权执行被攻击为审查制度。但是什么都不做对 OpenSea 来说是站不住脚的，因为它会像 Napster 一样被起诉。

我们应该期待法律和 OpenSea 的政策随着 NFT 市场的发展而发展。对于后者，我认为有两个建议值得考虑。两者都将增加社区一级权力下放的因素。OpenSea 应该邀请其用户就其所采用的政策发表公众意见，特别是那些不受 DMCA、欧盟指令（EU Directive）或其他法律规定的方面。Web 3.0 充满了聪明、有创造力的人，他们想要建立一个更好的网络。OpenSea 可以从他们关于如何改进政策和程序的意见中受益。例如，关于复制和克隆的公开讨论——应该或不应该被允许——将提供有关新兴 Web 3.0 文化的有价值的信息。即使对于什么是允许的重混或合理使用并没有达成共识，听取不同人的不同观点也会让 OpenSea 在试图划定界限时更加明智。

OpenSea 还应该考虑将那些作品被第三方复制的 NFT 创作者纳入决策过程，如果公司还没有这样做的话。在 OpenSea 通过其自动化系统删除未经授权的复制铸币之前，OpenSea 应该给予版权所有者是否允许它的选择。例如，自动的复制铸币过滤器可以标记一个可疑的 NFT 项目，但随后向相关的版权所有者发送通知，使其选择是否允许复制铸币。最成功的 NFT 项目（如无聊猿游艇俱乐部）所持的 Web 3.0 态度，广泛允许克隆和衍生产品。我建议的方法类似于有关内容识别系统，最终让版权所有者决定是否允许可能侵犯其版权的未经授权的内容留在 YouTube 之上（同时使所有者能够从 YouTube 上的视频中获利）。

知识产权所有者还可以利用 NFT 打击假冒产品。例如，耐克可以出售 CryptoKicks NFT，用于认证数字和实体耐克运动鞋。如果实体鞋附带相应的耐克 NFT，消费者会更有信心购买正在转售的正品耐克鞋。NFT 可以验证来源，也可以作为知识产权所有者数字版权管理的一部分。例如，RAIR 是一个数字版权管理平台，使 IP 所有者能够仅向购买了 NFT 的消费者传输其内容。[88] 这些例子仅仅触及了 NFT 可能提供的可能性的表面。事实上，有一天，许多消费品可能会附带 NFT 来确定来源。

网络钓鱼和 NFT 盗窃

赛斯·格林（Seth Green）拥有无聊猿 #8398，但这位演员陷入了一场网络钓鱼骗局，导致其取名为弗雷德（Fred）的珍贵无聊猿以及两只变异猿和一个 Doodle 被盗。[89] 据 BuzzFeed 新闻报道，窃贼将被盗的无聊猿卖给了一个在 OpenSea 上用户名为 DarkWing84 的人。后者是一名身份不明的澳大利亚外科医生，声称自己的购买并非出于恶意。[90] DarkWing84 支付的价格为 106.5 ETH（268 282 美元），略高于无聊猿当天的底价。[91] 另一个问题是，根据无聊猿的去中心化协作许可，格林正在制作一部以无聊猿弗雷德为主角的名为《白马酒馆》（*White Horse Tavern*）的新剧集。不幸的是，除了创作一部主角被“绑架”的新剧外，格林的困境也是许多其他人所面临的。一个可怜人被偷走了 29 只月鸟，价值 150 万美元。[92] 艺术品经销商托德·克莱默（Todd Kramer）也遭遇了类似的困境，他的 15 个 NFT 被抢劫，其中包括无聊猿和变异猿，价值 220 万美元。[93] 绝望的克莱默在推特上写道：“我被黑客入侵了。我所有的猿都不见了……请帮帮我。”[94]

格林“无聊猿”被盗的遭遇为接下来说明被盗的 NFT 将被如何处理提供了一个很好的例子。OpenSea 当时对涉嫌被盗的 NFT 适用其政策，冻结了其市场上涉及被盗 NFT 的任何进一步交易，并在页面顶部贴上“可疑活动”警告。[95] 然而，OpenSea 的力量是有限的：它只能控制市场上发生的事情。它无法阻止在其市场之外发生的涉及被盗 NFT 的交易。

但 OpenSea 的政策仍然存在争议。尽管 NFT 的冻结仅适用于 OpenSea，但如果潜在买家意识到这一点，警告标签可能会降低 NFT 在其他市场上的价值。OpenSea 的警告标签可能损害无辜买家的经济利益，范围甚至超越了 OpenSea 的买家。

那么，像格林和克莱默这样的所有者如何才能找回被盗的 NFT 呢？简而言之，这相当困难。尽管网络钓鱼的伎俩（使用诱售法来让一个人签署看似合法的 NFT 交易，但实际上并不合法）[96] 可能违反了《计算机欺诈和滥用法案》（*Computer Fraud and Abuse Act*），但要从一个加密货币钱包的地址追踪到窃贼是非常困难的，特别是如果此人居住在海外时。[97] 例如，美国联邦调查局报告称，朝鲜的两个黑客组织从 Axie Infinity 用户那里窃取了 6.2 亿美元的 ETH。[98] 美国财政部将其中一个涉及盗窃的加密钱包列入了制裁名单，禁止美国金融机构与该钱包进行互动。[99] 但即使是这些措施也没有确定钱包的所有者，更不用说让这个不知名的人受到刑事起诉了。到 2022 年 9 月，美国当局只追回了 3 000 万美元的被盗资金。被盗的 NFT 也有类似的问题。在卖掉偷来的 NFT 后，窃贼可以抛弃钱包，开始使用另一个地址的新钱包——然后消失。

所以，NFT 被盗者就只能自认倒霉吗？不一定。最常见的反应是自救。人们试图与购买被盗 NFT 的人联系，并说服他们出售或归还它。据报道，赛斯·格林向 DarkWing84 支付了大约 29.7 万美元，比 DarkWing84 支付的价格高出了近 3 万美元。[100] 格林说，他和 DarkWing84 也在“共同起诉最初的盗贼”，尽管他没有说明如何起诉。[101] NFT 推特上的一些人甚至成了好撒马利亚人（Good Samaritans）①，试图帮助那些被窃 NFT 的人找回它们，有时还获得了成功。[102] 克雷默很幸运，通过这种方式找回了他的几只无聊猿。[103] 格林找回了他的无聊猿，为他计划的弗雷德剧集《白马酒馆》扫清了

---

① 源于《新约圣经》“路加福音”（10：25–37）中耶稣基督的寓言，意为乐善好施者，好心人、见义勇为者。

道路。

区块链为自救提供了便利，因为您可以识别持有 NFT 的钱包地址。追踪被盗 NFT 比追踪被盗的自行车更容易。通过网络侦查，有时可以追踪到 NFT 在社交媒体账户上的销售，比如当用户在推特上宣布购买时。适合 Web 3.0 的是，一些 NFT 所有者，如赛斯·格林，宁愿采取自救的方式，而不是在法庭上寻求被盗财产的返还，即使这需要通过谈判达成协议，以高价回购自己的财产。[104]

自救可能比试图在法律体系中寻求找回被盗的非机动车更有利。即使能确认被偷的 NFT 的所有者是谁，原所有者也有可能无法追回。为什么？因为法律可能会承认一个无辜的购买者（在法律下称为善意购买者）作为 NFT 的有效所有者，即使它是被别人偷走的，只要无辜的购买者不知道它是被偷走的，并且是善意购买。这一领域的法律是出了名的复杂，且各国之间也各不相同。[105] 事实上，涉及艺术品盗窃的案件已经产生了相互矛盾的结果。因此，被盗 NFT 的无辜买家最终能否获得它们的有效所有权，将取决于适用哪个国家的法律。各国长期以来在如何处理被盗财产的问题上存在着巨大的分歧，这也表明了解决这个问题有多么困难。

由于 NFT 是新事物，法律也必须跟上。在美国，由美国法律协会和统一法律委员会（American Law Institute and the Uniform Law Commission）成立的一个委员会通过了《统一商法典（UCC）：数字资产 2022 年修正案》[*2022 Amendments to the Uniform Commercial Code (UCC): Digital Assets*]。[106] UCC 旨在统一销售和商业交易的有关法律，已被各州采用。新的第 12 条将在“免费”规则下承认被盗 NFT 的有效所有权，这意味着无辜的买家（“合格买家”）“以价值、善意，并且没有通知其他人对 NFT 的财产索赔”的方式获得该 NFT。[107] 数字资产的这种方法与 UCC 目前对通过欺诈获得的有形财产的转让所采取的方法类似。[108] 如果有形财产原所有人的损失涉及欺诈（例如，涉及空头支票的出售），该财产的后续无辜买方将获得其有效所有权。[109] 美国法学会（American Law Institute）[①] 于 2022 年 7 月批准了第 12 条，所以现在要由各州决定是否对其加以采用。

这种“免费”的方法听起来可能有失公平。事实上，它违背了一般的做法，即无辜的买方不能获得被盗财产的有效所有权。这条规则通常被称为“nemo dat”，这是一个拉丁短语的缩写，意思是“没有人能给出他们没有的东西”。购买一辆被盗的汽车并不意味着你可以成为合法的所有者。但是，考虑到尊重涉及无辜买家的商业交易的竞争利益，各国不愿意断然适用这一规则，因为无辜买家没有过错。

哪种方法对被盗的 NFT 是最好的？这个问题是值得商榷的，正如各国对被盗财产的历史分歧所显示的那样。我们应该在三个重要问题上进行进一步的研究和辩论，包括在州立法机构考虑采用 UCC 第 12 条时。

首先，谁应该承担被盗的 NFT 的损失？新的 UCC 第 12 条规定，如果无辜的买家购买了被盗的 NFT，则损失将由被盗受害者承担。这种方法的辩护依据是，受害者本可以采取更多的预防措施来避免网络钓鱼、黑客攻击和诈骗，如使用硬件钱包（hardware wallet，离线存储私钥），并且永远不要使用存储有价值的 NFT 的同一钱包来签署新的交易。尽管保险市场刚刚起步，受害者也可以考虑购买保险。相

---

① 又译“美国法律协会”，美国法律学者的组织，建立于 1923 年。1914 年霍菲尔德首倡建立，后发展为以完善法律为其宗旨的永久性组织。其重要的作用体现在对实体法中的许多重要分支做出重述。该会还参与制定了一些统一模范法，例如“统一商法典”。

比之下，传统规则将损失归咎于无辜的买方（如果有的话），他在被盗财产中没有有效的财产利益。这种传统的方法可以被证明是一种保护市场完整性的方式，并使小偷更难出售被盗物品而获取利益来阻止盗窃。但这种做法给无辜的买家带来了严酷的结果。他们会知道NFT是偷来的吗？如果它是以低价出售的，或许可以。否则，可能不会。而且现在可能还没有保险来保障这种情况下的买家，所以把被盗的NFT的全部损失转移到无辜的买家身上似乎同样有失公平。

据报道，OpenSea冻结被盗NFT的政策有利于受害者，而不是无辜的买家。这是一个困难的权衡。当然，最理想的情况是，这样的冻结发生在窃贼转售之前。但如果它被转卖给一个无辜的买家，冻结就更有争议了。冻结可能会迫使受影响的各方（如果可以确定的话）努力解决问题，就像赛斯·格林所做的那样。但是，如果不能达成协议，受害者和无辜的买家都可能在经济上受到损害，从而加剧了盗窃造成的伤害。另一方面，如果OpenSea支持无辜的买家采用UCC最新的第12条之“免费”方式，那么OpenSea就必须制定一些程序，让个人能够证明他们是被盗NFT的无辜购买者。即便如此，采用这种方法也会给窃贼提供最大的在线市场来出售被盗的NFT——这一前景可能让政策制定者和立法者难以接受，因为它对盗窃没有任何威慑作用。

其次，其他在线市场在处理被盗物品方面做了什么——他们的方法是否有效？亚马逊、易贝和脸书都禁止在其平台上销售赃物，但每家公司对赃物的干预措施都会在某些方面有所不同。[110] 随着最近新冠疫情大流行期间零售商店盗窃事件的激增，一些美国立法者认为，这些在线市场应该采取更多措施来阻止日益增加的在线被盗物品交易，并正在考虑制定一项联邦法律，要求市场在允许卖家在那里销售之前对物品进行核实。[111] 诚然，亚马逊、脸书和易贝与 NFT 市场有所不同，后者可能涉及无辜买家转售被盗物品。而在亚马逊、易贝和脸书上购买商品的买家通常不会立即转售它们。但这些大型在线市场的经验可以为如何更好地处理被盗的 NFT 提供宝贵的见解。例如，更多地核实卖家的想法，也可能有助于 NFT 市场的发展。OpenSea 应该考虑的另一种替代措施是允许每个人申请一个经过验证的账户，而不是目前对销量 75 ETH 以上账户的限制。[112] 对于一个经过验证的帐户，一个人必须向 OpenSea 申请并提供用户名、个人资料图片、电子邮件地址和推特账户。这一过程应该是通用的，向所有人开放。这样，每个买家都可以知道卖家是否已经经过了验证。

第三，市场应该使用什么程序来帮助被盗的受害者和无辜的买家？互联网平台往往忽视了程序问题，但我认为这是最需要关注的问题之一。互联网平台必须透明，并详细说明其执行政策的程序。这涉及程序之正当性。尤其是对于那些对人们产生重大影响的争议性问题，网络平台应该征求公众意见。

直到 2022 年 8 月，OpenSea 才概述了该公司用于清除冻结 NFT 的过程。就在 OpenSea 宣布这一消息的几天前，该公司因涉嫌“破坏”被盗 NFT 政策在密歇根州小额索赔法院被提起诉讼。[113] 我在推特上读到过一些恐怖的故事，有人声称自己的 NFT 被困在了 OpenSea 上，有些人声称自己收到了错误的警告。[114] 2022 年 8 月 10 日，OpenSea 终于在推特上承认了其政策的缺陷，并宣布了一些改变，允许受影响的各方对警告提出异议，如果所谓的盗窃受害者在 7 天内没有提交警方报告，“可疑活动”警告将被自动删除。[115] 之前的政策根本没有时间表，也不需要警方报告来证实盗窃的说法。[116] OpenSea 对其政策的修改是朝着正确方向迈出的一步，但它仍然缺乏足够的细节。例如，OpenSea 应该就程序和标准提供明确的指导，以解决据称错误警告的上诉，以及处理在警方报告提交给 OpenSea 后会发生什么。[117] 据推测，受害者会向警方报案。因此，关键问题仍然存在：OpenSea 在收到警方报告后将如何处理案件？显然，在更新后的政策中，OpenSea 计划无限期地保持冻结状态，除非“原始报告人撤回他们的原始报告”。[118]

目前还不清楚 OpenSea 为什么认为这种方法是最好的。例如，它是否考虑过新的第 12 条适用于无辜买家的“免费”规则？OpenSea 应该征询公众意见，包括法律专家的意见，来解决这些问题。公众参与制定更加符合 Web 3.0 的市场政策。OpenSea 采取的任何政策都应考虑如何对待无辜的购买者。如果各州对数字资产采用新的 UCC 第 12 条，那么无辜的买家将对他们善意获得的被盗 NFT 拥有有效的所有权。在这种情况下，像 OpenSea 这样的市场应该考虑“免费”方法是否可以让无辜买家在他们的市场上转售被盗的 NFT。如果是这样的话，市场应该建立一个程序，使被盗 NFT 的购买者可以证明他们实际上是无辜的——在这种情况下，他们应该能够自由出售他们的 NFT，并且清除所有警告标签。请记住：任何人都可以创建多个加密钱包，包括那些通过更换钱包来伪装成无辜买家的窃贼。

OpenSea 还应该考虑的另一种方法是：如果受害者向警方报案，OpenSea 可以直接将据称被盗的 NFT 摘牌，而不是使用警告标签和冻结 NFT。这种方法可以避免在知情的情况下允许在 OpenSea 上销售被盗的 NFT，同时也对被盗 NFT 的无辜买家更加公平。

一些 Web 3.0 的支持者根本不喜欢 OpenSea 的参与。他们批评了 OpenSea 冻结其平台上被盗的 NFT 的政策，因为据说这违背了 Web 3.0 去中心化的理想。在我看来，对 OpenSea 的这种批评是错误的。

有一个中心化的政策来打击市场上被盗 NFT 的交易是一个明智的举措，可以解决看上去日益严重的 NFT 盗窃问题。根据 Comparitech① 的数据，到目前为止已经有价值 8 600 万美元的 NFT 被盗。[119]

我们是否需要更严格的法律法规来阻止针对 NFT 的盗窃？也许需要吧。但根据 CFAA 的规定，通过网络钓鱼窃取 NFT 可能已经会被认定为非法。当然，国会可以制定一项法律，明确禁止网络钓鱼和 NFT 盗窃，但追踪一个只有加密货币钱包地址的窃贼仍是一项挑战。

更有效的方法是通过开发更大的过滤方式或技术解决方案来阻止网络钓鱼，网络钓鱼是窃取 NFT 的主要方式，从而试图减少社交媒体上的网络钓鱼骗局。OpenSea 和其他市场可以轻松实现的另一项技术变革是自动标签系统，在远低于同一藏品当前底价的 NFT 价格旁边张贴警告标签。这种自动标签显示“以低于底价 X 个百分点的价格出售”，可以在低于两个点的情况下开始出现。首先，标签可以在卖家以报低价格出售 NFT **之前**出现，从而提醒卖家，如果卖家打错了价格，例如是 0.75 ETH 而不是 75 ETH，即所谓的“胖手指错误”（fat-finger error），卖家就有机会纠正价格。[120] 其次，该标签可以在 NFT 发布出售后出现，并让买家注意到它可能涉及可疑活动，可能会削弱任何人作为无辜买家的辩护理由。当然，该标签也可能吸引寻找便宜货的买家。但是，如果我的另一个建议——允许每个人都申请一个经过验证的账户——得以实施，那么淘便宜货的买家在从一个未经验证的卖家那里以低廉的价格购买 NFT 的过程中就可能不会具有所谓“善意”（good faith）购买的索赔基础。

我提出的标签系统可以缓解两个问题：（1）由于输入错误而导

---

① 一个面向消费者的网站，提供信息、工具、评论和比较，旨在帮助其在美国、英国和世界其他地区的读者提高网络安全和在线隐私。

致的错误价格，（2）被盗 NFT 的报低价销售。当然，在某些情况下，低价只是表明合法所有者对流动性的需求。可以设计一个单独的流程——也许会涉及 KYC——使合法所有者能够以低价格快速销售他们的 NFT。

***

我们之前的讨论只是关于是否需要新的法规来解决 Web 3.0 中问题之争论的一个开始。随着元宇宙的推出，为这些环境制定社区标准——我希望有更多的公众参与——将变得至关重要。考虑到人类的本性，我们没有理由相信元宇宙和虚拟世界能够免受社交媒体之污水坑效应的影响。（至少有两名女性声称，她们的虚拟形象在虚拟世界中遭到了性侵犯。[121]）当人们和政策制定者参与这些辩论时，他们不仅要认识到去中心化权力在互联网上有其优点，而且还要认识到去中心化和中心化可以共存。中心化的方法通常有助于解决反复出现的问题，例如“拉地毯”和 NFT 盗窃，这些问题对人们造成伤害，而人们却没有一种简单的方法来补救自己所受的伤害或进行自救。但如上所述，回到一个更加去中心化网络的理想并不意味着所有形式的集中式监管；它在任何层面上，都与这一理想是背道而驰的。

第十一章

◆

多样性与可持续性

勇敢些，我的朋友们；

现在建设一个更美好的世界还为时不晚。

——*汤米·道格拉斯*（Tommy Douglas）

为了建设一个更美好的世界，我们必须认清我们今天所面临的主要问题。否则，我们就有可能在 Web 3.0 中复制同样的社会问题。包括以太坊的联合创始人加文·伍德和 a16z 的克里斯·迪克森在内的 Web 3.0 梦想家的计划是在区块链上建立一个更加去中心化的网络，以应对已经成长为主导社交媒体和统治网络世界的中心化互联网平台。[1] 试图回到一个更加去中心化的网络是一个值得奋斗的目标，但把大科技公司的集中化作为需要解决的主要问题，却很可能转嫁其他社会问题。如果花费了那么多的时间、金钱与资源去建设 Web 3.0，仅仅是单纯地转移了我们社会中存在的问题或让问题更糟糕的话，那悲剧毫无疑问将会发生。

在 2018 年呼吁 Web 3.0 的同时，伍德认识到这种动态是互联网的失败。伍德写道：“科技常常反映出它的过去。它的行动与之前的模式一致，只是比以前更快、更狠、更好或更强。随着全球经济的网络化，我们复制了以前的社会结构。”[2] 他批评说：“市场、机构和信任关系已经转移到这个新平台上，密度、权力和在位者都发生了变化，但旧的动力是一样的。”

已有迹象显示，历史正在 Web 3.0 上重演。在目睹了其中一些担忧成为现实之后，改革战略家斯科特·史密斯（Scott Smith）和莉娜·斯里瓦斯塔瓦（Lina Srivastava）警告说：“困扰现实世界、原始互联网和 Web 2.0 的问题也存在于 Web 3.0 之中。”[3] “加密鲸鱼”挥舞着超强的市场力量，比特币采矿缺乏可持续性，区块链无法确保问责制或信任。[4] 其他批评人士担心，区块链会利用全球南方（Global South）① 来为“加密殖民主义”（crypto-colonialism）服务。通过这种方式，区块链会耗尽区域内资源，为全球北方的利益服务。[5]

我对 Web 3.0 最大的担忧是我们会再次犯同样的错误，特别是在对世界未来至关重要的两个领域：多样性与可持续性。这两个问题已经变得如此政治化，以至于在讨论它们的同时很难不引发“膝跳反应”（knee-jerk reaction）、否认主义（denialism）②，以及对“取消文化”（cancel culture）③ 和“觉醒主义”（wokeism）④ 的攻击。但是，如果我们倾听那些生活将受到未来网络影响最大的人——年轻一代——的声

---

① 此概念具有一定争议，通常包括非洲国家、拉丁美洲以及亚洲大部分地区。

② 尽管有证据或有力证据证明某件事是真实的或有效的，但否认其存在、真实性或有效性的做法。

③ 指以大规模取消来表达不满和施加社会压力的做法或倾向。

④ 一个源自“觉醒”（wake）一词的术语，最初的意思是意识到社会和政治问题，特别是种族和不公正问题。今天，“觉醒主义”的概念已经扩展到包括更广泛的社会问题，如性别、性和环境问题。

音，这两个问题是至关重要的。

2022 年，德勤（Deloitte）调查了 46 个国家的 14 808 名 Z 世代（1995 年至 2003 年出生）和 8 412 名千禧一代（1983 年至 1994 年出生）。[6] 继生活成本之后，Z 世代和千禧一代都将气候变化列为其最为关注的议题。[7] 约 75% 的人称自己“相信世界正处于应对气候变化的临界点”。[8] 仅有 15% 的人强烈赞同“为了解决气候变化问题，各大企业都在开展实质性的行动”的说法。[9] 雇主对解决气候变化问题的承诺将会影响人们留下或离开的意愿。在计划两年内离职的受访者中，56% 的 Z 世代和 48% 的千禧一代表示，他们对公司对可持续发展的承诺“完全不满意”。无独有偶，同组 52% 的 Z 世代及千禧一代也表示自己“一点都不满意公司营造一个多元化、包容性环境（的工作进展）”。[10] 刘易斯研究（Lewis Research）2021 年对 13 个国家的 Z 世代进行的一项调查发现了类似的结果：Z 世代将多样性和包容性列为他们这一代人最重要的问题之一，LGBTQ+ 权利、性别平等和种族平等也属于受访者认为 Z 世代最关心的前五个社会问题。[11] 如果一家公司缺乏性别或种族多样性，46% 的 Z 世代表示，他们不会为这家公司工作，除非这家公司有强大的多样性、公平性和包容性计划。

这些世代出生的美国人也表示出相似，甚至更为强烈的担忧。2021 年，皮尤研究中心（Pew Research Center）发现，大多数美国 Z 世代（67%）和千禧一代（71%）认为，应对气候变化应该是“为子孙后代确保地球可持续发展的首要任务”。[12]（大多数年长的美国人亦是如此，只是程度较轻。）一个人对抗气候变化的个人行动水平随着年龄的增长而下降。报告总结道：“年轻的美国人——千禧一代和 Z 世代的成年人——表现突出……特别是他们在气候变化问题上的高度参与。”[13] 同样，较高百分比（分别为 62% 和 61%）的 Z 世代及千禧一代表现出同意种族及民族多样性提高有利于社会的看法。[14] 令人沮丧的是，只有 48% 的婴儿潮一代同意这一观点。另一些调查显示，千禧一代和 Z 世代中有很高比例的人还认为未来雇主的多样性和包容性是求职的重要因素。[15] 美国的雇主都明白，企业没有对多样性与包容性的承诺，就会在千禧一代与 Z 世代的招募过程中遇到困难。这在一定程度上反映了美国更大的多样性：Z 世代和千禧一代是美国历史上种族和民族最多样化的一代。[16]数字表明，年轻一代既有更强的社会意识，也更有智慧。

Web 3.0 的开发还处于早期阶段，但初步迹象令人担忧。借用伍德的比喻，Web 3.0 反映了我们在许多情况下面临的社会问题——缺乏多样性和可持续性，尽管后者正在改善。这些问题都不是轻而易举就可以解决的。但第一步是要照照镜子。如果不这样做，我们就有可能让社会上的问题成为 Web 3.0 的“硬伤”，使它们更加难以解决。[17]

多样性

NFT 与三个面临缺乏多样性问题的行业交叉：科技行业、艺术机构，以及最近的加密货币市场。区块链技术层面的去中心化不会随着 Web 3.0 的建立而自动解决多样性不足的问题。相反，我们需要在其他层面——资金、企业、商业模式和社区——有更多的集体认可和行动，使 Web 3.0 更具包容性。

女性在这三个领域中的代表性都严重不足，仅占美国专业技术工作岗位的 26%、美国加密货币持有者的 28%、全球加密相关初创公司创始人的 5%，以及世界各地画廊代表艺术家的 35%。[18] 艺术界的性别差异尤其令人不安。在查德·托帕兹（Chad Topaz）和其他来自包容性、多样性和公平性定量研究机构的研究人员于 2019 年对美国

18 家主要艺术博物馆进行的研究中，数据显示作品被永久收藏的艺术家中有 85% 是白人男性，只有 12.6% 是女性艺术家。[19] 对男性“古代大师”（old masters）的历史偏见或许可以解释性别差异产生的根源，[20] 但却无法解释这种差异的持续存在。《艺术网新闻》和 In Other Words 的一项研究显示，从 2008 年到 2018 年，美国 26 家主要艺术博物馆收购的藏品中，女性艺术家的作品仅占 11%。[21] 拍卖行在性别多样性方面表现更差。在一项对 2000 年至 2017 年 1800 家拍卖行售出的 260 万件艺术品的研究中，研究结果显示 96.1% 的拍出艺术品是由男性艺术家创作的。[22] 毫不奇怪地，艺术家的平均构成是相似的：95.2% 的艺术家是男性。[23] 即使在当代艺术拍卖中，女性艺术家的比例也仅为 9.3%。自 2010 年以来，女性艺术家在美国艺术家中至少占 47%，[24] 但在艺术界的代表性却严重不足。

有色人种在艺术界也面对着类似的不公。2019 年对美国 18 家主要艺术博物馆的研究还发现，白人艺术家的作品占主导地位，占博物馆拥有作品的艺术家的 85.4%。图 11.1 显示了各族裔艺术家作品被各大博物馆收藏的百分比分布。[25] 黑人和拉丁裔艺术家在博物馆中缺乏代表性。

纽约城市大学古特曼学院（CUNY Guttman College）的学生在 2017 年的一项课堂项目中发现，在纽约市前四十五家艺术馆代理的 1 300 名艺术家的作品中也存在类似的差异：超过 78.4% 的艺术家是白人，其次是 8% 的亚裔、6.3% 的黑人、4.7% 的拉丁裔和 2% 的中东裔。[26] 黑人、拉丁裔和中东裔艺术家的作品数量虽然略高于主要博物馆的数量，但仍然处于较低水平。

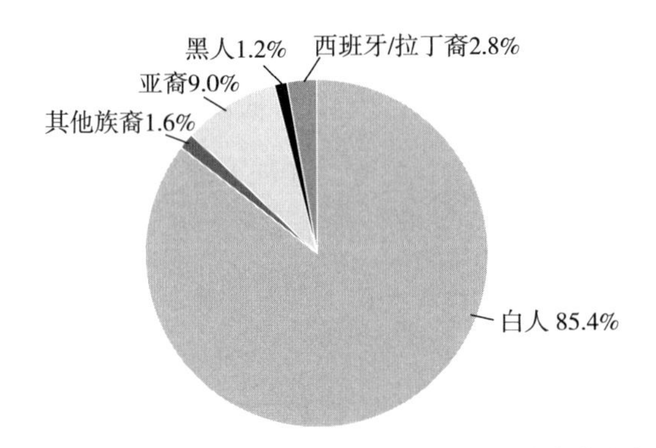

图 11.1　美国十八个主要博物馆展出作品的艺术家族裔

资料来源：C. M. Topaz, B. Klingenberg, D. Turek, B. Heggeseth, P. E. Harris, J. C. Blackwood 等，[2019]。

科技行业的动态则显示出一些不同。亚裔工人在硅谷科技公司的就业情况较好，而黑人和拉美裔工人的代表人数则明显不足。2018 年，马萨诸塞大学阿默斯特分校（University of Massachusetts Amherst）调查报告中心（Center for Investigative Reporting）和就业公平中心（Center for Employment Equity）的调查网站“揭露者”（Reveal）收集了硅谷 177 家大型科技公司 2016 年 EEO-1 文件中的数据。[27] 研究人员对主要发现进行了汇编。[28] 图 11.2 显示了科技公司中按种族或族裔划分的员工。虽然亚裔员工的比例已经上升至 28.1%，[29] 但自 2014 年平等就业机会委员会（EEOC）对数据进行的研究显示，科技公司在聘用黑人和拉丁裔技术工人方面并没有取得重大进展。自 2014 年以来，发布多样性报告的大型科技公司在雇佣黑人和拉美裔科技工作者方面的进展相对较小。[30]

加密货币的所有者拥有着更大的种族和民族多样性——这至少表明有机会在 Web 3.0 中实现更大的包容性。晨兴咨询（Morning Consult）对 4 400 名美国人进行的一项调查显示，37% 的西班牙裔和

35% 的黑人表示他们可能会投资，而白人的这一比例为 31%。[31] 同样，根据皮尤研究中心的一项调查，有色人种在种族或族裔群体中拥有加密货币的比例更高：调查中 23% 的亚洲人拥有加密货币，而西班牙裔、黑人和白人则分别为 21%、18%、13%。[32] 哈里斯民意调查（Harris poll）发现，25% 的 LGBTQ 美国人拥有加密货币，几乎是普通人群比例的两倍。[33] 有色人种和 LGBTQ 社区对加密货币更感兴趣的一个解释是，被金融机构边缘化的代表性不足群体认为，即使风险更大，去中心化的加密货币体系更公平。[34]

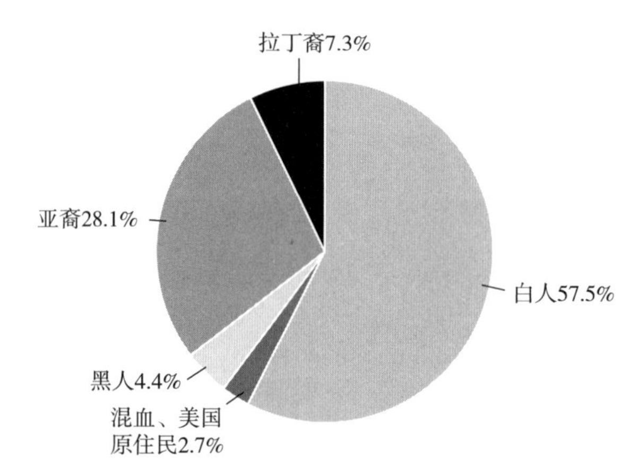

图 11.2　2016 年硅谷科技公司员工（按种族或族裔划分）

来源：Reveal 从调查报告中心和就业公平中心收集的 2016 年 EEO-1 文件。

总的来说，这些数字是发人深省的。尽管一个更加去中心化的网络为更大的多样性和包容性提供了潜力——所有背景、性别、国籍、种族和性取向的艺术家都可以通过 NFT 出售他们的艺术作品——但这些愿望绝不能保证在 Web 3.0 中可以实现。统计数据表明，在科技行业和艺术机构中存在显著的性别和种族差异，这让人们对 Web 3.0 实现其更大的包容性的全部潜力产生怀疑——至少在 Web 3.0 的支持者对这些现有问题缺乏更多了解的情况下。这一目标不会奇迹般地实现。然而，正如加密货币所有者和对加密货币感兴趣的各方所体现的更大的多样性所表明的，这是一个机会。

但是，NFT 市场的初步数据已经给出了令人产生担忧的理由。2021 年 Art Tactic 关于 NFT 在 Nifty Gateway 销售情况的一项研究显示，男性艺术家的作品占到 NFT 总销量的 77%，女性艺术家则只占 5%。[35] 格莱姆斯是 Nifty Gateway 十大最畅销艺术家中唯一的女性。[36] 艺术家销售上的性别差异并非 Nifty Gateway 所特有。在 NFT 史上销量最高的 20 首单曲中，没有一首来自女性艺术家（XCOPY 和 Pak 没有透露身份或性别，尽管其通常被称为男性）。[37] 抛开 XCOPY 和 Pak 不谈，销量最高的前 20 名 NFT 艺人都是白人男性。莫妮卡·里佐利（Monica Rizzolli）是唯一一位进入 NFT 全时累计销量前十的女艺术家，她在 2022 年 9 月排名第十。在 2021 年的 NFT. NYC 大会（世界上最大的 NFT 活动）上，据称只有 18% 的发言人为女性，只有 30% 的赞助展品是由女性提供的。[39] 为此，会议主办方将提高多样性作为了 2022 年会议的优先事项，并将“NFT 的多样性”（Diversity of NFTs）确定为 2022 年会议的主题。[40]

这些关于 NFT 市场的初步统计数据堪忧。它们表明，女性艺术家在 NFT 市场上面临的挑战与她们在艺术机构中面临的挑战类似。我们需要收集更多的数据，包括来自其他流行的 NFT 市场（如 OpenSea，它在 2022 年占据了 80% 的市场份额）和策划市场（如 SuperRare）的基于性别和种族的艺术家统计数据。经由策展介入的市场可以在选择出售作品的艺术家的方式上提供更大的多样性，而不是把一切都交给市场。OpenSea 在其主页上推荐的 NFT 的选择也具有这种功能。随着 NFT 市场的快速发展与变革，掌握最新、全面的信息就显得尤为重要了。

女性艺术家在 NFT 市场面临的挑战或许在一定程度上和 NFT 男性买家所占的较大比重有一定关系。2021 年对 NFT 买家的调查显示，最常见的 NFT 买家中有三分之二是男性。[41] 此外，可能加剧性别差异的动力之一就是将用 pfp 收藏中的 NFT 作为个人身份的代表。在社交媒体上使用 NFT 艺术品作为自己的 pfp 或化身是一种常见的做法。实际上，对于 pfp 收藏来说，这种做法是 NFT 最明显的用途，比如加密朋克。如果人们将这些角色作为自己的网络身份，认为自己是男性或某一种族的人可能会倾向于购买体现这些特征的 NFT 角色。[42] 当然，有些人可能会觉得可以自由地选择一个不同的化身或身份。但由于男性在 NFT 买家中代表着绝大部分，pfp 动态也许会更加偏向那些看着像男性的角色。NFT 艺术品中这种对男性角色的偏爱，与传统艺术中女性角色的主导地位大为不同：近一半最高拍卖额的传统艺术作品涉及描绘女性的画作，包括以男性凝视视角的艺术品，其中女性在异性恋男性观众面前被物化。[43] 鉴于美国大多数 NFT 购买者是白人，类似的 pfp 偏好也可能基于种族而发生。[44] 有一些证据表明这种偏好正在发生。一篇文章显示，深色皮肤的男性加密朋克每周的平均最低价格一直低于浅色皮肤的男性加密朋克。[45] 女性加密朋克的价格也更低，尽管它们更为稀有。在拥有 10 000 个 NFT 的系列中，男性加密朋克角色比女性角色多 2 199 个。这些基于性别和肤色的价格差异可能反映了 NFT 市场中大多数买家对白人男性的偏爱。诸如死小子这样的成功项目，就通过让角色中性化和不依赖于深浅区分的色彩来解决这个问题。

NFT 市场仍有机会实现更大的多样性。对 1 700 名美国人的调查显示，黑人和西班牙裔社区中对 NFT 感兴趣的人的比例（分别为

49% 和 47%）高于白人（30%），拥有 NFT 者的比例（分别为 21% 和 20%）高于白人（13%）。[46] 该调查没有将亚洲人或其他种族和族裔群体作为一个类别进行报告。正如他们对加密货币的反应一样，有色人种对 NFT 表现出了更大的兴趣。随着 Web 3.0 的发展，我们需要更多关于 NFT 艺术家的人口统计数据，以及更大的承诺，使多样性成为 Web 3.0 的目标。

可持续性

1907 年，移居纽约的比利时发明家利奥·贝克兰（Leo Baekeland）发明了第一种完全合成的聚合物，一种塑料，也就是他所说的合成树脂（Bakelite）。[47] 由于塑料可以被塑造成任何形状，进而提供一种坚硬、耐用——几乎坚不可摧——的材料，它被视为一项革命性的发明。[48] 1924 年，《时代》杂志甚至将贝克兰登上了封面，上面写着："它不会燃烧。它不会融化。" 1907 年的贝克兰明显还没认识到塑料会给环境造成损害。大多数塑料是不可生物降解的。[49] 更糟糕的是，它们来自不可再生的石化产品，包括石油、天然气和煤炭。[50]

从 20 世纪 70 年代开始，将塑料视为一项革命性发明的观点已经变质。科学家及社会都已认识到塑料给环境带来的危害。

今天，大多数塑料仍不能被回收利用。研究人员估计，只有 18% 的塑料被回收，24% 被焚烧，58% 最终被填埋或进入环境——特别是海洋。据估计，2015 年，海洋受到 1.5 亿吨塑料的污染。[51]

这部塑料简史，为我们带来了警世故事。区块链也许会成为 21 世纪的塑料。和 20 世纪之交的利奥·贝克兰一样，中本聪也着力于解决这样一个问题：如何通过区块链中经过验证的加密货币避免双重支出。但中本聪设计的系统也带来了另一个问题：极高的能耗。为了使比特币的共识系统发挥作用，每一笔交易都需要矿工之间的竞争，矿工们使用强大的能量密集型计算机（通过大量风扇冷却）来解决“工作量证明”问题。[52] 据测算，比特币年耗能甚至超过了拥有 4 500 万人口的阿根廷。[53]

图 11.3 将比特币与以太坊每一笔交易的估计二氧化碳当量进行对比，其中包括以太坊合并前与合并后的交易估算。[54] 以太坊相较比特币更为节能。但如图所示，直到 2022 年 9 月，以太坊仍然是能源密集型的。作为参考，每名乘客乘坐飞机、传统能源汽车（ICE）和电动汽车（EV）1 000 公里旅行的估算二氧化碳当量也被提出来。人们不应该过于看重这些估算中的确切数字。因为二氧化碳排放量的估算并不是一门精确的科学。[55]

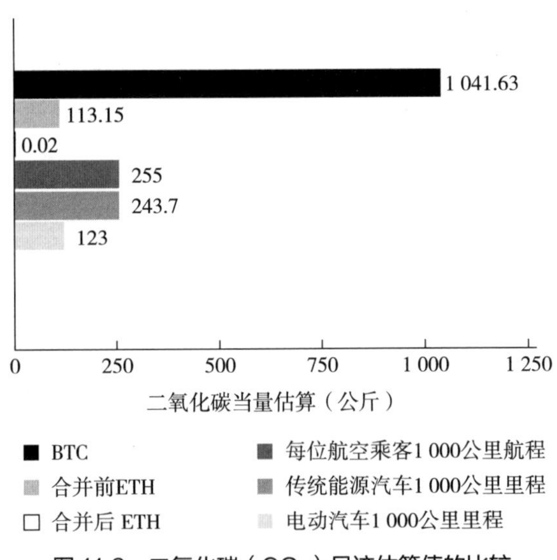

图 11.3　二氧化碳（CO_2）足迹估算值的比较

资料来源：《BTCIETH 的数字经济学家，飞机的数据世界》（*Digiconomist for BTCIETH, Our World in Data for airplane*），M.Roy, H.Ghoddusi, J.E.Trancik, ICEIEV。

即使在以太坊变得更节能之前，单笔以太坊交易的二氧化碳预估排放量最低也为 113.15 公斤。在认识到缺乏可持续性后，以太坊开发人员花了 7 年时间将以太坊交易的验证转换为更为有效的权益证明机制［将工作证明机制下矿工之间的竞争替换为随机分配，由人们将他们的 ETH 入股（stake）并作为验证方式来验证交易］。[56] 这种被称为“合并”（merge）的转变发生在 2022 年 9 月 15 日。[57] 从各方面来看，这次合并是成功的。Digiconomist ① 数据显示，以太坊二氧化碳排放量已大幅降至 0.02 千克，相当于 44 笔 Visa 交易产生的排放量。[58] 开发人员声称，合并后，以太坊的能源消耗减少了 99.99%。[59]

这次合并是以太坊在实现可持续发展的道路上迈出的重大一步。不过，包括波场创始人孙宇晨在内的一些人对合并持反对态度，并计划推出一个派生［或“硬分叉”（hard fork）］版本，该版本将保留现有的工作证明协议，但显然不会解决可持续性问题。[60]

其他使用权益证明或变体的区块链，如 Flow、Polygon、Solana 和 Tezos，已经提供了更好的能源效率。[61] 在 2022 年 9 月，以太坊区块链是最受 NFT 青睐的区块链，其次是 Solana 和 Flow。这次合并为构建一个更可持续的 Web 3.0 迈出了关键一步。

去中心化是一个开始，而不是终结

前一章概述了 Web 3.0 的三个原则：去中心化、自主权，以及对创建者和所有者的授权。去中心化虽为首要原则，却并非唯一。它仅仅是一个起点，而非终点。

① 一家致力于从经济学角度揭露数字趋势的意外后果的平台。

美国宪法的目的不仅仅是建立一个政府。制宪者在开篇中就明确表示，“我们人民”（We the People）创建一个新的政府是为了服务于更大的社会目标：“组织一个更完善的联邦，树立正义，保障国内安宁，建立共同防御，增进全民福利，并确保我们自己及我们的子孙后代享有自由带来的幸福。”这一理想也许就是美国人的第二天性，任何美国人都不会把联邦政府自身作为国家的终极目标。

所以，Web 3.0 也是一种去中心化的治理形式，但它的目的不仅仅是为了去中心化而对网络进行分权。由于所有的焦点都集中在去中心化上，很容易忘记去中心化只是达到目的的一种手段。Web 3.0 旨在服务于其他更重要的目标，比如保护自主权和隐私，并授权创作者无需中介就能分享他们的创造性表达。不过，Web 3.0 的目标不应该止步于此。对 Web 3.0 感兴趣的人——对设想一个更美好的世界感兴趣的人——可以设定目标和优先级。正如约翰·佩里·巴洛在网络诞生之初发表的《网络空间独立宣言》（*A Declaration of Cyberspace Independence*）中所说的那样，“我们正在创造一个所有人都可以进入的世界，不受种族、经济实力、军事力量或出生地的特权或偏见的影响”。[62] 巴洛宣言的精彩之处在于它是不完整的。建立一个“更人道、更公平”的世界的梦想“现在必须在我们心中重生”。[63] 它将由我们来建造或摧毁。

将多样性和可持续性作为重中之重

去中心化的一个承诺是，我们都可以在不同的社区中参与讨论我们的未来。本书旨在鼓励人们就网络的未来展开辩论——在 DAO、推特空间、社交媒体、博客文章和 IRL 中。的确，我们应该努力使

Web 3.0 成为一个讨论小组的散居地，让人们共同交流和面对世界上的艰巨挑战。借用法律学者玛丽・安妮・弗兰克斯（Mary Anne Franks）的话来说，我们应该建造“为民主而设计的空间”。[64]

在我看来，我们最优先考虑的两个问题应该是解决社会缺乏多样性和可持续性的问题。我从千禧一代和 Z 世代那里得到了启示，这几代人（还有阿尔法一代）对于未来的看法可能最重要。许多人对他们遇到的机构对多样性和可持续性的承诺程度“完全不满意”。我们也不应该如此。

在多样性方面，很多人已经通过各种各样的举措引领 Web 3.0 的发展，使其更具包容性。帕丽斯・希尔顿是 NFT 的早期使用者，也是 NFT 领域的第一位女性名人，她在洛杉矶县立艺术博物馆（LACMA，Los Angeles County Museum of Art）设立了一个基金，用于购买女性数字艺术家的作品。此次捐赠进一步推动了 LACMA 最近提出的致力于收藏女性艺术家作品的承诺。与同行机构相比，LACMA 在这方面取得了一些进步。[65] LACMA 的前两次收购是加拿大裔韩国艺术家克里斯塔・金的《连续体：洛杉矶》（*Continuum: Los Angeles*）和英国艺术家尚特尔・马丁（Shantell Martin）的《问题》（*The Question*）。希尔顿在宣布成立该基金时表示：“作为一名活动家和企业家，我喜欢在许多男性主导的领域突破界限，我立即意识到有必要在 Web 3.0 中支持女性。”[66] 鉴于女性艺术家的作品在主要博物馆的永久收藏中缺乏代表性，希尔顿的慈善事业是朝着正确的方向迈出的一步。其他博物馆亦应仿效。

还有一些知名人士也在 NFT 市场推广女性艺术家。例如，在 2021 年秋天，瑞茜・威瑟斯彭和伊娃・朗格利亚・巴斯顿开始在社交媒体上支持女性 NFT 艺术家的作品。威瑟斯彭旗下媒体公司“你好阳光”（Hello Sunshine）不仅支持女性创作者作品，后来又宣布与元友荟（Yam Karkai）创建的女性世界 NFT（World of Women NFT）项目建立重要合作，以“女性世界”中的一些角色为基础开发电影、电视节目和其他内容。由于女性世界项目将角色的知识产权转让给了女性世界 NFT 的所有者，NFT 所有者可以参与分散的合作。例如，威瑟斯彭可以在你好阳光中使用她自己的女性世界角色，以及 NFT 所有者授权制作的其他女性世界角色。

“我的社交画布”（My Social Canvas）是一家为高中和大学的年轻女性提供指导和奖学金的组织。该组织的创始人兼首席执行官丽莎·梅耶尔（Lisa Mayer）推出了一项名为“佼佼丽人”的 NFT 系列活动，发行了 10 000 份藏品，描绘了宇航员、商业主管、厨师、医生、警察、科学家等各种角色榜样中的强大女性形象。正如梅耶尔向《币报》解释的那样，“这里的承诺是，所有这些特质结合在一起，表明一名女性可以成为她想要成为的任何人。”[67] 佼佼丽人在 90 分钟内就卖光了。2022 年 3 月，为了庆祝国际妇女节，梅耶尔推出了 33 个限量版的佼佼丽人楷模NFT，其中包括特蕾莎修女（Mother Teresa）和露丝·巴德·金斯伯格（Ruth Bader Ginsburg）等过去和现在的女性领袖。[68] 梅耶尔的 NFT 公司从一群著名女性领导的基金那里筹集了 440 万美元的种子资金，这些基金的领导者包括塞雷娜·威廉姆斯、阿努·达格尔（Anu Duggal）①、布里特·莫林（Brit Morin）②和兰迪·扎克伯格（Randi Zuckerberg）③。[69] 莫林是“我的闺蜜”（My BFF）的联合创始人，这是一个去中心化的社区，让女性和非二元性别人士更多地了解

① 女性创始人基金（Female Founders Fund）创始合伙人。

② 连续创业者和风险投资家。

③ 脸书创始人马克·扎克伯格的姐姐。

Web 3.0。

NFT 系列面临的挑战之一是 NFT 的稀有性与包容性目标之间的内在紧张关系。尽管人们出于各种原因投资 NFT，但潜在的价值升值可能是许多买家进场的主要原因。在体量达到 10 000 的 NFT 系列中，那些具有罕见特征的 NFT 具有最高的价值。此外，如果 NFT 创造者创造的第二代藏品过于相似，甚至比第一代更令人印象深刻，那么他们就需要承担稀释原始藏品价值的风险。当然，一个 NFT 项目可以选择通过大规模生产大量的 NFT 来最大限度地提高包容性。然而，这可能会降低产品的人气，正如加密猫 NFT 的供过于求所造成的后果。

元天使（Meta Angels）NFT 系列的创始人亚历山德拉・卡沃拉科斯（Alexandra Cavoulacos）、艾莉森・唐尼（Allyson Downey）和马克斯・西格曼（Max Siegman）想出了一个创新的、包容的解决方案来解决这个难题。元天使的精美艺术品是由毛利—澳大利亚艺术家萨拉纳・海塔（Sarana Haeata）创作的，她“热衷于社会经济平等、性别和种族代表性以及多样性”，[70] 包括土著人民。元天使智能合约允许 NFT 的所有者将其借给其他人。[71] 该贷款计划旨在促进更大的准入和包容性，特别是对那些可能没有可支配收入用于购买 NFT 的人。元天使的使命是促进慷慨、透明和普及性。

其他 NFT 创建者和组织也在努力使 Web 3.0 中代表性不足的社区发展出更大的包容性，包括黑人、土著和有色人种（BIPOC）社区和 LGBTQ+ 社区。艾瑞斯・内文斯（Iris Nevins）和奥马尔・德西雷（Omar Desire）创立了 Umba Daima，这是一家推广艺术家并为 BIPOC 社区提供 Web 3.0 教育的公司。Umba Daima 的项目之一是黑人 NFT 艺术（Black NFT Art），其使命是促进黑人艺术家的发展和为其创造机会。[72]

为了庆祝 2022 年的“骄傲月”（Pride month），雷格夫·古尔（Regev Gur）、埃利亚德·科恩（Eliad Cohen）和阿米尔·拉扎罗维奇（Amir Lazarovich）与艺术家马克斯·巴曼（Max Bahman）一起推出了他们号称最大的 LGBTQ+ NFT 系列，名为“骄傲图标”（Pride Icons），描绘了 LGBTQ+ 社区的领袖、明星和倡导者。[73] 他们的 NFT 项目已经向各种 LGBTQ+ 组织承诺了 100 万美元的收益。科恩向《罗博报告》（*Robb Report*）解释了骄傲图标的重要性：“LGBTQ+ 社区已经在 NFT 的收藏中占据重要地位，但骄傲图标是我们第一次能够完全宣称所有权的 NFT 项目，并赋能授权社区更多地参与 NFT 和 Web 3.0 倡议。”[74]

19 岁跨性别者 FEWOCiOUS 作为全球最有成就的 NFT 艺术家之一，在突破阻碍的同时也激励着全体创作者。FEWOCiOUS 的真名是维克多·朗格卢瓦（Victor Langlois），他追求艺术是为了逃避祖父母严格的家庭教育。[75]

他在接受《时尚先生》（*Esquire*）采访时说：“我真的认为艺术拯救了我的生活。”

FEWOCiOUS 的第一个 NFT 是一件毕加索风格的数字艺术品《我总是想着你》（*i Always Think of You*），于 2020 年在超稀有平台上以 1 000 美元的价格售出。然后，在 2021 年 4 月，这位天才艺术家与 RTFKT 合作设计了数字运动鞋 NFT，在 7 分钟内全部售罄，收入 310 万美元，从而奠定 FEWOCiOUS 在 NFT 世界中的地位。[76] 几个月后，佳士得以 216 万美元的价格拍卖了 FEWOCiOUS 的 NFT 系列作品《你好，我是维克多（FEWOCiOUS），这就是我的生活》[*Hello, I’m Victor (FEWOCiOUS) and This Is My Life*]。苏富比随后以 280 万美元的价格拍出了一幅名为《很高兴见到你，我是被误解的人》（*Nice to meet you, I'm Mr. MiSUNDERSTOOD*）的 NFT 作品。FEWOCiOUS 的第一个生成艺术 NFT 系列以接近 2 000 万美元的价格售出，在 Nifty Gateway 上排名第三。[77]

大卫·鲍伊的遗产委员会邀请 FEWOCiOUS 为“区块链上的鲍伊”创建一个 NFT。FEWOCiOUS 的 NFT 以 12.7 万美元的价格成交，是所有藏品中最高的。在 NFT 的描述中，FEWOCiOUS 承认了鲍伊的影响：“我觉得他总是做他想做的事，这太酷了。创造了一个他想要生活的世界。这就是我试图在我的艺术中捕捉的感觉。对我和我的社区来说，鲍伊就是希望。”[78] FEWOCiOUS 还与《公告牌》合作，以 NFT 的形式发行了该杂志的电子版。该系列在短短 20 分钟内售罄，为特雷弗项目（Trevor Project）筹集了 1 万多美元，该组织致力于为年轻的 LGBTQ 个人提供自杀预防和危机支持。[79] 其 NFT 总共赚取了 5 000 万美元。[80] 人们已经感觉到，FEWOCiOUS 可能会成为 21 世纪最重要的艺术家之一——如果他还没有做到的话。

艺术家们还利用 NFT 来提高对残疾人的认识和包容，而寻找代理则是他们在艺术机构中面临的一个重大障碍。拉奇（Lachi）是一位屡获殊荣的盲人录音艺术家和残疾人权益倡导者。为庆祝国际残疾人日（International Day of Persons with Disabilities），她与几位残疾视觉艺术家合作创作了 NFT。[81] 艾娃（Ava）是伦敦一名计算机科学专业的学生。她创立了 ARTXV，一个代表神经多样性艺术家的团体，成员包括那些患有自闭症（autism）、多动症（ADHD）和突触症（synesthesia）的艺术家们。艾娃的灵感来自她的妹妹塔拉（Tara），她是一名自闭症患者，不善言辞。在大流行期间，艾娃第一次看到塔拉的一幅美丽的抽象画后，发现了塔拉具有的非凡艺术天赋。[82] 艾娃找到艺术机构为她妹妹的艺术作品提供机会，但据报道：“一旦他们意识到塔拉是自闭症患者，她的艺术作品就会得到轻蔑的回应。”[83]就在那时，艾娃转向了 NFT。ARTXV 推出了由包括塔拉在内的 15 位神经分裂症艺术家创作的一对一 NFT 系列。[84] 2022 年 NFT.NYC 会议选择了一些 ARTXV 艺术家的令人印象深刻的作品在时代广场展出。

这些实例仅仅是为创建包容性更强的 Web 3.0 而做出的鼓舞人心的尝试。一个更加去中心化的网络可以帮助打破障碍，但它需要每个人有意识的努力来支持包容性的目标。

可持续性亦然。以太坊的成功合并是一个积极的步骤。然而，这不应该是最后一步。区块链、NFT 和 Web 3.0 可以用来促进人们之间的可持续性。例如，气候 DAO（KlimaDAO）是一个组织，为其他 NFT 项目，提供以可持续的方法来抵消 NFT 项目的碳足迹（carbon footprint）的五种不同方式。这些项目从气候 DAO 购买代币化的碳信用额度，气候 DAO 使用这些信用额度为致力于应对气候变化的项目提供资金。碳托管 NFT（cNFT）使 NFT 项目能够在其智能合约中包含一个 Klima 代币，这代表了 DAO 购买的至少一吨的碳抵消信用额。[85] 随着 Klima 代币价值的提高，它所代表的碳抵消量也在增加。

Klima 更大的策略是提高碳抵消额度的购买成本，其理论基础是，这将刺激更多公司和项目（出售碳抵消额度）的更多供应，以应对气候变化。[86] 一个单位的碳中和额度代表减少一吨二氧化碳。[87] 通过购买碳抵消额度，企业或个人可以有效地减少他们的碳足迹——比如，从航空旅行或区块链交易中——尽管一些环保主义者批评这种类似于中世纪天主教发行赎罪券的做法是无效的。[88] 据报道，截至 2021 年 11 月，Klima 已经积累了超过 900 万吨的抵消量，价值 1 亿美元。[89] 斯文·埃伯韦恩（Sven Eberwein）是一位创作“互联网作品，通过互联网创作，为互联网创作”的艺术家，他在自己的作品《二氧化碳化合物》（*CO_2 Compound*）中采用了 Klima 的 cNFT。2022 年 9 月，该网站表示，它持有 17.885 美元的 Klima 代币，相当于 37.177 吨的碳抵消量。[90] 这个例子展示了如何使用区块链和 NFT 来推动和资助可持续性的努力。

Web 3.0 的领导者们必须实施领导

尽管许多人在促进 Web 3.0 的多样性和可持续性方面做了惊人的工作，但需要做的还有很多，首先就是从高层开始。那些引领 Web 3.0 运动的梦想家，以及那些已经获得巨大人气和财务成功的创客及蓝筹项目，在 NFT 社区中占据了一席之地，赢得了高度的尊重和关注。他们的话语非常重要。而且，可以极大地影响其所在的社区和一些其他地方。

如果 Web 3.0 的梦想家们都公开发表声明，说明他们计划将如何使 Web 3.0 更具多样性和可持续性呢？如果最成功的蓝筹项目也这样做，包括他们在雄心勃勃的路线图中努力改善多样性和可持续性的方式，那会怎么样？如果为 Web 3.0 项目投资数百万美元的风险投资公司也这么做呢？如果领导者花哪怕一小部分时间在 Web 3.0 的多样性和可持续性上，他们一定会想出绝妙的主意——更不用说（他们一定会）影响其他人了。

美国企业和大品牌已经采用了这种做法，公布他们为促进多样性和可持续性所做的努力。为什么呢？因为美国企业知道，消费者，尤其是千禧一代和 Z 世代的消费者，希望从那些体现了消费者共同的多样性和可持续性理念的公司购买产品和服务。[91] 对于可持续性，美国证券交易委员会正在考虑一项建议，即对上市公司采取强制性披露措施，说明“公司在气候相关风险方面的治理、风险管理和战略”。[92] 美国证券交易委员会提出的规则是基于许多上市公司已经在做的事情：“罗素 1000 指数（Russell 1000 Index）中近三分之二的公司，以及该指数下 500 家最大公司中的 90%，都发布了可持续发展报告。”[93]

笔者对 2022 年 6 月 OpenSea 历史销量前 25 位的 pfp 系列网站进行了回顾。除了 VeeFriends 项目发表的一份简短声明外，没有人就可持续性问题发表正式声明。[94] 只有女性世界、Azuki 和矮胖企鹅（Pudgy Penguins）这三个项目有关于多样性和包容性的声明。[95] 这并不是说顶级的 NFT 项目不关心这些重要的问题。例如，据报道，幼虫实验室和 CrypToadz 已经为环保事业进行了捐款。ArtBlocks、Decentraland 和 Sandbox 等平台也就可持续性发表了声明。

不过，顶尖 NFT 项目可以而且应该会做得更好。例如，如果无聊猿游艇俱乐部在其网站上发表了一份关于该项目支持多样性和可持续性的声明，包括它计划采取的具体步骤，这可能会影响其他 NFT 项目（就像它的去中心化模式许可已经做的那样）。鉴于其市场份额，OpenSea 也可以成为 Web 3.0 在这些领域的领导者。如果对 NFT 最常见的攻击之一是它们对环境的危害（这种批评在合并后就站不住脚了），那么 NFT 行业的领导者应该在他们的言语和行动中做更多工作来解决这些问题。

各大 Web 3.0 公司和投资 Web 3.0 的风投公司的网站情况也是参差不齐的。多数公司的网站都没有专门的页面，以概述他们在多样性或可持续性问题上的立场。

但也有一些机构提供了可能的模式。加密货币交易所 FTX 对可持续性发表了最明确、最雄心勃勃的声明，概述了 FTX 致力于实现的四个目标，包括资助研究和组织，以实现可持续性，作为其 FTX 气候计划的一部分。[96] 同样，日本的投资公司也对多样性和可持续性发表了详细的声明。[97] 在明尼阿波利斯警察德里克·肖文（Derek Chauvin）谋杀乔治·弗洛伊德（George Floyd）之后，软银成立了 1 亿美元的机会增长基金（Opportunity Growth Fund），“投资有远见的黑人、拉丁裔和美洲原住民企业家，让他们能够进入软银集团的网络”。[98] 这是支持 BIPOC 企业家的规模最大的基金。[99] 据报道，在两年内，该基金向 70 多家由黑人和拉丁裔创始人创立的初创公司投资了 1 亿美元。[100] 随后，软银宣布将把这只基金打造成一只常青树基金，继续为 BIPOC 的创业者提供资金。不过，目前尚不清楚软银去年晚些时候公布的主要愿景基金亏损 234 亿美元的消息，是否会影响到其他基金和整体投资。[101] 弗洛伊德被谋杀后，a16z 为黑人企业家成立了一个类似的基金，名为“人才 x 机会基金”（Talent x Opportunity Fund）。在两年的时间里，该基金投资了 17 家由黑人创始人创办的初创企业。[102]

类似的投资基金可以专门用于 NFT 创作者和 Web 3.0，并扩大到包括残疾人在内的各种未被充分代表的群体。虽然 2022 年的经济低迷导致创业公司的风险投资减少，但一些风险投资公司，如 a16z 和 North zone，对 Web 3.0 的投资却翻了一番。[103] 一个新成立的创作者 DAO（Creator DAO），有 2 000 万美元的种子资金支持，旨在成为创造者的孵化器。[104]

这并不是说每个 Web 3.0 的领导者都有足够的财力来启动一个投资基金。领导者可以通过多种方式实施领导，包括仅仅用他们的社交媒体平台，使多样性和可持续性成为 NFT 社区的重点。当然，发表一份关于多样性和可持续性的公开声明可能只是说说而已。但是这也可能成为一种鼓励组织采取行动的承诺。这是一个充满希望的开端。

每个人都能提供帮助

但是，我们不能期望 Web 3.0 领导者们独自处理这些迫切的问题。Web 3.0 的伟大承诺是，它提供了一个分散的系统——一个全球性的组织平台——方便人们以大大小小的方式参与其中。

人们可以通过很多方式做出贡献。直接的方式是通过个人钱包，无论是传统的还是加密的。大家能在千禧一代、Z 世代身上得到一些启示。他们往往更倾向于避免那些没有反映出对这几代人来说很重要的价值观的品牌，而是支持那些体现出这些价值观的品牌。如果有足够多的人采用这一原则，并将其应用于包括 NFT 项目在内的 Web 3.0 业务，那么它将产生持久的影响。人们还可以直接支持女性艺术家，以及来自 BIPOC、LGBTQ+、残疾人等缺乏代表性的群体中的艺术家。支持的范围可以从购买他们的 NFT（成为艺术赞助人）到单纯地在社交媒体上对其进行推广，甚至只是对其作品进行点赞。让他们的艺术获得认可非常重要。

承认人们能够仅通过讨论做出贡献也是非常重要的一点。人们可以加入 NFT 藏品的在线社区，并在社区的 Discord 或聊天中促进对多样性和可持续性的更多认识。个人的贡献可以非常简单，比如询问联合创始人在多样性和可持续性方面的立场。社交媒体存在着许多危害之处。但是，在最好的情况下，社交媒体有助于激发人们对具有深远影响的社会问题的关注。虽然承认问题并不意味着解决问题。但它可以激发人们的行动。

第十二章

◆

飞向未来

给幻想放松缰绳，

在每一次可能的飞行中放纵你的想象……

——简·奥斯汀（Jane Austen），

《傲慢与偏见》（*Pride And Prejudice*）

在关于未来的章节中，以讨论过去作为开头，看起来多少有些奇怪。在本章中，我们将简要叙述人类对飞行的追求。飞行是对人类创造力的完美隐喻。20 世纪之交，为了成功地制造出实现人类飞行梦想的飞行器（而有些人则认为是不可能的），人们付出了巨大的努力。这段历史为理解目前正在进行的工作——建设更好网络——提供了重要的借鉴。在那个网络中，人类的创造力可以蓬勃发展。

飞行器

人类对飞行的追求可以追溯到远古时代。但直到 20 世纪初，这一探索才接近可行。世界各地的潜在发明家们都在试图制造一种飞行器——一种比空气重、可以载人飞行的东西。读这一时期的美国报纸，人们可以明显地感受到记者在描述这些尝试时的兴奋和乐观，尽管其中不乏失败和死亡。

1897 年 5 月 9 日,《圣保罗环球报》(*The St. Paul Globe*) 宣称:“这是飞艇的时代。从气球到飞行器的革命已经接近完成。几年内，我们将看到用于客运的大型航空飞船以及用于战争和商业的巨型发动机在太空中航行。”[1] 当然，在当时，没有人知道人类是否会在飞行的探索中取得成功。同样不清楚的是，可信的实验者和所谓的疯子之间是否有什么区别。对一架成功的飞行器的乐观态度，部分出于活动的绝对数量和人数，所有人都在努力制造一架成功的飞行器。[2]

但是，失败却是多数发明家们的宿命。有关人类悲剧的新闻报道激发了当时最重要的人物将注意力转向对飞行的追求。1896 年，与弟弟奥维尔（Orville）共同拥有一家自行车店的威尔伯·莱特（Wilbur Wright）一直在照顾因伤寒卧床不起、有时濒临死亡的奥维尔。[3] 威尔伯告诉奥维尔，被称为“飞行者”（Flying Man）的德国先驱奥托·李林塔尔（Otto Lilienthal）已经不幸去世。李林塔尔一直在试验以鸟类翅膀为模型的滑翔机，并多次成功飞行——他自己的航空摄影记录了这一点。[4] 1896 年 8 月 9 日，李林塔尔从空中坠落身亡。

李林塔尔的死是一个无情的警告，提醒人们在试图开发飞行器时所要面对的危险。但对威尔伯·莱特来说，这重新燃起了他儿时对飞行的兴趣。[5] 幸运的是，奥维尔在伤寒中幸存了下来。就这样兄弟俩也参与到飞行队伍中来。

一家自行车店的两位老板在试图制造第一台成功的飞行机器时做了什么？他们是熟练的机械师，自己制造自行车，但他们还没有发明任何东西。在 1899 年写给史密森学会（Smithsonian）的一封信中，威尔伯承认他是一个“狂热者”(enthusiast)。[6]但他并不是“一个疯子”(a crank)。威尔伯说，自己想学习最新的航空技术，“然后，如果可能的话，尽我所能帮助未来的工人取得最终的成功”。[7]

威尔伯在信里流露出一种非凡的自信。他向史密森学会宣称：“大量独立工作者的实验和调查将导致信息、知识和技能的积累，最终将导致成功的飞行。”[8]一个自行车店老板不仅在1899年预言了人类的飞行，而且还相信他（和他的兄弟）可以帮助实现这一目标？如果这封信写成于今天，听起来会非常荒谬。修理自行车与飞行相去甚远——起码看上去是这样。

史密森学会助理秘书理查德·拉斯本（Richard Rathbun）对威尔伯的信中做出了回应，还寄去了四本小册子，以及一份其他相关文献的参考书目。[9]拉斯本的答复也许是史密森学会历史上最为重要的答复之一。向莱特兄弟共享的知识，在他们第一架飞机的研制成功过程中，起到了举足轻重的作用。[10]

经过长达四年的试验及重大挫折，莱特兄弟终于取得了重大突破。1903年12月17日，兄弟俩在基蒂霍克（Kitty Hawk）解决了这一难题。[11]人类实现了飞行。

事实证明，莱特兄弟在自行车机械方面的知识——以及对平衡的需求——对他们取得突破至关重要。[12]通过对李林塔尔研究过程的潜心钻研，他们认为其失败是由于无法保持平衡而造成的。[13]正如威尔伯所说，“平衡的问题构成了飞行本身的问题”。[14]莱特兄弟成功地研制出一套复杂的三轴控制系统，使飞行员能在三个维度（俯仰、翻滚和偏航轴）上完全控制飞机以保持平衡。[15]美国国家航空航天博物馆将其描述为“他们最重要的一个设计突破”。[16]直到今天，莱特兄弟控制系统仍然是现代航空和航天的根基所在。

元宇宙

要创造革命性的事物，就必须摆脱传统的束缚。敢于想象曾经被认为是不可能的事情。在各种学科上试验、取得洞见、建立联系——正如莱特兄弟的工作——谋求对社会做出持久贡献、造福人类。

这本书讨论了创新的创造者——幼虫实验室的马特·霍尔和约翰·沃特金森、Beeple、克里斯塔·金、奥西纳奇等世界各地的人士。作为虚拟文艺复兴的一部分，他们在几年内产生了惊人的人类创造力。在这一复兴中，存在着一种创造更好网络的运动。建设的任务还没有结束。它才刚刚开始。

就像莱特兄弟等人在 20 世纪之交追求人类飞行一样，世界各地的人们正在竞相建设一个更好的互联网——一个更加去中心化、更尊重隐私和自主权、更支持艺术家和他们的创造性作品、更具协作性、更有利于通过社区共同所有者而非货币化用户来进行赋权的互联网。一种更具沉浸感的体验，有可能通过增强现实和虚拟现实得到强化。一个促进健康和服务人类的社区。

这场运动的缔造者来自许多不同的领域——艺术、音乐、科技、计算机编程、商业、咨询、设计、时尚、游戏、奢侈品牌、法律乃至护理。事实上，任何人都可以加入其中。很多早期的研发人员都曾为 Web 3.0 的开发而辞掉了自己的工作。[17] 大型科技公司的人才流失是显而易见的。[18] 各大品牌也希望加入这个行动：巴黎世家、迪士尼、古驰、耐克、Meta 等公司都发布了新的元宇宙职位。[19] 仅在印度，就预估有 55 000 个与元宇宙相关的工作岗位。[20] 将这些早期进入 Web 3.0 工作的人联系在一起的一个条件是——就像莱特兄弟一样——他们是狂热分子。

我们可以期待未来会有更多的工作机会。迪拜和韩国有志在元宇宙发展中扮演领导者角色的地方正在进行大规模投资，并计划为元宇宙空间创造数以万计的新工作岗位。[21]

这一系列旨在构建更好网络的创造性活动让人想起了早期制造飞行器的尝试。来自世界不同地区的人们正在进行一次飞跃——想象力的飞跃和信仰的飞跃——建造他们认为对文明和人类有益的东西。成功没有绝对的保证，很多失败都在意料之中。2022 年的重大经济衰退也带来了进一步挑战。反乌托邦式的虚拟世界是一种强大的叙事，也许会吓到很多人，或者让他们对这种努力产生极大的质疑。

然而，尽管存在所谓的 FUD［fear（恐惧）、uncertainty（不确定）和 doubt（怀疑）］，我还是对互联网的未来持乐观态度。原因是什么？我曾有机会与一些为建设更好的网络而不懈努力的天才们进行交谈，我也在网上了解到世界上还有许多人也在做同样的事情。投入 Web 3.0 的脑力劳动是令人印象深刻的。风险投资公司 a16z 的联合创始人、Web 3.0 的大投资者马克·安德森（Marc Andreessen）告诉麦肯锡，他的公司跟踪了工程师们（即所谓的“书呆子”）的工作变动。这些“书呆子”们纷纷涌向与人工智能、生物技术和加密 /Web 3.0 相关的工作。[22]“无论聪明的工程师们在做什么，他们都会做得更好。”安德森解释道。[23] 正如美国报纸在制造飞行器的失败尝试中看到的那样，我在所有正在发生的创造性活动中看到了进步。它提供了让人保持乐观的理由——艺术家、开发者和爱好者们将成功地构建一个更好的互联网。总的来说，他们太聪明、太有创造力了，不会失败。

我之所以充满希望，还因为我们已经掌握了一些证据，证明我们可以如何建设一个更好的网络。就像莱特兄弟革命性的三轴控制系统一样，NFT 提供了一种技术，使人们有能力去进行控制。首先，NFT

使艺术家能够以一种前所未有的方式控制他们的艺术活动，使他们有希望作为艺术家茁壮成长，并有能力通过去 IP 控制他们的艺术作品，包括转售版税和包容性契约。如果艺术家能够蓬勃发展，我们的社会也将最终受益。由于 NFT 具有独立的价值，它们甚至提供了一种新的方法来处理未经授权的复制（又名盗版）：NFT 减少了对未经授权的复制的关注，而未经授权的复制不能替代 NFT。这正是数字艺术家开始蓬勃发展的原因。

第二，NFT 赋予了人们控制其在线身份的权力——他们的自主权。如果 Web 3.0 成功，人们就不必再为了使用互联网而将个人数据的控制权拱手让给大型科技公司。第三，NFT 为各类企业和组织提供了一种吸引人们的新方式，通过交互式所有权将他们纳入社区或 DAO，并以伙伴关系和去中心化协作的方式对待众多共同创造者。如果有更多的企业采用去中心化协作许可证，那么创新就可能增多。企业和开发人员正在构建新的虚拟世界和更多的沉浸式体验，在其中，我们可以通过 NFT，使用化身和数字时尚来控制自己的身份（和隐私）。互联网可以促进人文资本主义（humanistic capitalism），而不是监控资本主义。正如威利斯·哈曼所描述的那样，人文资本主义要求企业“积极承担责任，创造一个健康的社会和一个可居住的星球”。[24] 互联网公司不应该依靠举报人来解决社交媒体对我们孩子造成的已知心理伤害。[25]

这三个例子说明了 NFT 在赋予人类控制自己生活的能力方面的效用，但这只是触及了该技术潜力的表面。作为一种治理系统，NFT 可以促进互联网的平衡——产生更多自主化和人性化的关系。

然而，将这些知识转化为持久的变化不会魔法般地发生。首先，它需要一种重新设想可能性的意愿和愿望。正因为如此，艺术家、创意人员、开发者等外向型思想家们始终走在虚拟文艺复兴前沿，并寻求建立一个更好的网络。对于这一点，并没有一个单一的愿景。但这是 Web 3.0 所设想的去中心化的一个特性，而不是 bug。随着更去中心化的互联网的出现，人们便有了更多的选择和更大的自由，能够以更有意义的方式创造和互动，而不是由少数社交媒体公司部署的秘密算法提供内容。Web 3.0 应该看起来比由大型科技公司统治的 Web 3.0 更加多样化、多元化。

不过，这场虚拟复兴的成功最终取决于我们所有人。如果莱特兄弟造了一架别人都不想试飞的飞行器，现代航空就不会发展起来。人类将会一直被禁锢在地面之上。那时候与现在最大的不同之一就是如今人们对于最终目标有了更多的疑虑。或许，这反映了我们所处的分裂的世界。无论是由于缺乏勇气还是缺乏合作，我们都缺乏明确的目标，而这些目标决定了生活在 20 世纪之交的那一代人，包括莱特兄弟在内，冒着生命危险试图建造一台飞行器——为了文明的利益。有些人甚至在这种崇高的追求中失去了生命。

毕加索之所以在我的讨论中占据重要地位，原因有二。首先，代币主义在通过“代币”拥有艺术和其他主题的观点上的激进转变，这与立体主义在通过“立方体”同时创作和观看艺术碎片的观点转变十分类似。二者都依赖于人类的想象力来构建真实的东西。为了理解我们对 NFT 促成的所有权理解的剧变，我们必须首先理解这一关键的见解。

其次，社会最初对立体主义的惊人敌意反应——导致了公众的抗议，纳粹德国希特勒以堕落艺术为由禁止，甚至有杰出的美国医生指责这些艺术品不应该被展出，因为它们是精神疾病的产物——应该让我们都停下来。在一个自由的社会里，批评是被鼓励的。仔细检验这本书中讨论的所有问题，尤其是我的理论，是一种正确的做法。而仔细检查所有针对 Web 3.0、NFT、元宇宙和虚拟文艺复兴的攻击也不是错误的。当你读到这样的 FUD、DYOR，请记住创新之道——一项新技术的颠覆性越大，其引发的争议就越大——这一点已多次被印证，包括在互联网诞生之初。还记得盖勒特·伯吉斯吗？他最初认为毕加索令人震惊和反常规的画作是“对自然、传统和体面的侮辱”，但后来却意识到了“获得一种新的关于美的观点，以理解和欣赏艺术中的这种新运动”的重要性。[26] 历史证明伯吉斯是正确的。[由于命运的安排，伯吉斯还采访了喜欢《Goop 的故事》(*The Goop Tales*)的威尔伯·莱特。[27] 伯吉斯对识别天才极具眼光。] 如今，毕加索被广泛认为是 20 世纪最有影响力的艺术家和现代艺术的典范——尽管他的作品最初在包括美国在内的许多国家被认为是堕落、丑陋和低劣的——这给了我们充分的理由来更加认真地研究虚拟文艺复兴，以避免对数字和生成艺术的质量和重要性做出下意识的“膝跳”判断——或者对支撑其急剧增长的 NFT 技术做出那种判断。

我们迎来了一个千载难逢的机会，一个修复网络缺陷和非人化商业模式的机会，一个创造更去中心化、更包容、更人性化的互联网的机会。我们正处于一个关键时刻，当后人回顾这个时刻，可能会将其视为一个具有无与伦比的创造力、自主化和启蒙的历史时期的催化剂。这是一场符合人类最崇高理想的文艺复兴，它带来的进步甚至超出了我们最疯狂的想象。但正如得知飞行者奥托·李林塔尔悲剧后的莱特兄弟一样，我们正面临这样的抉择：究竟是什么都不做呢，还是去做些什么？

借用莱特的话：我们是否为取得最终的成功而贡献一点自己的微薄之力？

致　谢

写作本书是我所做过的最艰难也最令人畏惧的智力工作之一。幸运的是，我得到了许多人的慷慨协助。哈珀商业出版社的出版人霍利斯·海姆布希（Hollis Heimbouch）是一位令人愉快的合作伙伴。她所提供的精辟见解让我对全书的写作更具锋芒。因此，我明智地遵循了她的每一条建议。此外，她对这本书的重要性的信念也不断地使我确信，自己每天辛苦写作的许多小时并没有白费。助理编辑柯比·桑德梅尔（Kirby Sandmeyer）在指导这本书的整个制作过程中发挥了宝贵的作用。她回答了我所有的技术问题，无论这些问题有多么的愚蠢。哈珀商业出版社的整个团队完成一项了不起的工作，从文字编辑到封面设计、法律审查、制作和推广。在此，我要对他们表示感谢。

我的经纪人约瑟夫·佩里（Joseph Perry）立即看到了这本书的前景。作为一名知识产权专业律师，从提案开始，他就在帮助我完善想法并在写作方面发挥了不可或缺的作用。他审查了本书的每一章节。但最棒的是，我经常给他留言：“嗨，乔，你觉得这个怎么样？”

他对我仍在斟酌的每个段落都提供了及时的反馈，我也要特别感谢他的家人允许他在周末回复我的信息。

我永远都要感激那些与我分享其 NFT 之旅的艺术家和企业。他们的创造力真是令人备受鼓舞。我只希望自己的话语足以表达我受到的激励。世界上还有许多我没有机会采访到的艺术家和企业——实在是太多了——都在 Web 3.0 中做着了不起的工作。希望有一天我也能做到。

芝加哥肯特法学院（Chicago-Kent College of Law）通过提供暑期研究津贴为本书的写作提供了慷慨的资金支持。院长安妮塔·克鲁格（Anita Krug）对该项目给予了极大的支持，并且慷慨地花时间审查了部分草稿。其他了不起的同事还包括：格雷姆·丁伍迪（Graeme Dinwoodie）、斯蒂芬妮·斯特恩（Stephanie Stern）和阿德里安·沃尔特斯（Adrian Walters）。他们审阅了本书的部分内容，并提供了宝贵的反馈，特别是在我的专业领域之外的法律知识。（所有的错误都是我的。）哈罗德·克伦特（Harold Krent）有幸经历了我从 2021 年开始在 NFT 的兔子洞中的跌宕起伏。在这里可以看到我关于 NFT 的第一篇博客文章和 YouTube 视频、我的法律评论文章、书籍提案，以及书中的章节。我的一些想法可能听起来很离谱（或者，仁慈地说，“跳出了框框”），但他总是热情地给予适当的批评。

芝加哥肯特图书馆的参考图书管理员是世界上最好的。导演让·温格（Jean Wenger）、曼迪·李（Mandy Lee）和香农·康德（Shannon Conder）在追踪资料方面表现出色，即使是涉及艺术、商业、金融、历史和法律等广泛的主题的最晦涩的资料。温格在查找旧报纸文章方面的帮助是我研究中的一个转折点。我的研究助理尼基塔·巴蒂亚（Neekita Bhatia）做了一项了不起的工作，收集并验证了时装业使用 NFT 的数据、二氧化碳足迹，以及顶级 NFT 项目的多样性和可持续性声明（或缺乏这些声明）。她和另一名学生约书亚·盖布林（Joshua Gablin）对书中的部分内容提供了有益的反馈。

如果不了解劳伦斯·莱西格在网络早期关于这些主题的理论，以及他创立的知识共享，那么任何法律学者都无法撰写关于互联网、版权和监管的文章。我在学术生涯之初就有机会与他一起工作，这是一个千载难逢的机会。事实上，《网络空间的代码和其他法则》（*Code and Other Laws of Cyberspace*）是促使我在 1999 年决定辞去律所工作，成为一名学者的主要催化剂——这样我就可以写作这些主题了。我想在这个词流行之前，我是一名“degen”。从那时起，许多来自不同学科的其他学者和理论家的作品，包括我在本书中讨论的那些，塑造了我的思想。在此一并表示感谢。

此外，我还要感谢三份优秀的法律期刊，他们分别是《美国大学法律评论》（*American University Law Review*）、《加州大学洛杉矶分校法律与技术杂志》（*UCLA Journal of Law and Technology*）和《伊利诺伊大学法律评论》（*University of Illinois Law Review*），我在这些期刊中发表了与本书主题相关的学术成果。我的文章《NFTs 作为去中心化的知识产权》（NFTs as Decentralized Intellectual Property）将在本书出版前后由《伊利诺伊大学法律评论》（*University of Illinois Law Review*）发表。我非常感谢它的各位编辑，特别是克莱尔·多诺霍（Clare Donohue）总编辑给这本书的出版提供了便利，更不用说发表我的文章了，尽管其理论是存有争议的。

在此，也要感谢 NFT。感谢 NFT NYC 的主办方邀请我在 2022 年 NFT 多样性会议（2022 Diversity of NFTs conference）上进行发言。这是我首次在会议上分享自己的去 IP 理论，并发布了出版本书的信息。看到来自世界各地的成千上万的人参加 NFT.NYC，纽约在加密货币的寒冬向我证实了我所写的内容并未脱离实际。

一直以来，我依靠着家人和朋友们给予的建议和支持。卡特里娜·李（Katrina Lee）、阿曼达·李（Amanda Lee）和邵明（Ming Shao）对书中的章节提供了敏锐的反馈。布里安·布沙斯（Brianne Buishas）和斯蒂芬妮·拉米雷斯（Stephani Ramirez）在书的构思和封面的选择上给出了至关重要的建议，并且一直是鼓励的源泉。我将永远感激自己优秀的父母、兄弟姐妹和大家庭，感谢他们无尽的支持。我的父母给我提供了他们从来没有过的机会，并且为此做出了巨大的牺牲。

对 Web 3.0 中的所有“degen”：谢谢你们！我从充满活力的“NFT Twitter”和“NFT LinkedIn”社区中学到了大量关于 NFT 的知识，他们对 NFT 的日常讨论对我的理解很有帮助。你们的讨论充满了见地、幽默、欢乐和社区归属感。你们给了我希望——现在依然如此。

在我为这本书狂热工作的几个月里，没有人比我的狗——“面条”——吃了更多的苦。它逼着我进行休息和锻炼，并不断提醒着我，生活中还有比 Web 3.0 更重要的事情。

参考文献

序 言

1. “Fact of the Day: Picasso Produced an Estimated 50,000 Artworks,” *India Today* (Oct. 20, 2016), https://www.indiatoday.in/education-today/gk-current-affairs /story/picasso-artworks-347466–2016–10–20.
2. “Most prolific painter,” Guinness World Records, https://www.guinnessworld records.com/world-records/most-prolific-painter/?fb_comment_id=77010333974 2041_877734955645545.
3. Larva Labs, “Autoglyphs,” Larvalabs, https://larvalabs.com/autoglyphs.
4. Art Blocks, “Learn About Art Blocks,” https://www.artblocks.io/learn; Shrimpy Team, “What Is Art Blocks? The Generative Art NFT Platform Explained,” Academy.Shrimpy (Dec. 31, 2021), https://academy.shrimpy.io/post/what-is-art -blocks-the-generative-art-nft-platform-explained.
5. Ola, “The 10 Best-Selling NFT Artists of All Time,” NFT Evening (Apr. 12, 2022), https://nftevening.com/the-10-best-selling-nft-artists-of-all-time/.
6. “NFT Collection Rankings by Sales Volume (All-time),” Cryptoslam, https:// cryptoslam.io/ (viewed Sep. 25, 2022).
7. Elizabeth Palermo and Callum McKelvie, “Who Invented the Lightbulb?,” Live- science (Nov. 23, 2021), https://www.livescience.com/43424-who-invented-the -light-bulb.html.
8. “NFT Timeline,” NFTtimeline, https://nfttimeline.com/; Branyce Wong, “NFTs, CryptoArt & CryptoCollectibles,” Portion, https://blog.portion.io/the-history-of -nfts-how-they-got-started.

9. Sandra Upson, "The 10,000 Faces That Launched an NFT Revolution," *Wired* (Nov. 11, 2021), https://www.wired.com/story/the-10000-faces-that-launched-an -nft-revolution/.
10. "10 Things to Know About CryptoPunks, the Original NFTs," Christie's (Apr. 8, 2021), https://www.christies.com/features/10-things-to-know-about-cryptopunks -11569–1.aspx.
11. Chloe Cornish, "CryptoPunks and the Birth of a Cottage Industry," *Financial Times* (June 5, 2018), https://www.ft.com/content/f9c1422a-47c9–11e8–8c77-ff 51caedcde6.
12. 同上。
13. "10 Things to Know."
14. "CryptoPunks / Types and Attributes," CryptoPunks, https://cryptopunks.app /cryptopunks/attributes.
15. Jason Abbruzzese, "This Ethereum-Based Project Could Change How We Think About Digital Art," Mashable (June 16, 2017), https://mashable.com/article /cryptopunks-ethereum-art-collectibles.
16. Langston Thomas, "Why Larva Lab's Decision to Dump V1 CryptoPunks Is a Problem," NFTnow (Feb. 5, 2022), https://nftnow.com/news/why-larva-labs -decision-to-dump-v1-cryptopunks-is-a-problem/.
17. Natasha Dailey, "The Massively Popular CryptoPunks NFT Collection Was Buggy and Unnoticed at Launch—Until All 10,000 Suddenly Sold in 24 Hours," Busi- ness Insider (Nov. 14, 2021), https://markets.businessinsider.com/news/currencies/cryptopunks-nft-collection-buggy-unnoticed-launch-wired-ethereum-block chain-2021–11.
18. Edward Lee, "The Cryptic Case of the CryptoPunks Licenses: The Mystery Over the Licenses for CryptoPunks NFTs," SSRN (Dec. 6, 2021), 2–3, https://papers .ssrn.com/sol3/papers.cfm?abstract_id=3978963.
19. 同 上，5—7; Edward Lee, "The Two CryptoPunks, V1 and V2: Can V1 and V2 CryptoPunks Coexist or Will Copyright Tear Them Apart?," SSRN (Mar. 29, 2022), 3–6, https://papers.ssrn.com/sol3/papers.cfm?abstract_id=4032777; An- drew Hayward, "CryptoPunk Owner Explains Why IP Dispute Led to $10M Ethereum NFT Sale," Decrypt (Dec. 10, 2021), https://decrypt.co/88041/crypto punks-ip-complaints-punk4156–10m-ethereum-nft-sale.
20. "CryptoPunks / Top Sales by Ether Value," CryptoPunks, https://cryptopunks .app/cryptopunks/topsales?sortByUSD=true (last visited Oct. 3, 2022).
21. Alex Turner-Cohen, "Queensland Servo Worker Turns $4k into $100m Crypto- currency, NFT Empire," News.com.au (Jan. 22, 2022), https://www.news.com.au/ finance/business/other-industries/queensland-servo-worker-turns-4k-into-100m-cryptocurrency-nft-empire/news story/4d2c1a600831111789ddb0ccf2567b32.
22. "Top Sales," CryptoPunks.
23. "10 Things to Know About CryptoPunks," Christie's.
24. "CryptoPunks—Interview with Co-Founder Matt Hall," Artmarketguru (Jan. 6, 2019),

https://www.artmarket.guru/le-journal/interviews/cryptopunks-matt-hall/.
25. David Pierce, "How a Pipe-Smoking Alien Became the 'Digital Mona Lisa,'" Pro- tocol (Mar. 17, 2021), https://www.protocol.com/figma-ceo-cryptopunk-nft.
26. Kim Parker, Juliana Menasce Horowitz, and Rachel Minkin, "COVID-19 Pan- demic Continues to Reshape Work in America," Pew Research (Feb. 16, 2022), https://www.pewresearch.org/social-trends/2022/02/16/covid-19-pandemic-con tinues-to-reshape-work-in-america/.
27. David Hollerith, "NFTs Explode into $27B Phenomenon as Investors with 'Big- ger Bags' Put Them to Work," Yahoo! Finance (Dec. 7, 2021), https://finance .yahoo.com/news/nft-market-explodes-into-27-b-phenomenon-as-investors -with-bigger-bags-put-them-to-work-133112238.html.
28. Shira Ovide, "Our Virtual Pandemic Year," *New York Times* (Nov. 5, 2021), https:// www.nytimes.com/2021/03/12/technology/our-virtual-pandemic-year.html.
29. Edward Lee, "Disclosures," NouNFT, https://nounft.com/disclosures/.

第一章　时刻

1. William H. Sewell, Jr., "Historical Events as Transformations of Structures: In- venting Revolution at the Bastille," *Theory and Society* 24, no. 6 (Dec. 1996): 842.
2. John Schroter, "Steve Jobs Introduces iPhone in 2007," YouTube (Oct. 8, 2011), https://www.youtube.com/watch?v=MnrJzXM7a6o.
3. David Pogue, "The iPhone Matches Most of Its Hype," *New York Times* (Jun. 27, 2007), https://www.nytimes.com/2007/06/27/technology/circuits/27pogue.html.
4. Tim Hardwick, "Former Microsoft CEO Steve Ballmer Admits He Was Wrong About the iPhone," MacRumors (Nov. 7, 2016), https://www.macrumors.com /2016/11/07/former-microsoft-ceo-steve-ballmer-wrong-iphone/.
5. Walter S. Mossberg and Katherine Boehret, "Testing Out the iPhone," *Wall Street Journal* (June 27, 2007), https://www.wsj.com/articles/SB118289311361649057.
6. Connie Guglielmo, "Untold Stories About Steve Jobs: Friends and Colleagues Share Their Memories," *Forbes* (Oct. 3, 2012), https://www.forbes.com/sites/con nieguglielmo/2012/10/03/untold-stories-about-steve-jobs-friends-and-col leagues-share-their-memories/?sh=247dc6366c58.
7. "I Predict the Internet Will Soon Go Spectacularly Supernova and in 1996 Cat- astrophically Collapse," Quote Investigator, https://quoteinvestigator.com/2020 /03/09/collapse/#f+437530+1+1.
8. Clifford Stoll, "Why the Web Won't Be Nirvana," *Newsweek* (Feb. 26, 1995), https://www.newsweek.com/clifford-stoll-why-web-wont-be-nirvana-185306.
9. Clifford Stoll, *Silicon Snake Oil: Second Thoughts on the Information Highway* (New York:

Anchor Books, 1995), 15.

10. "End-to-End Connectivity," ICANNWiki, https://icannwiki.org/End-to-end _ connectivity.
11. Janus Kopstein, "The Mission to Decentralize the Internet," *New Yorker* (Dec. 12, 2013), https://www.newyorker.com/tech/annals-of-technology/the-mission-to-de centralize-the-internet.
12. "Free VJ Loops," Beeple-crap, https://www.beeple-crap.com/vjloops.
13. "Beeple Is Mike Winkelmann," Beeple-crap, https://www.beeple-crap.com/about.
14. Kalyn Oyer Koyer, "Charleston Artist Beeple Changing Digital Landscape, Made $3.5M in 1 Weekend," *Post and Courier* (Dec. 21, 2021), https://www.postand courier.com/charleston_scene/charleston-artist-beeple-changing-digital-land scape-made-3–5m-in-1-weekend/article_ 394dcd16–7533–11eb-83e5–33d121b a910b.html; Tom Judd, Twitter (Mar. 13, 2021), https://twitter.com/tomjudd1 /status/1370816386482716673.
15. "Beeple's Opus," Christie's, https://www.christies.com/features/monumental-col lage-by-beeple-is-first-purely-digital-artwork-nft-to-come-to-auction-11510 –7.aspx.
16. "Everydays," Beeple-crap, https://www.beeple-crap.com/everydays.
17. Beeple_crap, "Birth of a Nation," Instagram (Sep. 30, 2020), https://www.insta gram.com/p/CFyQxpeASRC/?hl=en.
18. "BEEPLE | THE FIRST 5000 DAYS," Christie's (Mar. 11, 2021), https://online only.christies.com/s/beeple-first-5000-days/beeple-b-1981–1/112924.
19. "Beeple's Opus."
20. Mickey Rapkin, "'Beeple Mania': How Mike Winkelmann Makes Millions Sell- ing Pixels," *Esquire* (Feb. 17, 2021), https://www.esquire.com/entertainment/a35 500985/who-is-beeple-mike-winkelmann-nft-interview/.
21. Katya Kazakina, "'I've Never Even Been to a Gallery Opening': NFT Star Beeple on Trading Pixels for Paintings in His First-Ever Gallery Show," Artnet (Mar. 3, 2022), https://news.artnet.com/art-world/beeple-jack-hanley-new-york-2080308.
22. Beeple_crap, Instagram, https://www.instagram.com/beeple_crap/ ("15+ years of everydays* / free Creative Commons visuals.").
23. Kyle Chayka, "How Beeple Crashed the Art World," *New Yorker* (Mar. 22, 2021), https://www.newyorker.com/tech/annals-of-technology/how-beeple-crashed -the-art-world.
24. 同上。
25. 同上。
26. James Tarmy and Olga Kharif, "An NFT Sold for $69 Million, Blasting Crypto Art Records," Bloomberg (Mar. 11, 2021), https://www.bloomberg.com/news /articles/2021–03–11/beeple-everydays-nft-sells-at-art-auction-for-60-million -paid-in-ether.
27. Ivelina, "Beeple $69m Auction Smashes Records Again—What Really Happened at Christie's," NFTPlazas (Mar. 12, 2021), https://nftplazas.com/christies-beeple -auction-69-

million/.

28. Christie's, "Watch Beeple React to the Historic $69.3m Sale of His Digital Work at Christie's," YouTube (Mar. 11, 2021), https://www.youtube.com/watch?v=S8p1B8NHLFQ.
29. Samuel Haig, "Digital Artist Beeple Auctions NFT Art Collection for $3.5M," Cointelegraph (Dec. 15, 2020), https://cointelegraph.com/news/digital-artist -beeple-auctions-nft-art-collection-for-3–5m.
30. Shanti Escalante-De Mattei, "NFT Expert Noah Davis Leaves Christie's to Work for CryptoPunks," *ARTnews* (Jun. 21, 2022), https://www.artnews.com/art-news /news/noah-davis-leaves-christies-cryptopunks-1234632488/.
31. Joyce Li, "Christie's Has Sold $150 Million USD Worth of NFTs in 2021," Hype- beast (Dec. 20, 2021), https://hypebeast.com/2021/12/christies-150-million-usd -worth-nfts-2021-announcement.
32. Crystal Kim, "Sotheby's Makes $100 Million in NFT Sales with Younger Audience," Bloomberg (Dec. 15, 2021), https://www.bloomberg.com/news/articles /2021–12–15/sotheby-s-makes-100-million-in-nft-sales-with-younger-audience.
33. Jacqui Palumbo, "First NFT Artwork at Auction Sells for Staggering $69 Mil- lion," CNN (Mar. 12, 2021), https://www.cnn.com/style/article/beeple-first-nft -artwork-at-auction-sale-result/index.html.
34. Ivelina, "If Beeple Had Kept His $69M in ETH . . . How Much Would It Be Worth Now?," NFTplazas (Oct. 24, 2021), https://nftplazas.com/if-beeple -had-kept-his-69m-in-eth/; Angus Berwick and Elizabeth Howcroft, "From Crypto to Christie's: How an Indian Metaverse King Made His Fortune," Reuters (Nov. 17, 2021), https://www.reuters.com/investigates/special-report /finance-crypto-sundaresan/.
35. Liam Frost, "Beeple Immediately Converted His $53 Million NFT Earnings from ETH to USD," Decrypt (Mar. 23, 2021), https://decrypt.co/62547/beeple-immediately-changed-his-53-million-nft-takings-from-eth-to-usd.
36. 同上。
37. Robert Frank, "Beeple NFT Becomes Most Expensive Ever Sold at Auction After Fetching over $60 Million," CNBC (Mar. 11, 2021), https://www.cnbc .com/2021/03/11/most-expensive-nft-ever-sold-auctions-for-over-60-million .html.
38. Kelly Crow and Caitlin Ostroff, "Beeple NFT Fetches Record-Breaking $69 Mil- lion in Christie's Sale," *Wall Street Journal* (Mar. 11, 2021), https://www.wsj .com/articles/beeple-nft-fetches-record-breaking-69-million-in-christies-sale -11615477732.
39. Jason Farago, "Beeple Has Won. Here's What We've Lost.," *New York Times* (Mar. 14, 2021), https://www.nytimes.com/2021/03/12/arts/design/beeple-non fungible-nft-review.html.
40. Blake Gopnik, "One Year After Beeple, the NFT Has Changed Artists. Has It Changed Art? Hardly at All," *New York Times* (Mar. 3, 2022), https://www.ny times.com/2022/03/03/

arts/design/nft-art-beeple.html.

41. Ben Davis, "I Looked Through All 5,000 Images in Beeple's $69 Million Magnum Opus. What I Found Isn't So Pretty," Artnet (Mar. 17, 2021), https://news.artnet .com/opinion/beeple-everydays-review-1951656.
42. 同上。
43. Alastair Sooke, "Silly, Cartoonish, Offensive . . . and Selling for Millions. Is It Time to Take Digital Art Seriously?," *Telegraph* (May 7, 2022), https://www.tele
graph.co.uk/art/artists/beeple-interview-has-arts-nft-bubble-burst. 44. Chayka, "How Beeple."
45. Hannah Marriott, "Beeple: How I Changed the Art World For Ever," *Times* (Mar. 12, 2022), https://www.thetimes.co.uk/article/beeple-how-i-changed-the -art-world-for-ever-tggbx99vm.
46. NVIDIA Studio, "Beeple: An Inside Look into His Art, Career and Life | NVIDIA Studio Spotlight," YouTube (Dec. 17, 2021), https://youtu.be/XKBt Ue1E_I8?t=559.
47. Lori McNee, "10 Famous Artists Who Had to Deal with Rejection During Their Lifetime," Lori McNee (Oct. 21, 2011), https://lorimcnee.com/10-famous-artists -who-died-before-their-art-was-recognized/.
48. Kelly Crow, "The Latest Sign That Beeple Has Truly Arrived: An Exhibit at an Italian Art Museum," *Wall Street Journal* (Apr. 11, 2022), https://www.wsj.com /articles/the-latest-sign-that-beeple-has-truly-arrived-an-exhibit-at-an-italian -art-museum-11649682005.
49. Sooke, "Silly, cartoonish."
50. Will Gompertz, "Everydays: The First 5000 Days—Will Gompertz Reviews Beeple's Digital Work ★★★☆☆," BBC (Mar. 13, 2021), https://www.bbc.com /news/entertainment-arts-56368868.
51. Jesse Damiani, "From Crypto to Christie's: How Beeple Put Digital Art on the Map—and Then Catalyzed Its Market," *Forbes* (Feb. 16, 2021), https://www .forbes.com/sites/jessedamiani/2021/02/16/from-crypto-to-christies-how -beeple-put-digital-art-on-the-map-and-then-catalyzed-its-market/.
52. 同上。
53. KK Ottesen, "The Digital Artist Known as Beeple: 'I'm Just Trying to Expand People's Idea of What Art Is,'" *Washington Post* (Mar. 22, 2022), https://www .washingtonpost.com/magazine/2022/03/22/digital-artist-known-beeple-im -just-trying-expand-peoples-idea-what-art-is/.
54. 同上。
55. Hannah Marriott, "Beeple: How I Changed the Art World for Ever," *Times* (Mar. 12, 2022), https://www.thetimes.co.uk/article/beeple-how-i-changed-the -art-world-for-ever-tggbx99vm.
56. 60 Minutes, "Beeple and NFTs: 60 Minutes+ Reports on a New Digital Era for Fine Art," YouTube (June 7, 2021), https://youtu.be/bLzcvY8X2RA?t=248.

57. Krista Kim, “We Are Creating a New Decentralized Civilization,” Krista Kim studio (Feb. 14, 2021, updated in 2021), https://www.kristakimstudio.com/tech ism-manifesto.
58. Shoshana Zuboff, *The Age of Surveillance Capitalism* (New York: PublicAffairs, 2019), 8–12.
59. Marshall McLuhan, *Understanding Media: The Extensions of Man* (New York: Sig- net Books, 1964), 23.
60. Kim, “We Are Creating.”
61. “Krista Kim Is the Creator of the Mars House, the Continuum Tour, and Founder of the Techism Movement,” Krista Kim Studio, https://www.kristakimstudio.com/.
62. “The WorldBuilders of Web3,” Rightclicksave (Apr. 4, 2022), https://www.right clicksave.com/article/the-worldbuilders-of-web3.
63. Krista Kim, “Krista Kim Nuit Blanche 2018 Paris,” Vimeo (2020), https://vimeo .com/479089239.
64. Bruce Cole, *The Renaissance Artist at Work: From Pisano to Titian* (New York: Routledge, 1983), 18.
65. “Mars House by Krista Kim,” Sotheby’s (Nov. 2, 2021), https://www.sothebys .com/en/articles/mars-house-by-krista-kim-on-view-in-new-york.
66. “Mars House,” SuperRare, https://superrare.com/artwork-v2/mars-house-21383.
67. “Chicago Ranks on List of Top 10 Metro Areas Where Home Prices Are Down the Most,” NBC Chicago (Apr. 28, 2022), https://www.nbcchicago.com/news /local/chicago-ranks-on-list-of-top-10-metro-areas-where-home-prices-are -down-the-most/2819155/.
68. Steven Kurutz, “The Curious World of NFT Real Estate and Design,” *New York Times* (May 27, 2021), https://www.nytimes.com/2021/05/25/fashion/selling-virt ual-real-estate.html.
69. Coral Murphy Marcos, “NFT: Digital Mars House by Artist Krista Kim Sells for $500k,” *USA Today* (Mar. 24, 2021), https://www.usatoday.com /story/tech/2021/03/24/nft-digital-mars-house-artist-krista-kim-sells-500 – 000/6979077002/.
70. Marriott, “Beeple.”
71. Rosie Perper, “Beeple’s ‘HUMAN ONE’ Generative NFT Sculpture Sells for $29 Million USD,” Hypebeast (Nov. 11, 2021), https://hypebeast.com/2021/11/beeple-human-one-nft-29-million-christies-auction.
72. *NFTs: Enter the Metaverse*, Hulu (2022) (44:21).
73. Deborah Vankin, “Paris Hilton Is LACMA’s Newest Patron for Digital Acqui- sitions by Women Artists,” *L.A. Times* (Jun. 9, 2022), https://www.latimes.com /entertainment-arts/story/2022–06–09/paris-hilton-lacma-digital-acquisitions -by-women-artists.
74. Krista Kim, “In the Metaverse, Life Imitates Art,” *New York Times* (Jun. 16, 2022), https://www.nytimes.com/2022/06/16/special-series/krista-kim-metaverse-nft -art-reality.html.
75. Musadio Bidar and Dan Patterson, “Virtual Land Rush Is Driving Up the Cost of Space in the Metaverse,” CBS News (May 6, 2022), https://www.cbsnews.com /news/metaverse-real-estate-companies-land-rush/.

76. Katie Rees, "These 8 Tech Giants Have Invested Big in the Metaverse," Makeuseof (Feb. 16, 2022), https://www.makeuseof.com/companies-investing-in-metaverse/.
77. Edward Lee, "List of Businesses Adopting or Developing NFTs," NouNFT (Feb. 1, 2022), https://nounft.com/2022/02/01/list-of-businesses-adopting-or-de veloping-nfts/.

第二章 改变生活

1. "La Bohème in a Nutshell," Opera North (Aug. 19, 2019), https://www.operan orth.co.uk/news/la-boheme-in-a-nutshell/.
2. Gordon Gerrard, "When It Came to His Wealth, Puccini Knew How to Live a Lavish Life," Leaderpost (Jul. 29, 2017), https://leaderpost.com/entertain ment/local-arts/when-it-came-to-his-wealth-puccini-knew-how-to-live-a-lavish -life.
3. Neda Ulaby, "In Pricey Cities, Being a Bohemian Starving Artist Gets Old Fast," NPR (May 15, 2014), https://www.npr.org/2014/05/15/312779821/in-pricey -cities-being-a-bohemian-starving-artist-gets-old-fast.
4. *The Artfinder Independent Art Market Report: 2017*, Artfinder, 4, https://drive .google.com/file/d/1fozZCEKWffTzUmLz_kxnu8yApehOyYMf/view.
5. 同上，6、14。
6. 同上。
7. 同上，15—16。
8. 同上，6。
9. "A Study on the Financial State of Visual Artists Today," The Creative Indepen- dent (2018), 9, https://tci-assets.s3.amazonaws.com/pdfs/artist-survey-report/art ist-survey-report.pdf.
10. 同上，4。
11. 同上，17。
12. Peggy McGlone, "Survey Reveals a Dire Situation for Independent Artists, with Almost Two-thirds Now Unemployed," *Washington Post* (Apr. 24, 2020), https://www.washingtonpost.com/entertainment/survey-reveals-a-dire-situation -for-independent-artists-with-almost-two-thirds-now-unemployed /2020 /04/23/3b87de7c-8598–11ea-878a-86477a724bdb_story.html.
13. Erin Lowry, "Can You Make a Living in the Creator Economy?," Bloomberg (June 2, 2022), https://staging.bloomberg.com/opinion/articles/2022–06–02/per sonal-finance-can-you-make-a-living-in-the-creator-economy.
14. Jane C. Ginsburg and Francis Gurry, "Copyright in the Digital Environment: Restoring the Balance. 24th Annual Horace S. Manges Lecture, April 6, 2011," *Columbia Journal of Law and the Arts* 35 (Fall 2011): 3.
15. 同上，7。
16. Mark Cartwright, "Patrons & Artists in Renaissance Italy," World History (Sep. 30, 2020),

https://www.worldhistory.org/article/1624/patrons— artists-in -renaissance-italy/.

17. Cole, *The Renaissance Artist*, 20.
18. 同上，13。
19. Bram Kempers, *Painting, Power and Patronage* (London: Penguin Books, 1987), 142, 167–68.
20. Frank Bruni, "Florence Journal; The Warts on Michelangelo: The Man Was a Miser," *New York Times* (Jan. 21, 2003), https://www.nytimes.com/2003/01/21 /world/florence-journal-the-warts-on-michelangelo-the-man-was-a-miser.html. Ibid., 18.
21. 同上，18。
22. U.S. Const. art. I, § 8, cl. 8.
23. *Mazerv. Stein*, 347 U.S. 201, 219 (1953).
24. Clark D. Asay, "Copyright's Technological Interdependencies," *Stanford Technol- ogy Law Review* 178 (Winter 2015): 198–99.
25. Jessica Litman, "The Copyright Revision Act of 2026," *Marquette Intellectual Prop-*
26. *erty Law Review* 13 (Summer 2009): 252.
27. 同上，253。
28. Jane Ginsburg, "The Author's Place in the Future of Copyright," *Willamette Law Review* 45 (Spring 2009): 382.
29. Litman, "The Copyright Revision," 253.
30. Ginsburg, "The Author's," 387–88.
31. *Mazerv. Stein*, 347 U.S. 201, 219 (1954).
32. *Twentieth Century Music Corp. v. Aiken*, 422 U.S. 151, 156 (1975).
33. *Harper & Row Publishers, Inc. v. Nation Enters.*, 471 U.S. 539, 558 (1985). Litman, "The Copyright Revision," 253.
34. Kelly LeRoux and Anna Bernadska, "Impact of the Arts on Individual Contribu- tions to US Civil Society,"*Journal of Civil Society* 10 (2014): 160.
35. Brian Kisida and Daniel H. Brown, "New Evidence of the Benefits of Arts Edu- cation," Brookings Institution (Feb. 12, 2019), https://www.brookings.edu/blog /brown-center-chalkboard/2019/02/12/new-evidence-of-the-benefits-of-arts -education/.
36. 同上。
37. Heather L. Stuckey and Jeremy Nobel, "The Connection Between Art, Healing, and Public Health: A Review of Current Literature," *American Journal of Public Health* 100, no. 2 (Feb. 2010): 254, 10.2105/AJPH.2008.156497.
38. Chris Jackson, "Americans Believe the Arts Are an Important Part of Society and Education," Ipsos (Apr. 9, 2019), https://www.ipsos.com/en-us/news-polls /Americans-Believe-the-Arts-Are-an-Important-Part-of-Society-and-Edu cation.
39. 同上。
40. 同上。

41. 同上。
42. James Tarmy, "Why Do So Many Art Galleries Lose Money?," Bloomberg (July 30, 2015), https://www.bloomberg.com/news/articles/2015-07-30/why-do-so-many -art-galleries-lose-money-.
43. Magnus Resch, *Management of Art Galleries* (New York: Phaidon, 2nded., 2016), 24–26.
44. 同上，23。
45. 同上，33—35。
46. Jan Hoffman, "Gatekeepers to the Art World," *New York Times* (Mar. 30, 2008), https://www.nytimes.com/2008/03/30/fashion/30gallerinas.html.
47. Resch, *Management*, 34–35.
48. National Population Commission, "Nigeria Demographic and Health Survey 1999," DHS Program (Dec. 2000), 2, https://dhsprogram.com/pubs/pdf/FR115 /FR115.pdf.
49. SuperRare Labs Team, "Artist Spotlight: Osinachi," Medium (Feb. 19, 2020), https://medium.com/superrare/artist-spotlight-osinachi-4606db461a0b.
50. Michael Stephen Haley, "'Digital Art' Framed and Collected on Blockchain," *Forbes* (Jan. 30, 2020), https://www.forbes.com/sites/michaelhaley/2020/01/30 /digital-art-framed-and-collected-on-blockchain/.
51. Ann Marie Alanes, "Osinachi: Higher State of Being," Medium (Feb. 19, 2020), https://medium.com/makersplace/osinachi-higher-state-of-being-29516164a551.
52. Sue Baxter, "Visit These Virtual Museums During the Pandemic," Panoramanow, https://panoramanow.com/visit-these-virtual-museums-during-the-pandemic/.
53. "How Virtual Do We Want Our Future to Be?," Zoom, https://explore.zoom.us /docs/en-us/future-of-video-conferencing.html.
54. International Council of Museums, "Museums, Museum Professionals and Covid-19: Third Survey," ICOM (2021), 17, https://icom.museum/wp-content /uploads/2021/07/Museums-and-Covid-19_third-ICOM-report.pdf.
55. TulaGiannini and Jonathan Bowen, "Museums and Digital Culture: From Reality to Digitality in the Age of COVID-19," *Heritage*, no. 5 (Jan. 2022): 192, https:// doi.org/10.3390/heritage5010011.
56. Kelly Crow, "$70 Million in Art at MoMA to Be Sold to Extend Museum's Digital Reach," *Wall Street Journal* (Sept. 13, 2022), https://www.wsj.com /articles/70-million-in-art-at-moma-to-be-sold-to-extend-museums-digital-reach -11663117201.
57. "Artist Talk: Osinachi—Existence as Protest—the Journey Through the Mind of the Artist," Katevassgalerie (May 11, 2020), https://www.katevassgalerie.com /blog/existence-as-protest-osinachi-artist-talk.
58. "Nigeria," Human Dignity Trust, https://www.humandignitytrust.org/country -profile/nigeria/.
59. SuperRare Labs Team, "Osinachi."

60. “Osinachi: Different Shades of Water Offered in First Open: Post-War and Con- temporary Art Online,” Christie’s, https://www.christies.com/features/Osinachi -Different-Shades-of-Water-11897–7.aspx.
61. “David Hockney’s Portrait of an Artist (Pool with Two Figures),” Christie’s, https://www.christies.com/features/David-Hockney-Portrait-of-an-Artist-Pool -with-Two-Figures-9372–3.aspx.
62. “Osinachi: Different Shades.”
63. 同上。
64. Alex Yates, “Osinachi’s Journey from Nigeria to NFTs,” NFTnow (Aug. 30, 2021), https://nftnow.com/art/osinachi-interview-nigeria-nfts/.
65. “The Redemption of Major Tom by Osinachi,” OpenSea, https://opensea.io/assets/ ethereum/0x2438a0eeffa36cb738727953d35047fb89c81417/8.
66. SuperRare Labs Team, “Artist Spotlight: Osinachi.”
67. 同上。
68. ins 上的这张照片于 2022 年被删除。她的脸书账户上也发布了同样内容的帖子。Iamlaurael, Facebook (Mar. 17, 2020), https://m.facebook .com/iamlaurael/photos/a.120356412715511/195169378567547/?type=3&_rdr.
69. 同上。
70. Iamlaurael, Instagram (Mar. 19, 2020), https://www.instagram.com/p/B96-cNn Bl-K/.
71. “The Lurkers,” Exchange.art, https://exchange.art/series/The%20Lurkers/nfts.
72. TEDx Talks, “Child of the Internet | Elise Swopes | TEDxUIUC,” YouTube (May 22, 2019), https://youtu.be/joWNKJlf8N0?t=50.
73. Jsinkovich, “Exploring the World of NFTs with Elise Swopes,” Columbia Col- lege Chicago (Nov. 23, 2021), https://blogs.colum.edu/business/2021/11/23 /exploring-the-world-of-nfts-with-elise-swopes/.
74. That Creative Life, “Elise Swopes Full Interview—iPhone ONLY Graphic De- signer w/ an UNBELIEVABLE Portfolio of Work,” YouTube (Nov. 16, 2021), https://youtu.be/9IzKAh5_JWA?t=95.
75. 同上 ,https://youtu.be/9IzKAh5_JWA?t=185.
76. TEDx Talks, “Child of the Internet,” https://youtu.be/joWNKJlf8N0?t=89.
77. That Creative Life, “Elise Swopes,” https://youtu.be/9IzKAh5_JWA?t=292.
78. “About,” Swopes, https://www.swopes.info/about.html.
79. Jane Claire Hervey, “How This Artist-Influencer Is Preparing for the Instagram Bubble to Burst,” *Forbes* (Nov. 19, 2017), https://www.forbes.com/sites/janeclairehervey/2017/11/19/how-this-artist-influencer-is-preparing-for-the-instagram -bubble-to-burst/?sh=296ea285747d.
80. “Paid Partnerships,” Swopes, https://www.swopes.info/creative.html.
81. Mike Isaac, “Instagram May Change Your Feed Personalizing It with an Algo- rithm,” *New*

York Times (Mar. 15, 2016), https://www.nytimes.com/2016/03/16 /technology/instagram-feed.html.

82. Hervey, "How This Artist-Influencer."
83. 同上。
84. UmbaDaima, "Lizzy Idowu & Elise Swopes on Being Black Woman Artists in the NFT Space," YouTube (Feb. 22, 2022), https://youtu.be/6gETgYmNm64?t=686.
85. Elise Swopes (@swopes), "Where Focus Goes, Energy Flows," SuperRare, https:// superrare.com/artwork-v2/where-focus-goes,-energy-flows-20021.
86. Taylor Locke, "This 32-Year-Old Artist Brought in Over $200,000 Selling NFTs. Here's How She's Supporting Women of Color in the Space," CNBC (Dec. 19, 2021), https://www.cnbc.com/2021/12/19/this-31-year-old-artist-brought-in-over -200000-selling-nfts-how-shes-supporting-women-of-color.html.
87. 同上。
88. Umba Daima, "Lizzy," https://youtu.be/6gETgYmNm64?t=184.
89. 同上，https://youtu.be/6gETgYmNm64?t=2932.
90. Mark Westall, "SuperRare Present Invisible Cities, a Groundbreaking Exhibition of NFT Art Curated by An Rong and Elisabeth Jones," FAD Magazine (Apr. 1, 2021), https://fadmagazine.com/2021/04/01/superrare-present-invisible-cities-a -groundbreaking-exhibition-of-nft-art-curated-by-an-rong-and-elisabeth-johs/.
91. Jsinkovich, "Exploring the World."
92. Umba Daima, "Lizzy," https://youtu.be/6gETgYmNm64?t=2908.
93. "About," Swopes.info.
94. Elise Swopes (@swopes), Twitter (Nov. 25, 2021), https://twitter.com/Swopes /status/1463907721531514883; Swopes So Dope, "Affirmations, Motivation, and Psych Wards," Apple (Jan. 9, 2019), https://podcasts.apple.com/us/podcast/af firmations-motivation-and-psych-wards/id1447015263?i=1000427360555.
95. "Purchase Program," Sunriseart, https://sunriseart.notion.site/Purchase-Program -2ff8b936c77f4c8088de661a12bcf06e.
96. Andrew Hayward, "How a $2 Million NFT Drop Changed Artist Ben Mau- ro's Life," Decrypt (Mar. 17, 2021), https://decrypt.co/61647/ben-mauro-nft-drop -evolution-interview.
97. Justin Perri, "Eponym NFTs by Art AI: Turning Words into NFTs with AI," Collective (Oct. 14, 2021), https://collective.xyz/blog/eponym-nfts-by-art-ai -turning-words-into-nfts-with-ai.
98. Jex Exmundo, "From Top Gun to NFTs: How Val Kilmer Reclaimed His Voice," NFTnow (Aug. 18, 2022), https://nftnow.com/art/how-nfts-helped-val-kilmer -reclaim-his-voice/.
99. "Vision," Kamp Kilmer, https://www.kampkilmer.io/vision.
100. 同上。
101. "Shamrock Clock,"objkt, https://objkt.com/asset/KT1DC6JiHo69iMtBKYuZqs6

4356Z9Zk6grdB/4.
102. Joanna Woodburn, "Pandemic, 'Missed Opportunities,' Need for Space Fuelling Australia's Housing Crisis, Report Says," ABC (Mar. 22, 2022), https://www .abc.net.au/news/2022–03–22/report-finds-need-for-space-reason-behind-rental -housing-crisis/100926884.
103. Bankless, "1—Betty NFT & Deadfellaz | Overpriced JPEGs," YouTube (Nov. 13, 2021), https://youtu.be/RPQMCkkaB1s?t=718.
104. "Deadfellaz," Coinbase NFT, https://nft.coinbase.com/collection/ethereum/0x 2acab3dea77832c09420663b0e1cb386031ba17b.
105. 同上。
106. "Terms and Conditions," DeadFellaz, https://www.deadfellaz.io/terms.
107. "Deadfellaz Roadmap 2.0," Medium (Nov. 1, 2021), https://deadfellaz.medium .com/deadfellaz-roadmap-2–0-b5bcaab6ff8.
108. Deadfellaz, Twitter (Sept. 8, 2022), https://twitter.com/Deadfellaz/status/1567846447403651073.

第三章 篮球、啤酒花与高级定制

1. Chris Morris, "Citi Says Metaverse Economy Could Be Worth $13 Trillion by 2030," *Fortune* (Apr. 1, 2022), https://fortune.com/2022/04/01/citi-metaverse -economy-13-trillion-2030/.
2. Mark Zuckerberg, "Founder's Letter, 2021," Facebook (Oct. 28, 2021), https:// about.fb.com/news/2021/10/founders-letter/.
3. Mark Sullivan, "Social Networking as We Know It Is Likely on Its Way Out," *Fast Company* (July 26, 2022), https://www.fastcompany.com/90772561/is-social -networking-dead.
4. "People Take Up Sports Trading Cards as Hobby in Pandemic, Business Booms," *Economic Times* (Jul. 19, 2021), http://www.ecoti.in/Ujqfwb.
5. Darren Rovell, "The 10 Most Expensive Sports Trading Card Sales of All Time," Action Network (Mar. 31, 2022), https://www.actionnetwork.com/news/10-most -expensive-sports-trading-card-sales-ever; Ava Brand, "One-of-a-Kind Steph Curry Trading Card Sells for Record-Breaking $5.9 Million," Brobible (Jul. 7, 2021), https://brobible.com/sports/article/steph-curry-rookie-card-record-sale/; "List of Most Expensive Sports Cards," Wikipedia, https://en.wikipedia.org/wiki /List_of_most_expensive_sports_cards.
6. Rovell, "The 10 Most."
7. Chad Finn, "Sports Card Collecting Is Booming, but It Looks a Lot Different Than You Might Remember," *Boston Globe* (Aug. 29, 2021), https://www.boston .com/sports/mlb/2021/08/29/sports-card-collecting-boom-panini/.
8. St.John Alexander, "Real Estate So Yesterday? Investing in Old Sports and Game Cards Is Suddenly the Rage," CTV News (Jun. 2. 2021), https://bc.ctvnews.ca/real-estate-so-

yesterday-investing-in-old-sports-and-game-cards-is-suddenly -the-rage-1.5452492.

9. Jeff Wilser, “Most Influential 2021: Roham Gharegozlou,” CoinDesk (Dec. 7, 2021), https://www.coindesk.com/business/2021/12/07/most-influential-2021-ro ham-gharegozlou/.

10. 同上。

11. “How Rare Is an NBA Top Shot Moment Collectible,” NBA Top Shot (Oct. 17, 2021), https://blog.nbatopshot.com/posts/nba-top-shot-rarity-blog.

12. A. J. Perez, “NBA Top Shot Reaches $1B in Sales Amid NFT Market Down- turn,” Front Office Sports (May 20, 2022), https://frontofficesports.com/nba-top -shot-reaches-1b-in-sales-amid-nft-market-downturn/.

13. Shaurya Malwa, “Battle of the Ethereum NFTs: CryptoPunk Sales Exceed NBA Top Shots,” Cryptoslate (Apr. 11, 2021), https://cryptoslate.com/battle-of-the -ethereum-nfts-cryptopunk-sales-exceed-nba-top-shots/.

14. “NBA Top Shot Sales Volume Data, Graphs & Charts,” Cryptoslam, https://crypto slam.io/nba-top-shot/sales/summary.

15. Inti Pacheco, “Flipping Air Jordans Is No Longer a Slam Dunk” *Wall Street Jour- nal* (July 23–24, 2022), https://www.wsj.com/articles/flipping-air-jordans-is-no -longer-a-slam-dunk-11658548817.

16. Clegainz, “The History of NBA Top Shot: Past, Present, and Future of NBA NFTs,” Collective (Mar. 1, 2022), https://collective.xyz/blog/the-history-of-nba -top-shot-past-present-and-future-of-nba-nfts.

17. This Week in Startups, “Dapper Labs CEO Roham Gharegozlou on powering NFTs, NBA Top Shot, & CryptoKitties,” YouTube (Apr. 13, 2021), https://youtu .be/ebPpxu5U-Fg?t=1275.

18. Michael Scotto, “How Players Make Money off NBA Top Shot,” Hoopshype (Mar. 4, 2021), https://hoopshype.com/lists/nba-top-shot-money/; Tim Levin, “NBA Top Shot Maker Dapper Labs Just Nabbed Another $305 Million In- vestment from the Likes of Michael Jordan and Will Smith,” Business Insider (Mar. 30, 2021), https://www.businessinsider.com/top-shot-nba-nft-dapper-labs -investment-funding-round-valuation-2021–3.

19. “Terms of Use,” NBA Top Shot (last updated Feb. 2, 2022), https://nbatopshot .com/terms.

20. “What to Expect: Welcome to the Beta,” NBA Top Shot (Jun. 14, 2020), https:// blog.nbatopshot.com/posts/welcome-to-the-beta.

21. “New Findings from Deloitte Canada Reveal Minting an NFT on Flow Takes Less Energy Than a Google Search or Instagram Post,” Onflow (Feb. 11, 2022), https://www.onflow.org/post/flow-blockchain-sustainability-energy-deloitte -report-nft.

22. Nicole LaPorte, “How Dapper Labs Is Making Web3 Safe for Normies with Help from the NBA, UFC, and La Liga,” *Fast Company* (Mar. 8, 2022), https://www .fastcompany.com/90721921/dapper-labs-web3-safe-with-help-nba-ufc-and-la-liga.

23. 同上。

24. 同上。
25. Jabari Young, "People Have Spent More Than $230 Million Buying and Trading Digital Collectibles of NBA Highlights," CNBC (Mar. 2, 2021), https://www.cnbc.com/2021/02/28/230-million-dollars-spent-on-nba-top-shot.html.
26. Clegainz, "The History of NBA Top Shot."
27. Elizabeth Lopatto, "NBA Top Shot Seemed Like a Slam Dunk—So Why Are Some Collectors Crying Foul?," The Verge (Jun. 7, 2022), https://www.theverge .com/23153620/nba-top-shot-nft-bored-ape-yacht-club.
28. Jaspreet Kalra, "Dapper's NBA Top Shot Launches out of Beta with Samsung Galaxy Store Deal," CoinDesk (Oct. 1, 2020), https://www.coindesk.com/busi ness/2020/10/01/dappers-nba-top-shot-launches-out-of-beta-with-samsung -galaxy-store-deal/.
29. Alex Flippin, "Sports Card Fraud Rampant During Pandemic," KWCH (Apr. 5, 2021), https://www.kwch.com/2021/04/06/sports-card-fraud-rampant-during-pan demic/.
30. "NBA Top Shot," Dapp Radar, https://dappradar.com/flow/collectibles/nba-top shot.
31. Finn, "Sports Card Collecting."
32. Lopatto, "NBA Top Shot."
33. 同上。
34. Jessica Rizzo, "The Future of NFTs Lies with the Courts," *Wired* (Apr. 3, 2022), https://www.wired.com/story/nfts-cryptocurrency-law-copyright/.
35. Michael McCann and Jacob Feldman, "NBA Top Shot Fights NFT Securities Label in 'Moments' Case," Sportico (Sept. 7, 2022), https://www.sportico.com /law/analysis/2022/nba-top-shot-securities-lawsuit-1234687545.
36. Andrea Tinianow, "No Slam Dunk for Plaintiffs in NBA Top Shot Moments Class Action Lawsuit," *Forbes* (May 17, 2021), https://www.forbes.com/sites/andreatinianow/2021/05/17/no-slam-dunk-for-plaintiffs-in-nba-top-shot-moments-class -action-lawsuit/.
37. NBA Top Shot, Twitter (Jul. 12, 2022), https://twitter.com/nbatopshot/status/1546869816736108546?s=20&t=Mm1lnVAAv-nk0mCLkbY3vw.
38. "Removed from Circulation: The New Look NBA Top Shot Locker Room and Upcoming Stress Tests," NBA Top Shot (Mar. 3, 2022), https://blog.nbatopshot .com/posts/removed-from-circulation-new-look-nba-top-shot-locker-room.
39. Clegainz, "The History of NBA Top Shot."
40. Weston Blasi, "NFL Top Shot? NFL Makes NFT Bet in Latest Deal with Dapper Labs," MarketWatch (Sep. 30, 2021), https://www.marketwatch.com/story/nfl -top-shot-nft-platform-dapper-labs-agrees-to-a-deal-with-the-nfl-11632926260.
41. Michael LoRé, "Major League Soccer Partners with Sorare for NFT-Based Fantasy Game," *Forbes* (Mar. 29, 2022), https://www.forbes.com/sites/mich aellore/2022/03/29/major-league-soccer-partners-with-sorare-for-nft-based -fantasy-game/?sh=2807a17b66c2.

42. David Adler, "MLB, Candy Digital Agree on NFT Partnership," MLB (Jun. 1, 2021), https://www.mlb.com/news/mlb-strikes-long-term-deal-as-first-nft-part ner-of-candy-digital.
43. Zvonimir Potocki, "DraftKings and NFLPA Team Up for Unique Gamified NFL Player NFT Collections," US Gaming Review (Dec. 13, 2021), https://usgamin greview.com/news/216818-draftkings-nfl-nfts-marketplace-football/.
44. "Reignmakers," Draftkings, https://www.draftkings.com/reignmakers-football.
45. Zara Stone, "Inside Autograph, Tom Brady's NFT Startup," *Fast Company* (Apr. 18, 2022), https://www.fastcompany.com/90729336/autograph-tom-brady -nft-startup.
46. Cameron Thompson, "Tom Brady's Autograph, ESPN Launch Network's First NFT Collection," CoinDesk (Apr. 6, 2022), https://www.coindesk.com/bus iness/2022/04/07/tom-bradys-autograph-espn-launch-networks-first-nft -collection/.
47. "Welcome to the Huddle," Autograph, https://autograph.io/tom-brady.
48. "Hall of Honor Inductee: Adolphus Busch," U.S. Department of Labor, https:// www.dol.gov/general/aboutdol/hallofhonor/2007_busch.
49. Budweiser, "Budverse Cans—Heritage Edition," OpenSea, https://opensea.io /collection/budverse-cans-heritage-edition.
50. 同上。
51. 同上。
52. "Budweiser NFT Collection Sells Out in an Hour. 75% up for Resale," Ledger Insights (Nov. 30, 2021), https://www.ledgerinsights.com/budweiser-nft-sells -out-in-an-hour-75-up-for-resale/.
53. Sara Karlovitch, "Bud Light Brews Up Limited-Edition NFTs to Launch Zero-Carb Beer," Marketing Dive (Jan. 27, 2022), https://www.marketingdive .com/news/bud-light-brews-up-limited-edition-nfts-to-launch-zero-carb -beer/617858/.
54. 同上。
55. Austin Huguelet, "A-B Says Its Latest NFT CollectionSold Out, Making $4.5M," Stltoday (Feb. 22, 2022), https://www.stltoday.com/business/local/a-b-says-its -latest-nft-collection-sold-out-making-4–5m/article_dc5eb4f0-c30f-526f-84cf -71c2c73f6095.html.
56. Alex White-Gomez, "How the Budweiser Royalty NFT Project Uplifts Emerging Musicians," ONE37pm (Jan. 20, 2022), https://www.one37pm.com/nft/what-is -the-budweiser-royalty-nft-project.
57. Langston Thomas, "Budweiser Partners with 22 Emerging Music Artists on New NFT Collection," NFTnow (Jan. 14, 2022), https://nftnow.com/news/budweiser -emerging-music-artists-nft-drop/.
58. Jonah Krueger, "Fresco Trey Signs with Warner Records, Unleashes Video for 'Need You': Exclusive," Consequence (Feb. 24, 2022), https://consequence.net /2022/02/fresco-trey-need-you-video-signs-warner-records/.
59. Andrew Hayward, "Bud Light Super Bowl Ad Includes Nouns Ethereum NFT Imagery,"

Decrypt (Feb. 7, 2022), https://decrypt.co/92239/bud-light-super-bowl -ad-includes-nouns-ethereum-nft-imagery.

60. Alex White-Gomez, "What Is the Nouns DAO and Why Is It Important?," ONE37pm (Jan. 20, 2022), https://www.one37pm.com/nft/what-is-the-nouns -dao
61. Neal Stephenson, *Snow Crash* (New York: Del Rey, 2017), 45.
62. Helen Papagiannis, "Zoom + Digital Fashion," XR Goes Pop (Mar. 30, 2020), https://xrgoespop.com/home/zoomfashion.
63. Jessica Golden, "Nike Teams Up with Roblox to Create a Virtual World Called Nikeland," CNBC (Nov. 19, 2021), https://www.cnbc.com/2021/11/18/nike -teams-up-with-roblox-to-create-a-virtual-world-called-nikeland-.html.
64. Kevin Tran, "Justin Bieber Illustrates the Limits of Virtual Concerts," *Variety* (Nov. 22, 2021), https://variety.com/vip/justin-bieber-illustrates-the-limits-of -virtual-concerts-1235116379/.
65. Dean Takahashi, "Newzoo: U.S. Gamers Are in Love with Skins and In-Game Cosmetics," VentureBeat (Dec. 18, 2020), https://venturebeat.com/2020/12/18 /newzoo-u-s-gamers-are-in-love-with-skins-and-in-game-cosmetics/.
66. 同上。
67. 同上。
68. Anjali Sriniwasan, "How NFTs Compare to Rare In-Game Skins and Items," Ambcrypto (Apr. 22, 2021), https://ambcrypto.com/how-nfts-compare-to-rare -in-game-skins-and-items/.
69. 同上。
70. Philip Maughan, "RTFKT Is the Creator-Led Studio Bringing Art, Fashion, & Nike into the Metaverse," Highsnobiety, https://www.highsnobiety.com/p/rtfkt -interview/.
71. 同上。
72. 同上。
73. 同上。
74. "Who Is FEWOCiOUS?—The Digital Artist with a Powerful Story," NFT Ex- plained, https://nftexplained.info/who-is-fewocious-the-digital-artist-with-a-pow erful-story/.
75. "RTFKT Studios Set to Drop the Meta-Pigeon NFT & Physical Sneakers with Jeff Staple," Nicekicks (May 5, 2021), https://www.nicekicks.com/jeff-staple -rtfkt-studios-meta-pigeon-nft-physical-sneakers/.
76. Jennifer Alsever, "Avatars Are Influencers Now," *Utah Business* (Feb. 11, 2022), https://www.utahbusiness.com/avatars-are-influencers-now/.
77. Owen Fernau, "CloneXNFTs Sell Out in Auction Roiled by Attacks and Contro- versy," The Defiant (Dec. 1, 2021), https://thedefiant.io/clonex-nfts-rtfkt/.
78. "NFT Collection Rankings by Sales Volume (All-time)," Cryptoslam, https:// www.cryptoslam.io/ (visited Sep. 25, 2022); "CloneX Sales Volume Data, Graphs & Charts,"

Cryptoslam, https://cryptoslam.io/clonex/sales/summary (visited Sep. 25, 2022).

79. Daz 3D, "Daz 3DX RTFKT—CloneX Shatters Boundaries Across the Metaverse," YouTube (Nov. 4, 2021), https://www.youtube.com/watch?v=nGpL6Jpdyvg.
80. "Digital Collectible Limited Commercial Use License Terms (RTFKT-Owned Content—CloneX Avatars)," RTFKT, https://rtfkt.com/legal-2C (no Murakami trait).
81. "Digital Collectible Terms (RTFKT-Owned Content)," RTFKT, https://rtfkt .com/legal-2A (Murakami trait).
82. Maughan, "RTFKT."
83. 同上。
84. "NIKE, Inc. Acquires RTFKT," Nike (Dec. 13, 2021), https://news.nike.com /news/nike-acquires-rtfkt.
85. Maughan, "RTFKT."
86. 同上。
87. Andrew Rossow, "RTFKT's 'Space Drip' Is Turning NFT Designs into Real- World Sneakers," Hypebeast (Jun. 28, 2022), https://hypebeast.com/2022/6 /rtfkt-space-drip-sneaker-creation-artists.
88. Matthew Beedham, "Nike Now Holds Patent for Blockchain-Based Sneakers Called 'CryptoKicks,'" The Next Web (Dec. 10, 2019), https://thenextweb.com /news/nike-blockchain-sneakers-cryptokick-patent.
89. Maghan McDowell, "Why Nike's Next Web3 Move Is a Black Hoodie: Rtfkt's Founders Tell All," *Vogue Business* (Jul. 18, 2022), https://www.voguebusiness. com/technology/why-nikes-next-web3-move-is-a-black-hoodie-rtf kts-founders- tell-all.
90. 同上。
91. Rudy Fares, "RTFKT Nike Hoodie— Sold OUT and People Angry, What Happened?," Cryptoticker (Jul. 22, 2022), https://cryptoticker.io/en/rtfkt-nike- hoodie-sold-out-people-angry-what-happened/.
92. Joseph Genest, "RTFKT's CloneX Collection Ushers in Forging SZN," Highsno- biety (Aug. 30, 2022), https://www.highsnobiety.com/p/rtfkt-clonex-drop-avatar -nft-lookbook/.
93. "Digital Fashion You Can Create. Trade. Wear," The Fabricant, https://www .thefabricant. studio/; Samantha Conti, "Metaverse Symposium: Design in the Metaverse Should Be About Democracy and Cocreation," *WWD* (Jul. 13, 2022), https://wwd.com/business-news/ technology/metaverse-symposium-design -metaverse-democracy-cocreation-1235248264/.
94. "Sarabande: The Lee Alexander McQueen Foundation," Sarabande Foundation, https:// sarabandefoundation.org/en-us/blogs/whats-on/sarabande-the-lee-alex ander-mcqueen-foundation.
95. "AUROBOROS presents Biomimicry Digital Ready-to-Wear Collection," Lon- don Fashion Week, https://londonfashionweek.co.uk/designers/auroboros.
96. Alice Finney, "Auroboros' 'Living' Biomimicry Dress Crystalises and Changes Shape in

Real Time," Dezeen (Nov. 15, 2021), https://www.dezeen.com/2021 /11/15/auroboros-biomimicry-dress-crystalises-transforms-real-time/.

97. Kelly Lim, "How Tech Couture House Auroboros Is Paving the Way for Digi- tal Fashion," Buro247 (Jul. 29, 2021), https://www.buro247.my/fashion/insiders /auroboros-digital-fashion-interview.html.
98. "AUROBOROS presents."
99. Daniel Rodgers, "Inside AUROBOROS and Grimes' Riotous Metaverse Fashion Week Collaboration," Dazed Digital (Mar. 25, 2022), https://www.dazeddigital .com/fashion/article/55769/1/auroboros-grimes-metaverse-fashion-week-mvfw -nft-decentraland-unxd-avatars.
100. Joelle Diderich, "Metaverse Symposium: Fashion Is a Long Way from Under- standing Gaming," *WWD* (Jul. 13, 2022), https://wwd.com/business-news /business-features/rtkft-benoit-pagotto-says-fashion-a-long-way-from-under standing-gaming-metaverse-1235250187/.
101. "Gen Z Is Already in the Metaverse," Ypulse (Mar. 7, 2022), https://www.ypulse .com/article/2022/03/07/gen-z-is-already-in-the-metaverse/.
102. "Our Next Great Chapter," Ralph Lauren, https://corporate.ralphlauren.com /strategy.
103. Martine Paris and Bloomberg, "Ralph Lauren Ventures into the Metaverse Again by Debuting Digital Fashion Line on Roblox," *Fortune* (Dec. 8, 2021), https:// fortune.com/2021/12/08/ralph-lauren-digital-fashion-line-roblox-metaverse/; "Ralph Lauren Creates Expansive Holiday-Themed Experience on Roblox," Ralph Lauren (Dec. 8, 2021), https://corporate.ralphlauren.com/pr_211208_Roblox .html.
104. "Ralph Lauren Reports Third Quarter Fiscal 2022 Results and Raises Fiscal 2022 Outlook," Yahoo! (Feb. 3, 2022), https://www.yahoo.com/now/ralph-lauren -reports-third-quarter-130100984.html.
105. Ralph Lauren Corporation (RL) CEO Patrice Louvet on Q3 2022 Results— Earnings Call Transcript, Seeking Alpha (Feb. 3, 2022), https://seekingalpha.com /article/4484085-ralph-lauren-corporation-rl-ceo-patrice-louvet-on-q3–2022 -results-earnings-call-transcript
106. "Ralph Lauren Creates."
107. Melissa Repko, "Ralph Lauren CEO Says Metaverse Is Way to Tap into Younger Generation of Shoppers," CNBC (Jan. 17, 2022), https://www.cnbc .com/2022/01/17/ralph-lauren-ceo-says-metaverse-is-way-to-tap-into-younger -shoppers.html.
108. Isabelle Lee, "Luxury NFTs Could Become a $56 Billion Market by 2030 and Could See 'Dramatically' Increased Demand Thanks to the Metaverse, Morgan Stanley Says," Business Insider (Nov. 16, 2021), https://markets.businessinsider .com/news/currencies/luxury-nfts-metaverse-56-billion-market-revenue-2030 -morgan-stanley-2021–11.
109. 同上。
110. "Number of Gamers Worldwide 2022/2023: Demographics, Statistics, and Pre- dictions,"

Finances Online, https://financesonline.com/number-of-gamers-world wide/.

111. Entertainment Software Association, "2022 Essential Facts About the Video Game Industry," ESA, 2, https://www.theesa.com/wp-content/uploads/2022/06/2022 -Essential-Facts-About-the-Video-Game-Industry.pdf.

112. 同上，3。

113. "Number of Gamers."

114. Frank Gogol, "Study: 94% of Crypto Buyers Are Gen Z/Millennial, but Gen X Is Outspending Them," Stilt (Apr. 26, 2022), https://www.stilt.com/blog/2021/03 /vast-majority-crypto-buyers-millennials-gen-z/.

115. 同上。

116. Zack Butovich, "AreNFTs the Next Wave of Collector's Items? Most Still Unsure What They Are," Civic Science (Apr. 27, 2021), https://civicscience.com/are-nfts -the-next-wave-of-collectors-items-most-still-unsure-what-they-are/; "Millenni- als, Gen Z Want NFTs in Investment Portfolios," My Startup World (Apr. 4, 2022), https://mystartupworld.com/ millennials-gen-z-want-nfts-in-investment -portfolios/.

117. Shantanu David, "Gen Alpha: How Brands Are Using Immersive Games to Con- nect with Their Newest Consumers," exchange4media (Jun. 9, 2022), https://www .exchange4media.com/digital-news/gen-alpha-how-brands-are-using-immersive -games-to-connect-with-their-newest-consumers-120724.html.

118. Brian Dean, "Roblox User and Growth Stats 2022," Backlinko (Jan. 5, 2022),
https://backlinko.com/roblox-users.

119. 同上。

第四章　代币主义

1. "Gelett Burgess Bio," Mypoeticside, https://mypoeticside.com/poets/gelett-bur gess-poems; "Burgess, Gelett," Circasomething, https://www.circasomething.com /burgess-gelett.

2. "Gelett Burgess Bio."

3. "Editor Burgess Kills 'The Lark,'" *San Francisco Call* (Mar. 31, 1897), 14.

4. "The Lark and the Cow," *Little Magazine Collection at UW-Madison Memorial Lib- rary* (Apr. 30, 2021), https://uwlittlemags.tumblr.com/post/649913317388877824 /the-lark-and-the-cow.

5. Anita Silvey, *Children's Books and Creators* (New York: Houghton Mifflin Har- court, 1995), 103.

6. "The Lark and the Cow."

7. Max Kozloff, *Cubism/Futurism* (New York: CharterHouse, 1973), 3.

8. 同上，5。

9. Mark Antilff and Patricia Leighten, *Cubism and Culture* (New York: Thames & Hudson,

2001), 24.

10. "The 'Cubists' Dominate Paris' Fall Salon," *New York Times* (Oct. 8, 1911), 13.
11. Gelett Burgess, "The Wild Men of Paris," *Architectural Record* (New York: Archi- tectural Record, 1910), 401, https://www.architecturalrecord.com/ext/resources /news/2016/02-Feb/wild-men-of-paris-architectural-record-may-1910.pdf.
12. 同上。
13. 同上。
14. 同上。
15. 同上，408。
16. "Cubism," Tate, https://www.tate.org.uk/art/art-terms/c/cubism.
17. Albert Gleizes and Jean Metzinger, *Cubism* (London: T. Fisher Unwin, 1913) (English translation), 33.
18. Burgess, "The Wild Men," 414.
19. Gleizes and Metzinger, *Cubism*, 46.
20. 同上，12。
21. Douglas Cooper, *The Cubist Epoch* (London: Phaidon, 1971), 263.
22. Kozloff, *Cubism/Futurism*, 11.
23. "Cubism," Tate.
24. Park West Gallery, "These Early Reviews of Picasso'sArt Are Adorably Hysteric," Medium (Aug. 23, 2019), https://medium.com/@parkwestgallery/park-west-gal lery-review-picasso-147efeccdf31.
25. "It Requires an Odd Sort of Taste to Appreciate Their Crazy Drawing, but One Parisian Faction Hails Them as Geniuses Regardless of What Another Set Calls Them," *Salt Lake Tribune* (Magazine Section), (Nov. 19, 1911), 6.
26. 同上；Kevin Buist, "Lolo the Donkey and Avant-Garde That Never Was: Part 1," *Michigan Quarterly Review* (Mar. 2016), https://sites.lsa.umich.edu/mqr/2016/03 /lolo-the-donkey-and-the-avant-garde-that-never-was-part-1/.
27. Women Growing Less Beautiful?," *Ogden Standard-Examiner* (Aug. 13, 1922), 6.
28. 同上。
29. Hugh Eakin, *Picasso's War* (New York: Penguin Random House, 2022), 52 (citing *Daily Tribune*, Apr. 17, 1913).
30. 同上。
31. "The Armory Show," Art Institute of Chicago, https://archive.artic.edu/armor yshow/finale (citing *Chicago Evening Post*, Apr. 17, 1913).
32. 同上。
33. "Cubists of All Sorts," *New York Times* (Mar. 16, 1913), 6, https://timesmachine .nytimes.com/timesmachine/1913/03/16/issue.html.
34. Eakin, *Picasso's War*, 144.

35. “Medical Science’s Protest Against New ‘Art,’” *Washington Times* (Oct. 9, 1921), 4.
36. Eakin, *Picasso’s War*, 145.
37. 同上。
38. “Medical Science’s Protest.”
39. 同上。
40. 同上。
41. Dina A. Pate and Kenneth G. Swan, “Francis Xavier Dercum: A Man for All Sea- sons,” *Annals of Clinical and Translational Neurology* (Mar. 2014): 233–37, https:// pubmed.ncbi.nlm.nih.gov/33755344/.
42. “Medical Science’s Protest.”
43. 同上。
44. 同上。
45. Eakin, *Picasso’s War*, 147–48.
46. 同上，147。
47. “Nazification of German Culture,” Holocaust Encyclopedia, https://encyclopedia .ushmm.org/content/en/article/degenerate-art-1.
48. “Hitler’s Speech at the Opening of the House of German Art in Munich (July 18, 1937),” German History Documents, 1, https://germanhistorydocs.ghi-dc.org /pdf/eng/English87_.pdf.
49. Suzanne Muchnic, “Hitler’s Sordid Little Art Show,” *Los Angeles Times* (Feb. 10, 1991), https://www.latimes.com/archives/la-xpm-1991–02–10-ca-1401-story.html.
50. “‘Entartete Kunst’: The Nazis’ Inventory of‘Degenerate Art,’” Victoria and Albert Museum, https://www.vam.ac.uk/articles/entartete-kunst-the-nazis-inventory-of -degenerate-art; Stephanie J. Beach, “Nazi-Confiscated Art: Eliminating Le- gal Barriers to Returning Stolen Treasure,” *Loyola of Los Angeles Law Review* 53, no. 4 (Summer 2020): 855.
51. “Hitler’s Speech.”
52. Janet Maslin, “Film Festival Review: Pulp Fiction; Quentin Tarantino’sWild Ride on Life’s Dangerous Road,” *New York Times* (Sep. 23, 1994), https://www.nytimes.com/1994/09/23/movies/film-festival-review-pulp-fiction-quentin-tarantino-s -wild-ride-life-s-dangerous.html.
53. Cassie Hill, “Why Quentin Tarantino Uses Non-Linear Storytelling and Small Talk Dialogue,” Medium (Dec. 3, 2019), https://medium.com/@casscassbug /why-quentin-tarantino-uses-non-linear-storytelling-and-small-talk-dialogue -c59305f3a35b; “*Pulp Fiction*: Narrative Structure,” Wikipedia, https://en.wikipe dia.org/wiki/Pulp_Fiction#Narrative_structure.
54. Afzal Ibrahim, “Futurism,” The Artist (Apr. 16, 2022), https://www.theartist.me /art-movement/futurism/; see, e.g., Svetozara Saykova, “The Asynchronous Sto- rytelling of Machevski,” AUBG, https://today.aubg.edu/news/the-asynchronous -storytelling-of-

manchevski/.

55. John Berger, *The Success and Failure of Picasso* (New York: Vintage Books, 1967), 70.
56. Bob Cotton, "Cubism Perception and Experimental Film," ZeitEYE (Jan. 25, 2012), https://zeiteye.wordpress.com/2012/01/25/cubism-perception-and-exper imental-film/.
57. NFT now, "Quentin Tarantino, Tom Bilyeu, Mike Novogratz & More on NFTs & Art," YouTube (Nov. 3, 2021), https://youtu.be/QD61k5R7X7c?t=260.
58. 同上，https://youtu.be/QD61k5R7X7c?t=745。
59. Venetia Jolly and Ed Peter Traynor, "NFTsin Digital Art: Tokens or Tokenism," Agora Digital (Apr. 28, 2021), https://agoradigital.art/blog-nfts-in-digital-art -tokens-or-tokenism/; Dream McClinton, "Non-Fungible Tokenism: Where Is the Diversity in Cryptoart?," Dazed (Nov. 26, 2021), https://www.dazeddigital.com /science-tech/article/54869/1/non-fungible-tokenism-diversity-in-cryptoart-nft.
60. "ERC-721 Non-Fungible Token Standard," Ethereum (Jun. 23, 2022), https:// ethereum.org/en/developers/docs/standards/tokens/erc-721/.
61. Lodewijk Petram, "The World's First IPO," World's First Stock Exchange (Oct. 15, 2020), https://www.worldsfirststockexchange.com/2020/10/15/the -worlds-first-ipo/.
62. Lodewijk Petram, "The Oldest Share," World's First Stock Exchange (Nov. 2, 2020), https://www.worldsfirststockexchange.com/2020/11/02/the-oldest-share/.
63. Lee, "The Cryptic Case," 6.
64. Edward Lee, "Why the CryptoPunks 2022 License Is Better for Owners than the Bored Ape License, on Paper, Setting a New Standard for Decentralized Collaboration," NouNFT (Aug. 18, 2022), https://nounft.com/2022/08/18/why -the-cryptopunks-2022-license-is-better-for-owners-than-the-bored-ape-license -on-paper-setting-a-new-standard-for-decentralized-collaboration/.
65. "Terms of Use," NBA Top Shot, https://nbatopshot.com/terms.
66. "Terms & Conditions," Deadfellaz, https://www.deadfellaz.io/terms.
67. Branyce Wong, "The History of NFTs & How They Got Started," Portion, https:// blog.portion.io/the-history-of-nfts-how-they-got-started/; Shanti Escalante– De Mattei, "Sotheby's, Artist Kevin McCoy Sued over Sale of $1.5. NFT,"*ARTnews* (Feb. 7, 2022), https://www.artnews.com/art-news/news/sothebys-kevin-mccoy -quantum-nft-sale-lawsuit-1234618249/.
68. Satoshi Nakamoto, "Bitcoin: A Peer-to-Peer Electronic Cash System," Bitcoin, https://bitcoin.org/bitcoin.pdf.
69. Arthur I. Miller, *Einstein, Picasso: Space, Time, and the Beauty That Causes Havoc* (New York. Basic Books, 2001), 2 3.
70. 同上，3。
71. *Picasso and Braque Go to the Movies* (2008) (1:50).
72. Kim Parker, Juliana Menasche Horowitz, and Rachel Minkin, "How the Coro- navirus

Outbreak Has—and Hasn't— Changed the Way Americans Work," Pew Research Center (Dec. 9, 2020), https://www.pewresearch.org/social-trends/2020/12/09/how-the-coronavirus-outbreak-has-and-hasnt-changed-the-way -americans-work/.

73. Mathias Sablé-Meyera, Joël Fagot, Serge Caparos, Timo van Kerkoerle, Marie Amalric, and Stanislas Dehaene, "Sensitivity to Geometric Shape Regularity in Humans and Baboons: A Putative Signature of Human Singularity," 118 PNAS (Apr. 12, 2011), https://doi.org/10.1073/pnas.2023123118; Siobhan Roberts, "Is Geometry a Language That Only Humans Know?," *New York Times* (Mar. 22, 2022), https://www.nytimes.com/2022/03/22/science/geometry-math-brain-primates .html.

74. Louis Wise, "The Real Problem with NFTs? They're Ugly," *Financial Times* (Mar. 13, 2022), https://www.ft.com/content/583f9601-a45d-43c1–94d4–8c19d5 f5299f; Amy Francombe, "Why Does NFT Art Look So Bad?," Vice (Feb. 1, 2022), https://www.vice.com/en/article/qjbz5m/why-does-nft-art-look-so-bad; Andy Storey, "5 Reasons Why Some NFTs Are So Ugly," Postergrind (May 12, 2022), https://postergrind.com/5-reasons-why-some-nfts-are-so-ugly/.

75. Ryan Cooper, "The NFT Craze Has Stopped Being Funny: These Hideous Car- toon Apes Will Not Be Worth Half a Million Dollars for Long," *The Week* (Jan. 4, 2022), https://theweek.com/culture/arts/1008539/the-nft-craze-has-stopped -being-funny.

76. Kayleigh Donaldson, "All These NFTs Are So Effing Ugly and That's Kind of the Point," Pajiba (Feb. 11, 2022), https://www.pajiba.com/miscellaneous/all-these -nfts-are-so-effing-ugly-and-thats-kind-of-the-point.php.

77. "Pablo Picasso Line Drawings," PabloPicasso.net, https://www.pablopicasso.net /drawings/; Janet Flanner, "Pablo Picasso's Idiosyncratic Genius," *New Yorker* (Mar. 2, 1957), https://www.newyorker.com/magazine/1957/03/09/the-surprise -of-the-century-i.

78. Nikki Griffin, "The Monkey Artist Hoax," Today I Found Out (Mar. 20, 2013), http://www.todayifoundout.com/index.php/2013/03/the-monkey-artist-hoax/.

79. Evan Armstrong, "NFT Projects Are Just MLMs for Tech Elites," Every (Sep. 30, 2021), https://every.to/napkin-math/nft-projects-are-just-mlms-for-tech-elites; Andy Day, "NFTs Area Pyramid Scheme and People Are Already Losing Money," Fstoppers (Mar. 18, 2021), https://fstoppers.com/opinion/nfts-are-pyramid-scheme -and-people-are-already-losing-money-554869; Amanda Marcotte, "NFTsAren't Art—They're Just the Cult of Crypto's Latest Scam," Salon (Feb. 16, 2022), https://www.salon.com/2022/02/16/nfts-arent-art—theyre-just-the-of-cryptos -latest-scam/.

80. Rachel Wolfson, "NFT Philanthropy Demonstrates New Ways of Giving Back," Cointelegraph (Jan. 31, 2022), https://cointelegraph.com/news/nft-philanthropy -demonstrates-new-ways-of-giving-back.

81. Samantha Hissong, "NFT Scams Are Everywhere. Here's How to Avoid Them," *Rolling Stone* (Jan. 24, 2022), https://www.rollingstone.com/culture/culture -features/nft-crypto-

scams-how-to-not-get-scammed-1286614/; Tim Copeland, "Supposed 17-Year-Old Artist Sells $138,000 Worth of Fake NFTs and Dis- appears," The Block Crypto (Sept. 30, 2021), https://www.theblockcrypto.com /post/119150/supposed-17-year-old-artist-sells-138000-worth-of-fake-nfts -and-disappears; "Two Defendants Charged in Non-Fungible Token ('NFT') Fraud and Money Laundering Scheme," U.S. Department of Justice (Mar. 24, 2022), https://www.justice.gov/usao-sdny/pr/two-defendants-charged-non-fungible -token-nft-fraud-and-money-laundering-scheme-0.

82. Arijit Sarkar, "How to Identify and Avoid a Crypto Pump-and-Dump Scheme?" Cointelegraph (Jul. 16, 2022), https://cointelegraph.com/news/how-to-identify -and-avoid-a-crypto-pump-and-dump-scheme.
83. Joseph Johnson, "Global Spam Volume as Percentage of Total E-mail Traffic from January 2014 to March 2021, by Month," Statista (Jul. 20, 2021), https://www .statista.com/statistics/420391/spam-email-traffic-share/.
84. Ana Gajić, "Spam Statistics," 99firms, https://99firms.com/blog/spam-statistics/. Ibid.
85. 同上。
86. OpenSea, Twitter (Jan. 27, 2022), https://twitter.com/opensea/status/148684320 4062236676.
87. Jeff Yeung, "OpenSea Implements New Measures to Better Detect Fake NFTs," Hypebeast (May 12, 2022), https://hypebeast.com/2022/5/opensea-fake-nfts-copy mints-detection-measures.
88. Christopher Mims, "NFTs, Cryptocurrencies and Web3 Are Multilevel Mar- keting Schemes for a New Generation," *Wall Street Journal* (Feb. 19, 2022), https://www.wsj.com/articles/nfts-cryptocurrencies-and-web3-are-multilevel -marketing-schemes-for-a-new-generation-11645246824; Kyle Chayka, "Why Bored Ape Avatars Are Taking Over Twitter," *New Yorker* (July 30, 2021), https:// www.newyorker.com/culture/infinite-scroll/why-bored-ape-avatars-are-taking -over-twitter.
89. "Multi-Level Marketing Businesses and Pyramid Schemes," FTC, https://con sumer.ftc.gov/articles/multi-level-marketing-businesses-pyramid-schemes.
90. 同上。
91. Cassio Gusson, "The NFT Sector Is Projected to Move Around $800 Billion over Next 2 Years: Report," Cointelegraph (Apr. 28, 2022), https://cointelegraph.com /news/the-nft-sector-is-projected-to-move-around-800-billion-over-next-2 -years-report.
92. Katie Notopoulos, "17 Celebrities Just Got Warning Letters About Shilling NFTs," *BuzzFeed News* (Aug. 8, 2022), https://www.buzzfeednews.com/article /katienotopoulos/celebrities-warning-letters-nft-ftc.
93. Federal Trade Commission, "CSGO Lotto Owners Settle FTC's First-Ever Com- plaint Against Individual Social Media Influencers," FTC (Sep. 7, 2017), https:// www.ftc.gov/news-events/news/press-releases/2017/09/csgo-lotto-owners-settle -ftcs-first-ever-complaint-

against-individual-social-media-influencers.

94. "Two Celebrities Charged with Unlawfully Touting Coin Offerings," SEC (Nov. 29, 2018), https://www.sec.gov/news/press-release/2018–268.
95. Christine Smythe, "The Backlash Against NFTs: Why One Artist Says They're a 'Classic Ponzi Scheme,'" Business of Business (Dec. 12, 2021), https://www.busi nessof business. com/articles/the-backlash-against-nfts-one-artist-says-theyre -a-classic-ponzi-scheme-fraud-theft-crypto/; @thatkimparker, Twitter (Mar. 12, 2021), https://twitter.com/thatkimparker/status/1370579822213173248?s=20&t =ngQBrYfYBfrZgj71utgyfw.
96. John R. Emshwiller, "One Man's Bid to Clear His Name Online: 4 Years, $3 Mil- lion and Some Dead Turtles," *Wall Street Journal* (Feb. 24, 2017), https://www .wsj.com/articles/3-million-dead-turtles-and-a-sex-website-inside-one-mans -bid-to-clear-his-name-on-the-internet-1487949319; Robert D. Mitchell, "The Perils of Internet Defamation: $38.3 Million Jury Verdict," Mitchell Attorneys, https://web.archive.org/web/20201121212954/http://mitchell-attorneys.com /internet-defamation; *Cohen v. Hansen*, 748 Fed. Appx. 128, 129 (9th Cir. 2019)（支持陪审团裁定，被告创建网站，将原告"与伯纳德·麦道夫及其庞氏骗局"进行比较，构成诽谤）。具有讽刺意味的是，美国后来判此案被告被告犯有类似庞氏骗局的罪行。"Pair Who Went on the Run after Being Found Guilty of Fraud at a Now Defunct Precious Metals Firm, Sentenced to Prison," U.S. Department of Justice (Jun. 6, 2022), https://www.justice.gov/usao-wdwa/pr/pair-who-went-run-after-being-found-guilty-fraud-now-defunct-precious-metals -firm.
97. Mims, "NFTs."
98. Nathan J. Robinson, "Why CryptoCurrency Is a Giant Fraud," *Current Affairs* (Apr. 20, 2021), https://www.currentaffairs.org/2021/04/why-cryptocurrency-is -a-giant-fraud.
99. Saifedean Ammous, *The Bitcoin Standard: The Decentralized Alternative to Central Banking* (Hoboken, N.J.: John Wiley & Sons, 2018).
100. Paul Krugman, "Technobabble, Libertarian Derp and Bitcoin," *New York Times* (May 20, 2021), https://www.nytimes.com/2021/05/20/opinion/cryptocurrency -bitcoin.html.
101. Paul Krugman, "Why Most Economists' Predictions Are Wrong," *Red Herring* (Jun. 10, 1998), https://web.archive.org/web/19980610100009/http:/www.redher ring.com/mag/issue55/economics.html.
102. 同上。
103. David Emery, "Did Paul Krugman Say the Internet's Effect on the World Econ- omy Would Be 'No Greater Than the Fax Machine's'?," Snopes (June 7, 2018), https://www.snopes.com/fact-check/paul-krugman-internets-effect-economy/.
104. 同上。
105. Manoj Singh, "The 2007–2008 Financial Crisis in Review," Investopedia (May 17, 2022), https://www.investopedia.com/articles/economics/09/financial-crisis -review.asp.
106. "Fidelity Will Start Offering Bitcoin as an Investment Option in 401(k) Ac- counts," NPR

(Apr. 26, 2022), https://www.npr.org/2022/04/26/1094798564 /fidelity-will-start-offering-bitcoin-as-an-investment-option-in-401-k-accounts.

107. Kevin Roose, "The Latecomer's Guide to Crypto," *New York Times* (Mar. 18, 2022), https://www.nytimes.com/interactive/2022/03/18/technology/cryptocurrency -crypto-guide.html.

108. Yuliya Chernova, "Venture Capitalists Flock to Crypto While Deals in Other Sectors Slow," *Wall Street Journal* (Apr. 26, 2022), https://www.wsj.com/art icles/venture-capitalists-flock-to-crypto-while-deals-in-other-sectors-slow -11650967201.

108. Hannah Miller, "Crypto Startup Funding Falls to a One-Year Low," Bloomberg (July 12, 2022), https://www.bloomberg.com/news/articles/2022–07–12/crypto -startup-funding-in-q2-falls-to-a-one-year-low.

110. "Today's Cryptocurrency Prices by Market Cap," Coinmarketcap (Aug. 10, 2022), https://coinmarketcap.com/.

111. William Power, "U.S.-Stock Funds Are Down 17.3% So Far in 2022," *Wall Street Journal* (Sept. 4, 2022), https://www.wsj.com/articles/u-s-stock-funds-down-17 –3-in-2022–11662146408.

112. Kit Leswing, "Tim Cook Says He Owns Cryptocurrency and He's Been 'Inter- ested in It for a While,'" CNBC (Nov. 9, 2021), https://www.cnbc.com/2021/11/09 /apple-ceo-tim-cook-says-he-owns-cryptocurrency.html.

113. Tae Kim, "Jamie Dimon Says He Regrets Calling Bitcoin a Fraud and Be- lieves in the Technology Behind It," CNBC (Jan. 9, 2018), https://www.cnbc .com/2018/01/09/jamie-dimon-says-he-regrets-calling-bitcoin-a-fraud.html.

114. JP Morgan, "Opportunities in the Metaverse," 2, https://www.jpmorgan.com /content/dam/jpm/treasury-services/documents/opportunities-in-the-metaverse .pdf.

115. 同上，12。

116. 同上，2。

117. Edward Lee, "List of Businesses Adopting or Developing NFTs," NouNFT (Feb. 1, 2022), https://nounft.com/2022/02/01/list-of-businesses-adopting-or-de veloping-nfts/.

118. Citi GPS: Global Perspectives & Solutions, "Metaverse and Money: Decrypt- ing the Future" (March 2022), 12, https://icg.citi.com/icghome/what-we-think /citigps/insights/metaverse-and-money_20220330.

119. P. Smith, "Global Apparel Market— Statistics & Facts," Statista (Aug. 17, 2022), https://www.statista.com/topics/5091/apparel-market-worldwide/; Mathilde Car- lier, "Global Automotive Manufacturing Industry Revenue Between 2020 and 2022," Statista (Aug. 9, 2022), https://www.statista.com/statistics/574151/global -automotive-industry revenue/.

120. Eamon Barrett, "Even After Berkshire Hathaway Sank $1 Billion into Crypto- Friendly Bank, Vice Chairman Charlie Munger Calls Coins Like Bitcoin a 'Ve- nereal Disease,'" *Fortune* (Feb. 17, 2022), https://fortune.com/2022/02/17/cha rlie-munger-calls-crypto-venereal-disease-

bitcoin-warren-buffett-nubank/.

121. Yashu Gola, "Warren Buffett Invests $1B in Bitcoin-Friendly Neobank, Dumps Visa and Mastercard Stocks," *Cointelegraph* (Feb. 15, 2022), https://cointelegraph .com/news/warren-buffett-invests-1b-in-bitcoin-friendly-neobank-dumps-visa -and-mastercard-stocks; Jesse Pound, "Warren Buffett's Berkshire Hathaway Makes $500 Million Investment in Brazilian Digital Bank," CNBC (Jun. 8, 2021), https://www.cnbc.com/2021/06/08/warren-buffetts-berkshire-hathaway -makes-500-million-investment-in-brazilian-digital-bank.html.
122. Tae Kim, "Warren Buffett Says Bitcoin Is 'Probably Rat Poison Squared,'" CNBC (May 6, 2018), https://www.cnbc.com/2018/05/05/warren-buffett-says-bitcoin -is-probably-rat-poison-squared.html; Tristan Rove, "Years After Calling Bit- coin 'Rat Poison,' Warren Buffett Just Invested $1 Billion in a Crypto-Friendly Bank," *Fortune* (Feb. 16, 2022), https://fortune.com/2022/02/16/warren-buffett -invested-1-billion-crypto-bank/.
123. David Lawder, "Yellen Says U.S. Crypto Rules Should Support Innovation, Manage Risks," Reuters (Apr. 7, 2022), https://www.reuters.com/business/finance/yellen -says-us-crypto-rules-should-support-innovation-manage-risks-2022–04–0 7/; Joseph Biden, "Executive Order on Ensuring Responsible Development of Digital Assets," White House (Mar. 9, 2022), https://www.whitehouse.gov /briefing-room/presidential-actions/2022/03/09/executive-order-on-ensuring -responsible-development-of-digital-assets/.
124. Alex Gailey, "Biden's New Executive Order on Crypto Is a Big Step in the Right Direction, Experts Say. Here's What Investors Should Know," *Time* (Mar. 11, 2022), https://time.com/nextadvisor/investing/cryptocurrency/biden-executive -order-crypto-expert-reaction/.
125. Jonathan Ponciano, "Crypto Winter Watch: All the Big Layoffs, Record With- drawals and Bankruptcies Sparked by the $2 Trillion Crash," *Forbes* (Jul. 14, 2022), https://www.forbes.com/sites/jonathanponciano/2022/07/14/crypto-winter -watch-all-the-big-layoffs-record-withdrawals-and-bankruptcies-sparked-by-the -2-trillion-crash/.
126. Fatima Hussein and Ken Sweet, "New Cryptocurrency Oversight Legislation Arrives as Industry Shakes," PBS (Aug. 3, 2022), https://www.pbs.org/news hour/economy/new-cryptocurrency-oversight-legislation-arrives-as-industry -shakes.
127. Arjun Kharpal, "Ukraine Legalizes Crypto Sector as Digital Currency Donations Continue to Pour In," CNBC (Mar. 17, 2022), https://cnb.cx/3wfxdhR; Amitoj Singh, "Ukraine Has Received Close to $100M in Crypto Donations," CoinDesk (Mar. 9, 2022), https://www.coindesk.com/business/2022/03/09/ukraine-has -received-close-to-100-million-in-crypto-donations/.
128. Olga Kharif, "Ukraine Buys Military Gear with Donated Cryptocurrencies," *Time* (Mar. 5, 2022), https://time.com/6155209/ukraine-crypto/.
129. Cristina Criddle and Joshua Oliver, "How Ukraine Embraced Cryptocurren- cies in Response to War," *Financial Times* (Mar. 19, 2022), https://www.ft.com /content/

f3778d00–4c9b-40bb-b91c-84b60dd09698; Adi Robertson, “Ukraine Is Selling a Timeline of the Russian Invasion as NFTs: Proceeds Will Go To- wards Ukraine’s Army and Civilians,” The Verge, (Mar. 25, 2022), https://www .theverge.com/2022/3/25/22996168/ ukraine-ministry-digital-transformation -nft-crypto-drop-fundraising-war-timeline.

130. Neomi, “Artists and Activists Turn to NFT Sales to Support the Ukrainian Peo- ple,” Bitcoin (Mar. 14, 2022), https://news.bitcoin.com/artists-and-activists-turn -to-nft-sales-to-support-the-ukrainian-people/; Erika Lee, “How Reli3f Raised Over $1 Million for Ukraine in 30 Seconds Selling NFTs,” ONE37pm (Mar. 21, 2022), https://www.one37pm.com/nft/tech/how-the-nft-community-raised -over-1-million-for-ukraine.
131. “Greenback movement,” Britannica, https://www.britannica.com/event/Green back-movement.
132. Craig K. Elwell, “Brief History of the Gold Standard in the United States,” *CRS Reportfor Congress* (June 23, 2011), 5–6, https://sgp.fas.org/crs/misc/R41887.pdf.
133. 同上，7、13。
134. Gabriel T. Rubin, “U.S. Inflation Hits New Four-Decade High of 9.1%,” *Wall Street Journal* (July 13, 2022), https://www.wsj.com/articles/us-inflation-june-2022 -consumer-price-index-11657664129.
135. Andrew Lisa, “What Do Banks Do with Your Money After You Deposit It?,” Yahoo! (Aug. 17, 2021), https://www.yahoo.com/now/banks-money-deposit -110024642.html.
136. Andrew Lisa, “Which Countries Are Using Cryptocurrency the Most?,” Yahoo! (Jun. 28, 2021), https://www.yahoo.com/video/countries-using-cryptocurrency -most-210011742. html.
137. I. Mitic, “A Modern-Day Gold Rush: 30 Eye-Opening Cryptocurrency Statistics for 2022,” Fortunly (Feb. 25, 2022), https://fortunly.com/statistics/cryptocurrency- statistics/.
138. Seth I. Rosen, “Are Diamonds Really Rare? Diamond Myths and Misconceptions,” International Gem Society, https://www.gemsociety.org/article/are-diamonds -really-rare/; Jaya Saxena, “Diamonds Aren’t Special and Neither Is Your Love,” *Atlantic* (Jan. 29, 2021), https://www.theatlantic.com/family/archive/2021/01 /diamonds-arent-special-and-neither-is-your-love/617859/.
139. “Picasso: Art Periods,” Pablo Ruiz Picasso, https://www.pablo-ruiz-picasso.net /periods.php.
140. Gelett Burgess, *Goop Tales* (New York: Dover Publications, 1973).
141. “Goopdoods by Goopdude,” Goopdoods, https://www.goopdoods.io/.
142. Gelett Burgess, “The Charms of Imperfection,” *The Romance of the Commonplace* (San Francisco: Stanley-Taylor Co., 1902), 77.

第五章　交互式所有权

1. *The Late Show with Stephen Colbert*, “Stephen Colbert Presents: ‘NFT Heist’ - The

First Blockbuster Movie About NFTs!" YouTube (Mar. 12, 2022), https://youtu .be/boWHBjHkPSo?t=58.

2. "The Creator Economy Comes of Age as a Market Force," Valuewalk (Jun. 23, 2021), https://www.valuewalk.com/creator-economy-comes-age-asmarket-force/.
3. Clara Lindh Bergendorff, "Participatory Capitalism: The Ownership Economy and the Macro Trend of Micro Organizations," *Forbes* (Mar. 7, 2022), https://www.forbes.com/sites/claralindhbergendorff/2022/03/07/participatory-capitalism— the-ownership-economy-and-the-macro-trend-of-micro-organizations/.
4. 同上。
5. "NFT Staking Guide—What Is NFT Staking," Esports, https://www.esports .net/crypto/nft-staking/.
6. *Jacque v. Steenberg Homes, Inc.*, 563 N.W.2d 154, 156 (Wis. 1997).
7. 同上，157。
8. 同上，160。
9. *Loretto v. Teleprompter Manhattan CATV Corp.*, 458 U.S. 419, 435 (1982).
10. *Linglev. Chevron U.S.A. Inc.*, 544 U.S. 528, 539 (2005).
11. William Blackstone, *Commentaries on the Laws of England* (1765–69), 2:2.
12. Carol M. Rose, "Canons of Property Talk, or, Blackstone's," *Yale Law Journal* 108 (1998): 601, 603–605.
13. Chris Sirise, "How NFTs Are Building Communities Online," Tech in Asia (Jan. 10, 2022), https://www.techinasia.com/nfts-giving-community-builders -ways-scale-authenticity-online.
14. "15 Top NFTs with Utility Projects with Potential (June 2022)," NFTkeshi (May 1, 2022), https://nftkeshi.com/best-nft-utility-projects-with-potential/.
15. Charles B. Sheppard, "Land Use Covenants: A Summary of Aspects of California Law Regarding Land Use Covenants with Comparison to the Restatement (Third) of Property," *Western State University Law Review* 37 (2009): 40–41.
16. *Montoya v. Barreras*, 473 P.2d 363, 365 (N.M. 1970) (emphasis added).
17. See, e.g., "Terms & Conditions," Deadfellaz, https://www.deadfellaz.io/terms (re- sale clause).
18. *Anthony v. Brea Glenbrook Club*, 58 Cal. App. 3d 506, 512 (Ct. App. 1976); Jay Weiser, "The Real Estate Covenant as Commons: Incomplete Contract Remedies OverTime," *Southern California Interdisciplinary Law Journal* 13 (2004): 284–85. 19. See Elinor Ostrom, *Governing the Commons: The Evolution of Institutionsfor Collec- tive Action* (Cambridge: Cambridge University Press, 1990), 29–57.
20. "Doodles SXSW," VT Pro Design, https://vtprodesign.com/work/doodles-sxsw.
21. Chris Katje, "Doodles Brings Experiences to SXSW, Collabs with Behr, Shopify: How You Can Win a NFT," Benzinga (Mar. 15, 2022), https://www.benzinga .com/markets/

cryptocurrency/22/03/26150048/doodles-brings-experiences-to -sxsw-collabs-with-behr-shopify-how-you-can-win-a-nft.

22. Marc Ferrero, “Doodles NFT Party at SXSW 2022,” YouTube (Mar. 15, 2022), https://www.youtube.com/watch?v=NkOqzSEaf70.
23. Ryan Singel, “Are You Ready for Web 2.0?,” *Wired* (Oct. 6, 2005), https://www .wired.com/2005/10/are-you-ready-for-web-2– 0/.
24. Lawrence Lessig, *Remix: Making Art and Commerce Thrive in the Hybrid Economy* (New York: Penguin Press, 2008), 36–83.
25. Zuboff, *The Age of Surveillance Capitalism*, 54–55.
26. MK Manoylov, “A Mutant Ape Yacht Club Serum Sold for Nearly $6 Million— Here’s What That Means for the Bored Ape Ecosystem,” The Block Crypto (Jan. 3, 2022), https://www.theblockcrypto.com/post/129023/a-mutant-ape-yacht-club -serum-sold-for-nearly-6-million-heres-what-that-means-for-the-bored-ape-eco system.
27. Theo, “CheckOut This 1:1 Mutant ApeNFT Popped Live on Twitch Last Night,” NFT Evening (Dec. 29, 2021), https://nftevening.com/check-out-this-11-mutant -ape-nft-popped-live-on-twitch-last-night/.
28. NFTstatistics.eth (@punk9059), Twitter (Apr. 28, 2022), https://twitter.com/punk 9059/status/1519688088116551680.
29. Edward Lee, “Bored Ape Owners Share Life-Changing Experience from APE COIN Drop from BAYC,” NouNFT (Mar. 18, 2022), https://nounft.com /2022/03/18/bored-ape-owners-share-life-changing-experience-from-apecoin -drop-from-bayc/; Kyle Swenson, “This Bored Ape Yacht Club Whale Became the Club’s Largest Holder This Weekend,” The Bored Ape Gazette (Feb. 8, 2022), https://www.theboredapegazette.com/post/this-bored-ape-yacht-club-whale -became-the-club-s-largest-holder-this-weekend.
30. “ApeCoin,” CoinMarketCap, https://coinmarketcap.com/currencies/apecoin-ape/; “Bored Ape Yacht Club,” NFTpricefloor, https://nftpricefloor.com/bored-ape -yacht-club.
31. Nellie Bowles, “CryptoKitties, Explained . . . Mostly,” *New York Times* (Dec. 28, 2017), https://www.nytimes.com/2017/12/28/style/cryptokitties-want-a-block chain-snuggle.html?_r=0.
32. Xin-Jian Jiang and Xiao Fan Liu, “CryptoKitties Transaction Network Analysis: The Rise and Fall of the First Blockchain Game Mania,” *Frontiers in Physics* 9 (Mar. 3, 2021): 7–8, https://doi.org/10.3389/fphy.2021.631665.
33. NFTstatistics.eth (@punk9059), Twitter (Apr. 28, 2022), https://twitter.com /punk9059/status/1519788221554700288.
34. Nike Inc., “System and Method for Providing Cryptographically Secured Digi tal Assets,” US Pat. No. 10505726B1, https://patents.google.com/patent/US1050 5726B1.
35. 同上。
36. 同上。

37. Shanti Escalante–De Mattei, “Mysterious Pak NFT Project Generates $91.8 M. in Sales on Nifty Gateway,” *ARTnews* (Dec. 6, 2021), https://www.artnews.com /art-news/news/pak-merge-nft-sale-nifty-gateway-1234612436/; Rupal Sharma, “Decoding the Smart Contract of Pak’s Merge NFT Project,” Cryptotimes (Sept. 6, 2022), https://www.cryptotimes.io/decoding-smart-contract-of-pak -merge-nft/.
38. “merge,” Nifty Gateway, https://niftygateway.com/collections/pakmerge.
39. Makena Rasmussen, “Meet Alice: The Artificially Intelligent Human Who Sold for $500,000 at Sotheby’s,” Virtualhumans (July 26, 2021), “https://www.virtual humans.org/article/meet-alice-the-artificially-intelligent-virtual-human-who -sold-for-500–000-in-a-sothebys-nft-auction.”
40. Larry Dvoskin, “Why Community Is the Secret of NFT Success,” *Rolling Stone* (Jan. 17, 2022), https://www.rollingstone.com/culture-council/articles/commu nity-secret-nft-success-1283244/.
41. Lucas Matney, “The Cult of CryptoPunks,” TechCrunch (Apr. 8, 2021), https://techcrunch.com/2021/04/08/the-cult-of-cryptopunks/.
42. Arianne Gift, “Collector punk6529 Announces Metaverse Museum of ‘Most High-End Art NFTs,’” Micky (Apr. 15, 2022), https://micky.com.au/collector -punk6529-announces-metaverse-museum-of-most-high-end-art-nfts/.
43. “6529 Mission,” 6529, https://6529.io/about/mission/.
44. “Open Metaverse,” 6529, https://6529.io/about/open-metaverse/.
45 “Varvara Alay, About,” Varvara Alay, https://www.varvaraalay.com/about/.
46. 同上。
47. Varvara Alay, Twitter (Dec. 4, 2021), https://twitter.com/VarvaraAlay/status /1467321728909127683.
48. “The Flower Girls,” Flower Girls NFT, https://www.flowergirlsnft.com/.
49. Varvara Alay, Twitter (Nov. 25, 2021), https://twitter.com/VarvaraAlay/status /1463933047464730628.
50. 同上。
51. “Special Editions,” Flower Girls NFT, https://www.flowergirlsnft.com/.
52. *The Flower Girls Newsletter*, no. 6 (Jun. 9, 2022), https://www.getrevue.co/profile /flowergirlsnft/issues/the-flower-girls-newsletter-issue-6–1186753.
53. The Flower Girls, Twitter (Mar. 6, 2022), https://twitter.com/FlowerGirlsNFT /status/1507918266991316995.
54. *The Flower Girls Newsletter*, no. 6.
55. “Flower Girls Children,” Flower Girls NFT, https://www.flowergirlsnft.com/.
56. 同上；IanDean, “AreNFTsArt? We Ask Award-Winning Graphic Designer Var- vara Alay,” Creativebloq (Aug. 2, 2022), https://www.creativebloq.com/features /are-nfts-art-flower-girls-interview.

57. The Flower Girls, Twitter (Apr. 16, 2022), https://twitter.com/FlowerGirlsNFT /status/1515363387105964037.
58. "The Dolphin Partnership," Flower Girls NFT, https://www.flowergirlsnft.com/.
59. Rosie Perper, "Chicago Bulls to Release NFT Artwork Reimagining Its Iconic Logo," Decrypt (Sep. 8, 2022), https://www.coindesk.com/business/2022/09/08 /chicago-bulls-to-release-nft-artwork-reimagining-its-iconic-logo/; Varvara Alay x Bulls: The Flower Bull, Coinbase, https://nft.coinbase.com/nft/ethereum/0 x0a394942c0bd33232639c03448e6daf15157092e/21.
60. Dean, "Are NFTsArt?"
61. Ryan Mac, "Meet 3LAU, the DJ That Turned Down Wall Street," *Forbes* (Aug. 24, 2015), https://www.forbes.com/sites/ryanmac/2015/08/24/meet-3lau-the-dj that-turned-down-wall-street/?sh=28c7fd921a57.
62. Abram Brown, "Largest NFT Sale Ever Came from a Business School Drop- out Turned Star DJ," *Forbes* (Mar. 3, 2021), https://www.forbes.com/sites/abram brown/2021/03/03/3lau-nft-nonfungible-tokens-justin-blau/.
63. Mac, "Meet 3LAU."
64. Emma Newberry, "How the Winklevoss Twins Amassed a $6 Billion Bitcoin For- tune," Fool (Apr. 13, 2022), https://www.fool.com/the-ascent/buying-stocks/arti cles/how the winklevoss-twins-amassed-a-6-billion-bitcoin-fortune/.
65. Brown, "Largest NFT."
66. Morgan Chittum, "Exclusive: DJ Justin '3LAU' Blau on NFTs and Music Royal- ties asanAsset Class," Blockworks (Jan. 7, 2022), https://blockworks.co/exclusive -dj-justin-3lau-blau-on-nfts-and-music-royalties-as-an-asset-class/.
67. Nick, "3LAU Brings In Over $11.6 Million in Crypto Art NFT Auction," This Song Is Sick (Mar. 2, 2021), https://thissongissick.com/post/3lau-11-million-nft -auction/.
68. Brown, "Largest NFT."
69. Royal, https://royal.io/; Helen Partz, "3LAU Introduces Blockchain Mu- sic Platform Royal with $16M Raise," Cointelegraph (Aug. 26, 2021), https:// cointelegraph.com/news/3lau-introduces-blockchain-music-platform-royal-with -16m-raise.
70. Jeff Rumage, "Royal Raises $55M for Platform That Sells Music Royal- ties as NFTs," Built in Austin (Nov. 23, 2021), https://www.builtinaustin.com /2021/11/23/royal-raises-55m-music-nfts.
71. Andrew Rossow, "Justin Blau and 'Royal' Create First Artist-Fan Monetization Pipeline with Initial Round of Payouts," Hypemoon (Jul. 28, 2022), https:// hypemoon.com/2022/7/nft-music-platform-royal-airdrops-first-fan-royalty-payouts.
72. 同上。
73. Ben Sisario, "Musicians Say Streaming Doesn't Pay. Can the Industry Change?," *New York Times* (May 10, 2021), https://www.nytimes.com/2021/05/07/arts /music/streaming-music-payments.html.

74. Glenn Peoples, "Who Gets Paid for a Stream?," *Billboard* (Feb. 24, 2022), https://www.billboard.com/pro/music-streaming-royalty-payments-explained-song -profits.
75. Emily Blake, "Data Shows 90 Percent of Streams Go to the Top 1 Percent of Artists," *Rolling Stone* (Sept. 9, 2020), https://www.rollingstone.com/pro/news /top-1-percent-streaming-1055005.
76. Amy X. Wang, "The Paltry Sum Paid to a Writer for 178 million Streams of His Hit Song." QZ (Oct. 14, 2015), https://qz.com/510004/the-paltry-sum-paid-to-a -writer-for-178-million-streams-of-his-hit-song.
77. Andrew R. Chow, "Independent Musicians Are Making Big Money from NFTs. Can They Challenge the Music Industry?" *Time* (Dec. 2, 2021), https://time.com/6124814/music-industry-nft/.
78. Sisario, "Musicians."
79. Tim Ingham, "Sony Generated $7.5BN Across Recorded Music and Publishing Last Year, Up 34 percent YOY," Music Business Worldwide (Feb. 2, 2022), https:// www.musicbusinessworldwide.com/sony-generated-7–5bn-across-recorded -music-and-publishing-last-year-up-24-yoy/; Tim Ingham, "Universal Music Group Surpassed $10 Billion in Revenues Last Year. It's Now Double the Size It Was a Decade Ago," Music Business Worldwide (Mar. 3, 2022), https://www.musicbusinessworldwide.com/universal-music-group-crashed-past-10-billion -in-revenue-last-year-its-now-double-the-size-it-was-a-decade-ago; Tim Ingham, "Warner Music Group Revenues Up 12.1 Percent in Calendar Q2; Recorded Mu- sic Streaming Up 2.7 percent," Music Business Worldwide (Aug. 9, 2022), https:// www.musicbusinessworldwide.com/warner-music-group-revenues-up-12–1-in -calendar-q2-recorded-music-streaming-up-2–7.
80. "Music Industry Investigation Report: Key Challenges, Collective Insights, and Possible Futures for the Music Industry," Creative Independent Report (2020), https://thecreativeindependent.com/music-industry-report/.
81. "The Song Goes On Forever; Can the Copyright End?," Kelly-IP (Apr. 2, 2020), https://www.kelly-ip.com/copyright/the-song-goes-on-forever-can-the-copy right-end/.
82. Taylor Swift, Tumblr (June 30, 2019), https://taylorswift.tumblr.com/post/185958366550/for-years-i-asked-pleaded-for-a-chance-to-own-my.
83. Kate Irwin, "Steve Aoki Says He's Made More Money with NFTs Than from 10 Years of Music Advances," Decrypt (Feb. 14, 2022), https://decrypt.co/92938 /steve-aokimore-money-nfts-decade-music.
84. Andrew Hayward, "DJ Steve Aoki Launches Ethereum NFT Membership Club: 'I Am Building My Own World,'" Decrypt (Jan. 27, 2022), https://decrypt .co/91317/dj-steve-aoki-launches-ethereum-nft-membership-club-i-am-building -my-own-world.
85. 同上。
86. Stephanie Prange, "New NFTs of Anthony Hopkins Feature 'Zero Contact' Available,"

Media Play News (Feb. 22, 2022), https://www.mediaplaynews.com /new-nfts-of-anthony-hopkins-feature-zero-contact-available/.

87. Mitch Eiven, "NFT Communities Greenlight Web3 Films: A Decentralized Future for Fans and Hollywood," Cointelegraph (Aug. 3, 2022), https://cointele graph.com/magazine/2022/08/03/nft-communities-greenlight-web3-films -decentralized-future-fans-hollywood.

88. "The Medici. Artistic Patrons of the Renaissance," Italian Renaissance Art, https://www.italian-renaissance-art.com/The-Medici.html.

89. Metakovan and Twobadour, "NFTs: The First 5000 Beeples," Metapurser (Mar. 18, 2021), https://metapurser.substack.com/p/nfts-the-first-5000-beeples?s=r.

90. Chris Berg, "Opinion: Non-Fungible Tokens and the New Patronage Economy," CoinDesk (Sep. 14, 2021), https://www.coindesk.com/business/2021/03/22/non -fungible-tokens-and-the-new-patronage-economy/.

91. *2021 and Done with Snoop Dogg and Kevin Hart*, Peacock (Dec. 28, 2021).

92. Snoop Dogg, Twitter (Sep. 20, 2021), https://twitter.com/SnoopDogg/status /1440038460417474567.

93. Chris Eggertsen, "Sia Says She's Behind Popular Snoop Dogg–Affiliated NFT Twitter Account." *Billboard* (Mar. 8, 2022), https://www.billboard.com/business /tech/sia-nfts-snoop-dogg-bianca-medici-1235041414/.

94. Michelai Graham, "Champ Medici Is Making a Name of His Own in Web3," Boardroom (Jun. 22, 2022), https://boardroom.tv/watch/champ-de-medici-nft -nyc/.

95. Nitish Pahwa, "If Snoop Dogg Isn't This Secret NFT Trader, Who Is?," Slate (Sept. 23, 2021), https://slate.com/technology/2021/09/snoop-dogg-nft-crypto -cozomo-medici-twitter.html.

96. Chris Morris, "Snoop Dogg Is Converting Death Row Records into the First NFT Music Label," *Fortune* (Feb. 16, 2022), https://fortune.com/2022/02/16 /snoop-dogg-death-row-records-nfts/.

97. Murray Stassen, "Snoop Dogg Sells Over $44M Worth of 'Stash Box' NFTs in Just Five Days," Music Business Worldwide (Feb. 15, 2022), https://www.music businessworldwide.com/snoop-dogg-sells-over-44m-worth-of-stash-box-nfts-in -just-five-days123/.

98. DeathRowNFT, "Dogg on It: Death Row Mixtape Vol. 1," OpenSea, https:// opensea.io/collection/dogg-on-it-death-row-mixtape-vol-1.

99. London Jennn, "Snoop Dogg & Wiz Khalifa Drop NFT Mixtape Ft. Xzibit, Daz Dillinger, Juicy J & More," Allhiphop (Mar. 24, 2022), https://allhiphop.com /news/snoop-dogg-wiz-khalifa-drop-nft-mixtape-ft-xzibit-daz-dillinger-juicy-j -more/.

100. Dean Takahashi, "The Sandbox Metaverse Hits 2M Users and Launches Alpha Season 2," VentureBeat (Mar. 3, 2022), https://venturebeat.com/2022/03/03/the -sandbox-metaverse-hits-2m-users-and-launches-alpha-season-2/.

101. Kate Irwin, "Someone Paid $450K to Be Snoop Dogg's Metaverse Neighbor," De- crypt (Dec. 2, 2021), https://decrypt.co/87524/someone-paid-450k-snoop-dogg -metaverse-neighbor.
102. Neomi, "Playable Sandbox Avatar NFTs—Mint a Unique Doggie and Explore the Metaverse in Style," Bitcoin (Feb. 21, 2022), https://news.bitcoin.com/snoop -dogg-drops-10000-playable-sandbox-avatar-nfts-mint-a-unique-doggie-and-ex plore-the-metaverse-in-style/.
103. "Snoop Dogg," Sandbox, https://www.sandbox.game/en/snoopdogg/.
104. @Supreme14kt, Twitter (Apr. 2, 2022), https://twitter.com/Supreme14kt/status /1510287047457751043.
105. Darlene Aderoju, "Snoop Dogg Releases First Metaverse Music Video with 'House I Built': 'It's About Keeping It Real,'" *Billboard* (Apr. 1, 2022), https:// www.billboard.com/music/rb-hip-hop/snoop-dogg-releases-first-ever-metaverse -music-video-with-house-i-built-1235053365/.
106. Will Lavin, "Snoop Dogg Confirms He Now Owns the Masters to Dr. Dre's 'The Chronic,'" *NME*, https://www.nme.com/news/music/snoop-dogg-confirms-he -now-owns-the-masters-to-dr-dres-the-chronic-3176302.
107. SnoopDoggTV, "Snoop Dogg - House I Built (Official Music Video)," YouTube (Apr. 1, 2022), https://youtu.be/AzwLybCKlzc (comment of Micah B.).
108. Reese Witherspoon, Twitter (Feb. 21, 2021), https://twitter.com/ReeseW/status /1495888247616315396.
109. "Value Creation in the Metaverse: The Real Business of the Virtual World," Mc-Kinsey (June 2022), 5–6, 37, 40–41, https://www.mckinsey.com/business-functions /growth-marketing-and-sales/our-insights/value-creation-in-the-metaverse.
110. Matt Wille, "Meta Won't Build a Dedicated Metaverse After All, Exec Says," Input Mag (May 19, 2022), https://www.inputmag.com/culture/meta-wont-build -metaverse-nick-clegg-facebook.
111. Rebecca Moody, "ScreenTime Statistics: Average ScreenTime in US vs. the Rest of the World," Comparitech (Mar. 21, 2022), https://www.comparitech.com/tv -streaming/screen-time-statistics/.
112. Kim Joo-heon, "Seoul Launches Metaverse-Based Science Education Pro- gram for 2,100 Students," *Ajudaily* (Mar. 3, 2022), https://www.ajudaily.com /view/20210826105856637.
113. Morgan Chittum, "South Korea to Pour $187M into 'World-Class Metaverse Ecosystem,'" Blockworks (Feb. 28, 2022), https://blockworks.co/south-korea-to-pour-187m-into-world-class-metaverse-ecosystem/.
114. 同上。
115. Oluwapelumi Adejumo, "LG Copies Samsung, to Launch Own NFT-Enabled Smart TV," Yahoo! Finance (Jan. 6, 2022), https://finance.yahoo.com/news/lg -copies-samsung-launch-own-124539779.html.
116. Byun Hye-Jin, "Korean Retailers Jump into NFT Craze," *Korea Herald* (Jan. 25, 2022),

http://www.koreaherald.com/view.php?ud=20220125000796.

117. Brian Newar, "Why NFT Adoption Is So High in South Korea," Cointelegraph (Mar. 29, 2022), https://cointelegraph.com/news/why-nft-adoption-is-so-high -in-south-korea.
118. Emma Marris, "K-pop Fans Have a New Nemesis,"*Atlantic* (Dec. 22, 2021), https:// www.theatlantic.com/technology/archive/2021/12/nft-kpop-environmental-pro blems/621091/.
119. Jiyoung Sohn, "BTS's NFT Venture Hits Sour Note with Fans," *Wall Street Jour- nal* (Dec. 30, 2021), https://www.wsj.com/articles/btss-nft-venture-hits-sour-note -with-fans-11640871772?st=70mzrqgijux6kys&reflink=desktopwebshare_perm alink.

第六章　去IP

1. Hover Pictures, "Justin Aversano for Canon—Equally Obsessed," Vimeo (2019), https://vimeo.com/294096039; Charlie Kolbrenner, "Justin Aversano's Twin Flames Demonstrates the Potential of NFT Photo Projects," ONE37pm (Aug. 9, 2021), https://www.one37pm.com/nft/justin-aversano-twin-flames-nft-photo graphy.
2. Taylor Locke, "This 28-Year-Old Artist Made Over $130,000 Selling NFTs in Just 5 Months," CNBC (July 9, 2021), https://www.cnbc.com/2021/07/09/millennial -artist-made-over-130000-selling-nfts-in-about-5-months.html; Bankless, "Twin Flames NFT Photographer Justin Aversano | Layer Zero," YouTube (Dec. 7, 2021), https://youtu.be/HIyMiXRYSOI?t=4227.
3. Locke, "This 28-Year-Old Artist."
4. Taylor Locke, "'Covid Alien' CryptoPunk NFT Sells for Over $11.7 Million to Billionaire Buyer in Sotheby's Auction," CNBC (Jun. 10, 2021), https://www .cnbc.com/2021/06/10/covid-alien-cryptopunk-nft-sells-for-11point7-million-in -sothebys-auction.html.
5. Bankless, "Twin Flames NFT Photographer Justin Aversano | Layer Zero," You- Tube (Dec. 7, 2021), https://youtu.be/HIyMiXRYSOI?t=4267.
6. Andrew Hayward, "How NFT Photo Sensation Twin Flames Landed at Chris- tie's," Decrypt (Oct. 6, 2021), https://decrypt.co/82730/how-nft-photo-sensation -twin-flames-landed-at-christies.
7. "Justin Aversano, Twin Flames #49, Alyson & Courtney Aliano,"Sotheby,s, https://www.sothebys.com/en/buy/auction/2021/natively-digital-a-curated-nft -sale-2/announced-soon.
8. Charlie Kolbrenner,"Justin Aversano and Twin Flames #49 Make History with 871 ETH Sale,"ONE37pm (Nov. 30, 2021), https://www.one37pm.com/nft /justin-aversano-twin-lames-49-nft-photography.
9. 同　上，"List of Most Expensive Photographs,"Wikipedia, https://en.wikipedia .org/wiki/List_of_most_expensive_photographs.
10. @theRAWdao, Twitter (Dec. 11, 2021), https://twitter.com/theRAWdao/status

/1469689224786026503?s=20.

11. John Scott Lewinski,"How Non-Fungible Tokens Are Transforming the Art World,"*Barrons* (Mar. 12, 2021, 3:38 pm), https://www.barrons.com/articles how-non-fungible-tokens-are-transforming-the-art-world-01615581494.
12. "Five Reasons Why Public Art Matters," Save Art Space, https://www .saveartspace.org/.
13. Bankless,"Twin Flames,"https://youtu.be/HIyMiXRYSOI?t=2217.
14. Hauser,"IIIe French Droit de Suite: IIIe Problem of Protection for the Under- privileged Artist Under the Copyright Law,"*Copyright Law Symposium (ASCAP)* 11 (1962): 1.
15. Frank McNally,"Jean-Franŝois Millet—an Artist Who Moved the Mar- ket,"*Irish Times* (Oct. 4, 2014), https://www.irishtimes.com/culture/heritage /jean-fran%C3%A7ois-millet-an-artist-who-moved-the-market-1.1951447; Ma- ria Boicova-Wynants,"IIIe Two Sides of a Coin. A Write-Up on Artists, Resale Rights,"Artlaw (Jun. 20, 2019), https://artlaw.club/en/artlaw/the-two-sides-of-a -coin-a-write-up-on-artists-resale-rights.
16. Catherine Jewell,"IIIe Artist,s Resale Right: A Fair Deal for Visual Artists," *WIPO* (Jun. 2017), https://www.wipo.int/wipo_magazine/en/2017/03/article_00 01.html.
17. Vanessa Giorgo,"DACS hits £100m paid out in Artist,s Resale Right Royal- ties,"DACS (Jun. 9, 2021), https://www.dacs.org.uk/latest-news/dacs-hits-%C 2%A3100m-artist-s-resale-right-royalties-pa.
18. Berne Convention for the Protection of Literary and Artistic Works, Sept. 9, 1886, revised July 24, 1971 and amended Sept. 28, 1979, art. 14ter(2), 1161 U.N.T.S. 18338, https://wipolex.wipo.int/en/text/283698.
19. Anna J. Mitran,"Royalties Too?: Exploring Resale Royalties for New Media Art," *Cornell Law Review* 101 (2016): 1354 n4.
20. 同上，1363—1364。
21. Offce of the Register of Copyrights,"Resale Royalties: An Updated Analysis," (Dec. 2013), 65-66.
22. *Close v. Sotheby's, Inc.*, 894 F.3d 1061, 1072 (9th Cir. 2018).
23. Kent IIIune,"What Are NFT Royalties & How Do IIIey Work?,"Seeking Alpha (Mar. 20, 2022), https://seekingalpha.com/article/4483346-nft-royalties.
24. Locke,"IIIis 28-Year-OldArtist."
25. "Twin Flame #2. Jessica & Joyce Gayo,"OpenSea, https://opensea.io/assets / 0 x 49 5 f 9 4 72 7 6 7 49ce 6 4 6 f6 8 ac 8 c 2 4 8 4 2 0 0 4 5 cb 7 b 5 e / 5 5 0 0 9 2 3 6 7 541776887047122 858193629945492141381962573740912510745288564812O 2177.
26. Bankless,"Twin Flames,"https://youtu.be/HIyMiXRYSOI?t=4657.
27. "Twin Flames #83. Bahareh & Farzaneh, accompanied by Twin Flames Full Physical Collection, 2017-2018,"Christie,s (Oct. 5, 2021), https://www.christies.com /lot/lot-6336923.
28. Andrew Hayward,"Justin Aversano,s Quantum Art Ethereum NFT Platform Raises

$7.5M," Decrypt (Feb. 9, 2022), https://decrypt.co/92463/justin-aversano -quantum-art-ethereum-nft-platform-7–5m.

29. Ben Munster, "Justin Aversano Announces Plan for Physical NFT Gallery in Santa Monica," Decrypt (Apr. 4, 2022), https://decrypt.co/96845/justin-aversano -announces-plan-for-physical-nft-gallery-in-santa-monica; "Quantum Space LA," Quantum.art, https://quantum.art/space/la.
30. Office of the Register of Copyrights, "Resale," 65, 72.
31. 开发人员正在设计具有不同标准的智能合同，使转售特许权使用费能够在所有市场上被自动收取。"CXIP Guaran- tees NFT Creators Receive Their Royalties with New PA1D Feature," Hypebeast (Sept. 14, 2021), https://hypebeast.com/2021/9/cxip-nft-pa1d-royalties-payment -solution.
32. James Beck, "Can NFTs Crack Royalties and Give More Value to Artists?," Con- sensys (Mar. 2, 2021), https://consensys.net/blog/blockchain-explained/can-nfts -crack-royalties-and-give-more-value-to-artists/.
33. Aleksandar Gilbert, "Artists Say NFT Markets Betray Web3 by Nixing Royalty Payments," Defiant (Sept. 8, 2022), https://thedefiant.io/how-web3-social-media -will-takeover-web2; Langston Thomas, "Here's What You Need to Know About the NFT Creator Royalty Debate," nftnow (Aug. 26, 2022), https://nftnow.com /features/nft-community-is-split-over-creator-royalties/.
34. "Are Blockchains the Second Coming of Napster? (Perspective)," Bloomberg Law (Jan. 18, 2017), https://news.bloomberglaw.com/business-and-practice/are -blockchains-the-second-coming-of-napster-perspective.
35. Ben Mezrich, *Bitcoin Billionaires* (New York: Flatiron Books, 2019), 45 (describing money as "the oldest social network").
36. Satoshi Nakamoto, "Bitcoin: A Peer-to-Peer Electronic Cash System," Bitcoin (2008), https://bitcoin.org/bitcoin.pdf.
37. 同上，5、8。
38. Curtis Miles, "Blockchain Security: What Keeps Your Transaction Data Safe?," IBM (Dec. 12, 2017), https://www.ibm.com/blogs/blockchain/2017/12/block chain-security-what-keeps-your-transaction-data-safe/; Techskill Brew, "Merkle Tree in Blockchain (Part 5—Blockchain Series)," Medium (Jan. 10, 2022), https:// medium.com/techskill-brew/merkle-tree-in-blockchain-part-5-blockchain -basics-4e25b61179a2.
39. Primavera De Filippi and Aaron Wright, *Blockchain and the Law* (Cambridge, MA: Harvard University Press, 2018), 21–27; Techskill Brew, "Hash Functions in Blockchain (Part 3—Blockchain Series)," Medium (Dec. 31, 2021), https:// medium.com/techskill-brew/hash-functions-in-blockchain-part-3-blockchain- basics-c3a0286064b6.
40. Satoshi Nakamoto, "Bitcoin Open Source Implementation of P2P Currency," P2P Foundation (Feb. 11, 2009), http://p2pfoundation.ning.com/forum/topics /bitcoin-open-

source.

41. Ammous, *Bitcoin Standard*, 136–42; Fabian Schar, "Decentralized Finance: On Blockchain- and Smart Contract-Based Financial Markets," Economic Research Federal Reserve Bank of St. Louis (Feb. 5, 2021), https://research.stlouisfed .org/publications/review/2021/02/05/ decentralized-finance-on-blockchain-and -smart-contract-based-financial-markets.
42. Matthew O'Brien, "How the Fed Let the World BlowUp in 2008," *Atlantic* (Feb. 26, 2014), https://www.theatlantic.com/business/archive/2014/02/how-the-fed -let-the-world-blow-up-in-2008/284054/.
43. Lewis Gudgeon et al., *The Decentralized Financial Crisis*, arXiv.org, (Feb. 19, 2020), https:// arxiv.org/pdf/2002.08099.pdf. But see Brian Brooks, "Don't Fear 'DeFi': It Could Be Less Risky Than Traditional Finance," *Fortune* (Aug. 3, 2021), https://fortune.com/2021/08/03/ what-is-def i-risks-crypto-regulation-decent ralized-finance/.
44. Sam Cooling, "National Bureau of Economic Research: Top 1% of Bitcoin Hold- ers Own 27% of BTC Supply," Yahoo! (Dec. 31, 2021), https://finance.yahoo .com/news/national-bureau-economic-research-top-134932791.html.
45. "Crypto Meltdown: 7 Companies that Were Worst Hit by the Crunch," *Business Today* (Jul. 7, 2022), https://www.businesstoday.in/crypto/story/crypto-meltdown -7-companies-that-were-worst-hit-by-the-crunch-340714–2022–07–07.
46. James Royal, "How Fed Rate Hikes Could Impact Stocks, Crypto and Other Investments," Bankrate (Apr. 27, 2022), https://www.bankrate.com/investing /federal-reserve-impact-on-stocks-crypto-other-investments/.
47. Jocelyn Yang, "Bitcoin's Correlation with Stocks Comes Back as Economic Factors Roil Markets," CoinDesk (Sep. 9, 2022), https://www.coindesk.com /markets/2022/09/09/ bitcoins-correlation-with-stocks-comes-back-as-economic -factors-roil-markets.
48. Alex Veiga and Stan Choe, "From the Stock Market to Crypto, a Punishing Six Months for Investors," PBS (Jun. 30, 2022), https://www.pbs.org/newshour/eco nomy/from-the-stock-market-to-crypto-a-punishing-six-months-for-investors.
49. Adriana Hamacher, "Who Are Ethereum's Co-founders and Where Are They Now?," Decrypt (Jul. 8, 2020), https://decrypt.co/36641/who-are-ethereums-co -founders-and-where-are-they-now.
50. Filippi and Wright, *Blockchain*, 27–28.
51. Max Antony Rapkin, "CEO of WAX Blockchain: Every Industry Will Have NFTs," NFT News Today (Apr. 4, 2022), https://nftnewstoday.com/2022/04/04 /ceo-of-wax-blockchain-every-industry-will-have-nfts/.
52. 同上。
53. Edward Lee, "NFTs as Decentralized Intellectual Property," *University of Illi- nois Law Review* 2023 (forthcoming), https://papers.ssrn.com/sol3/papers.cfm? abstract_id=4023736.
54. 同上，28—48。

55. “What Is Intellectual Property?,” *WIPO*, https://www.wipo.int/about-ip/en/. Ibid.
56. 同上。
57. 同上。
58. “Nouns (NOUN),” Coingecko (floor price $93,881.14), https://www.coingecko .com/en/nft/nouns (last visited Oct. 26, 2022); “Moonbirds (MOONBIRD),” Coingecko (floor price $13,021.26), https://www.coingecko.com/en/nft/moo nbirds (last visited Oct. 26, 2022).
59. *ETW Corp. v. Jireh Publishing, Inc.*, 332 F.3d 915, 930 (6th Cir. 2003).
60. 在初步阶段，伦敦高等法院裁定：“至少有一个现实可行的案例，即此类代币(NFTs)应被视为英国法律中的‘财产’。” *Osbourne v. (1) Persons Unknown* [2022], EWHC 1021 [13].
61. Eric Paul Rhoades, “CryptoPunks and Copyrights: What’s All the Fuss About?,” The Outer Realm (July. 12, 2021), https://www.theouterrealm.io/blog /cryptopunks-copyrights; Lachlan Keller, “‘All Eyes Are on It:’ CryptoPunks at Center of Copyright Legal Dispute,” Forkast (Feb. 14, 2022), https://forkast .news/all-eyes-cryptopunks-center-copyright-legal-dispute/; BowTied SizeLord, “Let’s Get Phunky: CryptoPhunks and Web3 Censorship,” Bowtied Island (Dec. 27, 2021), https://bowtiedisland.com/lets-get-phunky-cryptophunks-and-web3 -censorship/.
62. “Unofficial Punks Sub-Genre List (Community Maintained),” Google Docs, https://docs.google.com/spreadsheets/d/1FqG9cjSOJp-XNBve4tQx6eeG8kw4 EFKNSrlkMS2TN3U/edit#gid=1631079339.
63. Amy Adler, “Why Art Does Not Need Copyright,” *George Washington Law Re-view* 86 (2018), 322–23.
64. 同上，323、330。
65. Lessig, *Remix*, 100.
66. “Unit 1: What Is Creative Commons,” Creative Commons, https://certificates .creativecommons.org/cccertedu/chapter/1-1-the-story-of-creative-commons/.
67. “About CC Licenses,” Creative Commons, https://creativecommons.org/about/cc licenses/.
68. Miles Jennings and Chris Dixon, “The Can’t Be Evil NFT Licenses,” a16zcrypto (Aug. 31, 2022), https://a16zcrypto.com/introducing-nft-licenses/.
69. 同上。
70. *Kimble v. Marvel Entm’t, LLC*, 576 U.S. 446, 465 (2015); *Brulotte v. Thys Co.*, 379 U.S. 29, 32–33 (1965).
71. 类似的问题也出现在一个版权已过期的角色的商标主张上。Kathryn M. Foley, “Protecting Fictional Characters: Defining the Elusive Trademark-Copyright Divide,” *Connecticut Law Review* 41 (2009), 934–39.
72. Lee, “NFTs as,” 52.
73. *Close v. Sotheby’s, Inc.*, 894 F.3d 1061, 1070–71 (9th Cir. 2018).
74. *Capitol Records, LLC v. Redigi Inc.*, 910 F.3d 649, 656 (2d Cir. 2018).

75. *ProCD, Inc. v. Zeidenberg*, 86 F.3d 1447, 1454 (7th Cir. 1996)（合同没有优先购买权）; *Wrench LLC v. Taco Bell Corp*, 256 F.3d 446, 47–58 (6th Cir. 2001)（除非合同承诺不侵犯版权的专有权，否则合同没有优先购买权）.
76. Office of the Register of Copyrights, "Resale," 65, 71–72.

第七章　去中心化的迪士尼

1. Neil Gabler, *Walt Disney: The Triumph of American Imagination* (New York: Vin-tage Books, 2006), 117–18.
2. 同上，116—117。
3. 同上，117—119。
4. Keith Gluck, "Selling Mickey: The Rise of Disney Marketing," Walt Disney Fam- ily Museum (June 8, 2012), https://www.waltdisney.org/blog/selling-mickey-rise-disney-marketing.
5. 同上。
6. Gabler, *Walt Disney*, 196.
7. 同上，197。
8. L. H. Robbins, "Mickey Mouse Emerges as Economist," *New York Times Maga- zine* (Mar. 10, 1935), 8.
9. 同上。
10. Gabler, *Walt Disney*, 139.
11. 同上。
12. 同上。
13. 同上。
14. 同上，140。
15. 同上，195。
16. Robbins, "Mickey."
17. 同上，22。
18. Gluck, "Selling Mickey."
19. Roger Ebert, "Snow White and the Seven Dwarfs" (Oct. 14, 2001), https://www .rogerebert.com/reviews/great-movie-snow-white-and-the-seven-dwarfs-1937.
20. Gabler, *Walt Disney*, 198.
21. Matthew Johnston, "How Disney Makes Money," Investopedia (Feb. 17, 2022), https://www.investopedia.com/how-disney-makes-money-4799164.
22. Brandon Gaille, "Explanation of the Hub and Spoke Business Model" (Mar. 16, 2015), https://brandongaille.com/explanation-of-the-hub-and-spoke-business -model/.
23. Gabler, *Walt Disney*, 196.
24. 同上，197。

25. "Top Global Licensors 2021," License Global, https://www.licenseglobal.com /rankings-and-lists/top-global-licensors-2021.
26. Phil Hall, "The Crisis at Disney: Part 4, Can Disney Conquer NFTs and the Metaverse?," Benzinga (June 24, 2022), https://www.benzinga.com/news /22/06/27840714/the-crisis-at-disney-part-4-can-disney-conquer-nfts-and-the -metaverse.
27. Lauren Forristal, "Disney+ Releases Its First AR-Enabled Short Film, 'Remem- bering,' Starring Brie Larson," TechCrunch (Sept. 8, 2022), https://techcrunch .com/2022/09/08/disney-plus-new-ar-short-film-starring-brie-larson/.
28. Dawn Chmielewski, "Disney CEO Lays out Early Plan for Digital Future," Reut- ers (Sep. 11, 2022), https://www.reuters.com/business/media-telecom/disney -ceo-lays-out-early-plan-digital-future-2022–09–11/.
29. James Ellis, "Disney Is Hiring a Lawyer for Their Move into the Metaverse," NFT Evening (Sep. 30, 2022), https://nftevening.com/disney-is-hiring-a-lawyer-for -their-move-into-the-metaverse/.
30. Samantha Hissong, "How Four NFT Novices Created a Billion-Dollar Ecosys- tem of Cartoon Apes," *Rolling Stone* (Nov. 1, 2021), https://www.rollingstone.com /culture/culture-news/bayc-bored-ape-yacht-club-nft-interview-1250461/.
31. "NFT Collection Rankings by Sales Volume (All-time)," Cryptoslam, https:// cryptoslam.io/ (visited on Aug. 11, 2022).
32. Shirley Halperin, "Bored Ape Yacht Club Creators Yuga Labs Sign Representation Deal with Madonna, U2 Manager Guy Oseary (EXCLUSIVE)," *Variety* (Oct. 12, 2021), https://variety.com/2021/digital/news/bored-ape-yacht-club-yuga-labs -sign-with-madonna-u2-manager-guy-oseary-1235086011/.
33. Bored Ape Yacht Club, Twitter (Nov. 28, 2021), https://twitter.com/Bored ApeYC/status/1465002596742144004.
34. Edward Lee, "Bored Ape Yacht Club, Adidas, Punks Comic, Gmoney An- nounce Partnership for the Metaverse," NouNFT (Dec. 21, 2021), https:// nounft.com/2021/12/02/bored-ape-yacht-club-adidas-punks-comic-announce -partnership-for-the-metaverse/.
35. Jay Peters, "Adidas Sold More Than $22 Million in NFTs, but It Hit a Few Snags Along the Way," The Verge (Dec. 17, 2021), https://www.theverge.com /2021/12/17/22843104/adidas-nfts-metaverse-sold-bored-ape.
36. Kyle Swenson, "Adidas Is Set to Drop Its 'Into the Metaverse' NFT Tomorrow. Here's What We Know So Far," The Bored Ape Gazette (Dec. 16, 2021), https:// www.theboredapegazette.com/post/adidas-is-set-to-drop-its-into-the-metaverse -nft-tomorrow-here-s-what-we-know-so-far.
37. "NIKE, Inc. Acquires RTFKT," Nike (Dec. 13, 2021), https://news.nike.com /news/nike-acquires-rtfkt.

38. Joseph Genest, "RTFKT's CloneX Collection Ushers in Forging SZN," Highsno- biety (Aug. 30, 2022), https://www.highsnobiety.com/p/rtfkt-clonex-drop-avatar -nft-lookbook/.
39. Chris Dixon, "Why Web3 Matters," Future (Oct. 7, 2021), https://future.com /why-web3-matters/.
40. Todd Spanger, "Bored Ape Yacht Club NFT Creator Yuga Labs Raises $450 Mil- lion in Seed Round, Valuing Company at $4 Billion," *Variety* (Mar. 22, 2022), https://variety.com/2022/digital/news/bored-ape-yacht-club-nft-yuga-funding -round-1235211728/.
41. BAYC, "Terms and Conditions," Bored Ape Yacht Club, https://boredapeyacht club.com/#/terms (emphasis added).
42. Hashmasks, "Terms and Conditions," Hashmasks (Jan. 27, 2021), https://www .thehashmasks.com/terms.
43. Kingship, Twitter (Apr. 19, 2022), https://twitter.com/therealkingship/status /1516470657214664704.
44. EminemMusic, "Eminem & Snoop Dogg—from the D 2 the LBC [Official Mu- sic Video]," YouTube (Jun. 23, 2022), https://www.youtube.com/watch?v=RjrA -slMoZ4.
45. SeeDeconomist, "Bored Ape Yacht Club: The Case for Licensed Commercial Use Rights," Medium (Sept. 17, 2021), https://medium.com/@deconomist/bored-ape -yacht-club-the-case-for-licensed-commercial-use-rights-b1bbd463d189.
46. Daito, "Jenkins the Valet: The Bored and Dangerous Book and Beyond," ONE 37pm (Jul. 26, 2022), https://www.one37pm.com/nft/jenkins-valet-bored-dang erous.
47. "The Writer's Room: How It Works," Jenkins the Valet, https://www.jenkinsthe valet.com/how-it-works.
48. Jenkins the Valet, "How We're Bringing Web3's First Community-Generative Novel to Market," Medium (Jun. 17, 2022), https://jenkinsthevalet.medium .com/how-were-bringing-web3-s-first-community-generative-novel-to-market -117c0596b82e.
49. Tom Farren, "Tally Labs Strives to Expand Decentralized Content Ecosystem with $12M Funding," Cointelegraph (May 18, 2022), https://cointelegraph.com /news/tally-labs-strive-to-expand-decentralized-content-ecosystem-with-12m -funding.
50. 同上。
51. 作为 Azurbala 的子项目，Azurian 角色的预览并不顺利。粉丝们严厉批评了这幅画。塔利实验室立即做出回应，开设了一个推特空间来接受批评，然后制定一个解决这些批评的计划。 Ross Wardop, "Azurbala Azurians Art Preview Receives Terrible Feedback," NFT Evening (Oct. 1, 2022), https://nftevening.com/azurbala-azurians-art-preview-receives-terrible-feed back/.
52. Hissong, "How Four NFT."
53. Chayka, "Why Bored Ape."
54. 同上。
55. "An Introduction to the Bored Ape Yacht Club," NFTtech (Jan. 11, 2022), https:// www.

nfttech.com/insights/an-introduction-to-the-bored-ape-yacht-club.

56. Katie Notopoulos, "We Found the Real Names of Bored Ape Yacht Club's Pseud- onymous Founders," *BuzzFeed News* (Feb. 4, 2022), https://www.buzzfeednews .com/article/katienotopoulos/bored-ape-nft-founder-identity.
57. 同上。
58. David Yaffe-Bellany, "Millions for Crypto Start-Ups, No Real Names Necessary," *New York Times* (Mar. 2, 2022), https://www.nytimes.com/2022/03/02/technol ogy/cryptocurrency-anonymity-alarm.html.
59. Amy Castor, "Bored Ape Yacht Club: Unanswered Questions," (Apr. 26, 2022), https://amycastor.com/2022/04/26/bored-ape-yacht-club-unanswered-quest ions/.
60. Chayka, "Why Bored Ape Avatars."
61. Samantha Hissong, "The NFT Art World Wouldn't Be the Same Without This Woman's 'Wide-Awake Hallucinations,'" *Rolling Stone* (Jan. 26, 2022), https:// www.rollingstone.com/culture/culture-features/seneca-bored-ape-yacht-club-digital-art-nfts-1280341/.
62. 同上。
63. Notopoulos, "We Found."
64. Farokh, "The Bored Ape Yacht Club Reached a Historical 100 ETH Floor, aQ&A with the Founders!" Medium (Jan. 31, 2022), https://medium.com/@farokhh /the-bored-ape-yacht-club-reached-a-historical-100-eth-floor-a-q-a-with-the -founders-a78bd52113c1.
65. Gabler, *Walt Disney*, 113–14, 143–44.
66. Seneca, "Little One," SuperRare, https://superrare.com/artwork-v2/little-one -32663.
67. "Studio Visits All Seeing Seneca," Hypebeast (Mar. 25, 2022), https://hypebeast .com/2022/2/studio-visits-all-seeing-seneca-coinbase.
68. Eric Paul Rhoades, "A Short History of Alt-Punks NFTs," OuterRealm (Aug. 13, 2021), https://www.theouterrealm.io/blog/a-short-history-of-alt-punks-nfts (cat- aloguing alternatives of CryptoPunks); Max Parasol, "NFT Clone Punks: Right or Wrong?," Cointelegraph (Dec 17, 2021), https://cointelegraph.com/magazine /2021/12/10/can-someone-explain-to-me-why-nft-clones-are-selling-for-so -much; Adi Robertson, "Two NFT Copycats Are Fighting Over Which Is the Real Fake Bored Ape Yacht Club," Verge (Dec. 20, 2021, 2:29 pm), https://www .theverge.com/2021/12/30/22860010/bored-ape-yacht-club-payc-phayc-copycat -nft; Shlomo Sprung, "The Bored Ape NFT Family Tree," Boardroom (Jan. 16, 2022), https://boardroom.tv/bored-ape-yacht-club-family-nft/.
69. "Expansion Punks," Expansion Punks, https://expansionpunks.com/; "0xApes Trilogy," OpenSea, https://opensea.io/collection/0xapes-trilogy.
70. Andrew Hayward, "'No Current Plans' for Scrapped V1 CryptoPunks NFTs, Says Yuga Labs," Decrypt (Aug. 18, 2022), https://decrypt.co/107740/no-current -plans-for-v1-cryptopunks-nfts-yuga-labs.
71. "RR/BAYC," RRBAYC, https://rrbayc.com/; Claire Voon, "'No Mere Mon- key Business':

Creators of Bored Apes NFTs Sue Artist Ryder Ripps for Trade- mark Infringement," The Art Newspaper (July 1, 2022), https://www.theartnews paper.com/2022/07/01/bored-ape-yacht-club-yuga-labs-lawsuit-ryder-ripps- infringement. The complaint also identifies Jeremy Cahen as a defendant, who allegedly took part in the production of the RR/BAYC NFTs with Ripps.

72. Dorian Batyckz, "Artist Ryder Ripps Called the Bored Ape Yacht Club NFTs Racist. Now, Yuga Labs Is Suing Him for Trademark Infringement and Harass- ment," Artnet news (Jun. 29, 2022), https://news.artnet.com/art-world/yuga-labs -v-ryder-ripps-bayc-2137737.
73. Ryder-Ripps.eth, Twitter, https://twitter.com/ryder_ripps (visited Aug. 12, 2022).
74. Sander Lutz, "Bored Ape Yacht Club's Creators Declared War on a Vocal Critic. Could It Backfire?," Decrypt (Jul. 3, 2022), https://decrypt.co/104366/bored-ape -yacht-clubs-creators-declared-war-on-a-vocal-critic-could-it-backfire.
75. *Rockwell Graphic Sys., Inc. v. DEV Indus., Inc.*, 925 F.2d 174, 179 (7th Cir. 1991).
76. Andrew Hayward, "Arizona Iced Tea's Bored Ape NFT Brand Use Was 'Inap- propriate,' Creators Warn," Decrypt (Aug. 23, 2021), https://decrypt.co/79231 /arizona-iced-tea-bored-ape-nft-brand-use-inappropriate.
77. Ryder Ripps, "Bored Ape Yacht Club Is Racist and Contains Nazi Dog Whistles," Gordon Goner, https://gordongoner.com/; Tom Waite, "Breaking Down the Con- spiracy Theory About Bored Ape Yacht Club's Nazi Ties," Dazed Digital (Jan. 12, 2022), https://www.dazeddigital.com/art-photography/article/55223/1/breaking-down-conspiracy-theory-bored-ape-yacht-club-nazi-ties-ryder-ripps.
78. Ripps, "Bored Ape Yacht Club."
79. Adrian Chen, "Ryder Ripps: An Artist of the Internet," *New York Times* (July 8, 2014), https://www.nytimes.com/2014/07/10/fashion/ryder-ripps-an-artist-of-the -internet.html.
80. "Ryder Ripps Takes On Our Clickbait Culture with 50,000 Tiny Images," Artsy (Nov. 2, 2016), https://www.artsy.net/article/artsy-ryder-ripps-takes-on-our-click bait-culture-with-50–000-tiny-images.
81. Ryder Ripps (@ryder_ripps), Instagram (Jun. 30, 2021), https://www.instagram .com/p/CQwdw5XLLwk/; Daniel Kuhn, "CryptoPunks Get Punked,"Yahoo! Life (Jul. 6, 2021), https://www.yahoo.com/lifestyle/cryptopunks-punked-181112751 .html.
82. "RR/BAYC," RRBAYC.
83. Gordon Goner (Wylie Aronow), "A Letter from the Founders," Medium (Jun. 24, 2022), https://medium.com/@team_ 69582/a-letter-from-the-founders-678e5a3431e7.
84. 同上。
85. Jessica Klein, "Planet of the Bored Apes: Inside the NFT World's Biggest Suc- cess Story," Input Mag (Aug. 3, 2022), https://www.inputmag.com/features/bored -ape-yacht-club-greg-solano-wylie-aronow-profile.
86. 同上。

87. 由于瑞普斯的律师在文件中提出的程序缺陷，最初的动议被驳回，但法院允许更正文件。Notice of Motion; Anti-SLAPP Motion to Strike and Motion to Dismiss, *Yuga Labs, Inc. v. Ripps* (Oct. 3, 2022), https://storage.courtlistener.com/recap/gov.uscourts.cacd.855658 /gov.uscourts.cacd.855658.48.0.pdf.
88. Jerry Christopher, "Ryder Ripps' Anti-SLAPP Lawsuit Against Bored Ape Yacht Club Authors: Here's What Happened," Today NFT News (Aug. 19, 2022), https:// www.todaynftnews.com/ryder-ripps-anti-slapp-lawsuit-against-bored-ape-yacht -club-authors-heres-what-happened/; Cal. Civ. Proc. Code § 425.16 (2019).
89. *Mindys Cosmetics, Inc. v. Dakar*, 611 F.3d 580, 598 (9th Cir. 2010).
90. 值得注意的是，华特·迪士尼在迪士尼电影中面临反犹太主义和种族主义刻板印象的指控。然而，反犹太主义的指控一直备受争议。Lynn Elber, "Walt Disney Experts Rebut Dogged Anti-Semitic Allegations," AP News (Aug. 2, 2015), https://apnews.com/article/4716906a97f c4952b297151aaafd9131. 迪士尼公司在 2020 年接受了后一种批评，其在当时表示将在之前使用种族主义刻板印象的一些迪士尼电影上添加警告标签，包括《小飞象》《彼得·潘》和《阿拉丁》。. Bryan Pietsch, "Disney Adds Warnings for Racist Stereotypes to Some Older Films," *New York Times* (Oct. 18, 2020), https://www.nytimes.com/2020/10/18 /business/media/disney-plus-disclaimers.html.
91. Bryan Pietsch, "Maker of Bored Ape NFTs Sues Artist for Profiting off'Copycat' Images," *Washington Post* (June 29, 2022), https://www.washingtonpost.com/busi ness/2022/06/29/bored-ape-nft-sues-ryder-ripps/.
92. 同上。
93. Shradha Jain, "Popular Copyright Infringement Cases Highlighting How Dis- ney Is Protective of Its Intellectual Property Rights," IP Leaders (July 10, 2021), https://blog.ipleaders.in/popular-copyright-infringement-cases-highlighting -disney-protective-intellectual-property-rights/.
94. "Disney in Copyright Spats with Day Care Center, Restaurant," AP News (Apr. 30, 1989), https://apnews.com/article/4d98c8dee1c72fa5ac42ce01dff143fd.
95. David Mikkelson, "Did Disney Demand the Removal of Cartoon Murals from Daycare Center Walls?" Snopes (Dec. 29, 1996), https://www.snopes.com/fact -check/daycare-center-murals.
96. "ApeCoin Is for the Web3 Economy," Apecoin, https://apecoin.com/about.
97. Olga Kharif, "ApeCoin Owners Consider Locking Up Coins to Keep NFT Mania Going," Bloomberg (May 6, 2022), https://www.bloomberg.com/news /articles/2022-05-06/apecoin-owners-consider-locking-up-coins-to-keep-nft -mania-going.
98. "A Strange New World," Otherside, https://otherside.xyz/world.
99. "Enter the Otherside," Otherside, https://otherside.xyz/.
100. Jamie Redman, "The Largest NFT Mint in History—Bored Ape's Otherside Vir- tual Land

Sale Raises $320 Million," Bitcoin (May 1, 2022), https://news.bitcoin .com/the-largest-nft-mint-in-history-bored-apes-otherside-virtual-land-sale -raises-320-million/.

101. Kate Irwin, "Yuga Labs Sees $561 Million in Otherside Ethereum NFT Sales Within 24 Hours," Decrypt (May 1, 2022), https://decrypt.co/99156/yuga-labs -sees-561-million-in-otherside-ethereum-nft-sales-within-24-hours.
102. Kyle Swenson, "Over 34,000 Unique Wallets Now Hold an Otherdeed. Find More About the Otherside Here," The Bored Ape Gazette (May 7, 2022), https:// www.theboredapegazette.com/post/over-34–000-unique-wallets-now-hold-an -otherdeed-find-more-about-the-otherside-here.
103. Yogita Khatri, "Yuga Labs' Otherdeed Virtual Land NFT Sells for Record $1.5 Million," The Block Crypto (May 9, 2022), https://www.theblockcrypto .com/post/145818/yuga-labs-otherdeed-virtual-land-nft-sells-for-record-1–5 -million?utm_source=rss&utm_medium=rss.
104. Arijit Sarkar, "ETH Gas Price Surges as Yuga Labs Cashes in $300M Selling Otherside NFTs," Cointelegraph (May 1, 2022), https://cointelegraph.com/news /eth-gas-price-surges-as-yuga-labs-cashes-in-300m-selling-otherside-nfts.
105. 同上。
106. Ifeanyi Jesse, "NFT Mint That Broke Ethereum, Worst Gas War That Wasted $180 Million in Fees," Coinscreed (May 4, 2022), https://coinscreed.com/nft -mint-that-broke-ethereum-sparked-gas-war.html.
107. Chris Katje, "Bored Ape Otherside Deed Land Sale Sells Out, Burns Over $100M in Ethereum: Why Are Many Upset?," Benzinga (May 1, 2022), https://www .benzinga.com/markets/cryptocurrency/22/05/26920672/bored-ape-otherside -deed-land-sale-sells-out-burns-over-100-million-in-ethereum-heres-the-.
108. 同上。
109. Edward Lee, "Yuga Labs Drops Another Bombshell Late Friday Night: Video of 'Otherside' Featuring Not Just Bored Apes, but CryptoPunks, Meebits, World of Women, Cool Cats, Nouns, Toadz, and Music from the Doors," NouNFT (Mar. 19, 2022), https://nounft.com/2022/03/19/yuga-labs-drops-another-bombshell-late -friday-night-video-of-otherside-featuring-not-just-bored-apes-but-cryptopunks -meebits-world-of-women-cool-cats-nouns-toadz-and-music-from-the-doors/.
110. "Come as You Are," Otherside, https://otherside.xyz/.
111. "Game-Changing Tech," Otherside, https://otherside.xyz/.
112. Brian Quarmby, "Otherside Metaverse Demo Kicks Off with 4,500 Partici- pants: Highlights," *Cointelegraph* (Jul. 18, 2022), https://cointelegraph.com/news /otherside-metaverse-demo-kicks-off-with-4–500-participants-highlights.
113. Dean Takahashi, "Herman Narula: How Improbable Put 4,500 Bored Apes in the Same Metaverse Space," Venturebeat (Aug. 3, 2022), https://venturebeat .com/2022/08/03/

herman-narula-how-improbable-put-4500-bored-apes-in-the -same-metaverse-space/.

114. “The Otherside Litepaper,” Otherside, https://otherside.xyz/litepaper.

115. Annie2Fun, “Everything You Need to Know About Otherdeed for Otherside and Kodas,” Medium (May 3, 2022), https://medium.com/nswap/everything-you -need-to-know-about-otherdeed-for-otherside-and-kodas-16108ba13849; “The World,” Otherrside, https://otherside.xyz/world.

116. “Create for the Otherside,” Otherside, https://otherside.xyz/.

117. “Koda License Agreement,” Otherside.xyz, https://otherside.xyz/license.

118. “NFT Purchase Agreement,” Otherside, https://otherside.xyz/nft-purchase-agree ment.

119. J. Clement, “Number of Video Gamers Worldwide in 2021, by region,” Statista, https://www.statista.com/statistics/293304/number-video-gamers/.

120. “Number of Gamers Worldwide 2022/2023: Demographics, Statistics, and Pre- dictions,” Finances Online, https://financesonline.com/number-of-gamers-world wide/.

121. Alyssa Celatti, “Study: 69% of Gamers Hate NFTs,” Fandomspot, https://www .fandomspot.com/gamers-hate-nfts-study/.

122. Casey Newton, “Why Gamers Hate Crypto, and Music Fans Don’t,” The Verge (Feb. 4, 2022), https://www.theverge.com/22917126/nfts crypto gamers music fans fandoms.

123. Chris Morris, “After Player Backlash, Video Game Companies Are Quietly Scrapping Their NFT Plans,” *Fast Company* (Feb. 3, 2022), https://www.fastcom pany.com/90718590/after-player-backlash-video-game-companies-are-quietly -scrapping-their-nft-plans.

124. Dean Takahashi, “Ubisoft Ends Making NFTs and Other Updates for Ghost Recon: Breakpoint,” Venturebeat (Apr. 6, 2022), https://venturebeat.com /2022/04/06/ubisoft-ends-making-nfts-and-other-updates-for-ghost-recon -breakpoint/.

125. Joseph Young, “Metaverse Heats Up: How Axie Infinity’s $3B Valuation Led Crypto Game Frenzy,” *Forbes* (Oct. 6, 2021), https://www.forbes.com/sites /youngjoseph/2021/10/06/metaverse-heats-up-how-axie-infinitys-30b-valuation -led-crypto-game-frenzy/?sh=7c4961af25c6.

126. Stephen Graves and Andrew Hayward, “What Is Axie Infinity? The Play-to-Earn NFT Game Taking Crypto by Storm,” Decrypt (Mar. 30, 2022), https://decrypt .co/resources/what-is-axie-infinity-the-play-to-earn-nft-game-taking-crypto-by -storm.

127. “Axie Growth Data,” Google Docs, https://docs.google.com/spreadsheets/d/1g 4d2lzBytC-Wo4_rKGHjR3vGeJHb8hd1jb55qRf_S2g/edit#gid=0.

128. Jacquelyn Melinek, “Why Axie Infinity’s Co-founder Thinks Play-to-Earn Games Will Drive NFT Adoption,” TechCrunch (May 4, 2022), https://techcrunch .com/2022/05/04/why-axie-infinitys-co-founder-thinks-play-to-earn-games -will-drive-nft-adoption/

129. Prashant Jha, “The Aftermath of Axie Infinity’s $650M Ronin Bridge Hack,” Cointelegraph (Apr. 12, 2022), https://cointelegraph.com/news/the-aftermath -of-axie-infinity-s-650m-ronin-bridge-hack.

130. Jack Kelly, “Axie Infinity’s Play-To-Earn ‘Smooth Love Potion’ Gaming Has Changed Lives and Lifted People out of Poverty,” *Forbes* (Mar. 6, 2022), https:// www.forbes.com/sites/jackkelly/2022/03/06/axie-infinity-play-to-earn-smooth -love-potion-gaming-has-changed-lives-and-lifted-people-out-of-poverty/.
131. “The Philippines Economy and the Impact of COVID-19,” FutureLearn (Aug. 18, 2021), https://www.futurelearn.com/info/futurelearn-international/philippines -economy-covid-19.
132. Vittoria Elliott, “Workers in the Global South Are Making a Living Playing the Blockchain Game Axie Infinity,” Rest of World (Aug. 19, 2021), https://restof world.org/2021/axie-infinity/.
133. Matthew Smith, “Not Everyone Wants NFTs to Be the Future of Gaming,” *Wired* (Mar. 15, 2022), https://www.wired.com/story/nfts-gaming-tim-morten-frost -giant-starcraft-interview/.
134. “WTF?,” Nouns, https://nouns.wtf/.
135. 同上。
136. Stephen Graves, “Nouns DAO Backs NFT Crowdfunding Effort for Indie Film ‘Calladita,’” Decrypt (Apr. 14, 2022), https://decrypt.co/97862/nouns-dao-backs -nft-crowdfunding-effort-for-indie-film-calladita.
137. Andrew Hayward, “Bud Light Super Bowl Ad Includes Nouns Ethereum NFT Imagery,” Decrypt (Feb. 7, 2022), https://decrypt.co/92239/bud-light-super -bowl-ad-includes-nouns-ethereum-nft-imagery; “Bud Light commercial pro- motes Nouns NFTs,” Investing (Feb. 7, 2022), https://www.investing.com/news /cryptocurrency-news/bud-light-commercial-promotes-nouns-nfts-2758795.
138. “Summary,” Nouns, https://nouns.wtf/.
139. MrClean, “CC0 NFT Projects: The Power of Public Domain in Web3,” Mirror (Dec.21,2021), https://mirror.xyz/0x148089038088cC49CDcF26e0f96776c25e 5CfACd/LyW1nstrKXvW22PD-QMOndzx_-hQnzJYXeRj6e28vkM.
140. Andrew Hayward, “How Ethereum NFT Project Nouns Is Building Open- Source IP,” Decrypt (Nov. 24, 2021), https://decrypt.co/86795/how-ethereum -nft-project-nouns-is-building-open-source-ip.
141. Lessig, *Remix*, 228–31.
142. “Projects,” Nouns, https://nouns.center/projects.
143. Ola, “Lil Nouns: The Collection Dropping One NFT Every 15 Minutes, Forever,” NFT Evening (May 11, 2022), https://nftevening.com/lil-nouns-the-collection -dropping-one-nft-every-15-minutes-forever/.
144. Tortita.eth, Twitter (May 20, 2022), https://twitter.com/TortitaTrades/status /1527669231256580098.
145. “Prop House: Scaling Ecosystem Funding,” Nouni, https://nouni.sh/8t35zq839c.

146. “Nouns DAO: Treasury,” Etherscan, https://etherscan.io/tokenholdings?a=0x0B C3807Ec2 62cB779b38D65b38158acC3bfedE10.

147. Garfield Miller, “Fund BlockbusterDAO Studios to Develop the Nouns Narrative Universe,” Discourse, https://discourse.nouns.wtf/t/fund-blockbusterdao-studios -to-develop-the-nouns-narrative-universe/837.

148. “Proposal: Nouns Studio1,” Nouns, https://discourse.nouns.wtf/t/proposal-nouns -studio1/390.

149. Flashrekt and Scott Duke Kominers, “Why NFT Creators Are Going CC0,” a16 zcrypto (Aug. 3, 2022), https://a16zcrypto.com/cc0-nft-creative-commons-zero -license-rights/.

150. Gabler, *Walt Disney*, 170.

151. Chayka, “Why Bored Ape.”

152. 同上。

153. 同上。

154. Tim Wu, “Intellectual Property, Innovation, and Decentralized Decisions,” *Vir- ginia Law Review* 92 (2006): 127.

155. Marjory S. Blumenthal and David D. Clark, “Rethinking the Design of the Inter- net: The End-to-End Arguments vs. the Brave New World,” *ACM Transactions on Internet Technology* 1 (2001): 71–72.

156. Lawrence Lessig, *The Future of Ideas* (New York: Random House, 2001), 37.

157. 对于 2022 年采用的新加密朋克许可证，Yuga 实验室在商业许可证中加入了禁止在仇恨言论中使用加密朋克的限制。“CryptoPunks Terms,” CryptoPunks, https://licenseterms.cryptopunks.app/. That type of provision is becoming more widely adopted.

158. “BrandFinance Global 500 (100) | 2022,” RankingtheBrands, https://www .rankingthebrands.com/The-Brand-Rankings.aspx?rankingID=83&year=1397 (No. 19).

第八章　FOMO和NFT的泡沫

1. Langston Thomas, “A Guide to Moonbirds: What Are These PFP Owl NFTs?,” nftnow (Apr. 29, 2022), https://nftnow.com/guides/a-guide-to-moonbirds-what -are-these-pfp-owl-nfts/.

2. “Floor Price Charts—by @punk9059,” Google Docs, https://docs.google.com /spreadsheets/d/1vh8Q8wSoI6kTOeVZWVLThVUrtHFMhBFv3HcoeTbrdpg /edit#gid=0 .

3. Albert Costill, “Average Retirement Savings by Age,” Due (May 11, 2022), https:// due.com/blog/average-retirement-savings-by-age/#Fiftysomethings.

4. “Floor Price Charts—by @punk9059,” Google Docs; “Bored Ape Yacht Club OpenSea Price Floor,” Dune, https://dune.com/queries/114895/232903.

5. “Historical Sales / April, 2022 / Moonbirds,” Cryptoslam, https://cryptoslam .io/moonbirds/sales/summary/?month=2022–04; “Historical Sales / May, 2021 / Bored Ape Yacht Club,” Cryptoslam, https://www.cryptoslam.io/bored-ape -yacht-club/sales/

summary/?month=2021–05.
6. Phil Mackintosh, "Trends in IPO Pops," NASDAQ(Mar. 4, 2021), https://www .nasdaq.com/articles/trends-in-ipo-pops-2021–03–04.
7. 同上。
8. 同上。
9. Mike Murphy, "Beyond Meat Soars 163% in Biggest-Popping U.S. IPO Since 2000," MarketWatch (May 5, 2019), https://www.marketwatch.com/story/be yond-meat-soars-163-in-biggest-popping-us-ipo-since-2000–2019–05–02.
10. Renaissance Capital, "nCino Jumps 195% in Biggest IPO Pop for a US Tech Com- pany Since the Internet Bubble," NASDAQ(July 15, 2020), https://www.nasdaq .com/articles/ncino-jumps-195-in-biggest-ipo-pop-for-a-us-tech-company-since -the-internet-bubble-2020–07.
11. 同上。
12. "Median Time from Initial Venture Capital Funding to IPO Exit in the United States from 2000 to 2021," Statista (May 6, 2022), https://www.statista.com /statistics/320793/median-time-venture-capital-exit-usa/.
13. Will Gottsegen, "Moonbird NFTs Are a Bet on Kevin Rose's Rep," CoinDesk (Apr. 18, 2022), https://www.coindesk.com/layer2/2022/04/18/moonbird-nfts-are -a-bet-on-kevin-roses-rep/.
14. Ibid.
15. Matt Lynley, "The Inside Story on Why Kevin Rose Never Had a Big Hit," Busi- ness Insider (July 17, 2012), https://www.businessinsider.com/digg-kevin-rose -untold-history-2012–7.
16. 同上。
17. 同上。
18. Alexia Tsotsis, "Digg Sold to LinkedIn AND the Washington Post and Beta- works," TechCrunch (July 12, 2012), https://techcrunch.com/2012/07/12/digg -sold-to-linkedin-and-the-washington-post-and-betaworks/; Viktor, "What Hap pened to Digg? Why Did It Fail?," Productmint (Jan. 1, 2022), https://product mint.com/what-happened-to-digg/.
19. Proof, "Moonbirds Launch—CEO, Kevin Rose," YouTube (Apr. 16, 2022), https:// youtu.be/MskiNZUScqk?t=273.
20. Lucas Matney, "Kevin Rose on Crypto Winters, Pseudonymous Founders and His Buzzy Moonbirds NFT Project," TechCrunch (May 16, 2022), https://tech crunch.com/2022/05/15/kevin-rose-on-crypto-winters-pseudonymous-founders -and-his-buzzy-moonbirds-nft-project/.
21. Gottsegen, "Moonbird NFTs."
22. Eduardo Prospero, "Blue Chip NFTs 101—What Is the Proof Collective and Who's Behind It?," Newsbtc (May 10, 2022), https://www.newsbtc.com/nft/blue -chip-nfts-101-what-is-the-proof-collective-and-whos-behind-it/.

23. Chris Williams, "Days After $66M NFT Drop, Moonbirds Executive Unveils Fund," Crypto Briefing (Apr. 25, 2022), https://cryptobriefing.com/days-after -66m-drop-moonbirds-executive-unveils-fund/.
24. Eli Tan, "Moonbirds COO Leaves Project for New Fund—with $1M in NFTs in Tow," CoinDesk (Apr. 24, 2022), https://www.coindesk.com/business /2022/04/25/moonbirds-coo-leaves-project-for-new-fund-with-1m-in-nfts-in -tow/.
25. Elizabeth Napolitano, "NFT Collective Proof Raises $50M in Funding Round Led by a16z," CoinDesk (Aug. 30, 2022), https://www.coindesk.com/business /2022/08/30/nft-collective-proof-raises-50m-in-funding-round-led-by-a16z/.
26. Tim Wu, *The Master Switch* (New York: Vintage Books, 2011), 318.
27. Stephanie Landsman, "'Bubble' Hitting 50% of Market, Top Investor Warns as Fed Gets Ready to Meet," CNBC (May 2, 2022), https://www.cnbc.com /2022/05/02/50percent-of-market-is-in-a-bubble-dan-suzuki-warns-as-fed-gets -ready-to-meet.html; Bernhard Warner, "The $1 Trillion Crypto Collapse IsCrip- pling Digital Coin Bulls. But the Rest of Us Will Hardly Notice, Says Goldman Sachs," *Fortune* (May 20, 2022), https://fortune.com/2022/05/20/trillion-crypto -collapse-btc-eth-binance-goldman-sachs/; Elizabeth Howcroft, "Cryptoverse: NFT Bubble Gets That Shrinking Feeling," Reuters (Apr. 13, 2022), https:// www.reuters.com/technology/cryptoverse-nft-bubble-gets-that-shrinking -feeling-2022–04– 05/.
28. "@sealaunch / Moonbirds Proof NFT Analytics Floor Price Holders Nesting," Dune, https://dune.com/sealaunch/Proof-Moonbirds (reviewed on May 13, 2022).
29. "NFT Collections," Dappradar, https://dappradar.com/nft/collections (viewed on May 16, 2022).
30. Kevin Rose, Twitter (Aug. 4, 2022), https://twitter.com/kevinrose/status/1555262099093200896.
31. "Terms of Sale," Moonbirds (Jul. 5, 2022), available at https://web.archive.org /web/20220705145700/https://www.moonbirds.xyz/terms.
32. "Moonbirds DAO," Proof, https://docs.proof.xyz/dao.
33. Edward Lee, "MoonBirds Owners Get 'Full Commercial Art Rights for the Moonbird They Own,' Apparently Similar to Bored Ape License," NouNFT (Apr. 22, 2022), https://nounft.com/2022/04/22/moonbirds-owners-get-full-com mercial-art-rights-for-the-moonbird-they-own-apparently-similar-to-bored-ape -license/.
34. King BlackBored, Twitter (Aug. 4, 2022), https://twitter.com/KingBlackBored / status/1555364977179082753; Melvincapital, Twitter (Aug. 5, 2022), https:// twitter.com/melvincapital/status/1555657183815139330.
35. Steve (@NFTbark), Twitter (Aug. 7, 2022), https://twitter.com/NFTbark/status / 1556270331937038336.
36. "Terms," Moonbirds, https://www.moonbirds.xyz/terms.

37. *Citizens Telecomms. Co. of WV v. Sheridan*, 799 S.E.2d 144, 149 (W.V. S. Ct. 2017); *Douglas v. U.S. District Court ex rel Talk America*, 495 F.3d 1062, 1066 (9th Cir. 2007); *Cullinanev. Uber Technologies, Inc.*, 893 F.3d 53, 62–63 (1st Cir. 2018).
38. Gary Vaynerchuk, Twitter (Feb. 27, 2021), https://twitter.com/garyvee/status /1365883296064954370.
39. CoinDesk, Twitter (May 23, 2021), https://twitter.com/CoinDesk/status/1396 411819389079554.
40. Phil Rosen, "Gary Vaynerchuk Says 98% of NFT Projects Will Fail After the Gold Rush Fades. Here's Why 2 Experts Think He Might Be Right," Yahoo! (Feb. 13, 2022), https://news.yahoo.com/gary-vaynerchuk-said-98-nft-131500442.html.
41. Libby Kane and Alyson Shontell, "The CEO of a Multimillion-Dollar Com- pany Explains What He Did in His 20s to Set Himself Up for Success in His 30s," Business Insider (May 4, 2017), https://www.businessinsider.com/how -gary-vaynerchuk-set-himself-up-for-success-in-his-30s-2017–5; Tim Morrison, "Q&A: Internet Wine Guru Gary Vaynerchuk," *Time* (Oct. 13, 2009), http://con tent.time.com/time/arts/article/0,8599,1929929,00.html.
42. Laurie Dunn, "Gary Vee King of the NFTs Thinks They Are Going to Zero," Cryptodaily (Feb. 14, 2022), https://cryptodaily.co.uk/2022/02/gary-vee-king-of -the-nfts-thinks-they-are-going-to-zero.
43. Brent Goldfarb, David Kirsch, and David Miller, "Was There Too Little Entry During the Dot Com Era?," *Journal of Economics and Finance* 86 (2007), https:// doi.org/10.1016/j.jfineco.2006.03.009; Brent Goldfarb, David Kirsch, and Mi- chael D. Pfarrer, "Searching for Ghosts: Business Survival, Unmeasured Entre- preneurial Activity and Private Equity Investment in the Dot-com Era," Robert H. Smith School Research Paper No. RHS 06–027, 3, http://dx.doi.org/10.2139 /ssrn.825687.
44. Brian McCullough, "A Revealing Look at the Dot-com Bubble of 2000—and How It Shapes Our Lives Today," Ideas (Dec. 4, 2018), https://ideas.ted.com/an -eye-opening-look-at-the-dot-com-bubble-of-2000-and-how-it-shapes-our-lives -today/.
45. TradeSmith, "Revisiting the Great British Bicycle Bubble of 1896," NASDAQ (Dec. 8, 2020), https://www.nasdaq.com/articles/revisiting-the-great-british-bi cycle-bubble-of-1896–2020–12–08.
46. Yashu Gola, "Looks Bare: OpenSea Turns into NFT Ghost-Town after Daily Volume Plunges 99% from Peak," Cointelegraph (Aug. 29, 2022), https://co intelegraph.com/news/looks-bare-opensea-turns-into-nft-ghost-town-after -volume-plunges-99-in-90-days.
47. McCullough, "A Revealing Look."
48. Charles Mackay, *Extraordinary Popular Delusions and the Madness of Crowds* (Lon- don: Richard Bentley, 1841).
49. William Quinn and John D. Turner, *Boom and Bust: A Global History of Financial Bubbles* (Cambridge, UK: Cambridge University Press, 2020), 11.

50. "You Can't Spot a Bubble, So Don't EvenTry, Says Eugene Fama," ai-cio (Nov. 11, 2019), https://www.ai-cio.com/news/cant-spot-bubble-dont-even-try-says-eugene -fama/.
51. Robin Wigglesworth, *Trillions* (New York: Portfolio, 2021), 280–81.
52. Quinn and Turner, *Boom and Bust*, 11.
53. 同上。
54. 同上，5—7。
55. 同上，7。
56. 同上，4。
57. 同上，58—59、98—102、152—157。
58. Chris Morris, "The NFT Bubble Is Showing Clear Signs of Bursting," *Fortune* (Mar. 4, 2022), https://fortune.com/2022/03/04/nft-bubble-market-crash-price -value/; Elizabeth Howcroft, "Cryptoverse: NFT Bubble Gets That Shrinking Feeling," Reuters (Apr. 13, 2022), https://www.reuters.com/technology/cryptoverse -nft-bubble-gets-that-shrinking-feeling-2022–04–05/; Erin Prater, "'The NFT Thingy Is Starting to Burst,' Warns Guru Whose 'Black Swan' Theory Foresaw 2007 Financial Crisis," *Fortune* (Apr. 16, 2022), https://fortune.com/2022/04/16 /nft-thingy-starting-burst-warns-author-the-black-swan-predictor-2007–2008 -financial-crisis-nassim-nicholas-taleb-cryptocurrency/.
59. Robert J. Shiller, *Irrational Exuberance* (Princeton, N.J.: Princeton University Press, 3rded., 2015), 175–79.
60. Michael Hiltzik, "Column: Bitcoin, NFTs, SPACs, Meme Stocks—All Those Pandemic Investment Darlings Are Crashing," *L.A. Times* (May 12, 2022), https://www.latimes.com/business/story/2022–05–12/bitcoin-nfts-crypto-spacs -meme-stocks-struggling.
61. Jon Hilsenrath, "If the U.S. Is in a Recession, It's a Very Strange One," *Wall Street Journal* (Jul. 4, 2022), https://www.wsj.com/articles/recession-economy -unemployment-jobs-11656947596; Ben Casselman, "How This Economic Mo- ment Rewrites the Rules," *New York Times* (Aug. 6, 2022), https://www.nytimes .com/2022/08/06/business/economy/economy-jobs-inflation.html.
62. Quinn and Turner, *Boom and Bust*, 3.
63. 同上，166。
64. William Quinn and John Turner, "Are We in the Middle of a Tech Bubble?," Economics Observatory (May 24, 2021), https://www.economicsobservatory.com /are-we-in-the-middle-of-a-tech-bubble.
65. Quinn and Turner, *Boom and Bust*, 113.
66. 同上，76。
67. Shira Ovide, "What's Good About Tech Bubbles," *New York Times* (Apr. 5, 2021), https://www.nytimes.com/2021/04/05/technology/tech-bubbles.html.
68. Dominic Chalmers, Christian Fisch, Russell Matthews, William Quinn, and Jan Recker, "Beyond the Bubble: Will NFTs and Digital Proof of Ownership Em- power Creative

Industry Entrepreneurs?," *Journal of Business Venturing Insights* 17 (2022), 10.1016/j.jbvi.2022.e00309.

69. Julien Pénasse and Luc Renneboog, "Speculative Trading and Bubbles: Evidence from the Art Market," *Articles in Advance* (2021), 4944, https://doi.org/10.1287 /mnsc.2021.4088.
70. Helen Barrett, "NFTs Transform the Art Market for Young Novice Buyers," *Fi- nancial Times* (Sep. 1, 2021), https://www.ft.com/content/39c5ef2b-c69c-4611 –88f5-f5a7f611d8c8.
71. "6 Key Factors Driving Art Collectors—from Aesthetics to Investment," Artsy (Sep. 23, 2019), https://www.artsy.net/article/artsy-editorial-drives-art-buyers.
72. 同上。
73. "Hiscox Online Art Trade Report 2021—Part Two," 2, 20, Hiscox, https://www .hiscox.co.uk/sites/default/files/documents/2022–04/21674b-Hiscox_online_art _trade_report_2021-part_two_1.pdf.
74. 同上，20。
75. 同上。
76. Robert Stevens, "What Is Tokenomics and Why Is It Important?," CoinDesk (Apr. 11, 2022), https://www.coindesk.com/learn/what-is-tokenomics-and-why- is-it-important/.
77. The Moonstream team, "An Analysis of 7,020,950 NFT Transactions on the Ethe- reum Blockchain," Github (Oct. 22, 2021), 8, https://github.com/bugout-dev/ moonstream/blob/main/datasets/nfts/papers/ethereum-nfts.pdf.
78. Hristina Yordanova, "Meebits NFTs Attract Whale Activity, Floor Price Jumps 93%," Dappradar (Mar. 11, 2022), https://dappradar.com/blog/meebits-nfts-attract -whale-activity-floor-price-jumps-93.
79. Chris Katje, "EXCLUSIVE: Unusual Whales Creates 'Nancy Pelosi ETF' So You Can Track Her Trades," Benzinga (Jan. 12, 2022), https://www.benzinga.com /news/22/01/25015596/exclusive-unusual-whales-creates-nancy-pelosi-etf-so -you-can-track-her-trades.
80. "Whale Tracking," NFTgo, https://nftgo.io/whale-tracking/trade.
81. Gary Vaynerchuk, *The Thank You Economy* (New York: Harper Business, 2011), 51–52.
82. 同上，65。
83. "Daily Time Spent on Social Networking by Internet Users Worldwide from 2012 to 2022," Statista, https://www.statista.com/statistics/433871/daily-social-media-usage-worldwide/.
84. 同上。
85. Alexa Herman, "How Gen Z Is Driving the Future of Retail," NRF (Jul. 20, 2021), https://nrf.com/blog/how-gen-z-driving-future-retail.
86. Robin Murdoch et al., "Why the Future of Shopping Is Set for a Social Rev- olution," Accenture (Jan. 2, 2022), https://www.accenture.com/us-en/insights /software-platforms/why-shopping-set-social-revolution.
87. Mayank Gupta and Aditya Sharma, "Fear of Missing Out: A Brief Overview of Origin,

Theoretical Underpinnings and Relationship with Mental Health," *World Journal of Clinical Cases* 9 (19) (2021): 4881, 10.12998/wjcc.v9.i19.4881.

88. Tara Siegel Bernard, "Everyone Has Crypto FOMO, but Does It Belong in Your Portfolio?," *New York Times* (Mar. 25, 2022), https://www.nytimes .com/2022/03/24/your-money/bitcoin-investing-cryptocurrency.html.
89. Abbruzzese, "This Ethereum-Based Project."
90. Upson, "The 10,000 Faces."
91. 同上。
92. Investor Archive, "Warren Buffett/Bill Gates/Lecture/University of Nebraska /2005," YouTube (Nov. 11, 2020), https://youtu.be/1AlPTiJrJnE?t=1811.
93. Chayka, "Why Bored Ape Avatars."
94. Lionel Laurent, "The FOMO Economy: Is Everyone Making Money but You?," Bloomberg (Jun. 9, 2021), https://www.bloomberg.com/news/articles /2021–06–10/is-everyone-making-money-but-you-the-fomo-economy-of-memes -crypto-housing.
95. Shiller, *Irrational Exuberance*, 240.
96. John Authers, "Don't Call Bitcoin a Bubble. It'san Epidemic," Bloomberg (Jun. 8, 2021), https://www.bloomberg.com/opinion/articles/2021–06–09/don-t-call-bit coin-a-bubble-it-s-an-epidemic.
97. 同上。
98. 同上。
99. Robert J. Shiller, *Narrative Economics: How Stories Go Viral & Drive Major Eco- nomic Stories* (Princeton, N.J.: Princeton University Press, paperback ed., 2020), xvii–xxv.
100. 同上，xxi。
101. 同上，xv。
102. 同 上，quoting Frederick Lewis Allen, *Only Yesterday: An Informal History of the 1920's* (New York: Perennial Classics, 2000), 273.
103. 同上，11。
104. Nassim Nicholas Taleb, *The Black Swan: The Impact of the Highly Improbable* (New York: Random House Trade Paperbacks, 2nded., 2010), xxxi.
105. 同上。
106. Hissong, "NFT Scams."
107. Lucas Matney, "Justin Kan's NFT Platform Suffers Rocky Debut as Scammer Makes Off with $150K in User Funds," TechCrunch (Dec. 21, 2021), https://tcrn .ch/32rLqLq.
108. Julia Arvelaiz, "Could Musk Fix This? Blue Checked NFT Scams Swamp Twitter," Bitcoinist (Apr. 2022), https://bitcoinist.com/could musk fix this blue-checked -nft-scams-twitter/
109. Corin Faife, "Thief Steals $1 Million of Bored Ape Yacht Club NFTs with Insta gram Hack," Verge (Apr. 25, 2022), https://www.theverge.com/2022/4/25/230 41415/bored-ape-yacht-club-nft-hack-instagram.

110. Ezra Reguerra, “Community Calls out Bots Spamming Crypto Twitter Threads,” Cointelegraph (Sep. 8, 2022), https://cointelegraph.com/news/community-calls -out-bots-spamming-crypto-twitter-threads.
111. Turner Wright, “Elon Musk’s ‘Top Priority’ for Twitter Includes Cutting Down on Crypto Scam Tweets,” Cointelegraph (Apr. 14, 2022), https://cointelegraph.com /news/elon-musk-s-top-priority-for-twitter-includes-cutting-down-on-crypto -scam-tweets.
112. Muhammad Shadab Iqbal and Lin Li, “Does COVID-19 Really Make Peo- ple Risk Averse in Investment Decision-Making?,” *SHW Web of Conferences* 132 (2022), https://doi.org/10.1051/shsconf/202213201021.
113. Priya Raghubir and Joydeep Srivastava, “Effect of Face Value on Product Valuation in Foreign Currencies,”*Journal of Consumer Research* 29 (Dec. 2002): 335–47, 10.1086/344430.
114. 同上，341、344。
115. Later in 2022, OpenSea dropped the parentheses from its USD listings. For clar- ity, I have used the old format for this example.
116. Kingpickle.eth, Twitter (May 5, 2022), https://twitter.com/Kingpickle/status /1522285776179916800.
117. 同上。
118. 同上。
119. Andrew Chow, “The Man Behind Ethereum Is Worried About Crypto’s Fu- ture,” *Time* (Mar. 18, 2022), https://time.com/6158182/vitalik-buterin-ethereum -profile/.
120. 同上。
121. Andrew Hayward, “Ethereum Creator Vitalik Buterin: I Don’t Hate Bored Ape Yacht Club NFTs,” Decrypt (Mar. 22, 2022), https://decrypt.co/95683/ethereum -vitalik-buterin-dont-hate-bored-ape-nfts.
122. Will Gottsegen, “What Is ApeCoin and Who Is Behind It?,” CoinDesk (Mar. 18, 2022), https://www.coindesk.com/layer2/2022/03/18/what-is-apecoin-and-who -is-behind-it/.

第九章　规制Web 3.0?

1. John Perry Barlow, “A Declaration of the Independence of Cyberspace,” Electronic Frontier Foundation (Feb. 8, 1996), https://www.eff.org/cyberspace-independence.
2. 同上。
3. 同上。
4. Andy Greenberg, “It’s Been 20 Years Since This Man Declared Cyberspace In- dependence,” *Wired* (Feb. 8, 2016), https://www.wired.com/2016/02/its-been-20-years-since-this-man-declared-cyberspace-independence/.
5. 同上。

6. "A Look Back in Time . . . at the Most Visited Web Domains of 1996!," Com-score (July 21, 2011), https://www.comscore.com/Insights/Blog/A-Look-Back-in -Time-at-the-Most-Visited-Web-Domains-of-1996.
7. Rebecca Klar, "Zuckerberg: 'Facebook Shouldn't Be the Arbiter of Truth of Ev- erything That People Say Online,'" *The Hill* (May 27, 2020), https://thehill.com /policy/technology/499852-zuckerberg-face.
8. Senate Select Committee on Intelligence, 116th Congress, Rep. on Russian Active Measures Campaigns and Interference in the 2016 U.S. Election, Volume 2: *Rus- sia's Use of Social Media with Additional Views* 4, 6, 48 (Comm. Print 2019).
9. Edward Lee, "Moderating Content Moderation: A Framework for Nonpartisan- ship in Online Governance," *American University International Law Review* 70 (2021): 913, 932–37.
10. HB 20, https://capitol.texas.gov/tlodocs/872/billtext/html/HB00020F.HTM.
11. *Netchoice, LLC v. Paxton*, 49 F.4th 439, 2022 WL 4285917 (5th Cir. Sept. 16, 2022), reversing 573 F. Supp. 3d 1092, 1099 (W.D. Tex. Dec. 1, 2021).
12. Isaac Chotine, "Why Elon Musk Bought Twitter," *New Yorker* (Apr. 26, 2022), https://www.newyorker.com/news/q-and-a/why-elon-musk-bought-twitter.
13. Brian Fung and Clare Duffy, "Elon Musk Says He Would Reverse Twitter's Trump Ban," CNN (May 10, 2022), https://edition.cnn.com/2022/05/10/tech /elon-musk-twitter-trump-ban/index.html; Brakkton Booker, "House Democrats Use Trump's Own Words to Argue He Showed No Remorse After Attack," NPR (Feb. 11, 2021), https://www.npr.org/sections/trump-impeachment-trial-live-up dates/2021/02/11/967034292/house-democrats-use-trumps-own-words-to -argue-he-showed-no-remorse-after-attack.
14. "Elon Musk to Acquire Twitter," PR Newswire (Apr. 25, 2022), https://www .prnewswire.com/news-releases/elon-musk-to-acquire-twitter-301532245.html.
15. Lauren Feiner, "Twitter Sues Elon Musk to Enforce Original Merger Agreement," CNBC (Jul. 12, 2022), https://www.cnbc.com/2022/07/12/twitter-sues-elon -musk-to-enforce-original-merger-agreement.html.
16. Jon Brodkin, "Musk Says Twitter Must Show Data Behind Spam Estimate or He'll Kill the Deal," Arstechnica (May 17, 2022), https://arstechnica.com/tech -policy/2022/05/musk-says-twitter-must-show-data-behind-spam-estimate-or -hell-kill-the-deal/.
17. Jef Feeley, Ed Hammond, and Kurt Wagner, "Musk Proposes to Buy Twitter for Original Price of $54.20 a Share," Bloomberg (Oct. 4, 2022), https://www .bloomberg.com/news/articles/2022–10–04/musk-proposes-to-proceed-with -twitter-deal-at-54–20-a-share.
18. Adrienne LaFrance, "The Largest Autocracy on Earth," *Atlantic* (Sep. 27, 2021), https://www.theatlantic.com/magazine/archive/2021/11/facebook-authoritarian -hostile-foreign-power/620168/.
19. Michael Posner, "Why Elon Musk Would Be Bad for Twitter," *Forbes* (Apr. 20, 2022),

https://www.forbes.com/sites/michaelposner/2022/04/20/why-elon-musk -would-be-bad-for-twitter/.

20. Edward Lee, "Virtual Governments," *UCLA Journal of Law and Technology* 27 (2022): 13.
21. 同上（字典对“虚拟”的定义）。
22. "About Verified Accounts," Twitter, https://help.twitter.com/en/managing-your -account/about-twitter-verified-accounts.
23. Angie, "How to Beat the 2022 Instagram Algorithm," The Lovely Escapist, https://thelovelyescapist.com/2018-instagram-algorithm/; Jack Stanley, "Insta- gram Denies Limiting Your Posts' Reach," Hypebeast (Jan. 23, 2019), https:// hypebeast.com/2019/1/instagram-post-reach-limit-denial-details.
24. Kif Leswing, "Facebook Says Apple iOS Privacy Change Will Result in $10 Billion Revenue Hit This Year," CNBC (Feb. 3, 2022), https://www.cnbc .com/2022/02/02/facebook-says-apple-ios-privacy-change-will-cost-10-billion -this-year.html.
25. Lawrence Lessig, *Code and Other Laws of Cyberspace* (New York: Basic Books, 1999), 6.
26. Lee, "Virtual Governments," 27–28.
27. *AT&T Corp. v. City of Portland*, 216 F.3d 871, 876 (9th Cir. 2000).
28. Michael Gariffo, "What Is Web3? Everything You Need to Know About the Decentralized Future of the Internet," ZDnet (Jan. 18, 2022), https://www .zdnet.com/article/what-is-web3-everything-you-need-to-know-about-the -decentralised-future-of-the-internet/.
29. Chris Dixon, "Why Decentralization Matters" (Feb. 18, 2018), cdixon, https:// cdixon.org/2018/02/18/why-decentralization-matters.
30. Lee, "Virtual Governments," 22–23.
31. "Web2 Vs Web3," Ethereum (Sep. 16, 2022), https://ethereum.org/en/developers /docs/web2-vs-web3/.
32. Vitalik Buterin, "The Meaning of Decentralization," Medium (Feb. 6, 2017), https://medium.com/@VitalikButerin/the-meaning-of-decentralization-a0c9 2b76a274; Miles Jennings, "Decentralization for Web3 Builders: Principles, Mod- els, How," a16z (Apr. 7, 2022), https://future.a16z.com/web3-decentralization -models-framework-principles-how-to/; Divya Siddarth, Danielle Allen, and E. Glen Weyl, "The Web3 Decentralization Debate Is Focused on the Wrong Ques- tion," *Wired* (May 12, 2022), https://www.wired.com/story/web3-blockchain -decentralization-governance/.
33. Kevin Roose, "What Is Web3?," *New York Times* (Mar. 18, 2022), https://www.nytimes.com/interactive/2022/03/18/technology/web3-definition-internet.html; "What Is Web 3.0: A Beginner's Guide to the Decentralized Internet of the Fu- ture," Cointelegraph, https://cointelegraph.com/blockchain-for-beginners/what -is-web-3–0-a-beginners-guide-to-the-decentralized-internet-of-the-future.
34. Alyssa Blackburn et al., "Cooperation Among an Anonymous Group Protected Bitcoin During Failures of Decentralization," arXiv:2206.02871 (2022): 10 (un- published paper);

Siobhan Roberts, "How 'Trustless' Is Bitcoin, Really?," *New York Times* (Jun. 6, 2022), https://www.nytimes.com/2022/06/06/science/bitcoin -nakamoto-blackburn-crypto.html.

35. Emily Graffeo and Bloomberg, "Just 0.1% of Bitcoin Miners Control Half of All Mining Capacity, According to a New Study," *Fortune* (Oct. 25, 2021), https:// fortune. com/2021/10/26/bitcoin-mining-capacity-ownership-concentration-top -investors-nber-study/.
36. "Ethereum," Miningpoolstats, https://miningpoolstats.stream/ethereum; Steven Buchko, "The 3 Best Ethereum Mining Pool Options," CoinCentral (Mar. 7, 2021), https:// coincentral.com/best-ethereum-mining-pool/.
37. Brian Njuguna, "Ethereum's Top 5 Mining Pools Account for 65.4% of ETH Blocks," Blockchain (Nov. 8, 2021), https://blockchain.news/analysis/ethereum -top-5-mining-pools-account-for-65.4-percent-eth-blocks.
38. David Pan, "World's Biggest Ether Mining Firm Turns Off Servers After Merge," Bloomberg (Sept. 15, 2022), https://www.bloomberg.com/news/articles /2022–09–14/world-s-biggest-ether-mining-firm-to-shut-down-after-the-merge.
39. "Proof-Of-Stake (POS)," Ethereum, https://ethereum.org/en/developers/docs /consensus-mechanisms/pos/.
40. Stacy Elliott, "Ethereum Staking Pools: Who Runs the Largest Ones?," Decrypt (Sep. 3, 2022), https://decrypt.co/108906/ethereum-staking-pools-who-runs-the -largest-ones.
41. Tech Desk, "Facebook and Instagram May Allow Users to Create, Showcase, and Sell NFTs: Report," *Indian Express* (Jan. 28, 2022), https://indianexpress.com /article/technology/crypto/facebook-and-instagram-may-allow-users-to-create -showcase-and-sell-nfts-report-7740581/.
42. Meta, "Horizon Mature Worlds Policy," Facebook, https://store.facebook.com /help/quest/articles/horizon/create-in-horizon-worlds/restrictions-to-worlds-in -horizon/.
43. Casey Newton, "Facebook's Big New Experiment in Governance," Platformer (Sep. 20, 2022), https://www.platformer.news/p/facebooks-big-new-experiment -in-governance/.
44. "NFT Marketplace Competition Heats Up," Forkast (Q1 2022), https://forkast .news/state-of-the-nft-market/nft-marketplace-competition-heats-up/.
45. Lee, "Virtual Governments," 11–12.
46. Samuel Falkon, "The Story of the DAO—Its History and Consequences," Medium (Dec. 24, 2017), https://medium.com/swlh/the-story-of-the-dao-its-history-and -consequences-71e6a8a551ee.
47. "Gutter Cat Gang Terms & Conditions," Guttercatgang, https://guttercatgang .com/gutter-cat gang terms conditions/.
48. Mark Sullivan, "Tim O'Reilly Helped Bring Us Web 1.0 and 2.0. Here's Why He's a Web3 Skeptic," *Fast Company* (Feb. 3, 2022), https://www.fastcompany .com/90716841/tim-oreilly-on-web3.

49. Jakob Steinschaden, “Bored Ape Yacht Club Founder Yuga Labs Raises $450M in a Seed Investment,” Trendingtopics (Mar. 23, 2022), https://www.trendingtopics .eu/bored-ape-yacht-club-founder-yuga-labs-raises-450m-in-a-seed-investment/.
50. “The Otherside Litepaper,” Otherside, https://otherside.xyz/litepaper.
51. Patrick Hansen, “Europe’s Third Way Is Web3: Why the EU Should Embrace Crypto,” SLSblogs (Nov. 12, 2021), https://law.stanford.edu/2021/11/12/europes -third-way-is-web3-why-the-eu-should-embrace-crypto/.
52. Md Sadek Ferdous, Farida Chowdhury, and Madini O. Alassafi, “In Search of Self-Sovereign Identity Leveraging Blockchain Technology,” *IEEE Access* 7 (2019), 10.1109/ACCESS.2019.2931173.
53. 同上。
54. “Open Metaverse,” 6529, https://6529.io/about/open-metaverse/.
55. Yat Siu, Twitter (Apr. 30, 2022), https://twitter.com/ysiu/status/1520482225 292070912; Kyle Swenson, “Animoca Brands Chairman and BAYC Member Yat Siu,” The Bored Ape Gazette (Mar. 11, 2022), https://www.theboredapegazette .com/post/anicoma-brands-chairman-and-bayc-member-yat-siu-explains-why -he-kyc-s-are-important-for-the-space.
56. Bored Ape Yacht Club, Twitter (Mar. 10, 2022), https://twitter.com/Bored ApeYC/status/1502056862639923202.
57. Yuga Labs, Twitter (Apr. 30, 2022), https://twitter.com/yugalabs/status/1520 612359991336961.
58. Ornella Hernandez, “Yuga Labs Faces User Backlash for Under Wraps KYC- Restricted Project,” Cointelegraph (Mar. 11, 2022), https://cointelegraph.com /news/yuga-labs-faces-user-backlash-for-under-wraps-kyc-restricted-project.
59. Edward Lee, “Caked Apes NFTs Turn Sour. Nasty Lawsuits Embroil Creators of Caked Apes Who Sue Each Other over Ownership. Taylor Whitley (taylorwtf) Sues Jake Nygard (Cake Nygard), Clare Maguire, Antonius Wiriadjaja, Donglee Han, Who Countersue TaylorWTF,” NouNFT(Mar. 25, 2022), https://nounft .com/2022/03/25/caked-apes-nfts-turn-sour-nasty-lawsuits-embroil-creators-of -caked-apes-who-sue-each-other-over-ownership-taylor-whitley-taylorwtf-sues -jake-nygard-cake-nygard-clare-maguire-antonius-wiriadjaj/.
60. Roose, “What Is Web3”; “Introduction to Web3,” Ethereum (May 26, 2022), https://ethereum.org/en/web3/.

第十章　法律争议

1. *Denver Area Educ. Telecommuns. Consortium, Inc. v. F.C.C.*, 518 U.S. 727, 778 (1996) (Souter, J., concurring).
2. *SEC v. W.J. Howey Co.*, 328 U.S. 293, 294–97 (1946).

3. Adee Braun, "Misunderstanding Orange Juice as a Health Drink," *Atlantic* (Feb. 6, 2014), https://www.theatlantic.com/health/archive/2014/02/misunder standing-orange-juice-as-a-health-drink/283579/.
4. *Howey*, 328 U.S. at 300.
5. 同上，298; SEC, "Framework for 'Investment Contract' Analysis of Digital As- sets," SEC (Apr. 3, 2019), https://www.sec.gov/corpfin/framework-investment -contract-analysis-digital-assets.
6. "What Is a Registration Statement," SEC, https://www.sec.gov/education/smal lbusiness/goingpublic/registrationstatement.
7. The Praetorian Group, "Form S-1 Registration Statement Under the Securities Act of 1933," SEC (Mar. 6, 2018), https://www.sec.gov/Archives/edgar /data/1721980/000137647418000045/pr_s1.htm.
8. Morgan Chittum, "SEC Reportedly Targets NFT Market over Potential Viola- tions of Securities Law," Blockworks (Mar. 3, 2022), https://blockworks.co/sec -reportedly-targets-nft-market-over-potential-violations-of-securities-law/.
9. Andrea Tinianow, "No Slam Dunk for Plaintiffs in NBA Top Shot Moments Class Action Lawsuit," *Forbes* (May 17, 2021), https://www.forbes.com/sites/andreati nianow/2021/05/17/no-slam-dunk-for-plaintiffs-in-nba-top-shot-moments-class -action-lawsuit/; Gargi Chadhuri and James V. Masella III, "Are NFTs Securi- ties? Analysis of the NBA Top Shot Litigation and Other NFT-Related Actions," PBWT (Mar. 29, 2022), https://www.pbwt.com/securities-litigation-insider /are-nfts-securities-analysis-of-the-nba-top-shot-litigation-and-other-nft-related -actions.
10. William Hinman, "Digital Asset Transactions: When Howey Met Gary (Plastic)," SEC (June 14, 2018), https://www.sec.gov/news/speech/speech-hinman-061418.
11. 同上。
12. SEC Strategic Hub for Innovation and Financial Technology, "Framework for 'In- vestment Contract' Analysis of Digital Assets," SEC (Apr. 3, 2019), https://www.sec.gov/corpfin/framework-investment-contract-analysis-digital-assets#_edn1.
13. "SEC Commissioner Hester Peirce Says Some Crypto Sales May Be Illegal in the US—Here'sWhy," Dailyhodl (Mar. 28, 2021), https://dailyhodl.com/2021/03/28 /sec-commissioner-hester-peirce-says-some-crypto-sales-may-be-illegal-in-the -us-heres-why/.
14. *Howey*, 328 U.S. at 298.
15. 同上，299（着重处）。
16. *SEC v. SG Ltd.*, 265 F.3d 42, 55 (1st Cir. 2001).
17. *United Housing Foundation, Inc. v. Forman*, 421 U.S. 837, 852–53 nn.16–17 (1975).
18. Opulous, "Why Opulous Is Offering Music Security NFTson Republic," Medium (Oct. 6, 2021), https://opulous.medium.com/why-opulous-is-offering-music-se curity-nfts-on-republic-a4e27e8fa70f.

19. Murray Stassen, "Lil Pump Royalty Shares Sell Out in Two Hours Via Opu- lous Partnership, Raising $500,000," Music Business Worldwide (Nov. 4, 2021), https://www.musicbusinessworldwide.com/lil-pump-royalty-shares-sell-out-in -two-hours-via-crowdfunding-opulous-raising-500000/.
20. Polybius, "S-NFTs Make Their Debut: Lil Pump on Republic," Polybiussquare (Nov. 9, 2021), https://www.polybiussquare.com/s-nfts-make-their-debut-lil -pump-on-republic/.
21. GRM Daily, "Premiere: Ard Arz Drops Off Visuals for 'Patek Myself,'" GRM Daily (May 19, 2022), https://grmdaily.com/ard-adz-patek-myself/.
22. "SEC Nearly Doubles Size of Enforcements's Crypto Assets and Cyber Unit," SEC (May 3, 2022), https://www.sec.gov/news/press-release/2022–78.
23. Paul Kiernan and Vicky Ge Huang, "Ether's New 'Staking' Model Could Draw SEC Attention," *Wall Street Journal* (Sep. 15, 2022), https://www.wsj.com/articles /ethers-new-staking-model-could-draw-sec-attention-11663266224.
24. Kevin Helms, "3 Bills Introduced in US to Make CFTC Primary Regulator of Crypto Spot Markets," Bitcoin (Aug. 8, 2022), https://news.bitcoin.com/3-bills -introduced-in-us-to-make-cftc-primary-regulator-of-crypto-spot-markets/.
25. Alys Key, "SEC Chair Gensler: Crypto Bill Could 'Undermine' Existing Pro- tections," Decrypt (June 15, 2022), https://decrypt.co/102972/sec-chair-gensler- crypto-bill-could-undermine-existing-protections; Andrew Ackerman, "SEC's Gensler Signals Support for Commodities Regulator Having Bitcoin Oversight," *Wall Street Journal* (Sept. 8, 2022), https://www.wsj.com/articles/secs-gensler -supports-commodities-regulator-having-bitcoin-oversight-11662641115?st=4jdtj dmwpx7ogrx&reflink=desktopwebshare_permalink.
26. "Securities Act of 1933," SEC, https://www.investor.gov/introduction-investing /investing-basics/role-sec/laws-govern-securities-industry#secact1933.
27. "Securities Exchange Act of 1934," SEC, https://www.investor.gov/introduc tion-investing/investing-basics/role-sec/laws-govern-securities-industry #secexact1934.
28. *In re. Donald J. Trump Casino Sec. Litig.–Taj Mahal Litig.*, 7 F.3d 357, 371 (3d Cir. 1993).
29. Donald C. Langevoort, "Selling Hope, Selling Risk: Some Lessons for Law from Behavioral Economics About Stockbrokers and Sophisticated Consumers," *Cali- fornia Law Review* 84 (1996): 682.
30. Hadar Y. Jabotinsky, "The Regulation of Cryptocurrencies: Between a Currency and a Financial Product," *Fordham Intellectual Property Media and Entertainment Law Journal* 31 (2020): 159.
31. SEC Staff, "Study Regarding Financial Literacy Among Investors," SEC (Aug. 2012), viii–viii, https://www.sec.gov/files/917-financial-literacy-study-part1.pdf.
32. Stephen J. Choi and A. C. Pritchard, "Behavioral Economics and the SEC," *Stan- ford Law Review* 56 (2003): 7–14.
33. Stephen J. Choi, "Behavioral Economics and the Regulation of Public Offerings," *Lewis &*

Clark Law Review 10 (2006): 113.

34. Susanna Kim Ripken, "Predictions, Projections, and Precautions: Conveying Cautionary Warnings in Corporate Forward-Looking Statements," *University of Illinois Law Review* (2005): 984; Christoph Engel, Sinika Timme, and Andreas Glockner, "Coherence-Based Reasoning and Order Effects in Legal Judgments," *Psychology Public Policy and Law* 26 (2020): 334.
35. Doodles, "Terms of Service," Doodles, https://docs.doodles.app/terms-of-service.
36. Cheyenne Ligon and Jack Schickler, "NFT Collections Will Be Regulated Like Cryptocurrencies Under EU's MiCA Law, Official Says," CoinDesk (Aug. 10. 2022), https://www.coindesk.com/policy/2022/08/10/nft-collections-will-be-regulated -like-cryptocurrencies-under-eus-mica-law-official-says/; Jack Schickler and He- lene Braun, "EU's MiCA Crypto Law Text Ready Within 6 Weeks, Lead Lawmaker Says," CoinDesk (Sep. 1, 2022), https://www.coindesk.com/policy/2022/09/01 /eus-mica-crypto-law-text-ready-within-6-weeks-lead-lawmaker-says/.
37. Diego Ballon Ossio, "MiCA—EU Reaches Agreement on the Crypto-Assets Regulation," Clifford Chance (July 1, 2022), https://www.cliffordchance.com /insights/resources/blogs/talking-tech/en/articles/2022/07/MiCA-EU-reaches -agreement-on-the-crypto-assets-regulation.html.
38. 17 CFR § 240.10b5–1; Akhilesh Ganti, "Insider Trading," Investopedia (Mar. 7, 2022), https://www.investopedia.com/terms/i/insidertrading.asp.
39. Liam Vaughan, "'Most Americans Today Believe the Stock Market Is Rigged, and They're Right,'" Bloomberg (Sep. 28, 2021), https://www.bloomberg.com/news /features/2021–09–29/is-stock-market-rigged-insider-trading-by-executives -is-pervasive-critics-say; Thomas Franck, "Insider Trading Is Still Rampant on Wall Street, Two New Studies Suggest," CNBC (Feb. 14, 2018), https://www .cnbc.com/2018/02/14/insider-trading-is-still-rampant-on-wall-street-two-news -studies-suggest.html.
40. Ekin Genç, "Insider Trading 'Common' in NFTs, Investors Say After First Arrest," Vice (June 3, 2022), https://www.vice.com/en/article/akewdz/insider -trading-common-in-nfts-investors-say-after-first-arrest.
41. Edward Lee, "How Is Insider Trading of NFTs a Felony if It Doesn't Involve a 10b-5 Securities Violation? The Wire Fraud Theory in *U.S. v. Nate Chastain*, Former OpenSea Employee.," NouNFT (June 2, 2022), https://nounft.com /2022/06/02/how-is-insider-trading-of-nfts-a-felony-if-it-doesnt-involve-a-10b -5-securities-violation-the-wire-fraud-theory-in-u-s-v-nate-chastain-former -opensea-employee/.
42. 《福布斯》的杰夫·考夫林 (Jeff Kauflin) 调查了他所谓的可能存在 NFT 内幕交易的"间接"证据，尽管涉嫌参与交易的个人否认了这一点。Jeff Kauflin, "Did the Son of the World's Third-Richest Person Trade NFTs with Inside Information?," *Forbes* (Mar. 30, 2022), https://www.forbes.com/sites/jeff kauflin/2022/03/30/did-the-son-of-the-

worlds-third-richest-man-trade-nfts -with-inside-information/.

43. Andrey Sergeenkov, "What Is NFT Wash Trading?," CoinDesk (Aug. 23, 2022), https://www.coindesk.com/learn/what-is-nft-wash-trading/.
44. "NFT Transaction Activity Stabilizing in 2022 After Explosive Growth in 2021," Chainalysis (May 5, 2022), https://blog.chainalysis.com/reports/chainalysis-web3 -report-preview-nfts/; Thomas McGovern, "How Many People Own NFTs in 2022," Earthweb (Sept. 11, 2022), https://earthweb.com/how-many-people-own -nfts/.
45. U.S. Attorney's Office, Southern District of New York, "Two Defendants Charged in Non-Fungible Token ('NFT') Fraud and Money Laundering Scheme," U.S. Department of Justice (Mar. 24, 2022), https://www.justice.gov/usao-sdny/pr/ two-defendants-charged-non-fungible-token-nft-fraud-and-money-laundering- scheme-0.
46. 同上。
47. Edward Lee, "*US v. Le Ahn Tuan*: Second Criminal Indictment for Rug Pull Involving Baller Ape Club NFTs," NouNFT (July 5, 2022), https://nounft .com/2022/07/05/us-v-le-ahn-tuan-second-criminal-indictment-for-rug-pull -involving-baller-ape-club-nfts/.
48. "The Biggest Threat to Trust in Cryptocurrency: Rug Pulls Put 2021 Crypto- currency Scam Revenue Close to All-time Highs," Chainalysis (Dec. 16, 2021), https://blog.chainalysis.com/reports/2021-crypto-scam-revenues/.
49. "Confirmed Rug Pulls," Rug Pull Finder, https://www.rugpullfinder.io/services /confirmed-rug-pulls.
50. Rug Pull Finder, Twitter (May 11, 2022), https://twitter.com/rugpullfinder /status/1524465653738053632. (包括以下任何一条的项目都可被认为是"拉地毯":a. 终止一个项目，关闭所有社交活动，并放弃该项目 ;b. 以使项目不可持续的方式抽走项目的流动性，或在没有详细了解资金去向和财务计划的情况下抽走项目资金 ;c. 多个直接的钱包交易到以前的拉地毯项目 ;d. 在一段时间内处于活跃状态，但未能实现其计划的任何组成部分。)
51. Kyril Kotashev, "Startup Failure Rate: How Many Startups Fail and Why?," Failory (Jan. 9, 2022), https://www.failory.com/blog/startup-failure-rate.
52. Zagabond, "A Builder's Journey," Mirror (May 9, 2022), https://mirror.xyz/0x 1Cb833260 7fba6A780DdE78584AD3BFD1eEB1E40/yG8rI1lpQGLPhZch0kj xYRjKTtA9rAL51zg-ZrURyAc.
53. Zagabond.eth, Twitter (May 10, 2022), https://twitter.com/ZAGABOND /status/1524189056225013761; Reethu Ravi, "Azuki NFT Founder Releases An Apology Statement After Nightmare Space," NFT Evening (Aug. 21, 2022), https://nftevening.com/azuki-nft-founder-releases-an-apology-statement-after -nightmare-space/.
54. Jex Exmundo, "Azuki Creator in Hot Water Amidst Rug Pull Allegations: Here Are the Facts," NFTnow (May 10, 2022), https://nftnow.com/news/azuki-creator -in-hot-water-amidst-rug-pull-allegations/.

55. Jason Levin, "Shapeshifting Azuki Founder Outfoxes Himself with Strange Confession," The Defiant (May 12, 2022), https://thedefiant.io/azuki-floor-price -collapses-founder-confession/.
56. Meanix.eth, "The End of NFT Rug Pulls?," CoinDesk (Apr. 19, 2022), https:// www.coindesk.com/layer2/2022/04/19/the-end-of-nft-rug-pulls/; Kalli Wang, "Reversible Transactions on Ethereum: ERC-20R and ERC-721R," Mirror (Sep. 24, 2022), https://mirror.xyz/kaili.eth/gB-rx89sNAT3CVuxWo6xVFS5pt NcllW7cVWVCfcFa6k.
57. Karl Taro Greenfield, "Meet the Napster," *Time* (Oct. 2, 2000), https://content.time.com/time/subscriber/article/0,33009,998068–1,00.html.
58. 同上。
59. Nate Anderson, "Has the RIAA Sued 18,000 People . . . or 35,000?," Arstechnica (July 8, 2009), https://arstechnica.com/tech-policy/2009/07/has-the-riaa-sued -18000-people-or-35000/.
60. Jessica Litman, *Digital Copyright* (Amherst, N.Y.: Prometheus Books, 2001), 151; Lessig, *Remix*, xv–xvi.
61. Amy Harmon, "Black Hawk Download; Moving Beyond Music, Pirates Use New Tools to Turn the Net Into an Illicit Video Club," *New York Times* (Jan. 17, 2022), https://www.nytimes.com/2002/01/17/technology/black-hawk-download -moving-beyond-music-pirates-use-new-tools-turn-net-into.html.
62. Ernesto Van der Sar, "BitTorrent Is Still the King of Upstream Internet Traf- fic, but for How Long?," TorrentFreak (Mar. 4, 2022), https://torrentfreak.com /bittorrent-is-still-the-king-of-upstream-internet-traffic-but-for-how-long -220304/.
63. Damjan Jugovic Spajic, "Piracy Is Back: Piracy Statistics for 2022," Dataprot (May 17, 2022), https://dataprot.net/statistics/piracy-statistics/.
64. Van der Sar, "BitTorrent."
65. Eriq Gardner, "Malibu Media, Litigious Porn Studio, Sued for Allegedly Cheat- ing Financiers," *Hollywood Reporter* (Aug. 13, 2019), https://www.hollywood reporter.com/business/business-news/malibu-media-litigious-porn-studio-sued -allegedly-cheating-financiers-1231192/; Gabe Friedman, "The Biggest Filer of Copyright Lawsuits? This Erotica Web Site," *New Yorker* (May 14, 2014), https:// www.newyorker.com/business/currency/the-biggest-filer-of-copyright-lawsuits -this-erotica-web-site.
66. Jeffrey J. Antonelli, "Torrent Wars: Copyright Trolls, Legitimate IP Rights, and the Need for New Rules Vetting Evidence and to Amend the Copyright Act," *Illinois State Bar Association* 53 (2013): 1, 3, https://www.isba.org/sections/ip/news letter/2013/10/torrentwarscopyrighttrollslegitimat.
67. Matthew Sag and Jake Haskell, "Defense Against the Dark Arts of Copyright Trolling," *Iowa Law Review* 103 (2018): 577.
68. *Malibu Media, LLC, v. Doe* (S.D.N.Y. July 6, 2015), No. 15 Civ. 4369 (AKH), 2015 WL

4092417, *3.

69. Timothy Geigner, “Malibu Media Finally Paid Wrongfully Accused Six Figures . . . Via Collections Agency,” techdirt (May 11, 2022), https://www.tech dirt.com/2022/05/11/malibu-media-finally-paid-wrongfully-accused-six-figures -via-collections-agency/.
70. 17 U.S.C. § 512.
71. Karyn Temple Claggett, “Session II: The Impact of International Copyright Trea- ties and Trade Agreements on the Development of Domestic Norms,” *Columbia Journal of Law and the Arts* 40 *(2017)*: 350.
72. Shreya Tewari, “Evolution of DMCA Notices: Trends and a Timeline,” Lumen Database (July 2, 2021), https://www.lumendatabase.org/blog_entries/evolution -of-dmca-notices-trends-and-a-timeline.
73. Joe Karganis and Jennifer Urban, “The Rise of Robo Notice,” *Communications of ACM* 58 (2015): 28–30, https://cacm.acm.org/magazines/2015/9/191182-the -rise-of-the-robo-notice/fulltext.
74. Daniel Seng, “Copyrighting Copywrongs: An Empirical Analysis of Errors with Automated DMCA Takedown Notices,” *Santa Clara High Technology Law Jour- nal* 37 (2021): 126.
75. Directive 2019/790 of the European Parliament and of the Council of April 17, 2019, on Copyright and Related Rights in the Digital Single Market and Amend ing Directives 96/9/EC and 2001/29/EC, art. 17, 2019 O.J. (L 130).
76. Case C-401/19, *Republic of Poland v. European Parliament*, ECLI:EU:C:2022: 297, 94.
77. Seng, “Copyrighting Copywrongs,” 127–28, 164.
78. Julia Collins, “The Intrepid Crew of the Berkman Center for Internet and Soci- ety,” Harvard Law Today (June 24, 1999), https://today.law.harvard.edu/feature /building-cyberspace/.
79. Madana Prathap, “NFTs Are the New Crypto Wild West—Artists and Brands with Big Pockets Are the Only Ones Who Can Afford to Fight Back,” Business Insider (Feb. 17, 2022), https://www.businessinsider.in/investment/news/nfts-are -the-new-crypto-wild-west-artists-and-brands-with-big-pockets-are-the-only -ones-who-can-afford-to-fight-back/articleshow/89613624.cms.
80. 同上。
81. Edward Lee, “Mason Rothschild Invokes First Amendment Right to Create Meta- Birkins NFTs, Rejects Hermes’ Cease and Desist Letter,” NouNFT (Jan. 5, 2022), https://nounft.com/2022/01/05/mason-rothschild-invokes-first-amendment -right-to-create-metabirkins-nfts-rejects-hermes-ceast-and-desist-letter/.
82. Dominic Patten, “Quentin Tarantino Wants ‘Offensively Meritless’ Miramax NFT Suit Tossed Out; Studio Sued Oscar Winner over ‘Pulp Fiction’ Script Auc- tion,” Deadline (Dec. 9, 2021), https://deadline.com/2021/12/quentin-tarantino -nft-lawsuit-dismissal-motion-pulp-fiction-miramax-1234888031/.

83. Lewis A. Kaplan, "Keynote Address: Resolving Tensions Between Copyright and the Internet," *American University Law Review* 50 (2000): 409, 414–15.

84. 同上，419。

85. Wahid Pessarlay, "Chinese Court Makes First Public Ruling Involving NFTs," Coingeek (Apr. 30, 2022), https://coingeek.com/chinese-court-makes-first -public-ruling-involving-nfts/.

86. Ann Fauvre-Willis, "Authenticity on OpenSea: Updates to Verification and Copy- mint Prevention," OpenSea (May 11, 2022), https://opensea.io/blog/announc ements/improving-authenticity-on-opensea-updates-to-verification-and-copy mint-prevention/.

87. 同上。

88. Eileen Brown, "New Platform Uses NFTs as a Gateway for Digital Rights Man- agement," ZDNet (Mar. 4, 2021), https://www.zdnet.com/finance/blockchain /new-platform-uses-nfts-as-a-gateway-for-digital-rights-management/.

89. Sarah Emerson, "Someone Stole Seth Green's Bored Ape, Which Was Supposed to Star in His New Show," *BuzzFeed News* (May 24, 2022), https://www.buzz feednews.com/article/sarahemerson/seth-green-bored-ape-stolen-tv-show.

90. Sarah Emerson, "The Owner of Seth Green's Stolen Bored Ape Said They Have No Plans to Return It," *BuzzFeed News* (May 25, 2022), https://www.buzzfeed news.com/article/sarahemerson/seth-green-bored-ape-owner.

91. "Transaction Details," Etherscan, https://etherscan.io/tx/0x8e456f0b4b42e9bd bc9be050c547f0a748ade6046c9fbca2f07e98f21a4b419d.

92. Arnold Kirimi, "NFT Owners Reminded to Be Vigilant After 29 Moonbirds Were Stolen by Clicking a Bad Link," Cointelegraph (May 25, 2022), https://coin telegraph.com/news/nft-owners-reminded-to-be-vigilant-after-29-moonbirds -were-stolen-by-clicking-a-bad-link.

93. Eileen Kinsella, "'All My Apes Gone': An Art Dealer's Despondent Tweet About the Theft of His NFTs Went Viral . . . and Has Now Become an NFT," Art- net (Jan. 5, 2022), https://news.artnet.com/market/kramer-nft-theft-turned-nft -2056489.

94. 同上。

95. Emerson, "Someone Stole"; OpenSea, "Why Was My NFT Reported for Sus- picious Activity?" OpenSea, https://support.opensea.io/hc/en-us/articles/4409 456298515-Why-was-my-NFT-reported-for-suspicious-activity-.

96. "Anatomy of an NFT Phishing Scam," TRMlabs (Mar. 24, 2022), https://www .trmlabs.com/post/anatomy-of-an-nft-phishing-scam.

97. "So Your Stuff Got Stolen: What Do You Do?," NFTtorney (Dec. 28, 2021), https://nfttorney.com/2021/12/28/so-your-shit-got-stolen-what-do-you-do/.

98. Wataru Suzuki, "FBI Links North Korean Hackers to Axie Infinity Crypto Theft," *Nikkei Asia* (Apr. 15, 2022), https://asia.nikkei.com/Spotlight/Cryptocurrencies /FBI-links-North-Korean-hackers-to-Axie-Infinity-crypto-theft.

99. 同上。

100. Sarah Emerson, “Seth Green’s Stolen Bored Ape Is Back Home,” *BuzzFeed News* (June 9, 2022), https://www.buzzfeednews.com/article/sarahemerson/seth-green -bored-ape-nft-returned.

101. Seth Green, Twitter (May 30, 2022), https://twitter.com/SethGreen/status/1531267330725974016.

102. Stallion, Twitter (May 31, 2022), https://twitter.com/atcontino/status/1531819765160783874.

103. Shawn Ghassemitari, “Collection of Bored Ape NFTs Worth Millions Sto- len from Art Gallery Owner,” Hypebeast (Jan. 4, 2022), https://hypebeast .com/2022/1/bored-ape-yacht-club-nfts-stolen-todd-kramer-ross-kramer -gallery-owner-opensea.

104. Seth Green, Twitter (May 24, 2022), https://twitter.com/SethGreen/status/1529191356660215808.

105. Alan Schwartz and Robert E. Scott, “Rethinking the Law of Good Faith Purchase,” *Columbia Law Review* 111 (2011): 1335–57; Giuseppe Dari-Mattiaci and Carmine Guerriero, “Divergence and Convergence at the Intersection of Property and Con- tract,” *Southern California Law Review* 92 (2019): 816–23.

106. “Overview of 2022 Amendments to the Uniform Commercial Code—Emerging Technologies,”Uniformlaws, 2, https://www.uniformlaws.org/HigherLogic/System/DownloadDocumentFile.ashx?DocumentFileKey=a116549b-6067–5f82–83ac-3501c7ad882d&forceDialog=0.

107. Edwin E. Smith and Steven O. Weise, “The Proposed 2022 Amendments to the Uniform Commercial Code: Digital Assets,” Business Law Today (Mar. 25, 2022), https://businesslawtoday.org/2022/03/proposed-2022-amendments-uniform -commercial-code-digital-assets/.

108. Karen Theresa Burke, “International Transfers of Stolen Cultural Property: Should Thieves Continue to Benefit from Domestic Laws Favoring Bona Fide Purchasers?,” *Loyola of Los Angeles International and Comparative Law Review* 13 (1990): 445–46.

109. Uniform Commercial Code § 2–403(1).

110. Katie Schoolov, “Stolen Goods Sold on Amazon, eBay and Facebook Are Caus- ing Havoc for Major Retailers,” CNBC (June 17, 2022), https://www.cnbc.com/2022/06/17/the-fight-against-stolen-products-on-amazon-and-facebook -marketplace.html; eBay, “Stolen Property Policy,” https://www.ebay.com/help /policies/prohibited-restricted-items/stolen-property-policy?id=4334; Facebook, “What Should I Do if I See a Stolen Item on Facebook Marketplace?,” Facebook, https://www.facebook.com/help/312500235963976.

111. Schoolov, “Stolen Goods.”

112. OpenSea, “What Is a Verified Account or Badged Collection?,” OpenSea, https:// support.opensea.io/hc/en-us/articles/360063519133-What-is-a-verified-account -or-badged-

collection-; Anne Fauvre-Willis, "An Update on Verification and Copymint Prevention," OpenSea (Aug. 9, 2022), https://opensea.io/blog/announce ments/an-update-on-verification-and-copymint-prevention/.

113. James Ellis,"OpenSea Faces Lawsuit Over'Broken'Stolen NFT Feature,"NFT Eve- ning (Aug. 21, 2022), https://nftevening.com/opensea-faces-lawsuit-over-broken -stolen-nft-feature/.
114. Gregin8er, Twitter (Aug. 2, 2022), https://twitter.com/Gregin8er/status/155458 5519773945858.
115. OpenSea, Twitter (Aug. 10, 2022), https://twitter.com/opensea/status/155748 7545876762625.
116. "What Is OpenSea's Stolen Item Policy?," OpenSea (Jul. 15, 2022), https:// web.archive. org/web/20220715105458/https://support.opensea.io/hc/en-us /articles/4815371492499-What-is-OpenSea-s-stolen-item-policy-.
117. OpenSea, "Why Was My NFT."
118. 同上。
119. Karen Hoffman, "This Tracker Lists and Ranks the Biggest Heists of NFT Cryptocurrency," SC Magazine (Aug. 13, 2022), https://www.scmagazine.com /analysis/threat-intelligence/ this-tracker-lists-and-ranks-the-biggest-heists-of -nft-cryptocurrency.
120. Ryan Browne, "Bored Ape NFT Reportedly Sells for $3,000 Instead of $300,000 Due to'Fat-Finger'Mistake," CNBC (Dec. 14, 2021), www.cnbc.com/2021/12/14/ bored-ape-nft-accidentally-sells-for-3000-instead-of-300000.html.
121. Weilun Soon, "A researcher's avatar was sexually assaulted on a metaverse plat- form owned by Meta, making her the latest victim of sexual abuse on Meta's platforms, watchdog says," Business Insider (May 30, 2022), https://www.busi nessinsider.com/researcher-claims-her-avatar-was-raped-on-metas-metaverse -platform-2022–5.

第十一章　多样性与可持续性

1. Gavin Wood, "Why We Need Web 3.0," Medium (Sep. 12, 2018), https://gav ofyork. medium.com/why-we-need-web-3–0–5da4f2bf95ab; Dixon, "Why De- centralization."
2. Wood, "Why We Need."
3. Scott Smith and Lina Srivastava, "Web3 and the Trap of 'For Good,'" *Stanford Social Innovation Review* (Mar. 8, 2022), https://ssir.org/articles/entry/web3_and_the_trap_of_for_good.
4. 同上。
5. Peter Howson, "Climate Crises and Crypto-Colonialism: Conjuring Value on the Blockchain Frontiers of the Global South," *Front. Blockchain* (May 13, 2020), https://doi. org/10.3389/fbloc.2020.00022.
6. Deloitte, "Striving for Balance, Advocating for Change: The Deloitte Global 2022 Gen

Z & Millennial Survey," 38, https://www2.deloitte.com/content/dam /Deloitte/global/Documents/deloitte-2022-genz-millennial-survey.pdf.

7. 同上，7。
8. 同上，4。
9. 同上，23。
10. 同上，14。
11. Richard Carufel, "Gen Z Goes to Work: Just 1 in 5 Would Work for a Company that Doesn't Share Their Values," Agilitypr (Jul. 16, 2021), https://www.agilitypr .com/pr-news/public-relations/gen-z-goes-to-work-just-1-in-5-would-work-for -a-company-that-doesnt-share-their-values/.
12. Alec Tyson, Brian Kennedy, and Cary Funk, "Gen Z, Millennials Stand Out for Climate Change Activism, Social Media Engagement with Issue," Pew Re- search (May 26, 2021), https://www.pewresearch.org/science/2021/05/26/gen -z-millennials-stand-out-for-climate-change-activism-social-media-engagement -with-issue/.
13. 同上。
14. Kim Parker, Nikki Graf, and Ruth Igielnik, "Generation Z Looks a Lot Like Mil- lennialson Key Social and Political Issues," Pew Research (Jan. 17, 2019), https:// www.pewresearch.org/social-trends/2019/01/17/generation-z-looks-a-lot-like -millennials-on-key-social-and-political-issues/.
15. Jennifer Miller, "For Younger Job Seekers, Diversity and Inclusion in the Work- place Aren't a Preference. They're a Requirement.," *Washington Post* (Feb. 18, 2021), https://www.washingtonpost.com/business/2021/02/18/millennial-genz -workplace-diversity-equity-inclusion/.
16. Hansi Lo Wang, "Generation Z Is the Most Racially and Ethnically Diverse Yet," NPR (Nov. 15, 2018), https://www.npr.org/2018/11/15/668106376/generation-z -is-the-most-racially-and-ethnically-diverse-yet.
17. Smith and Srivastava, "Web3 and the Trap."
18. National Center for Women & Information Technology, "By the Numbers," NCWIT (Mar. 1, 2022), https://ncwit.org/resource/bythenumbers/; Gemini, "2021 State of U.S. Crypto Report," Gemini (2021), 8, https://www.gemini.com /state-of-us-crypto; Taylor Whitten Brown, "Why Is Work by Female Artists Still Valued Less Than Work by Male Artists?," Artsy (Mar. 8, 2019), https://www.artsy.net/article/artsy-editorial-work-female-artists-valued-work-male-artists.
19. Chad M. Topaz et al., "Diversity of Artists in Major U.S. Museums," *PLOS One* 14(3) (2019), https://doi.org/10.1371/journal.pone.0212852.
20. Nancy Minty, "Genius Has No Gender*: Rethinking the Old Master Moni- ker," Artstor (Mar. 1, 2022), https://www.artstor.org/2022/03/01/genius-has-no -gender1-rethinking-the-old-master-moniker/.

21. Julia Halperin and Charlotte Burns, "Museums Claim They're Paying More Attention to Female Artists. That's an Illusion," Artnet (Sep. 19, 2019), https:// news.artnet.com/ womens-place-in-the-art-world/womens-place-art-world -museums-1654714 (research by Julia Vennitti).
22. FabianY. R. P. Bocart, Marina Gertsberg, and Rachel A.J. Pownall, "An Empir- ical Analysis of Price Differences for Male and Female Artists in the Global Art Market," *Journal of Cultural Economics* 46 (2021): 545–46, https://doi.org/10.1007 /s10824–020–09403–2.
23. 同上，546。
24. "Artist Demographics and Statistics in the US," Zippia, https://www.zippia.com /artist-jobs/demographics/.
25. Topaz, "Diversity" (overall data from Table 2).
26. 艺术家 James Case-Leal 监督了这个项目。根据众包，对原始数据进行了一些修正。该研究的存档版本可以在互联网档案馆找到。"Art Statistics," Haven for the Dispossessed (Sept. 16, 2018), available at https://web.archive.org/web/20180926081208/ http://www .havenforthedispossessed.org/.
27. Sinduja Rangarajan, "How We Created a Baseline for Silicon Valley's Diversity Problem," Reveal News (June 25, 2018), https://revealnews.org/blog/how-we -created-a-baseline-for-silicon-valleys-diversity-problem/; Sinduja Rangarajan, "Here's the Clearest Picture of Silicon Valley's Diversity Yet: It's Bad. But Some Companies Are Doing Less Bad," Reveal News (June 25, 2018), https://reveal news.org/article/heres-the-clearest-picture-of-silicon-valleys-diversity-yet/. The Center for Investigative Reporting and the Center for Employment Equity make their data available under an Open Database License: "Silicon Valley Di- versity Data," Github, https://github.com/cirlabs/Silicon-Valley-Diversity-Data.
28. Donald Tomaskovic-Devey and JooHee Han, "Is Silicon Valley Tech Diversity Possible Now?," Center for Employment Equity (Jan. 2018) (data from Table 1), https://www. umass.edu/employmentequity/silicon-valley-tech-diversity-possible -now-0.
29. EEOC, "Diversity in High Tech," EEOC, https://www.eeoc.gov/special-report /diversity-high-tech; see also JooHee Han and Donald Tomaskovic-Devey, Center for Employment Equity (Jan. 2022), https://www.umass.edu/employmentequity /tech-sector-diversity-improving.
30. Kate Rooney and Yasmin Khorram, "Tech Companies Say They Value Diver- sity, but Reports Show Little Change in Last Six Years," CNBC (Jun. 12, 2020), https://www.cnbc. com/2020/06/12/six-years-into-diversity-reports-big-tech -has-made-little-progress.html; "Diversity Tracker," Protocol, https://www.proto col.com/workplace/diversity-tracker/.
31. Claire Williams, "Black Innovators Did Some of the Earliest Work in Cryp- tocurrency. What Happens Now That It's Mainstream?," Morning Consult (Dec. 9, 2021), https:// morningconsult.com/2021/12/09/black-cryptocurrency-in fluencers-polling/.
32. Andrew Perrin, "16% of Americans Say They Have Ever Invested in, Traded or Used

Cryptocurrency," Pew Research (Nov. 11, 2021), https://www.pewresearch .org/fact-tank/2021/11/11/16-of-americans-say-they-have-ever-invested-in -traded-or-used-cryptocurrency/.

33. Charisse Jones and Jessica Menton, "Black, Latino, LGBTQ Investors See Crypto Investments Like Bitcoin as 'a New Path' to Wealth and Equity," Yahoo! (Aug. 15, 2021), https://finance.yahoo.com/news/black-latino-lgbtq-investors -see-100412051.html.
34. 同上。
35. Will Gottsegen, "At Least 77% of NFTArt Sales Going to Male Creators: Study," Coindesk (Nov. 10, 2021), https://www.coindesk.com/business/2021/11/10/at least-77-of-nft-art-sales-going-to-male-creators-study/.
36. 同上。
37. Werner Vermaak, "The Top 20 Most Expensive NFTs," Finder (May 16, 2022), https://www.finder.com/most-expensive-nfts.
38. Ola, "The 10 Best-Selling."
39. Anushree Dave, "NFT Art Market Boom Is Overwhelmingly Benefiting Male Creators," Bloomberg (Nov. 9, 2021), https://www.bloomberg.com/news/articles /2021–11–09/nft-crypto-art-market-boom-biggest-sales-going-to-male-artists -women-lag.
40. Justin Roberti, "Exclusive: NFT.NYC CEO Touts Landmark Event with 1,500 Speakers and 15,000 Attendees," Benzinga (June 10, 2022), https://www.ben zinga.com/fintech/22/06/27644065/exclusive-nft-nyc-2022-is-bigger-than-ever -with-1–500-speakers-giving-voice-to-the-nft-community.
41. "Hiscox Online Art Trade Report 2021," 22; Mike Proulx and Martha Bennet, "NFTs Are Having a Bromance with US Males," Forrester (Nov. 4, 2021), https:// www.forrester.com/blogs/nfts-are-having-a-bromance-with-us-males/.
42. Julia Maltby, "Where Are the Female NFT Investors and Creators?," Medium (Jan. 7, 2022), https://jvmaltby.medium.com/the-metaverse-already-has-a-diversity-problem-where-are-the-female-nft-investors-and-creators-cc96a2f00680.
43. Whitten Brown, "Why Is Work by Female Artists."
44. "How Race Is Playing a Major Role in theNFT Boom," Getwizer (May 11, 2022), https://www.getwizer.com/resources/how-race-is-playing-a-major-role-in-the -nft-boom/.
45. Misyrlena Egkolfopoulou and Akayla Gardner Misyrlena, "Even in the Metaverse, Not All Identities Are Created Equal," Bloomberg (Dec. 6, 2021), https://www .bloomberg.com/news/features/2021–12–06/cryptopunk-nft-prices-suggest-a-diversity-problem-in-the-metaverse.
46. "How Race Is Playing," Getwizer.
47. "Leo Hendrik Baekeland," Science History (Dec. 1, 2017), https://www.science history.org/historical-profile/leo-hendrik-baekeland.
48. "History and Future of Plastics," Science History, https://www.sciencehistory.org /the-

history-and-future-of-plastics.

49. Roland Geyer, Jenna R. Jambeck, and Kara Lavender Law, "Production, Use, and Fate of All Plastics Ever Made," *Science Advances* (2017): 3, 10.1126/sciadv.1700782.

50. Ali Chamaset al., "Degradation Rates of Plastics in the Environment," *ACS Sus- tainable Chemical Engineering* 8 (2020): 3494, https://doi.org/10.1021/acssusche meng.9b06635.

51. 同上，3494—3495; Laura Parker, "Plastic Trash Flowing into the Seas Will Nearly Triple by 2040 Without Drastic Action," *National Geographic* (Jul. 23, 2020), https://www.nationalgeographic.com/science/article/plastic-trash-in-seas-will -nearly-triple-by-2040-if-nothing-done.

52. Alyssa Hertig, "What Is Proof-of-Work?," CoinDesk (Mar. 9, 2022), https:// www.coindesk.com/learn/2020/12/16/what-is-proof-of-work/.

53. Jeremy Hinsdale, "Cryptocurrency's Dirty Secret: Energy Consumption," Co- lumbia University (May 4, 2022), https://news.climate.columbia.edu/2022/05/04 /cryptocurrency-energy/; Jon Huang, Claire O'Neill, and Hiroko Tabuchi, "Bit- coin Uses More Electricity Than Many Countries. How Is That Possible?," *New York Times* (Sep. 3, 2021), https://www.nytimes.com/interactive/2021/09/03/climate /bitcoin-carbon-footprint-electricity.html.

54. 二氧化碳当量"是一种衡量标准，通过将其他气体的数量转化为具有相同全球变暖潜能值的同等数量的二氧化碳，用来根据其全球变暖潜能值 (GWP) 来比较各种温室气体的排放量"。Eurostat, "Glossary: Carbon dioxide equivalent," Europa, https://ec.europa.eu/eurostat/statistics-explained /index.php/Glossary:Carbon_dioxide_equivalent.

55. 对于比特币和以太坊合并前的消耗量，我使用了 Digiconomist 在 2022 年 1 月对一笔交易的二氧化碳足迹的估计值。对于以太坊合并后，我使用了 Digiconomist 在 2022 年 10 月 4 日的估计。"Ethereum Energy Consumption,"Digiconomist, https://digiconomist.net/ethereum-energy-consumption（最后一次访问时间为 2022 年 10 月 4 日）。为了简单起见，我没有包括 Digiconomist 对比特币当天足迹的估计，这比 1 月份的估计低（具体数字为 775.25 公斤二氧化碳）。"Bitcoin Energy Consumption," Digiconomist, https://digiconomist.net/bitcoin-energy-consumption（最后一次访问是在 2022 年 10 月 4 日）。飞机的数据来自 Our World in Data 根据英国政府数据进行的估计。"Which Form of Transport Has the Smallest Carbon Footprint? ," Our World in Data (2018), https://ourworldindata.org/travel-carbon-footprint. 对各类机动车的估计是源于美国的数据。Mandira Roy, Hamed Ghoddusi, and Jessika E. Trancik, "Supporting Information Eval- uating Low-Carbon Transportation Technologies When Demand Responds to Price," ACS Publications (2022), S6, https://pubs.acs.org/doi/suppl/10.1021/acs.est.1c02052/suppl_file/es1c02052 si 001.pdf (ICEV and EVUSAavg). 电动汽车不排放二氧化碳，但充电需要电力；电动汽车的估计是基于美国根据 41% 的煤炭使用量为电动汽车充电的电力平均水平。

56. Jake Frankenfield, "Proof-of-Stake (PoS)," Investopedia (June 9, 2022), https:// www.investopedia.com/terms/p/proof-stake-pos.asp.
57. Taylor Locke, "Ethereum Developers Suggest 'Merge' on Track for September 15," *Fortune* (Aug. 11, 2022), https://fortune.com/2022/08/11/ethereum-merge-date -estimate-developers-september/.
58. "Ethereum Energy Consumption," Digiconomist.
59. Andrew Hayward, "Ethereum Energy Usage, Carbon Footprint Down 99.99% After Merge: Report," Decrypt (Sept. 15, 2022), https://decrypt.co/109848 /ethereum-energy-carbon-footprint-down-99-percent-merge.
60. Krisztian Sandor, "Ethereum Proof-of-Work Fork Stumbles as Justin Sun's Po- loniex Supports Rival Fork," CoinDesk (Sept. 16, 2022), https://www.coindesk .com/markets/2022/09/16/ethereum-proof-of-work-fork-crashes-as-justin-suns -poloniex-supports-rival-fork/.
61. Moritz Platt et al., "The Energy Footprint of Blockchain Consensus Mechanisms Beyond Proof-of-Work," 2021 IEEE 21st International Conference on Software Quality, Reliability and Security Companion (QRS-C):1135, 1139, 10.1109/ QRS-C55045.2021.00168; "New Findings from Deloitte Canada Reveal Mint- ing an NFT on Flow Takes Less Energy Than a Google Search or Instagram Post," Onflow (Feb. 11, 2022), https://www.onflow.org/post/flow-blockchain-sus tainability-energy-deloitte-report-nft.
62. Barlow, "A Declaration."
63. 同上。
64. Mary Anne Franks, "Beyond the Public Square: Imagining Digital Democracy," *Yale Law Journal Forum* (Nov. 16, 2021): 453.
65. Halperin and Burns, "Museums."
66. Caroline Goldstein, "Reality Star and Crypto Evangelist Paris Hilton Is Spear- heading a Digital Art Acquisition Fund at LACMA," Artnet (June 9, 2022), https://news.artnet.com/market/lacma-acquisition-fund-paris-hilton-2127802.
67. Rachel Wolfson, "NFTs of Empowered Women Aim to Drive Female Engage-ment in Crypto," Cointelegraph (Oct. 19, 2021), https://cointelegraph.com/news /nfts-of-empowered-women-aim-to-drive-female-engagement-in-crypto.
68. Daniela Avila, "Boss Beauties' Lisa Mayer Releases NFT Role Models Collec- tion for International Women's Day," *People* (Mar. 8, 2022), https://people.com /human-interest/lisa-mayer-boss-beauties-releases-nft-womens-collection/.
69. Emma Hinchliffe and Nimah Quadri, "Exclusive: Boss Beauties Raises $4.4 Mil- lion to Turn Its NFT Collection into Media IP," *Fortune* (Apr. 20, 2022), https://fortune.com/2022/04/20/boss-beauties-raises-4-4-million-to-turn-nft -collection-into-media-ip/.
70. "About the Artist," Metaangelsnft, https://www.metaangelsnft.com/artist.
71. "Meta Angels Lending Program," Metaangelsnft, https://www.metaangelsnft .com/lending.

72. Taylor Locke, "This 29-Year-Old Launched a Business to Support Black NFT Artists—and It Made $140,000 in 10 Months: I See It as a Way to 'Rebalance Power,'" CNBC (Jan. 14, 2022), https://www.cnbc.com/2022/01/14/iris-nevins -launched-business-umba-daima-to-uplift-black-nft-artists.html.
73. Demetrius Simms, "How the World's Largest Collection of LGBTQ-Inspired NFTArt Is Raising Money for Good Causes," *Robb Report* (June 1, 2022), https:// robbreport.com/lifestyle/news/pride-icons-nft-artworks-1234681588/.
74. 同上。
75. Abigail Covington, "Meet FEWOCiOUS, the Teenager Who Crashed Chris- tie's Auction House," *Esquire* (June 29, 2021), https://www.esquire.com/entertain ment/a36878931/fewocious-crypto-nft-art-christies-profile/.
76. Rob Nowill, "A Sale of Virtual Sneakers Raised $3.1 Million USD in Seven Min- utes," Hypebeast (Mar. 3, 2021), https://hypebeast.com/2021/3/rtfkt-studios -fewocious-sale-nfts.
77. Marco Quiroz-Gutierrez, "NFT Artist FEWOCiOUS Sold Nearly $20 Mil- lion of His Digital Work in 24 Hours," *Fortune* (Apr. 7, 2022), https://fortune .com/2022/04/07/nft-artist-fewocious-sells-20-million-24-hours-art-crypto/.
78. "Bowie by FEWOCiOUS," OpenSea, https://opensea.io/assets/ethereum/0xfe7d 465d8c42 0ee4aead45d54d32defc4e3cff2c/1.
79. Unblocked, Twitter (Aug. 3, 2022), https://twitter.com/onunblocked/status/1554 983621227712513.
80. Tat Bellamy-Walker, "Meet the Trans Teen Whose Crypto Artwork Has Earned Him Nearly $50 Million," NBC News (June 1, 2022), https://www.nbcnews.com /nbc-out/nbc-out-proud/meet-trans-teen-whose-crypto-artwork-earned-nearly -50-million-rcna28810.
81. Adele, "Blind Singer Lachi X Teams Up with Disabled Artists for Charitable NFTs," NFT Evening (Dec. 3, 2021), https://nftevening.com/blind-singer-lachi -x-teames-up-with-disabled-artists-for-charitable-nfts/.
82. "ARTXV—NFTs to Celebrate Diversity and Support Neurodiverse Artists," Crypto Altruism (Jan. 11, 2022), https://www.cryptoaltruism.org/blog/project -showcase-artxv-nfts-to-celebrate-diversity-and-support-neurodiverse-artists.
83. "Two Sisters Challenging the Traditional Art World," ARTXV, https://www .artxv.org/about.
84. "NFTs," ARTXV, https://www.artxv.org/nfts.
85. "Building a Better NFT: Making Your NFTs Climate Positive with Klima DAO," Klima DAO (May 5, 2022), https://www.klimadao.finance/blog/climate -positive-nft-guide.
86. Brian Newar, "Klima DAO Accumulates $100M of Carbon Offsets, Aims to Drive Up Price," Cointelegraph (Nov. 12, 2021), https://cointelegraph.com/news /klima-dao-accumulates-100m-of-carbon-offsets-aims-to-drive-up-price.
87. "What Is a Carbon Offset?," Offsetguide, https://www.offsetguide.org/under standing-

carbon-offsets/what-is-a-carbon-offset/.

88. Sarah Murray, "Environmentalists Cast Doubt on Carbon Offsets," *Financial Times* (July 12, 2021), https://www.ft.com/content/81d436c2–79f1–4a43-ab52 -cbbcddb149df.
89. Newar, "Klima DAO."
90. "CO2_Compound: A Carbon Compounding Artwork," Klima DAO, https://co 2compound.klimadao.finance/.
91. "Recent Study Reveals More Than a Third of Global Consumers Are Willing to Pay More for Sustainability as Demand Grows for Environmentally-Friendly Alternatives," Businesswire (Oct. 14, 2021), https://www.businesswire.com /news/home/20211014005090/en/Recent-Study-Reveals-More-Than-a-Third-of -Global-Consumers-Are-Willing-to-Pay-More-for-Sustainability-as-Demand -Grows-for-Environmentally-Friendly-Alternatives; Shelby Jordan, "Why Is Diversity Marketing Important," Top Design Firms (Nov. 11, 2020), https://top designfirms.com/web-design/blog/diversity-marketing.
92. Gary Gensler, "Statement on Proposed Mandatory Climate Risk Disclosures," SEC (Mar. 21, 2022), https://www.sec.gov/news/statement/gensler-climate -disclosure-20220321.
93. 同上。
94. VeeFriends, https://veefriends.com/faqs.
95. "WoW Community: One of a Kind," World of Women, https://worldofwomen .art/our-community.html; "Manifesto," Azuki, https://www.azuki.com/mani festo; Pudgy Penguins, "Terms of Use," Pudgy Penguins, https://pudgypenguins .com/terms-and-conditions.
96. "Realizing a Better Future for All Its Inhabitants," FTX, https://www.ftx-climate .com/; "The FTX Foundation Group Launches the FTX Climate Program," PRnewswire (July 27, 2021), https://www.prnewswire.com/news-releases/the-ftx -foundation-group-launches-the-ftx-climate-program-301342380.html.
97. "We Commit to Diversity, Inclusiveness and an Engaging Environment," Soft- bank, https://group.softbank/en/about/compliance/code_of_conduct/respect.
98. "Our Mission," Opportunity Fund, https://theopportunityfund.com/.
99. Yuliya Chernova, "SoftBank, Andreessen Horowitz Set Up Funds to Back Di- verse Founders," *Wall Street Journal* (June 4, 2020), https://www.wsj.com/art icles/softbank-andreessen-horowitz-set-up-funds-to-back-diverse-founders -11591298091.
100. Natasha Mascarenhas, "SoftBank Turns Fund for Diverse Entrepreneurs into an 'Evergreen' Opportunity," TechCrunch (Mar. 14, 2022), https://techcrunch .com/2022/03/14/softbank-opportunity-evergreen-fund/.
101. Kenrick Cai, "SoftBank to Turn Its Fund for Underrepresented Founders into Evergreen Vehicle," *Forbes* (Mar. 14, 2022), https://www.forbes.com/sites/ken rickcai/2022/03/14/softbank-opportunity-fund-for-underrepresented-founders -evergreen/?sh=42c80cde5338; Ben Dooley, "SoftBank Reports $23 Billion Loss as Tech Investments Plummet," *New York Times* (Aug. 8, 2022), https://www.ny times.com/2022/08/08/business/softbank-vision-

funds-loss.html.

102. Naithan Jones, "Announcing TxO's First Cohort," a16z (Oct. 30, 2020), https:// a16z.com/2020/10/30/announcing-txos-first-cohort/; Jeff Jordan, Kofi Ampadu, and Tauri Laws Phillips, "Meet TxO Cohort Two," a16z (Jan. 25, 2022), https:// a16z.com/2022/01/25/meet-txo-cohort-2/.
103. Alex Konrad, "A16z Crypto's Record New $4.5 Billion Fund Doubles Down on Web3 Amid Market Crash," *Forbes* (May 25, 2022), https://www.forbes.com /sites/alexkonrad/2022/05/25/a16z-crypto-record-4th-fund-doubles-down-on-web3-amid-market-crash/?sh=3bb0292d34ff; Camomile Shumba, "Venture-Cap ital Firm Northzone Raises $1B Fund for Fintech, Web3 Investments," Coin- Desk (Sep. 15, 2022), https://www.coindesk.com/business/2022/09/13/vc-firm -northzone-raises-1b-fund-for-fintech-web3-investments/.
104. "CreatorDAO Raises $20M Seed Round from a16z Crypto and Initialized Cap- ital to Invest in Creators," PRnewswire (Aug. 9, 2022), https://www.prnewswire .com/news-releases/creatordao-raises-20m-seed-round-from-a16z-crypto-and -initialized-capital-to-invest-in-creators-301602543.html.

第十二章　飞向未来

1. "Strange Ships That Sail in the Skies," *St. Paul Globe* (May 9, 1897), 20.
2. 同上。
3. David McCullough, *The Wright Brothers* (New York: Simon & Schuster Paper- backs, 2015), 27.
4. 同上，28—29。
5. 同上，29。
6. "Wilbur Wright Letter Dated May 30, 1899," Smithsonian Institution Archives, https://siarchives.si.edu/history/featured-topics/stories/letter-dated-may-30 –1899.
7. 同上。
8. 同上。
9. "Richard Rathbun Launched Wright Brothers' Research," Smithsonian Institu- tion Archives, https://siarchives.si.edu/collections/siris_sic_3900; Tom Crouch, *The Bishop's Boys: A Life of Wilbur and Orville Wright* (New York: W. W. Norton & Co., paperback 2003), 162.
10. McCullough, *Wright Brothers*, 36–37.
11. 同上，105—106。
12. 同上，38。
13. 同上；Crouch, *Bishop'sBoys*, 165–68.
14. Crouch, *Bishop'sBoys*, 167.

15. 同　上，169—170; “Aircraft Control,” NASA, https://wright.nasa.gov/airplane/con trol. html.
16. “The 1902 Glider,” National Air and Space Museum, https://airandspace.si.edu /exhibitions/wright-brothers/online/fly/1902/glider.cfm.
17. Danica Lo, “Tech Workers Are Fleeing FAANG for Web3, Here’s Why,” *Fast Company* (Apr. 8, 2022), https://www.fastcompany.com/90739257/leaving-faang -web3-jobs; Ryan Browne, “Crypto Companies Are Tempting Top Talent Away from Big Tech to Build ‘Web3,’” CNBC (Feb. 23, 2022), https://www.cnbc .com/2022/02/23/crypto-companies-tempt-top-talent-away-from-big-tech-to -build-web3.html.
18. Bessie Lu, “Are People Leaving Their Tech Jobs for Web3?,” Blockworks (Jun. 2, 2022), https://blockworks.co/are-people-leaving-their-tech-jobs-for-web3/.
19. Marco Quiroz-Gutierrez, “Companies Like Nike and Disney Are Hiring Like Crazy for the Metaverse—and It’s Just the Start,” *Fortune* (Feb. 2, 2022), https:// fortune. com/2022/02/02/nike-disney-meta-companies-hiring-spree-metaverse/.
20. “55k Metaverse-Based Jobs on Offer as IT Cos and Startups Chalk Out Plans,” *Economic Times* (July 24, 2022), https://m.economictimes.com/tech/technol ogy/demand-for-tech-professionals-for-it-cos-metaverse-startups-surge/article show/93094252.cms.
21. Marco Quiroz-Gutierrez, “The Crown Prince of Dubai Says He Has a ‘Metaverse Strategy’ That Will Add 40,000 Jobs and $4 Billion to the Economy in 5 Years,” *Fortune* (July 19, 2022), https://fortune.com/2022/07/19/dubai-metaverse-strategy-crypto-emerging-tech-web3/; Cheyenne Ligon, “Why Is South Korea Throwing Money at the Metaverse?,” CoinDesk (May 25, 2022), https://www .coindesk.com/layer2/metaverseweek/2022/05/25/why-is-south-korea-throwing -money-at-the-metaverse/.
22. “‘Find the Smartest Technologist in the Company and Make Them CEO,’” Mc Kinsey (June 22, 2022), https://mck.co/3xIACop.
23. 同上。
24. Willis Harman, “Humanistic Capitalism: Another Alternative,” *Journal of Hu- manistic Psychology* 14, no. 1 (Winter 1974): 31.
25. Mark Serrels, “Facebook and Instagram Are Making Changes to ‘Nudge’ Teens Away from Harmful Content,” CNET (Oct 11, 2021), https://www.cnet.com /news/politics/facebook-and-instagram-are-making-changes-to-nudge-teens -away-from-harmful-content/.
26. Burgess, “Wild Men of Paris,” 401.
27. Crouch, *Bishop’sBoys*, 128.